面向改革开放的哲学与文化思考

田丰 著

MIANXIANG GAIGEKAIFANG DE
ZHEXUE YU WENHUA SIKAO

SPM
南方出版传媒
广东人民出版社
·广州·

图书在版编目（CIP）数据

面向改革开放的哲学与文化思考／田丰著．—广州：广东人民出版社，2019.3（2023.1重印）
ISBN 978-7-218-13422-2

Ⅰ．①面…　Ⅱ．①田…　Ⅲ．①社会科学－文集　Ⅳ．①C53

中国版本图书馆CIP数据核字（2019）第044252号

MIANXIANG GAIGEKAIFANG DE ZHEXUE YU WENHUA SIKAO
面向改革开放的哲学与文化思考
田　丰　著

出 版 人：肖风华

责任编辑：廖智聪
封面设计：李桢涛
责任技编：吴彦斌　周星奎

出版发行：广东人民出版社
地　　址：广州市大沙头四马路10号（邮政编码：510199）
电　　话：（020）85716809（总编室）
传　　真：（020）83289585
网　　址：http://www.gdpph.com
印　　刷：三河市嵩川印刷有限公司
开　　本：787mm×1092mm　1/16
印　　张：29.25　　插　页：2　　字　数：400千
版　　次：2019年3月第1版
印　　次：2023年1月第2次印刷
定　　价：88.00元

序一：深入学习研究习近平新时代中国特色社会主义思想

田　丰

深入学习研究习近平新时代中国特色社会主义思想，是当前理论界最为重要的使命和任务。

中国特色社会主义是习近平新时代中国特色社会主义思想的主题。党的十九大报告博大精深，具有高度的思想性、理论性、指导性、战略性和实践性，归结到一点，就是提出和回答了新时代坚持和发展什么样的中国特色社会主义、怎样坚持和发展中国特色社会主义这个重大时代课题。

为什么要走中国特色社会主义道路？邓小平在党的十二大开幕词中开宗明义地提出："我们的现代化建设，必须从中国的实际出发，无论是革命还是建设，都要注意学习和借鉴外国经验……把马克思主义的普遍真理同我国的具体实际结合起来，走自己的道路，建设有中国特色的社会主义，这就是我们总结长期历史经验得出的基本结论。"

什么是中国特色社会主义？邓小平在1992年初的"南方谈话"中作了概括，"计划多一点还是市场多一点，不是社会主义与资本主义的本质区别。计划经济不等于社会主义，资本主义也有计划；市场经济不等于资本主义，社会主义也有市场。计划和市场都是经济手段。社会主义的本质，是解放生产力，发展生产力，消灭剥削，消灭两极分化，最终达到共同富裕。"

由十一届三中全会所开创的改革开放，是决定当代中国命运的关键一招，也是决定实现"两个一百年"奋斗目标、实现中华民族伟大复兴的关键一招。40年来的改革开放谱写了当代中国最为壮丽的历史篇章，它使中国人民的面貌、社会主义中国的面貌、中国共产党的面貌发生了前所未有的历史性变化；它不仅深刻改变了中华民族的历史命运，而且深刻改变了世界的历史进程。今日之中国，已以崭新的姿态巍然屹立于世界东方。

党的十九大报告宣告，中国特色社会主义进入了新时代。习近平总书记指出，新时代将实现中华民族从站起来、富起来到强起来的伟大飞跃，实现中华民族伟大复兴，将使中国特色社会主义道路、理论、制度、文化不断发展，拓展发展中国家走向现代化的途径，为解决人类问题贡献中国智慧和中国方案。

时代是思想之母，实践是理论之源。在推进中国特色社会主义事业的伟大实践中，以习近平同志为主要代表的中国共产党人坚持、继承和发展了马列主义、毛泽东思想、邓小平理论、“三个代表”重要思想和科学发展观，坚持解放思想、实事求是、与时俱进、求真务实，坚持辩证唯物主义和历史唯物主义，紧密结合新的时代条件和实践要求，以全新的视野深化了对共产党执政规律、社会主义建设规律、人类社会发展规律的认识，进行艰辛理论探索，取得重大理论创新成果，形成了习近平新时代中国特色社会主义思想。

习近平新时代中国特色社会主义思想从理论和实践结合上系统回答了新时代坚持和发展什么样的中国特色社会主义、怎样坚持和发展中国特色社会主义这个重大时代课题，阐明了新时代坚持和发展中国特色社会主义的总目标、总任务、总体布局、战略布局和发展方向、发展方式、发展动力、战略步骤、外部条件、政治保证等基本问题。坚持以习近平新时代中国特色社会主义思想为指导，是新时代胜利统揽伟大斗争、伟大工程、伟大事业、伟大梦想的思想前提和理论旗帜。

习近平新时代中国特色社会主义思想运用辩证唯物主义和历史唯物主义，科学分析了当代中国的基本国情和历史方位，分析了当代中国生产力和生产关系、经济基础和上层建筑的矛盾运动，与时俱进地提出，“我国社会主要矛盾已经转化为人民日益增长的美好生活需要和不平衡不充分的发展之间的矛盾。”现时代中国人民美好生活需要日益广泛，不仅对物质文化生活提出了更高要求，而且在民主、法治、公平、正义、安全、环境等方面的要求日益增长。与此同时，中国社会生产力水平总体上显著提高，而更加突出的问题是发展不平衡不充分，这已经成为满足人民日益增长的美好生活需要的主要制约因素。

社会主要矛盾的变化是关系全局的历史性变化，我们只有牢牢把握新时代主要矛盾的新变化，才能正确把握新时代中国特色社会主义的动力、性质、方向和路径，只有深刻领会新时代主要矛盾的新变化，才能深入把握习近平新时代中国特色社会主义思想的时代意义、精神实质、基本内涵和战略要求。

正确认识和概括新时代的社会主要矛盾体现了习近平新时代中国特色社会主义思想的时代性、创新性、人民性、实践性、战略性。习近平总书记指出，我国社会主要矛盾的变化是关系全局的历史性变化，对党和国家工作提出了许多新要求。我们要在继续推动发展的基础上，着力解决好发展不平衡不充分问题，大力提升发展质量和效益，更好地满足人民在经济、政治、文化、社会、生态等方面日益增长的需要，更好推动人的全面发展、社会全面进步。

作为哲学特别是社会主义社会的辩证法研究者，要结合马克思主义经典作家的有关思想，结合中国特色社会主义的发展历程对新时代主要矛盾进行研究，深化对其理论意义、历史价值、思想内涵的认识，形成新时代社会主要矛盾的系统理论。特别要结合新时代生产力发展现状、人民群众对美好生活的新需求对改革开放发展中的新问题新矛盾进行深入研究，科学分析主要矛盾的各个方面，主要矛盾与经济、政治、文化、社会、生态建设等各个方面矛盾的关系，主要矛盾与社会基本矛盾运动变化的关系，进一步坚定中国特色社会主义的“四个自信”，为自觉践行“创新、协调、绿色、开放、共享”的新发展理念，推进“五位一体”总体布局，落实“四个全面”战略布局，决胜全面建成小康社会、迈向基本实现社会主义现代化建设新征程提供强大的理论支撑和智力支持。

2019 年 1 月

序二：
时代·使命·特色

——在“科学发展与智库建设论坛”开幕式上的致辞

大力推进决策的科学化、民主化，是十六大以来我们党改进和完善执政方式的既定目标和重大举措。胡锦涛总书记强调改革发展的全过程都要问政于民、问需于民、问计于民，充分激发人民群众的创造活力，反映了我们党对科学发展规律和时代精神、时代潮流的正确把握。今天，我们在这里探讨智库建设问题，就是结合改革发展的新实践、社会科学的新使命和社科联工作的新要求，深入认识智库建设的时代意义、历史使命和中国特色，为促进党和政府重视社科研究，完善决策体系提供理论参考，为促进社科工作观念创新、体制创新和方法创新提供决策建议。

智库建设是全球化时代综合国力竞争的要求。当今世界正处在大发展大变革大调整时期，这是各种思想价值交流交融交锋的时期，也是各种发展模式相互比较相互竞争的时期。这次国际金融危机的发生及应对危机的实践，是一次全球范围的大调整大洗牌大转型的过程，哪些国家哪些地区能率先“突围”，转危为机，取决于变革的胆识，取决于应对的策略，取决于全民的共识。全球化带来的经济社会发展的复杂性、多变性和整体性，对人类智慧提出了前所未有的重大挑战，对各国各民族的应变决策能力提出了前所未有的重大考验。可以说，当前各民族国家的竞争，集中表现为发展战略的竞争、文化软实力的竞争。智库建设状况及水平，反映了一个民族的理性思维的高度，凸显了一个国家的民主发展程度。我国正处在传统发展模式向科学发展模式转型的关键时期，改革、发展、稳定的任务十分繁重，认识和解决复杂矛盾的艰巨性世所罕见，这里不仅需要发展方式的转型，更需要决策方式的转型。充分尊重全体人民的知情权、表达权、议事权、决策权，才能保证党的科学执政，促进社会的和谐发展，形成科学发展的强大社会共识和生生不息的文化动力。因此可以说，智库建设成为一个热门话题有着深刻的现实基础和国际背景，智库时代踏着全球化的大潮正向我们走来。

哲学社会科学在智库建设中承担着重大使命。李长春同志在广东工作时就提出，社科研究要面对现代化建设主战场，提供全局性、前瞻性、战略性和对策性的研究成果，成为党和政府的思想库、智囊团。党中央关于繁荣发展哲学社会科学的决定向社会科学界提出了加强应用决策研究的任务和要求。社科界思想活跃、知识密集、人才荟萃，以思想和精神生产为己任，理所当然要成为智库建设的主力军。为此，社科工作一要转型，二要创新，三要发展。转型，就是要紧贴实践前沿，关注现实生活，尊重市场规律，以提供无间缝的一流的决策服务为己任；创新，就是要改革原有科研模式，打破基础研究与应用研究的二元结构，形成进一步解放和发展科研生产力的体制机制、研究方式和评价体系；发展，就是结合社科联的新职能，大力推进社科研究社会化，做强做大非营利研究机构，激发激活民间智力，造就一支活跃在经济社会建设各个方面的高水平的智库人才队伍。当然，党和政府自觉营造决策民主、学术自由的社会环境，是发展智库不可或缺的宏观条件。

建设一流智库必须彰显中国特色。既主动融入全球化又坚持探索中国特色，在改革开放和现代化进程中努力实现中华民族伟大复兴，是中国共产党和中国人民创造的后发展国家实现跨越式发展的成功道路。继承传统而又创新传统，学习西方而又超越西方，是我们建设智库的价值追求。中国特色的智库是求真务实的智库，不唯书、不唯上、只唯实，使决策研究建立在全面把握经济社会发展的最新动态、翔实数据、客观趋势的基础上；中国特色的智库是以人为本的智库，充分了解当代世界发展方向，把握时代变革潮流，架设中国与欧美主流社会思想对话的平台桥梁，扩大中国声音的话语权和传播力，为中国产业、中国意见、中国文化在更高层次上走出去，共建和谐世界，促进人类文明进步作出应有的贡献。

2009 年 12 月 10 日

目 录 | Contents

理论探索

文化研究

社科寻径

学术访谈

附　录

·理论探索·

论问题的哲学

以问题为中心是马克思主义创新发展的基本出发点。马克思主义中国化的过程，是把马克思主义和中国实际相结合，实事求是地认识和解决革命、建设、改革中的重大理论问题和现实问题的过程。为了切实改变目前不同程度存在的精神懈怠的状态，有效地反对形式主义，进一步推动思想解放、理论创新、战略创新，有必要从哲学的层面来研究问题观，提升理论自觉和方法自觉。

一、问题观与哲学观

问题观是一种世界观。毛泽东在《反对党八股》中指出："什么叫问题，问题就是事物的矛盾。"世界总在运动、变化、发展，其根源在于矛盾，矛盾是客观世界变化发展、生生灭灭的根据和动力，这些矛盾反映到人的意识中来，就产生了问题。自然界的新陈代谢的矛盾，在推动一切生命不断进化的同时，提出了优与劣、生与死、肯定与否定等等问题。人类社会生产力与生产关系的矛盾，在推动经济发展和社会进步的同时，提出了个人与社会、效率与公平、革新与保守等等问题。矛盾和问题无处不有，无时不在，不管你喜欢也罢，厌烦也罢，承认也罢，否认也罢，只要地球转动着，人类生存着，那么问题就永远存在着。一个人想要永远摆脱问题的纠缠，就如同一个人企图扯着自己的头发离开地球一样不可思议。所以，怎样看待问题，关系到怎样看待世界的性质，怎样对待世界的发展。从唯物辩证法的角度看，承认世界的变动性和规律性，就不能不承认矛盾的必然性和永恒性，就不能不承认问题的客观性和普遍性。正是问题的不断产生、不断变化、不断解决，构成了世界的动力源泉，推动着世界的演化和人类的进步。正是从自觉的矛盾理念和问题意识出发，形成了马克思主义世界观的基本点，推动我们不断破解革命、建设、改革实践中的重大问题，不断进行理论创新和实践创新。

问题观是一种历史观。马克思说“问题就是公开的、无畏的、左右一切个人的时代声音。问题就是时代的口号，是它表现自己精神状态的最实际的呼声”①。人类历史是由内在规律支配的，还是由偶然事件堆积形成的，是个人意志或强权决定的，还是无数意志冲突的合力所使然的，历史的规律性和历史的目的性能否统一，又是如何统一的，这些问题反映了历史观的重大分歧。在唯物史观看来，生产力和生产关系的矛盾运动推动着人类社会不断从低级向高级演化，而这种矛盾运动是通过时代问题显现出来的，通过历史主体和历史客体的相互作用而实现的。不同的问题反映了不同时代的性质和发展要求。资产阶级革命要求把生产力从土地的束缚中解放出来，为资本和市场开辟道路；而无产阶级革命要求把生产力从资本的异化中解放出来，开启人类解放的新纪元。工业经济时代的竞争主要是资源和技术的竞争，而知识经济时代的竞争主要是创新能力的竞争。无论是解放生产力、解放人，还是科技竞争、创新能力竞争，都是历史发展和时代进步的问题，都反映了生产力和生产关系矛盾运动的现实状态，任何阶级、政党、社会力量要想引领历史潮流，都必须在自己的纲领上对这些问题作出回答，制定策略，提出口号。各种各样的关于人类历史发展的学说和观点，都不能回避对时代问题的判断和分析，以及在对待时代问题上划分不同的流派。

问题观是一种认识论。有一种说法，提出问题比解决问题更重要，或者说具有更为根本的意义。在这里，问题是一种“视域”“视野”“眼界”。邓小平在中国改革开放之初指出，什么叫社会主义？什么叫马克思主义？我们过去对这个问题的认识不是完全清醒的。在建设社会主义的过程中，由于对社会主义性质的不清醒，对社会主义发展阶段的不清醒，导致了中国社会主义建设方向、道路、动力等的不清醒，使我国社会主义进程遇到很多挫折，走了很多弯路；而建设社会主义的失误又是与对马克思主义的错误理解和运用联系在一起的。教条式而不是实事求是地照搬照套马克思主义的某些原理、原则，导致了党的指导思想“左”的倾向越演越烈，难以纠正，最后导致了“文革”的爆发，给国家和人民带来深重灾难。这里产生的问题是认识和理论要不要与实践相结合，要不要随实践的

① 《马克思恩格斯全集》第40卷，人民出版社1982年版，第289—290页。

发展而发展，要不要以实践作为衡量的标准。历史表明，问题的产生往往与认识路线、认识方法密不可分，与思想视角、思维方式的转换密不可分。囿于原有思维方式的束缚，人们往往自设思想禁区，习惯于按既有原则、理论来思考和评价，遮蔽了主观世界与客观世界的矛盾、认识和实践的矛盾。在这里，一切都没有问题，甚至谬论被当做真理，错误被当做成就。而一旦人们把思想从牢笼中解放出来，理性恢复权威，真理驱除盲从，人们就会发现一切原则都要重新评估，一切思想都要在实践法庭上受到审判，在内心和外界都展现了广阔的“问题”天地。正如黑格尔兴奋地评价法国资产阶级大革命是一次“壮丽的日出”，是一个“光辉灿烂的黎明”，带来了理性的新时代，是一个用头站立的时代，一切都要在理性面前重新评价。恩格斯认为，由于资本主义社会科学技术和生产力的进步，“传统的中世纪思想方式的千年藩篱，同旧日的狭隘的故乡藩篱一样崩溃了。在人的外在的眼睛和内心的眼睛前面，都展开了无比广大的视野”①。

问题观是一种价值观。问题是主体对客观现象的一种判断。人作为主体，必然依据一定的目的以及一定的利益诉求对待和处理与客体世界的关系，也就是说，价值关系深刻影响着人们对客体世界的认识和把握。不同价值观念的人对问题有不同的理解，并会作出不同的判断。马克思在著名的《关于费尔巴哈的提纲》中提出了一个极其重要的命题：“哲学家们只是用不同的方式解释世界，问题在于改变世界。”② 以往的哲学的出发点是解释世界，因而它们研究的主要任务和基本问题是世界的本质、本原及其和思维的关系。即使是包括费尔巴哈在内的唯物主义，对事物、现实、感性，也只是从客体的或者直观的形式去理解，而不是把它们当做人的感性活动，当做实践去理解。而马克思以无产阶级乃至人类解放为历史使命，其哲学的出发点是人的实践，落脚点是改变一切现存的制度，最终实现每个人的自由而全面的发展。马克思的“问题”，实质上是提出哲学的价值所在，哲学家理论研究的价值所在。当哲学家们陶醉于找到世界本原和规律的幻象中，马克思却看到旧哲学存在的问题，看到旧哲学与历史发展和人的价值要求渐行渐远的危机，提出了哲学革命的任务和方向。人们总是从一定的价值观出发提出问题、判断问题，看待一种理论问题是如此，看待一种社会现实问题也

① 《马克思恩格斯选集》第4卷，人民出版社1995年版，第79页。

② 《马克思恩格斯选集》第1卷，人民出版社1995年版，第57页。

是如此。如经济全球化是在发达国家制定的游戏规则前提下运作的，具有资本、技术、市场先发优势的国家无疑能捷足先登，获得巨大利益，而后发国家和地区由于先天不足，往往不具有话语权和竞争优势，容易在全球化进程中愈加边缘化，不仅有可能在经济上落入发展“陷阱”，而且有可能在文化上落入无所适从的“失魂”状态。只有从自身的利益和实力出发，洞察全球化带来的新问题和新挑战，在参与全球化中清醒地坚持经济文化安全战略和跨越式发展战略，才能赢得主动，赢得发展。

问题观是一种方法论。认识问题是为了解决问题。问题的解决不仅有赖于对问题性质的正确把握，还有赖于主体的行动方式和方法选择。马克思主义十分重视方法论问题，包括思维方法、思想方法、工作方法等，因为改造世界是认识世界的目的和价值所在。列宁指出，具体情况具体分析是马克思主义活的灵魂。实事求是，具体分析，对症下药，才能增强行动的自觉性、可控性和有效性，找到解决问题的途径和办法。毛泽东说过，过河的任务确定以后，重要的问题就是解决过河的桥和船。这里的“桥”和“船”，就是工具、方法。不正确的方法会导致把问题简单化或复杂化，甚至导致行动失败，古人说的“欲速不达”、“南辕北辙”、“过犹不及”，是对错误方法造成的危害的总结。毛泽东在《关于正确处理人民内部矛盾的问题》中指出，在社会主义所有制改造完成后，急风暴雨式的阶级斗争不再是社会生活的主题，大量存在的是非对抗性的人民内部矛盾，处理这类矛盾和问题，应采取批评和自我批评的方法、说理教育的方法、民主的方法。邓小平深刻总结“文革”把思想认识问题政治化，从而导致民主缺失、思想僵化、鸦雀无声的严重教训，提出对思想认识问题采取“不打棍子、不戴帽子、不抓辫子”的“三不”主义，即使是要不要改革开放问题，也是认识问题，不争论，允许看，在探索和实践中逐渐取得共识。善于从本质和现象、必然和偶然、可能和现实的互动中发现问题，从矛盾的普遍性和特殊性的联系中分析问题，从矛盾的既对立又统一的转化中把握问题，具体问题具体分析，我们就能“任凭风浪起，稳坐钓鱼船”，从方法论自觉的高度破解难题，收到事半功倍的良好效果。

二、问题的哲学是实践哲学

问题是人的意识对客观存在的反映。大千世界，纷繁复杂，从自然灾害问题到社会冲突问题，从人的生老病死问题到人的心理困扰问题，无时无刻不在拷问人类的智慧和能力。这些问题反映到哲学上，对客观现象、社会现象和精神现象的根源以及人的本质形成了各种各样的看法和观点，特别是在人的意识能不能正确反映和认识客观世界的问题上，亦即思维与存在的关系问题上，产生了不同的甚至对立的学说体系。马克思在分析以往哲学在这个问题上陷入误区的认识根源时指出："关于思维——离开实践的思维——的现实性或非现实性的争论，是一个纯粹经院哲学的问题。"他认为："人的思维是否具有客观的真理性，这不是一个理论的问题，而是一个实践的问题。人应该在实践中证明自己思维的真理性，即自己思维的现实性和力量，自己思维的此岸性。"[①] 实践是问题产生的根源，是判断问题的根据，是人的思维现实性和思想能动性的确证，因此，问题的哲学实质上是实践哲学，以问题为中心的思想方法体现了马克思主义的实践第一的基本原则。

哲学变革源于人类的新实践。工业革命极大地改变了世界，也改变了人们对人与世界关系问题的认识，在科学技术激发出来的人的精神、意识、能力面前，哲学家们陷入了环境改变人还是人改变环境的二律背反之中。旧唯物主义对事物、现实只是从客体或者直观的方面去理解，而不是当做人的感性活动，当做实践去理解，把人的思维和历史的主观能动性丢掉了，陷入了机械论的误区而失去说服力和真理性。如费尔巴哈直观唯物主义的错误根源在于否认实践对人的本质和历史发展的决定性作用，没有看到物质生产实践是整个社会生活以及整个现实历史的基础，正是"这种活动、这种连续不断的感性劳动和创造、这种生产，正是整个现存的感性世界的基础，它哪怕只中断一年，费尔巴哈就会看到，不仅在自然界将发生巨大的变化，而且整个人类世界以及他自己的直观能力，甚至他本身的存在也会很快就没有了"[②]。而唯心主义较之旧唯物主义"聪明"之处，是发展了主体的能动的方面，因而更接近真理。黑格尔以实践、劳动的对象化和非对象化来解释意识的力量和世界的进步。"作为推动原则和创造原则的否定性——的伟大之处首先在于，黑格尔把人的自我产生看作一个过程，把对象化看作非对象化，看作外化和这种外化的扬弃；可见，他抓住了劳动的本质，把对象性

① 《马克思恩格斯选集》第1卷，人民出版社1995年版，第55页。

② 《马克思恩格斯选集》第1卷，人民出版社1995年版，第77页。

的人、现实的因而是真正的人理解为他自己的劳动的结果。”[①] 然而，唯心主义说到底是不理解真正现实的、感性活动本身的，黑格尔“唯一知道并承认的劳动是抽象的精神劳动”，劳动的对象化和非对象化不过是精神在自身内部的不停息的旋转，结果只是抽象地发展了人的能动的方面。马克思在批判地继承黑格尔、费尔巴哈哲学的基础上，提出“环境的改变和人的活动或自我改变的一致，只能被看作是并合理地理解为革命的实践”。[②] 马克思以“革命的实践”，科学地回答了思维与存在的关系问题，开启了哲学史上的伟大革命，既是以存在对思维的本原性的唯物主义为基础去解释思维和存在的相互关系的发展，又是以思维对存在的能动性的辩证法为内容去解释思维和存在的历史的统一，从而在哲学基本问题上实现了唯物论基础与辩证法内容的统一，成为科学的世界观、认识论和方法论。[③]

现实的实践产生现实的问题，而现实问题又是社会实践的动因，推动实践的生生不息和不断深化，历史的发展和人的自由在问题与实践的相互渗透相互作用中不断前行。作为现实的人，生存问题或生存需要推动着人类实践。实践的任务并不是哲学家们臆想出来的。马克思、恩格斯认为，人们的“第一个历史活动就是生产满足这些需要的资料，即生产物质生活本身”，而“已经得到满足的第一个需要本身、满足需要的活动和已经获得的为满足需要而用的工具又引起新的需要”。[④] 作为社会的人，利益问题是实践的直接动力。实践既是连接人与自然的生产实践，也是连接人与人的交往实践，前者形成了生产力，后者形成了生产关系。“每一既定社会的经济关系首先表现为利益。”[⑤] 最初的分工导致了个体、家庭利益与共同利益的矛盾，而后阶级的分化和发展导致了不同群体、阶级、国家之间的利益冲突，当前的全球化又带来发达国家与发展中国家之间、不同文化传统的民族之间新的利益博弈。正是利益的对立统一推动着社会关系的变革和社会实践的深化，正如马克思指出的“没有对抗就没有进步。这是文明直到今天所遵

---

① 《马克思恩格斯全集》第3卷，人民出版社2002年版，第320页。

② 《马克思恩格斯选集》第1卷，人民出版社1995年版，第55页。

③ 孙正聿：《哲学通论》（修订版），复旦大学出版社2005年版，第271页。

④ 《马克思恩格斯选集》第1卷，人民出版社1995年版，第79页。

⑤ 《马克思恩格斯选集》第3卷，人民出版社1995年版，第209页。

循的规律”[1]。既承认实践的中心地位，又承认需要、利益问题与实践互为因果、互为前提，使马克思主义实践观具有巨大的现实感、历史感，体现出了深刻的历史辩证法。

认识问题能力的发展与实践的发展是同一过程。劳动实践创造了人的认识器官，实践活动内化为人的思维活动，实践结果证明了人的认识的真理性，在这个意义上，恩格斯指出：“人的思维的最本质和最切近的基础，正是人所引起的自然界的变化，而不单独是自然界本身；人的智力是按照人如何学会改变自然界而发展的。”[2] 每一实践都是具体的、有条件的，人们对某一问题的认识和答案也是具体的、有条件的。实践主体、实践客体、实践结果是有限性和无限性的统一，人的认识和解决问题的能力也是有限性和无限性的统一，这个矛盾推动人类不断提出问题和解决问题，推动人类不断迈向认识和实践的自由。

作为一种实践哲学，问题哲学与经院哲学划清界限。问题哲学关注现实生活、日常生活，直面工业化、现代化给社会带来的深刻影响，对现实生活的新变化、新矛盾、新问题进行概括和回答；它关注现实的人的命运，致力于分析现代人的生存条件和精神境况，揭示发展人的价值、能力、个性和现实幸福的趋势和规律；它着眼于社会变革，不满足于解释世界，而是要改变世界，为改变不合理的社会现实、社会制度，促进人类解放提供精神动力、指南和方法。

三、问题的哲学是反思哲学

问题是在人的不满足现状的情况下产生的，人的永远的不满足在于人的精神本性。人的存在本质上是精神性存在。作为一种社会动物，人有着食、色等本能，但作为或称得上“人”的与动物不同的类，自由自觉是他的本性所在。法国先贤祠里刻着一句话：“不自由，毋宁死”，就是强调生命的价值是自由，失去自由，犹如行尸走肉。马克思用人与蜜蜂作比较，指出人的有意识有目的的特点，使人成为万物之灵：蜘蛛的活动与织工的活动相似，蜜蜂建筑蜂房的本领使人间的许多建筑师感到惭愧。但是，最蹩脚的建筑师从一开始就比最灵巧的蜜蜂

① 《马克思恩格斯全集》第4卷，人民出版社1958年版，第104页。

② 《马克思恩格斯全集》第20卷，人民出版社1971年版，第573—574页。

高明的地方，是他在用蜂蜡建筑蜂房以前，已经在自己的头脑中把它建成了。劳动过程结束得到的结果，在这个过程开始时已经观念地存在着。他不仅使自然物发生形式变化，同时他还在自然物中实现自己的目的，这个目的是他所知道的，是作为规律决定着他的活动的方式和方法的，他必须使他的意志服从这个目的。[①] 由于人是有目的的自觉主体，因而他不仅适应环境，而且要改变环境，使之服从主体的需要，转化为人化自然。在此意义上，马克思指出，“世界不能满足人，人以自己的意志改变世界”，因此，问题总是以这个形式那个形式呈现在人们的面前，要求人们在克服问题的过程中实现自己的目的，获得更大的自由空间。

问题意识是主体反思意识，反思是主体的活动方式，是人的自由自觉的根本特征。古罗马神庙上的箴言：“认识你自己”，道出了人的永恒的困惑和永恒的使命。人作为主体并不是与生俱来的，而是在实践中随着反思能力的形成发展而从客体中分离开来的。在人类的认识活动和认识发展中，始终伴随着对自己身份、性质、使命和目标的认识，也就是自我认识。马克思用“对象化”和“非对象化”的能力指出人与动物的根本区别，“动物和自己的生命活动是直接同一的。动物不把自己同自己的生命活动区别开来。它就是自己的生命活动。人则使自己的生命活动本身变成自己意志的和自己意识的对象。他具有有意识的生命活动”[②]。以自己的生命活动和思想活动为对象的意识就是自我意识。自我意识的主要形式是“内省”。作为能动的主体，人不仅对自然环境永不满足，而且对自身心智永不满足，在不断拷问头顶上的星空的同时，不断拷问心中的道德戒律。为了追求行动自由，人总是希望做到“自知之明”，不断对自己的行为、认知、情感和意志进行调节。可以说，有没有强烈的问题意识，有没有自觉的反思精神，取决于有没有完善的自我意识。近代哲学特别是德国古典哲学非常重视自我意识的研究。康德提出了“经验的自我意识”和“先验的自我意识”，前者指个别经验的主体自己意识到自己在思维、感知和想象；后者指先于个体主体而存在的认识形式、能力和功能。黑格尔把自我意识看做是“绝对理性”的一个必要环节，通过自我意识，“绝对理性”达到自我认识、自我实现，成为独立的精神

---

① 《马克思恩格斯选集》第 2 卷，人民出版社 1995 年版，第 178 页。

② 《马克思恩格斯全集》第 3 卷，人民出版社 2002 年版，第 273 页。

实体和主体。马克思在与“青年黑格尔派”论战中继承和批判了黑格尔的辩证法，既反对到主体外寻找所谓一般的精神，主张把精神还原到人的形式，强调“人的自我意识具有最高的神性。不应该有任何神同人的自我意识相并列”。[①] 同时又指出不应把自我意识的自由本性抽象化、绝对化，而应面向纯粹理论之外的实践，“一个本身自由的理论精神变成实践的力量，并且作为一种意志走出阿门塞斯的阴影王国，转而面向那存在于理论精神之外的世俗的现实——这是一条心理学的规律”[②]。

人类发现和认识问题能力的提升总是与反思活动相结合，实践每前进一步，对行动的反思也深入一步，从而对问题的认识也达到更加全面和深刻。当人们在掌握一定的科学技术、改造自然取得初步的甚至重大的胜利时，如果盲目自我膨胀起来，过于迷恋意志的力量，蔑视客观规律，就会遭受大自然的报复。恩格斯以西方殖民者在拉丁美洲的掠夺行为为例，指出，“当西班牙的种植场主在古巴焚烧山坡上的森林，认为木灰作为能获得最高利润的咖啡树的肥料足够用一个世代时，他们怎么会关心到，以后热带的大雨会冲掉毫无掩护的沃土而只留下赤裸裸的岩石呢？在今天的生产方式中，对自然界和社会，主要只注意到最初的最显著的结果，然后人们又感到惊奇的是：为达到上述结果而采取的行为所产生的比较远的影响，却完全是另外一回事，在大多数情形下甚至是完全相反的”[③]。在这个意义上，恩格斯告诫我们不要过分陶醉于对自然界的胜利，因为对于每一次这样的胜利，自然界都报复了我们。只有不断反思人与自然相和谐、思维与存在相统一的问题，人类才能把握自然规律，正确地改造和利用自然，真正成为自然界的主人。

实践是主体的有意识有目的的活动，实践中的问题往往源于思维方式问题，反思实践问题不能不导向思维方式问题。黑格尔认为人之所以成为人，其本质是对思想的思想，只有达到这个境界才能实现精神的自由，他批评过于追求现实利益而远离“精神家园”的潮流，提出世界精神太忙碌于现实，驰骛于外界，而应回到内心，转向自身，徜徉于自己原有的家园。思想的凝结和积淀是思维方

---

① 《马克思恩格斯全集》第40卷，人民出版社1982年版，第190页。

② 《马克思恩格斯全集》第40卷，人民出版社1982年版，第258页。

③ 《马克思恩格斯全集》第20卷，人民出版社1971年版，第522页。

式，思维方式是思想的框架和习惯，反映思维活动的本质和规律。如果说，实践决定人们为什么思想，那么思维方式决定人们如何思想。认识问题、认识矛盾，认识的能力和特性，认识中的真理和谬误，都与思维方式密切相关。近代以来，哲学逐渐由重在研究客体问题转向重在研究主体问题，重在研究主体的认识、心理、情感问题，这体现了科学技术巨大进步下学科分化的规律，体现了人类追求精神自由的要求，也体现了哲学作为智慧学的本性回归。恩格斯晚年对哲学的这种“反思”本质，对研究思维方式作为哲学反思的使命作了精辟的概括。他在《社会主义从空想到科学的发展》中指出：“一旦对每一门科学都提出要求，要它们弄清它们自己在事物以及关于事物的知识的总联系中的地位，关于总联系的任何特殊科学就是多余的了。于是，在以往的全部哲学中仍然独立存在的，就只有关于思维及其规律的学说——形式逻辑和辩证法。”① 在《路德维希·费尔巴哈和德国古典哲学的终结》中，他又强调：“现在无论在哪一个领域，都不再要从头脑中想出联系，而要从事实中发现联系了。这样，对于已经从自然界和历史中被驱逐出去的哲学来说，要是还留下什么的话，那就只留下一个纯粹思想的领域：关于思维过程本身的规律的学说，即逻辑和辩证法。”②

四、问题的哲学是批判哲学

问题的提出源于对现存的不满足，对理论问题和现实问题的剖析，对自身思想观念和方法的反思，这种反思必然导向问题的批判，在批判中总结历史、发现规律，澄清现象、揭示本质，暴露谬误、达致真理，因而问题哲学本质上是批判哲学。著名学者贺麟认为哲学家分为两类：“一类是善于发问题的哲学家，一类是善于答问题的哲学家。发问题的哲学家，喜欢批评、怀疑，反对旧传统，提出新方向，大都是开风气、创学派的哲学家。”③

马克思主义哲学是直面社会现实问题，致力于改造世界的哲学，它从来不屑于隐藏自己的“批判”立场，“因为辩证法在对现存事物的肯定的理解中同时包

---

① 《马克思恩格斯选集》第 3 卷，人民出版社 1995 年版，第 738 页。

② 《马克思恩格斯选集》第 4 卷，人民出版社 1995 年版，第 257 页。

③ 贺麟：《文化与人生》，商务印书馆 1988 年版，第 275 页。

含对现存事物的否定的理解，即对现存事物的必然灭亡的理解；辩证法对每一种既成的形式都是从不断的运动中，因而也是从它的暂时性方面去理解；辩证法不崇拜任何东西，按其本质来说，它是批判的和革命的”①。马克思宣称自己的哲学是“批判的世界观”，认为新哲学的优点不是教条式预料未来，而是“在批判旧世界中发现新世界”，他在评价费尔巴哈宗教批判的贡献和缺陷时指出，这种批判提出了一个连费尔巴哈都没有回答的问题，即人们是怎样把这些幻想“塞进自己头脑”的，正是这个问题为德国理论家开辟了通向唯物主义世界观的道路，“这种世界观没有前提是绝对不行的，它根据经验去研究现实的物质前提，因而最先是真正批判的世界观”。②

问题的提出往往是由于人们感觉到乃至认识到“不合理”，如果说解决问题是把“不合理”转化为“合理”，那么哲学批判就是重建合理性。恩格斯针对黑格尔“凡是现实的都是合乎理性的，凡是合乎理性的都是现实的”论断，评价黑格尔哲学中保守和革命的二重性，引申出如下观点：“在发展进程中，以前一切现实的东西都会成为不现实的，都会丧失自己的必然性、自己存在的权利、自己的合理性；一种新的、富有生命力的现实的东西就会代替正在衰亡的现实的东西……这样一来，黑格尔的这个命题，由于黑格尔的辩证法本身，就转化为自己的反面：凡在人类历史领域中是现实的，随着时间的推移，都会成为不合理性的，就是说，注定是不合理性的，一开始就包含着不合理性；凡在人们头脑中是合乎理性的，都注定要成为现实的，不管它同现存的、表面的现实多么矛盾。”③恩格斯把合理性与现实性、必然性、革命性、批判性联系起来分析，阐明马克思主义哲学伟大变革是对包括康德、费尔巴哈、黑格尔批判精神的扬弃，指出马克思主义哲学在批判和解构现实中重建合理性的历史使命。马克思主义重建的合理性是历史尺度和主体尺度的统一，也就是生产力标准和人的标准的统一，着眼于解放和发展生产力，着眼于人的自由全面发展，构成了马克思主义清理思想地基，批判资本主义，剖析社会主义运动，揭示人类社会发展规律的出发点。

批判既是意识形态的批判，也是现实社会的批判。反思和批判现存的意识形

---

① 《马克思恩格斯选集》第2卷，人民出版社1995年版，第112页。

② 《马克思恩格斯全集》第3卷，人民出版社1960年版，第261页。

③ 《马克思恩格斯选集》第4卷，人民出版社1995年版，第216页。

态，是思想变革的直接前提，是作为时代精神的哲学革命的必要的基础工程。然而任何社会意识都是社会存在的回音，离开社会实践的纯粹批判必然导向理论的不彻底，理论不彻底就不能掌握人。马克思肯定德国当时的宗教批判，“对宗教的批判是其他一切批判的前提”[①]，但是如果企图通过创立一种新宗教代替旧宗教达到人的解放，那是“作为人民的虚幻幸福的宗教”，我们需要从人自我异化批判进入到人自我异化的根源的批判。“这种批判撕碎锁链上那些虚构的花朵，不是要人依旧戴上没有幻想没有慰藉的锁链，而是要人扔掉它，采摘新鲜的花朵。对宗教的批判使人不抱幻想，使人能够作为不抱幻想而具有理智的人来思考，来行动，来建立自己的现实；使他能够围绕着自身和自己现实的太阳转动。”“因此，真理的彼岸世界消逝以后，历史的任务就是确立此岸世界的真理。人的自我异化的神圣形象被揭穿以后，揭露具有非神圣形象的自我异化，就成了为历史服务的哲学的迫切任务。于是，对天国的批判变成对尘世的批判，对宗教的批判变成对法的批判，对神学的批判变成对政治的批判。”[②]

批判不仅是对象性批判，而且是主体自我批判。认识和实践、理想和现实的矛盾运动推动着理论创新和发展，凡重大的理论创新，既是思想主体对现存认识水平和理论成果的突破和超越的过程，更是思想主体对自身认识结论和思维方法不断反思和扬弃的过程，是外在对象性批判和内在主体性批判的统一。马克思在早期理论活动中，通过从书斋转向社会斗争和现实研究，从青年黑格尔批判转向唯物史观思想探索，实现了世界观的转变和哲学的变革。他认为进行哲学意识上的斗争和革命，“就是要对现存的一切进行无情的批判，所谓无情，就是说，这种批判既不怕自己所作的结论，也不怕同现有各种势力发生冲突”。马克思主义经典作家是自我批判的典范，他们从不把自己在一定条件下形成的观点、结论当做万古不变的信条，当做人们“只需张开嘴等着绝对科学这只烤乳鸽掉进来就得了”,[③] 而是需要在历史实践中不断检验和完善的开放的思想体系，因而历经沉浮兴衰，马克思的学说至今仍然具有强大的生命力和指导意义。中国共产党人是马克思自我批判精神的自觉的继承者，在改造客观世界的同时改造主观世界，打

---

① 《马克思恩格斯选集》第 1 卷，人民出版社 1995 年版，第 1 页。

② 《马克思恩格斯选集》第 1 卷，人民出版社 1995 年版，第 2 页。

③ 《马克思恩格斯全集》第 47 卷，人民出版社 2004 年版，第 64 页。

破精神迷信和自我封闭，主张一切从实际出发，把思想认识从那些不合时宜的观念、做法和体制中解放出来，从对马克思主义的错误和教条式理解中解放出来，从主观主义和形而上学的桎梏中解放出来。马克思主义中国化、时代化、大众化的进程，就是中国共产党人在革命、建设、改革实践中不断从理论上自我批判自我扬弃的过程，就是不断在实践中解放思想创新发展的过程。

（原载《学术研究》2012 年第 11 期）

深化社会主义社会辩证法研究的思考

社会主义社会辩证法由著名哲学家张江明所开创，它植根于广东改革开放的沃土，成长发展于建设中国特色社会主义的伟大时代。在广东哲学界及全国哲学界的积极参与下，社会主义社会辩证法研究走过了30年的历程，取得了丰硕成果，在当今马克思主义哲学体系中占有一席之地，为中国特色社会主义理论创新和实践创新发挥了应有作用，为繁荣发展哲学社会科学做出了应有贡献。时代的发展变化呼唤着哲学研究的观点、语境和方法创新。当前，我们处在推进“四个全面”战略布局，实现中华民族伟大复兴中国梦的进程中，新时代、新实践向创新社会主义社会辩证法提出了新要求。

一、以问题导向创新研究方法

社会主义社会辩证法的30年是理论创新的30年。多年来，我们重在社会主义社会辩证法学科创新和理论体系构建，结合中国特色社会主义实践深入研究了社会主义社会辩证法的时代特色、基本内涵、基本规律、范畴体系和发展趋势，推进了社会主义社会辩证法的理论体系、理论观点和研究方法创新。

社会主义是不断改革的社会，是在不断发现问题和解决问题中自我完善的社会，在新的历史条件下深化社会主义社会辩证法研究，必须树立强烈的问题意识，形成问题导向型的创新体系和创新方式，才能为坚持和发展中国特色社会主义提供科学世界观，为推进“四个全面”战略布局提供辩证方法论。

问题导向是辩证法的基本方法。“辩证法”这个词导源于希腊文，其最初的含义就是对话、论辩，就是揭露对方议论中的矛盾并克服这种矛盾来求得真理的方法。辩证法先驱苏格拉底以讨论问题作为哲学研究的方式，他经常出入公共场所与人们讨论战争、政治、道德、友情、教育、艺术、宗教等问题。他的“精神产婆术”就是通过一问一答，诘难辩疑，使对方陷于矛盾，承认其无知，修正其意见，引出真理性结论。可以说，苏格拉底这种揭露思维矛盾求得真理和通过归纳寻求概念定义的方法，在认识论、辩证法和逻辑学的发展史上产生了深远影响。从唯物辩证法来说，问题导向体现了其根本特点——矛盾对立统一的分析方法。毛泽东在《反对党八股》中说过：“什么叫问题，问题就是事物的矛盾。”世界运动、变化、发展的根源在于事物的矛盾，这些矛盾反映到人的意识中来，就产生了问题。怎样看待问题，关系到哲学的基本观点、方法的分野。从唯物辩证法的角度看，承认世界的变动性和规律性，就不能不承认矛盾的必然性和永恒性，就不能不承认问题的客观性和普遍性。正是问题的不断产生、不断变化、不断解决，构成了世界的动力源泉，推动着世界的演化和人类社会的进步。

问题导向是实践导向，体现了社会主义社会辩证法的本质要求。从本源和特征来说，唯物辩证法是实践辩证法。马克思指出：“人的思维是否具有客观的真理性，这不是一个理论的问题，而是一个实践的问题。人应该在实践中证明自己思维的真理性，即自己思维的现实性和力量，自己思维的此岸性。”[①] 实践是思维与存在、主体与客体矛盾的根源，是思维与存在、主体与客体相互联结和转化的桥梁，是人的思维现实性和思想能动性的确证，因此，辩证法问题本质上是实践哲学，问题导向的思想方法体现了马克思主义的实践第一的基本原则。中国特色社会主义是在总结反思社会主义实践，并在改革发展实践中开拓前行的。邓小平在中国改革开放之初指出，什么叫社会主义？什么叫马克思主义？我们过去对这个问题的认识不是完全清醒的。在建设社会主义的过程中，由于对社会主义性质的不清醒，对社会主义发展阶段的不清醒，导致了中国社会主义建设方向、道路、动力等的不清醒，使我国社会主义进程遇到很多挫折，走了很多弯路；而建设社会主义的失误又是与对马克思主义的错误理解和运用联系在一起的。教条式而不是实事求是地照搬照套马克思主义的某些原理、原则，使党的指导思想“左”的倾向越演越烈，难以纠正，最后导致了“文革”的爆发，给国家和人民带来深重灾难。正是由于脱离实践的思想路线和认识方法的错误，使传统社会主义走不出封闭僵化的怪圈。邓小平认为，实践是认识真理、判断真理的根本标

---

① 《马克思恩格斯选集》第1卷，人民出版社1995年版，第55页。

准，他以大无畏的实践精神和政治勇气开启了中国社会主义改革开放的全新时期。30 多年来，我们党坚持实践辩证法，科学提出并正确回答、解决了社会主义的本质和发展路径、党的领导的性质和建设路径、发展的本质和发展路径等重大问题，把巨大的主体积极性和社会生产力召唤出来，不断推进中国特色社会主义的实践创新和理论创新，为世界所瞩目。

实践是在人的认识的无限性和有限性、人的需要的无限性和有限性、人的创新能力的无限性和有限性的矛盾运动中不断深化的。社会主义与市场经济的结合、中国道路与世界文明的融合是一个艰辛探索的过程，旧的问题解决了，新的问题又产生了。当前，虽然和平与发展的时代主题没有变，以经济建设为中心的根本任务没有变，生产力发展与人民群众日益增长的物质文化需要这个主要矛盾没有变，然而对外开放的国际环境、现代化建设的内涵以及人的需要已经发生巨大的变化，人与自然、人与人、人与社会矛盾的复杂性、多发性、风险性已不可同日而语，问题的性质以及解决问题的方式也不可同日而语，这种变化反映了社会的进步和改革的深入。当前，我国经济正处于增长速度换挡期、结构调整阵痛期叠加阶段，面临着以发展动力不足、社会分化严重等为特征的“中等收入陷阱”的严峻考验。发展中不平衡、不协调、不可持续的问题依然突出；科技创新能力不强，产业结构不合理，发展方式粗放，生态环境恶化的问题依然存在；教育、医疗、住房、食品药品安全等关系人民群众切身利益等问题还没有从根本上解决；反腐败斗争依然严峻，社会公正公平、社会民主法治、文化软实力等都与社会主义法治国家的要求相差较远。这些问题暴露了国家现代化治理体系、能力和结构上的深层次矛盾，暴露了我国在科技、体制、管理、文化创新上的短板，从而提出了能否顺利跨越“中等收入陷阱”的问题。改革由问题倒逼而产生，又在不断解决问题中得以深化。在经济新常态下推进改革发展，就要有强烈的问题意识，形成问题理性，达致问题自觉。

问题意识的核心是批判意识。问题的提出源于对实践的反思，这种反思必然导向理性批判和实践批判，在批判中扬弃、创新和发展。马克思主义辩证法从来不屑于隐藏自己的批判立场，“辩证法在对现存事物的肯定的理解中同时包含对现存事物的否定的理解，即对现存事物的必然灭亡的理解；辩证法对每一种既成的形式都是从不断的运动中，因而也是从它的暂时性方面去理解；辩证法不崇拜任何东西，按其本质来说，它是批判的和革命的”①。辩证法的批判性革命性本质，基于对一切事物肯定和否定对立统一的理解、对一切形式无限性和暂时性对立统一的理解，基于把握这个规律自觉推动社会历史变革和进步。社会主义社会辩证法是马克思批判精神的自觉的继承者，不仅要在批判封闭僵化的传统社会主义中开辟新路，而且要在批判和破解改革开放新问题中进入新境界。当前，我们面临如何实现公平正义发展等更加复杂的矛盾，这些矛盾反映了改革开放以来高速发展中产生的不平衡不协调不可持续的一系列重大的理论与现实问题。这些问题不仅存在于经济领域，而且存在于政治、文化、社会、生态等领域，能否正视和破解这些问题，关系到中国特色社会主义的前途命运。社会主义社会辩证法批判精神的时代特征，是坚持实践标准、解放思想、与时俱进，一切从实际出发，实事求是，把思想认识从那些不合时宜的观念、做法和体制中解放出来，从对马克思主义的错误和教条式理解中解放出来，从主观主义和形而上学的桎梏中解放出来。马克思主义中国化、时代化的进程，就是在与革命、建设、改革实践结合过程中不断自我批判、自我超越的进程，就是不断解放思想，推进理论创新和实践创新的进程。

二、深入研究主体发展辩证法

实践是主体和客体的对立统一，作为实践的社会主义社会辩证法，是客体辩证法和主体辩证法的有机统一。在全面深化改革新阶段，我们不但要研究经济、政治、文化、社会和生态文明五位一体改革发展的问题，而且要加强研究作为改革发展主体的人的需要、利益、关系和发展的问题，自觉地把握以促进社会公平正义、增进人民福祉这个出发点和落脚点，使改革发展始终坚持以人为本，以人民为中心，充分发挥人民群众的首创精神，进一步解放和增强社会活力，让一切劳动、知识、技术、管理、资本的活力竞相迸发，让一切创造社会财富的源泉充分涌流，让发展成果更多更公平惠及全体人民。

社会历史运动是人的历史实践过程，只有紧紧抓住人作为历史主体的发展过程、实践特点和本质要求，深入研究主体辩证法，才能全面把握社会主义社会发

---

① 《马克思恩格斯选集》第2卷，人民出版社1995年版，第112页。

展的辩证法。马克思主义认为，人们所达到的生产力的总和决定着社会状况，因而，必须始终把“人类的历史”同工业和交换的历史联系起来研究和探索。马克思指出：“在社会主义的人看来，整个所谓世界历史不外是人通过人的劳动而诞生的过程。”① 马克思充分肯定黑格尔的对象化劳动的能动原则。黑格尔以思辨形式阐述了人通过劳动使自己的本质统摄自然对象，达到主体和客体的同一性，从而把人类历史理解为人的自我创造的能动过程。然而黑格尔“唯一知道并承认的劳动是抽象的精神的劳动”，而马克思的劳动是通过实践能动地创造对象又能动地改造自身的活动。因此，马克思声称，他的辩证方法不仅和黑格尔的辩证方法不同，而且和他截然相反。在黑格尔看来，人脑的活动过程，即他以“理念”的名义甚至把它转化成独立主体的思维过程，是现实世界的创造主，而现实世界只是“理念”的外部的现象形式。马克思则认为，观念的东西不外是人的头脑所反映的并变成思维形式的物质世界。可以说，马克思的辩证法是在扬弃黑格尔客观精神辩证法基础上以人的发展为基点的劳动辩证法、主体辩证法。马克思的异化劳动理论，围绕人的发展，全面地阐述了主体与客体、主体与主体、主体与自我的辩证法，揭示了资本主义社会的劳动、资本、人的关系等本质，揭示了无产阶级的历史使命与人类解放的前景。至今，马克思的异化理论对我们研究现阶段社会矛盾问题仍有重大指导意义。社会主义与市场经济的有机结合是深化改革的基本方向，这个结合使社会生产力充分释放出来，同时又产生了一系列新问题新矛盾，如怎样看待活劳动与物化劳动的关系、精神劳动与物质劳动的关系、效率与公平的关系、社会分化与社会公平的关系、能力差异与机会公平的关系、社会发展与自然生态的关系、主体价值与市场体制的关系，等等。公平是社会主义的基本价值，主体发展是改革发展的出发点和落脚点，只有把公平正义放在更突出的位置，把深化改革与“五位一体”结合起来，真正做到发展为了人民，发展依靠人民，发展成果由人民共享，真正做到协调发展、绿色发展、共享发展，才能防止改革目标异化、人的价值异化，才能最大限度地激发人民群众的主体积极性。

研究社会主义社会的主体辩证法，根本的是研究人的自由全面发展。辩证法不仅是方法论，也是世界观、认识论、价值论。作为革命的、能动的马克思主义

---

① 《马克思恩格斯全集》第42卷，人民出版社1979年版，第131页。

辩证法，其核心是人的自由。马克思以自由为尺度把人类历史划分为三大形态、三个阶段："人的依赖关系（起初完全是自然发生的），是最初的社会形态，在这种形态下，人的生产能力只是在狭窄的范围内和孤立的地点上发展着。以物的依赖性为基础的人的独立性，是第二大形态，在这种形态下，才形成普遍的社会物质变换，全面的关系，多方面的需求以及全面的能力的体系。建立在个人全面发展和他们共同的社会生产能力成为他们的社会财富这一基础上的自由个性，是第三个阶段。"① 从大学时期的博士论文到经典之作《资本论》，从理论斗争到革命实践，马克思毕生都为人的自由而奋斗，既是对德国哲学传统精神的继承发扬，也是对人类社会发展规律的深刻揭示。他的这段关于社会形态的论述集中体现了马克思主义主体辩证法的核心思想。

一是主体与客体辩证法。人是主体，是历史发展的依据和目的。自然（人化自然）和社会是客体，是人的本质力量的确证。主体与客体相互联结相互作用，与人的依赖关系相对应的是没有人的独立自由的个人的原始丰富性，与物的依赖关系相对应的是具有人的独立自由的个人的片面性，与人的共同生产、共同占有相对应的是个人全面发展、人的自由个性。主客体互为前提，二者相互联结、相互作用、相互改变的桥梁、途径是劳动生产实践。"在生产中，人客体化，在消费中，物主体化"②；"两者的每一方由于自己的实现才创造对方，把自己当作对方创造出来"③。实践创新推动着主体和客体创新，每一时代的主体通过生产实践改变着劳动对象和自然环境，同时锻造出新的语言、新的品质、新的思维方式。

二是自由劳动与异化劳动辩证法。异化是马克思早期运用矛盾辩证法和否定辩证法于社会历史领域的重要概念，异化劳动是分析资本主义社会形态的重要哲学方法，在《资本论》的研究中仍然使用了这个方法（作为哲学抽象方法的一种）。由于资本的私人占有，造成了劳动过程、劳动性质、劳动结果、劳动关系的异化，导致人与物到人与人、人与自然再到人自身（包括无产者和资产者）的普遍异化。劳动异化既造成人的片面发展，又为自由劳动的实现创造条件，

---

① 《马克思恩格斯全集》第46卷上，人民出版社1979年版，第104页。

② 《马克思恩格斯全集》第46卷上，人民出版社1979年版，第26页。

③ 《马克思恩格斯全集》第46卷上，人民出版社1979年版，第30页。

"这种生产才在产生出个人同自己和同别人的普遍异化的同时，也生产出个人关系和个人能力的普遍性和全面性"①。在继承了异化劳动创造的全部积极成果上的、建立在共同占有、共同劳动和社会化大生产的未来社会，生产劳动将给每一个人提供全面发展的机会，这样，劳动就不再是奴役人的手段，而成了解放人的手段，劳动就从一种负担变成一种快乐。这是异化劳动向自由劳动转变的辩证法，也是人的个性和能力从异化到复归的历史辩证法。

三是个体自由与类自由辩证法。从异化到自由，既是人类社会生产力与生产关系矛盾运动的必然要求，也是人类本性所使然。马克思指出："一个种的全部特性、种的类特性就在于生命活动的性质，而人的类特性恰恰就是自由的自觉的活动。"② 这种自由自觉本性是在实践中生成，在阶级对抗中演变的，因而，从自由的结构性变化来看，个人只有在集体、社会中才能获得发展自己的手段和自由。从自由的本质和最终实现来看，个人的能力和个性的自由全面发展是根本动力和最高尺度。马克思恩格斯指出，在未来社会，每个人的自由发展是一切人的自由发展的条件。个人的自由和全面的发展，既是个人的目的，又是整个社会的目的，既是人类本性的需要，也是社会生产方式的需要。社会化的人，将不再让人与自然之间的物质变换作为盲目的力量来统治自己，将在最无愧于和最适合于他们的人类本性的条件下来进行这种物质变换。因此，共产主义是"人和自然界之间、人和人之间的矛盾的真正解决，是存在和本质、对象化和自我确证、自由和必然、个体和类之间的斗争的真正解决"③。

三、注重研究和谐发展辩证法

建设社会主义和谐社会，不仅需要确立和谐价值观、和谐发展战略，而且需要从辩证法的高度上确立和谐发展思维方法。

列宁指出："统一物之分为两个部分以及对它的矛盾着的部分的认识……是辩证法的实质（是辩证法的'本质'之一，是它的基本的特点或特征之一，甚

① 《马克思恩格斯全集》第46卷上，人民出版社1979年版，第109页。

② 《马克思恩格斯全集》第42卷，人民出版社1979年版，第96页。

③ 《马克思恩格斯全集》第42卷，人民出版社1979年版，第120页。

至可说是它的基本的特点或特征)。"① 这说明，对矛盾对立统一关系的认识、研究是辩证法的核心和实质，矛盾的斗争性（矛盾双方相互区别、相互对立、相互排斥）和同一性（矛盾双方相互依存、相互渗透、相互转化）是矛盾的基本属性，统一物在这两种属性的相互作用中存在、运动和发展。在以“阶级斗争为纲”的语境下形成的“斗争哲学”认为，矛盾双方的统一、同一是相对的、暂时的、易逝的，而斗争是绝对的、普遍的、常态的，并引申出同一性是保守的、消极的，斗争性是革命的、积极的形而上学观点。和谐辩证法认为，对立面的统一的矛盾体，是内生的、有机的统一体，作为和谐的统一体是矛盾的同一性和斗争性相互依存、相互作用、相互调和的统一体，从而达到和而不同、斗而不破，充满活力、生生不息的良性发展境界。和谐辩证法视野的同一并不是否定差异、对立、冲突的同一，而是包含着差异、对立、冲突、转化的同一，和谐辩证法并不否定斗争，而认为对立面的斗争是同一的前提，但它不是矛盾运动的目的，不是只有“一方消灭一方、一方吃掉一方”的极端形式，斗争的形式决定于矛盾的性质，它服从事物和谐发展的内在规律。

和谐发展辩证法反映了社会主义建设时期的社会矛盾性质。毛泽东在《关于正确处理人民内部矛盾的问题》一文中指出，在社会主义所有制改造完成后，急风暴雨式的阶级斗争不再是社会生活的主题，大量存在的是非对抗性的人民内部矛盾，处理这类矛盾和问题，应采取批评和自我批评的方法，说理教育的方法，民主的方法。邓小平深刻总结“文化大革命”把思想认识问题政治化，从而导致民主法制缺失、思想理论僵化、社会动荡不安的严重教训，提出对思想认识问题采取“不打棍子、不戴帽子、不抓辫子”的“三不主义”，即使是对改革姓“资”姓“社”有不同看法也是认识问题，不争论，允许看，在探索和实践中逐渐明辨是非，取得共识。我国将长期处在社会主义初级阶段，影响社会和谐发展的经济因素和体制性因素仍然长期存在，由每个人发展条件的差异而造成的人与人之间的利益差别和矛盾仍然长期存在，和谐辩证法并不否认人与社会、人与人之间的矛盾，而是在共建共享社会和谐的大目标下致力于改革和完善社会主义经济体制、政治体制、文化体制、社会体制，形成体现效率与公平相结合的分配机制、健全顺畅的社会流动机制、阶层间合理的利益协调机制、贫困群体救助机

---

① 《列宁选集》第2卷，人民出版社1995年版，第556页。

制、社会矛盾疏导机制以及宽容谅解的社会心理疏导机制等一系列的制度和机制，从而为化解各种社会矛盾创造经济条件、制度框架和文化氛围，最大限度地发挥主体能动性，促成矛盾各方的合作，在差异性中达到互动、互补、互利，促进社会全体成员各尽所能、各得其所而又和谐相依，实现社会的全面进步。

和谐发展辩证法是全球化时代的思维方式。现时代是全球化时代，全球化过程是指工业革命以来各个国家、民族和不同文明体系改变彼此分隔的封闭状态，在生产方式、生活方式和价值观念上走向相互依存的整体化趋势。这个过程经历三个阶段，第一阶段以国际贸易的迅速发展为标志，第二阶段以国际金融体系形成和跨国公司的大量涌现为标志，第三阶段是全球化时代确立、形成、发展时期，它发端于20世纪70年代，到80年代末90年代初形成强劲浪潮。它是在新的科技革命特别是信息革命的背景下，以技术创新和制度创新及扩散、资本和产业在全球范围大规模流动、企业经营的国际化、知识产业化以及两大意识形态国际阵营的解构为重要特征。与前两个阶段相比，第三阶段发生质的飞跃，不仅是一体化速度的加快，全球依存度的增加，而且是时代的根本转换，这就是和平与发展的时代。全球化时代已经历了三个小阶段：美苏争霸阶段（二战后至80年代末）、美国主导阶段（苏东事件后至国际金融危机前）、从美国主导向多极化转变阶段（国际金融危机以来）。国际金融危机表明世界不能按原来的发展方式发展下去，即不能按西方资本技术单向溢出的产业方式、自由主义市场经济的调节方式、美国霸权主义的政治秩序继续运转下去。美国和西方不能按原有轨道运转下去，发展中国家也不能按原有轨道运转下去。国际金融危机也表明，在全球化背景下，局部经济危机可能迅速形成“蝴蝶效应”蔓延各国，极大地破坏世界生产力和价值链。推动科技创新，推动产业转型升级，加强国际金融监管，加强大国之间的协调合作，提升民族国家综合竞争力和文化软实力成为新趋势。正如党的十七届四中全会所指出：当今世界正处在大发展大变革大调整时期，世界多极化、经济全球化深入发展，科技进步日新月异，国际金融危机影响深远，世界经济格局发生新变化，国际力量对比出现新态势，全球思想文化交流交融交锋呈现新特点。

全球化进程中产生了一系列全球性问题，如生态危机、资源危机、金融危机、核威胁、恐怖主义等等，需要全球合作，形成全球协同治理。马克思说过，“无产阶级只有在世界历史意义上才能存在，就像共产主义——它的事业——只有作为‘世界历史性的’存在才有可能实现一样”[①]。19 世纪以来，特别是近半个世纪以来，由科技革命和市场经济驱动的全球化的迅猛发展，把人类的生存和发展问题以十分尖锐的形式暴露出来。全球化推动着现代科技的迅速传播及其向现实生产力的转化，知识经济、网络经济方兴未艾。但高科技的发展并不自然而然地提升人类的和谐和幸福，在某些方面反而造成人的关系的冷漠化和紧张化，导致人的安全感、归属感的失落；全球化优化了资源的全球配置，带来了财富的涌现和流动，然而它又加剧了区域分化和社会分化，造成了人的关系的异化和心理失衡；全球化促进了各民族的普遍交往，形成了空前的人口流动和文化融合，但文化价值观的差异又给各民族的政治合作、文化认同带来新的矛盾，甚至从宗教矛盾发展到大规模的军事冲突；全球化极大地扩展了人类开发改造自然的能力和范围，“人化自然”从理想变成了现实，但同时带来了对自然资源的过度开发，生态环境的日益恶化已严重威胁到人类自身的生存。因而有人说我们仿佛回到了狄更斯所感叹的，“这是一个最好的时代，也是一个最坏的时代”。当然，超越所谓好坏的价值评价，我们不得不承认，全球化是人类历史的一个必经的时代，是充满矛盾和悖论的时代，是人类印证自己能力和智慧的狂飙突进的时代。在应对和解决困扰人类前途和命运的各种问题中，我们需要深入研究和运用和谐发展辩证法。

（原载《学术研究》2016 年第 12 期）

① 《马克思恩格斯选集》第 1 卷，人民出版社 1995 年版，第 87 页。

坚持和发展邓小平理论

党的十五大将以高举邓小平理论伟大旗帜，推动新一轮的思想解放载入我党我国的史册。江泽民同志在十五大报告中，对邓小平理论的历史地位和指导意义作了系统的阐述，明确提出“坚持邓小平理论，在实践中继续丰富和创造性地发展这个理论，这是党中央领导集体和全党同志的庄严历史责任”。这里，不仅指出了坚持和发展邓小平理论的极端重要性，也指明了坚持和发展邓小平理论的正确途径。

我们党从诞生那一天起，就是以马克思主义理论为指导的党。党的事业的发展，一刻也离不开马克思主义理论的发展。理论的正确与否与发展状态，决定党的事业的成败进退。在改革开放和现代化建设实践中产生的邓小平理论，是当代的马克思主义，是马列主义、毛泽东思想在中国发展的新阶段，是我们党在新时期领导改革开放和现代化建设的指导思想，是凝聚全党和全国人民的精神支柱。江泽民同志把坚持和发展邓小平理论郑重地提出为党中央领导集体和全党同志的庄严历史责任，反映了时代的要求和政党的愿望。

坚持和发展邓小平理论，首先要完整、准确地把握理论的科学体系、基本观点和基本精神。建设有中国特色社会主义的伟大事业是一场深刻的波澜壮阔的实践运动，作为这个运动的科学概括的邓小平理论，其基本体系内含马克思主义的哲学、政治经济学、科学社会主义的理论精髓，涵盖经济、政治、科技、教育、文化、民族、军事、外交、统一战线、党的建设各个方面，体现在党在新时期的基本路线、基本方针和基本政策之中；其基本观点包括社会主义本质观、改革观、开放观、发展观、共同富裕观、文明观，以及“一国两制”的观点，时代主题的观点等等，这些观点具有鲜明的独创性和强烈的时代性，它们构成了邓小平理论的核心内容；其基本精神可以从各个方面进行概括，而贯穿在邓小平一生和他的思想理论各个组成部分之中的是求实情神、改革精神和实践精神，这些精神体现了马克思主义的本质特点，是邓小平理论中活的灵魂。把邓小平理论从基本体系、基本观点、基本精神的有机统一上加以把握和领会，我们不仅能树立坚持和发展邓小平理论的坚定性和自觉性，而且能确立坚持和发展邓小平理论的正确出发点。

坚持和发展邓小平理论，关键是要继续坚持实践第一的原则，再运用这个理论于新的实践中，使之获得生生不息的创造力和生命力。如同马克思主义、毛泽东思想一样，邓小平理论也是一个开放的体系，它开辟了对建设有中国特色社会主义规律的认识道路，但远远没有结束这个认识过程，实践在深化，认识也要不断深化。党的十三大曾指出，我们对这个规律的认识仍知之不多，知之不深。现在经过十四大，到今天的十五大，应该说随着改革开放和现代化建设的不断深入，随着国内国际正反两方面经验的不断丰富，随着邓小平同志和第二、第三代领导集体以及全党的不懈探索，对建设有中国特色社会主义规律的认识已逐步形成比较完整的体系，这主要体现在邓小平视察南方重要谈话、党的十四大报告和十四届各次全会的决议中，十五大以所有制结构、分配结构等多方面的理论突破，又把这种认识向前推进了一大步，成为第三次思想解放的新起点。十五大提出要把建设有中国特色社会主义事业全面推向21世纪，是一场无论广度和深度都不亚于前20年的伟大实践，标志着改革开放和现代化建设迈向更高更新的阶段。跨世纪的历史使命呼唤理论的不断丰富和发展，我们只有像小平同志那样，在新的实践基础上既继承前人又突破陈规，以我们正在做的事情为中心，以“三个有利于”为标准，继续开动脑筋，解放思想，努力解决新矛盾，回答新问题，概括新经验，才能真正高举邓小平伟大理论旗帜，开辟马克思主义的新境界。

坚持和发展邓小平理论，还要以宽广的眼界纵观世界发展潮流，使邓小平理论紧贴时代脉搏，体现时代精神的精华。邓小平理论是马克思主义与中国具体实践和时代特征相结合的产物。时时把中国的问题放到世界的大格局中来考虑，这是邓小平理论创新的一大特色。邓小平深刻地洞察战后世界经济政治格局变动的总趋势，对其他社会主义国家的成败，发展中国家谋求发展的得失，发达国家发展的态势和矛盾，以及科学技术迅速发展带来的革命性的影响，进行正确分析，作出了“和平与发展是当代世界两大主题”的科学判断，这是一个划时代的论断，为我党实现工作重心向经济工作转移，实行改革开放奠定了坚实的理论前提。当前我们正处于世纪之交，多极化趋势在全球或地区范围内继续有新的发展，经济全球化、信息化的潮流扑面而来，知识时代正以加速度走近人类社会，要和平、求合作、促发展已不可改变地成为时代主流。在把建设有中国特色社会主义事业全面推向21世纪的过程中，如何迎接新技术革命的挑战，实现"两个根本性转变"，使经济健康持续发展；如何顺应世界民主潮流，推进政治体制改革，实施以法治国，保证社会稳定和公正公平；如何博采各国文化之长，促进东西方文明的有机整合，激扬人文主义精神，发展有中国特色社会主义的新文化，等等，这是世纪之交时代赋予中国共产党人的新的课题，我们应当在实践中对这些课题作出新的回答，邓小平理论将在解决新的时代课题中实现新的飞跃。

（原载《广州日报》1997年11月12日）

为人的全面发展创造良好的环境

江泽民总书记在“七一”讲话中提出“人的自由全面发展”是共产主义的特征，这个论断：一是根据马克思的基本观点提出的；二是紧跟着世界进步潮流得出的；三是从我国经济社会发展趋势提出的。“自由人的联合体”是马克思在《共产党宣言》中提出的关于未来社会的设想。他认为，个人的自由全面发展与集体的自由发展是一致的，是互为前提的，而个人的自由全面发展是基础。恩格斯曾应一位朋友之请，用一句话来概括共产主义的根本特征，他引用了《共产党宣言》的一句话：每个人的自由全面发展是一切人自由全面发展的前提和条件。过去我们批判西方社会的个人主义，强调个人的集体责任，强调国家、集体至上，这没错，但往往走向一个极端，就是忽视个人的自由和个人的发展，只讲个人对集体的忠诚和义务，不讲或少讲个人的自由权利和发展要求，只讲个人是螺丝钉，不讲个人也是发动机。按马克思的观点来看，每个人既是客体，同时也是主体，既是剧中人，同时也是剧作者，把个人的利益与集体国家利益，个人动力与整体目标有机结合起来，这样的共产主义才有吸引力，才值得人们前仆后继地为之奋斗。人的解放、人的自由本来是我们共产党人的旗帜，但我们过去受“左”的影响，没有正确理解和贯彻，结果往往被西方反动势力拿过去责难我们。现在江泽民总书记在“七一”讲话中明确讲了，而且是在党的纲领性文件中第一次如此明白无误地强调，是我党理论的一次突破。可能有人会把人的自由全面发展误为不讲条件，想干什么就干什么。江泽民总书记不仅讲了人的自由全面发展是共产主义的根本特征，而且讲了在现阶段，如何做到经济发展与人的全面发展的辩证统一。人是发展的目的，不是手段，这就为我们的现代化建设指明了目标和方向。西方搞市场经济、搞现代化，往往以广大劳动群众的片面畸形发展，以生态环境的严重破坏为代价，这不是以人为本，而是以利润为本。现在我们搞现代化建设，要吸取西方的教训。然而人的自由全面发展不是一蹴而就的，需要条件，那就是生产力的高度发展和人的能力、文化修养和道德水平的极大提高。因此，江泽民总书记提出“两个着眼于”，即着眼于人民现实的物质文化生活需要，着眼于促进人民素质的提高，这是马克思主义建设新社会的本质要求。为此要使物质文明建设与精神文明建设的协调发展，人与自然的和谐发展，从而实现人的发展的历史过程与经济社会文化发展历史过程的相互结合、相互促进。在讲到促进人的全面发展的历史过程的时候，江泽民总书记还强调，要坚持和贯彻党的富民政策，重申了先富与后富的辩证关系。要充分发挥人民群众的主观能动性和创造精神，为此要改善政治体制，发展社会主义民主与法制，保证人民群众行使民主选举、民主决策、民主管理、监督的权利。

（原载《学术研究》2001 年第 12 期）

坚持中国特色社会主义的政治宣言

胡锦涛总书记7月23日在省部级主要领导干部专题研讨班开班式上发表的重要讲话，从坚持和发展中国特色社会主义的政治高度和宽广视野，精辟分析了我国面临的新形势新任务，深刻阐述了事关党和国家全局的若干重大问题，深刻回答了党和国家未来发展的一系列理论和实践问题，明确提出了坚持和发展中国特色社会主义，全面推进社会主义经济建设、政治建设、文化建设、社会建设以及生态文明建设和党的建设的新要求，对于统一全党思想、明确前进方向，团结动员全党全国各族人民解放思想、实事求是、与时俱进、开拓创新，满怀信心地为全面建成小康社会而奋斗具有十分重大的意义，为党的十八大召开奠定了重要的政治、思想和理论基础。

高举旗帜，明确方向

胡锦涛总书记“7·23”讲话是坚持中国特色社会主义的政治宣言，是适应时代要求和人民愿望的行动纲领。作为一个行动纲领、一个政治宣言，总书记的讲话回答了举什么旗、走什么路、以什么样的精神状态、朝着什么样的目标前进的问题。总书记在讲话中开宗明义地指出：“高举中国特色社会主义伟大旗帜，以邓小平理论、‘三个代表’重要思想为指导，深入贯彻落实科学发展观，解放思想，改革开放，凝聚力量，攻坚克难，坚定不移沿着中国特色社会主义道路前进，为全面建成小康社会而奋斗。”强调要坚定不移地走中国特色社会主义道路，中国特色社会主义伟大旗帜一定要高高举起，这已经为我们国家改革开放30多年的实践所证明。

思想解放永无止境

总书记在讲话中强调，以经济建设为中心是兴国之要。实践证明，如果不坚持以经济建设为中心，我们就可能走偏方向。坚持以经济建设为中心，坚持改革开放，这一点是不能动摇的。

总书记在讲话中强调推进科学发展，提到了“三个取决于”，其中第一个就是取决于我们的思想认识。思想解放永无止境。比如，刚开始我们以实践为标准推进思想解放，后来以生产力为标准推进思想解放，当前，应该以社会主义市场经济改革为标准来推进思想解放。汪洋书记在省第十一次党代会报告中强调，要坚持社会主义市场经济改革方向，加快转型升级，建设幸福广东。今天要解放思想，就要在社会主义市场经济改革这个问题上进一步解放思想。

曾经有人认为市场经济失灵了，甚至产生了市场经济万恶论。我个人认为，市场经济既不是天使，也不是魔鬼；既不是万灵的，也不是万恶的。市场经济是一个不断发展的过程，要以发展的眼光来认识市场经济。从自由市场经济到理性市场经济再到人本市场经济，我认为应该是社会主义市场经济发展的一个方向。

当前，坚持社会主义市场经济改革，就要从市场经济的本质特性和社会主义要求两者结合来理解市场经济。省第十一次党代会报告中概括了市场经济的几个特点：法治为基，诚信为魂，效率为先，公平为本。当前所处的理性市场经济这一阶段，有几个特征：市场经济理性，对应的是自由竞争；市场社会理性，对应的是公平正义；市场政治理性，对应的是民主法治；市场人文理性，对应的是宽容多元。从这个角度来认识和推进社会主义市场经济的发展和改革，在理论上可以进一步探讨、进一步概括，这是我们解放思想的一个很重要的任务。当然，除此之外，还有如何转型升级，如何实现社会公平，如何处理好政府与社会、政府与市场、效率与公平等这些重大的关系，都值得我们通过解放思想，进一步深入研究。

弘扬时代精神，繁荣哲学社会科学事业

高举旗帜、推进科学发展、全面建设小康社会，精神状态很重要。省第十一

次党代会提炼出的新时期广东精神，充分体现了时代精神和广东地方特色。以新时期广东精神来提升哲学社会科学发展，主要可从三个方面入手：一是以“厚于德”的精神提升哲学社会科学的学术精神、学术道德。就是要把追求真理、服务人民作为哲学社会科学的根本宗旨，专家学者要努力当好厚德载物的表率，确立崇高理想，服务社会进步。二是要以“诚于信”的精神增强学术诚信。学术诚信是影响哲学社会科学发展的一个老问题，也是一个突出的问题，要进一步克服学术研究中存在的不良行为。广东应该在学术诚信方面跟整个市场经济相适应，专家学者要做学术诚信的标杆，严谨治学，淡泊名利，追求真理。三是要以“敏于行”的精神推进学术创新。特别是要通过学习领会好胡总书记的重要讲话，进一步解放思想，做学术创新的先行者，敢于立言，勇于开拓，引领潮流，进一步推动理论创新。通过我们的共同努力，使广东精神内化成学术创新、学科体系创新、研究方法创新的强大动力，形成全体社科工作者的精神追求和价值支撑，为进一步建设中国特色社会主义，为全面建成小康社会作出应有的贡献！

（原载《南方日报》2012 年 8 月 4 日）

对马克思主义中国化时代化大众化的一些思考

——兼论中国道路

马克思主义中国化时代化大众化是党的十七届四中全会提出的一个重要命题，它的提出具有重大的理论意义和现实意义。将马克思主义“中国化”与“时代化”“大众化”相并列，这是对马克思主义中国化内涵外延的深化，是进一步加强党的思想理论建设，把我们党建设成为与时俱进的学习型、创新型政党的重大举措，必将推动我们更好地坚持马克思主义的立场、观点、方法，坚持和发展中国特色社会主义理论体系，坚持和发展中国特色社会主义道路。

一、从马克思主义中国化时代化看中国道路

马克思主义时代化是把马克思主义与时代发展要求及特征结合起来，实现马克思主义理论观点、理论体系和研究方法的重大创新。马克思主义是时代和实践的产物，它在时间上要随着时代的发展而发展，在空间上要与各国具体实践相结合，回答实践提出的新问题，实现新飞跃。马克思主义的中国化、时代化、大众化是有机统一的，时代化体现马克思主义的本质特征，中国化体现马克思主义的发展方向，大众化体现马克思主义的主体基础。

正如没有马克思主义中国化就没有马克思主义时代化一样，离开马克思主义时代化也谈不上马克思主义中国化。过去我们在社会主义建设中出现了一些曲折，究其深层次的原因，是未能把握时代发展的大势，根据时代发展的变化，与时俱进地推进马克思主义时代化，因此也不能科学地实现马克思主义中国化。20世纪50年代，中苏展开大论战，我党开始认识到要自己探索社会主义建设道路，但没有察觉时代的变化（如西方社会阶级结构的变化），反而大批修正主义，

“左”的思想更加发展，最后导致“文化大革命”的发生。从中可以看到，离开时代化的中国化，马克思主义发展就会失去方向，社会主义建设就会遭受挫折。

对“中国道路”进行分析，可以深化马克思主义中国化、时代化的意义和途径的认识。

改革开放30年，中国以年均9%以上的速度增长，经济总量即将超越日本跃居世界第二位，不少专家预测在20至30年内超越美国，认为是一种奇迹，创造了高速发展的东方模式；不少发展中国家认为中国能在保持独立自主、坚持社会主义道路的前提下取得如此辉煌的成就，是值得仿效学习的跨越式发展模式；中国如何概括自己的发展经验，探索今后改革发展方向，排除来自“左”和右的干扰，进一步解放思想和统一思想，更好地带领全国人民在中国特色社会主义道路上走下去，也需要总结概括深化自身的道路的认识。

我认为，中国道路具有时代性和实践性，它的时代意义和实践意义在于：

1. 中国道路是在全球化浪潮中实现经济文化现代化的民族复兴之路。

2. 中国道路是在社会转型中改革、发展、稳定相统一的大国崛起之路。

3. 中国道路是在时代转换中落后国家和地区实现跨越式发展之路。

中华人民共和国用60年时间，走过了西方资本主义国家二三百年现代化建设之路，归根结底在于开辟了中国特色社会主义道路。中国在这条道路上奇迹般的发展，不仅彻底改变了人类近1/5人口的命运，而且丰富了人类对社会发展规律和发展道路的认识，拓宽了一个发展中国家实现现代化的途径，促进了全球化时代人类文明的多样性发展，为人类解决共同面临的发展问题做出了新贡献。改革开放30年来，中国年均经济增长率是世界同期年均经济增长率的3倍多。改革开放初期，邓小平在向外宾描述中国特色社会主义所要达到的目标时说，“这不但是给占世界人口1/4的第三世界走出一条路，更重要的是向人类表明，社会主义是必由之路”。

中国道路的理论启示：

1. 坚持历史观和价值观相结合，是马克思主义时代化的基本立场。就是把发展生产力与改善人民生活、增进人民自由民主和社会公平正义结合起来。科学发展观明确提出，发展是第一要义，以人为本是核心要求，从邓小平同志到江泽民同志再到胡锦涛同志，30多年来，我们党在致力于发展生产力的同时更加重视人的全面发展，在注重效率的同时更加重视公平，在使人们富裕起来的同时更加重视提高公民的思想道德素质。

2. 坚持普遍性和特殊性相结合，是马克思主义时代化的基本方法。总结我国改革开放的经验有好多条，最有根本意义的是把社会主义与市场经济相结合这一条。马克思从批判市场、资本来否定资本主义，我们则从肯定市场、资本来改革社会主义，确是一个伟大的创造。列宁指出，走向社会主义是人类必然趋势，但走向社会主义的形式是千差万别的。邓小平在党的十二大开幕词中明确指出中国道路问题：我们的现代化建设，必须从中国的实际出发。无论是革命还是建设，都要注意学习和借鉴外国经验。但是，照抄照搬别国经验、别国模式，从来不能得到成功。这方面我们有过不少教训。把马克思主义的普遍真理同我国的具体实际结合起来，走自己的路，建设有中国特色的社会主义，这就是我们总结长期历史经验得出的基本结论。

3. 坚持理论创新和实践创新相结合，是马克思主义时代化的基本途径。30年的改革发展经验，归结到一点，就是摸着石头过河。不能用理论剪裁实践，而是要用实践检验和创新理论，在实践中达到知和行的统一，认识和实践的统一。从世界社会主义改革史看，这是一个相对平稳渐进的成功过程。

总的结论是：

中国道路是坚持和发展社会主义的道路。包括坚持马克思主义的指导，中国共产党的领导，社会主义基本制度，这是中华民族走向富强、民主、文明、和谐之路。

中国道路是开放之路。不能把中国道路绝对化、凝固化，停顿和封闭只能倒退。

中国道路是改革创新之路。无论是经济发展方式的转型升级，还是经济、政治、文化和社会体制的改革创新，都需要进一步的思想解放和理论创新。邓小平在1994年说：过去我们讲先发展起来，现在看，发展起来以后的问题不比不发展时少。正如一些学者说，如果说，过去的问题是如何把蛋糕做大的话，那么现在的问题是如何把蛋糕分好。要更加重视社会建设。

中国道路是和平崛起、和谐发展之路。中国应当对人类有较大贡献，富起来后应当有所作为。但中国人均GDP（国内生产总值）仍然很低，当务之急还是先把自己的事情办好。要以发展中国家韬光养晦，以大国心态兼容并包，以中华文明打造文化软实力。

邓小平1992年“南方谈话”最后一段话值得我们反复回味：我们要在建设有中国特色的社会主义道路上继续前进。资本主义发展几百年了，我们干社会主义才多长时间！何况我们自己还耽误了20年。如果从建国起，用一百年时间把我国建设成中等水平的发达国家，那就很了不起！从现在起到下世纪中叶，将是很要紧的时期，我们要埋头苦干。我们肩膀上的担子重，责任大啊！

二、从马克思主义大众化看社科普及工作

马克思主义大众化的本质是在人民群众中普及马克思主义基本理论，充分发挥人民群众的主体精神，让人民群众接受和运用马克思主义的世界观和方法论，并用以指导自己的改造世界和主观世界的实践，自觉地为自己的利益而奋斗，最终实现无产阶级和全人类的解放。正如列宁所指出：“马克思和恩格斯对工人阶级的功绩，可以这样简单地来表达：他们教会了工人阶级自我认识和自我意识，用科学代替了幻想。”[①] 可见，马克思主义大众化是由马克思主义的本质和使命所决定的，是由无产阶级革命和人类解放的任务和途径所决定的。

马克思主义大众化与马克思主义中国化相伴而生。毛泽东在中国革命的实践中把马克思主义中国化与马克思主义大众化的结合推向一个高峰，形成了中国化与大众化结合的基本原则和方法：马克思主义普遍真理要与中国革命和建设的具体实践相结合，运用马克思主义的立场、观点、方法分析和解决中国问题；马克思主义要与人民群众相结合，“把哲学从哲学家的头脑和课堂解放出来，使之成为人民群众手中的锐利武器”；马克思主义要反映人民群众的呼声，马克思主义的主题和着眼点应是人民群众实践、斗争和生活中最关心的最迫切的利益问题；马克思主义要与民族思维方式和表达方式相结合，要用人民群众喜闻乐见的语言和方法阐释和普及马克思主义。总之，马克思主义不但是中国化、时代化的马克思主义，而且是有中国气派、中国风格的扎根于人民群众之中的鲜活的充满生命力的马克思主义。中国特色社会主义理论体系就是中国化、时代化、大众化的马克思主义，是马克思主义中国化的最新成果。

社会科学普及工作是马克思主义大众化的重要途径，充分认识社科普及的重

---

① 《列宁选集》第1卷，人民出版社1995年版，第89页。

要性，把握社科普及的规律和方法，是推动马克思主义大众化的重要环节，也是当前繁荣发展哲学社会科学的重大任务。

第一，社科普及工作要成为传播现代文明，弘扬科学精神和人文精神的重要途径。人类社会是在科学理性推动下走向现代化、工业化、市场化的，但是当代的现代化、工业化、市场化正如马克思所批判的，在创造了巨大的物质财富以后走向迷途，工业文明在其发展历程中出现了越来越多非理性的东西，甚至是反理性的、异化的东西。好比说拜金主义，把金钱看得比任何东西都重要，为了金钱可以出卖良心；好比 GDP 主义，为了眼前的经济利益可以随意破坏自然生态，做断子绝孙的事；等等。2007 年美国在全世界吹起的金融泡沫，近年来我国泛滥的房地产泡沫，都属于非理性的行为甚至是疯狂的行为。我们的社会大众既是这种非理性的受害者，同时也是参与者，大家盲目地炒股、炒楼，共同把泡沫吹起来。如何提升我们的民族理性，大众理性，实现以人为本的科学发展，天人合一的和谐发展，需要我们在干部群众中坚持不懈地传播现代文明观念、现代科学知识、优秀传统文化和社会主义核心价值体系，构筑社会全面协调可持续发展的强大的精神文化支撑。

第二，社科普及工作要成为建设学习型党组织，建设学习型社会的重要载体。党的十七届四中全会提出要建设马克思主义学习型政党，以担负起领导科学发展，引领中华民族伟大复兴的历史使命。中央要求党员干部爱读书、读好书、善读书，形成一种全党上下读书学习这样一个良好机制和氛围。社科普及工作要引导干部群众在读书活动中不仅要学到知识，提升思想理论素质，更要形成现代的科学思维方式，正如四中全会提出的，要推动干部群众增强战略思维、创新思维和辩证思维。有了战略思维才能高瞻远瞩，有了创新思维才能与时俱进，有了辩证思维才能全面发展。辩证思维很重要，能帮助我们客观地反映矛盾，透彻地分析矛盾，正确地处理矛盾。为什么老百姓会端起碗吃肉，放下筷子骂娘？为什么房地产价格下跌时有人不高兴，房地产价格猛涨时更多人不高兴？就是说，没发展起来之前有很多问题，但发展起来后也许有更多的问题，不能用单打一的形而上学的观念去落实科学发展观，只有用辩证思维才能适应富起来以后人民群众多元、多样、多变的需要，才能在全球化、信息化的现时代占据领导权。

第三，社科科普工作要成为推文化建设，提升我国文化软实力的基础工程。增强文化软实力的一个重要的标志，就是广大群众文化素质的普遍提高。所谓万米高楼平地起。没有全体人民特别是农民素质的普遍提高，文化强国只能是空中楼阁。我们不能想象在许多农民群众仍然沉迷于赌六合彩、搓麻将的土地上能够建成文化强国。建设文化强国的首要任务，是建设多样、多元、多层、多彩的大众文化，满足人们的文化需求，让广大人民群众快乐起来，聪明起来，高尚起来，自觉起来。社科普及要围绕发展大众文化的目标任务找准切入口，着眼于提高人民群众文化意识，弘扬民族优秀文化，发掘民间特色文化，开展大众审美讨论，引导大众文化消费，在大力丰富人民群众的文化生活中不断提高人民群众的精神文化素质。

实践证明，科普工作是哲学社会科学工作的一个大有作为的新领域，是发挥社会科学社会功能和影响力的重要渠道。当前要大力加强工作创新和内容创新，使之迈上新水平。一要在贴近基层、贴近群众上创新，二要在运用大众媒体、新媒体上创新，三要在开发新产品上创新。把群众喜闻乐见的好形式打造成品牌，延伸价值链，实现可持续发展。

（在2012年全国社科联主席联席会议上的发言）

“中国梦”：科学性、人民性和实践性的统一

习近平总书记提出的中华民族伟大复兴的“中国梦”，得到了全国各族人民的广泛认同，在海内外引起强烈反响。中国梦是近代以来无数革命先驱探索和奋斗的目标，是改革发展理论的总结和提升，是国家富强、民族振兴、人民幸福的必然要求。中国梦具有坚实的基础和深刻的内涵，体现了科学性、人民性和实践性的统一。

一、中国梦体现了科学性，是合规律性、合目的性的统一

道路选择：历史演进与时代趋向的统一。中国梦能否实现，关键是要走好中国道路。中国特色社会主义道路，是近代以来中国现代化探索进程的历史选择，是全球化时代中华民族抓住机遇跨越式发展的现实要求。我们党在积极探索社会主义现代化建设过程中，创造性地把马克思主义基本原理同当代中国国情和时代特征相结合，在实践中科学回答了什么是社会主义、如何建设社会主义，建设一个什么样的党、怎样建设党，什么是发展、怎样发展等历史性课题，使神州大地展现出勃勃生机。民族复兴如站在海岸遥望海中已经看得见的一艘航船，如立于高山之巅远看东方已见光芒四射喷薄欲出的一轮朝日。今天，如何在我国经济社会深刻转型的关头，成功地全面建成小康社会，基本实现社会主义现代化，进而建成富强民主文明和谐的社会主义现代化国家，需要有点燃全体人民创造热情的蓝图和愿景。中国梦，无疑正是这种历史脉动的潮声、时代精神的口号。

奋斗目标：民族振兴与个人发展的统一。中国梦的目标是要实现民族复兴、国家富强、人民幸福。一方面要全面建成小康社会、建成富强民主文明和谐的社会主义现代化国家，实现中华民族的伟大复兴；另一方面，要让生活在我们伟大

祖国和伟大时代的全国人民，共同享有人生出彩的机会，共同享有梦想成真的机会，共同享有同祖国和时代一起成长与进步的机会。这样的中国梦是整个中华民族长期以来的梦想，是亿万人民世代相传的夙愿，它本质上是无数“个人梦”的汇合和升华，代表了历代中国人对幸福的不懈追求，体现了民族整体性与国民个体性奋斗目标的一致。

内涵实质：经济发展与文明复兴的统一。文明是社会所有物质财富和精神财富的总和，涵盖了人与人、人与社会和人与自然之间的关系。社会主义的本质是解放和发展生产力，只有在物质生产力持续涌流的基础上，才能够实现社会的全面进步。中国梦的一个重要标志是国强民富，为此要坚持发展是硬道理的战略思想，坚持以经济建设为中心，不断夯实实现中国梦的物质文化基础。中国梦也是一个东方古国吸收西方现代化发展经验和教训的文明复兴之梦，既要拥有先进的物质、科技、军事硬实力，还要拥有强大的软实力，包括社会制度吸引力、精神价值感召力和生态环境竞争力。实现中华文明的凤凰涅槃、浴火重生，就要促进经济、政治、文化、社会、生态文明建设五位一体协调发展，促进国家综合实力和社会道德不断提升。

思维方式：文化自信与文化自觉的统一。力量源于自信，智慧来自自觉。中华民族具有5000多年连绵不断的文明历史，创造了博大精深的中华文化，历经兴衰沉浮、内乱外患，仍然生生不息，奋然屹立于世界东方。中国改革开放30多年创造了举世公认的发展奇迹，使一个曾经封闭落后的中国变成一个开放强大、蒸蒸日上的中国。中国梦的实现离不开文化自信，包括对民族文化的认同感和自豪感，也包括对中国特色社会主义的道路自信、理论自信和制度自信。但历史经验也反复证明，一个民族如果固步自封，妄自尊大，必然走向封闭落后。中国梦的自信，是建立在文化自觉基础上的自信。文化自觉就是要倡导开放包容、自我超越、善于创新、和谐发展的价值取向和思维方式。中国应当对世界有更大的贡献，中国的崛起，是改变自身和改变世界的统一，是造福民族和造福全人类的统一。

二、中国梦体现了人民性，贯穿了人民主体的历史观和价值观

中国梦是人民的梦，反映了我们党以人为本、执政为民的责任感、使命感，

体现了我们党一切决策的出发点和落脚点，就是为了实现人民群众过上更美好生活的殷切期望。

中国梦归根到底是为了人民的幸福。人民是历史和社会的主体，实现中国梦，就是要实现以人民幸福为依归的发展。人类发展的历史，是人自身不断获得解放、不断追求幸福梦想的历史。从古希腊、罗马哲学注重世界本原问题研究，到近代哲学注重思维与存在的关系问题研究，到马克思主义哲学注重人的解放和发展问题，这一奔流不息的思想之河反映了人类认识从外到内，从物质到精神再到人自身生存和发展的变革进程。中国梦代表了人类历史发展的方向，这一愿景包含了三个层次的动态系统，即国家富强、民族振兴、人民幸福。这三个层次不是孤立分离的，而是有机联系的，其中，人民幸福是根本，国家富强、民族振兴是人民幸福的前提和保障。

中国梦需要全体人民的共同参与。人民是历史的主体，最深刻地反映在人民的自我解放。促进人民群众的自我认识和自我意识，把他们的需要、意志和智慧汇集到民族复兴事业中来，把每一个人的自由全面发展作为国家和民族进步的必要前提，是实现中国梦永不枯竭的活水源泉。历史证明，个人的前途与国家命运息息相关，而每一个人的努力奋斗，都是中国梦不可或缺的组成部分。最大程度吸纳人民群众参与改革和建设进程，让一切劳动、知识和资本的发展活力竞相迸发，让一切阶层、群体和社会组织的创造能量充分释放，才能最大限度地激发、凝聚实现中国梦的中国力量。

中国梦要让全体人民都能共享发展的成果。在中国古代社会，也曾有过王朝的盛世，但“兴，百姓苦；亡，百姓苦”，人民作为创造历史的主体，从来就难以共享到发展的成果，从来就难以得到应有的权益。中国梦理论之所以具有高度的人民性，就是体现在要为人民提供更好的教育、更稳定的工作、更满意的收入、更可靠的社会保障、更高水平的医疗卫生服务、更舒适的居住条件、更优美的环境和更健全的民主法治等。人民对美好生活的向往，对人生出彩机会的渴望，正是中国梦最富生命力的构成。在改革和发展中不断实现好、维护好、发展好最广大人民根本利益，这样的中国梦，才是插上理想翅膀的梦，才是闪耀人性光辉的梦，才是人民群众真心拥护的梦。

三、中国梦体现了实践性，是务实精神和创新精神的统一

实践是生活的源泉，是检验真理的唯一标准，历史发展的客观性规律性和人的能动性目的性在实践中相互联结，相互转化。实干兴邦，空谈误国。社会主义是干出来的，不干，半点马列主义都没有，再美好的理想也实现不了。实践创新是通向中国梦的不二法门。

实现中国梦，就要真抓实干。把一个拥有13亿人口的发展中大国带入现代化、实现民族复兴，要比任何民族和国家都要面对更加复杂的世情和国情，要付出更加艰辛的努力。2012年我国人均GDP仅3.8万元，在全世界的排名仅为87位，和发达国家相比，还有很大的差距。这就要求我们要长期坚持以经济建设为中心，以发展为第一要务。“咬定青山不放松，任尔东南西北风”，只有在发展基础上不断增加人民的财产性收入，不断扩大中等收入者阶层，社会的稳定和谐发展和转型进步才有一个良好的基础。这就要求每个党员干部破除精神懈怠，发扬实事求是的思想作风和执政为民的群众观点，当好实现中国梦的主心骨和领头羊；要求每个公民在各自岗位上艰苦奋斗、建功立业，以劳动和智慧，当好实现中国梦的主力军和建设者。

实现中国梦，要有问题意识。我国仍处于发展的重要战略机遇期，但发展起来后遇到的矛盾和问题更复杂多样。问题是时代的呼声。当前，随着社会深刻转型，改革、发展与稳定的矛盾，效率与公平的矛盾，经济增长与生态环境的矛盾以及城乡、区域之间发展不协调、不平衡等问题愈益凸显。我们要强化问题意识，提升问题理性，达致问题自觉，把思想从形式主义中解放出来，从路径依赖中解放出来，从既得利益格局中解放出来，不断推动理论创新和实践创新，不断破解制约科学发展的矛盾和问题，为实现中国梦提供持久不衰的强大思想和精神动力。

实现中国梦，要深化改革开放。改革开放是决定当代中国命运的关键抉择，是坚持和发展中国特色社会主义、实现中华民族伟大复兴的必由之路。我国改革开放最重要的制度成果，就是建立了与社会主义基本制度相结合、发挥市场配置资源基础性作用的现代市场经济体制，成功实现了从高度集中的计划经济体制到充满活力的社会主义市场经济体制、从封闭半封闭到全方位开放的伟大历史转

折。当前，在进一步深化改革开放的过程中，我们必须坚定不移地坚持社会主义市场经济的改革方向，并在实践中认真总结发展社会主义市场经济的经验和教训，从社会主义本质要求和市场经济客观规律有机结合上深化改革，推进制度创新、管理创新和文化创新，使其朝着法治为基、诚信为魂、效率为先、公平为本的既充分解放和发展生产力，又实现社会共同富裕的方向不断变革和完善。这是一条前人没走过的充满艰辛和风险的道路，又是一条朝着美好梦想迈进的必由之路。

（原载《南方日报》2013 年 6 月 8 日，作者：田丰、李翰敏）

解放思想　实践科学发展观

省委十届二次全会号召全省人民：广东要努力争当实践科学发展观的排头兵，以新一轮思想大解放，推动新一轮大发展。新一轮思想解放的东风扑面而来。

改革开放思想领风骚　托起广东“三个春天”

邓小平同志、江泽民同志和胡锦涛总书记在广东先后提出党的重大创新理论，都与广东这块改革开放前沿热土的广大人民一波又一波的思想解放息息相关，推动着广东干部群众30年来始终勇立改革潮头，不断谱写历史新篇章。

曾记否，值神州大地处于封闭的计划经济束缚之际，濒临南海的粤闽两地骤闻拍岸涛声：1979年7月，中共中央赋予两省实行“特殊政策、灵活措施、先行一步”试办出口特区；次年全国人大批准《广东省经济特区条例》，深圳、珠海、汕头3个经济特区擎引广东的经济复苏和加速发展；1984年邓小平南行，推动了经济技术开发区、珠三角经济开放区和东西两翼沿海地带的发展，当年广东提前一年超额完成“六五”计划。1992年初88岁高龄的邓小平发表“南方谈话”，进一步激励南粤冲破姓“资”姓“社”的思想桎梏，开创了社会主义商品经济大发展的第一个“春天”，广东经济总量因之跃升全国第一位。

2000年初，江泽民总书记南来提出“三个代表”重要思想，要求广东增创新优势，更上一层楼，率先基本实现社会主义现代化。广东先后提出“外向带动”、“科技兴粤”、“可持续发展”、“区域协调发展”四大战略，增创“体制、产业、科技、开放、环境”五大新优势，推进了我省社会主义市场经济体制的完善、经济社会的发展和综合竞争力的飞跃，推动了第二个“春天”的跨越式发展。

2003年4月，胡锦涛总书记在广东阐发科学发展的思想，要求广东加快发展、率先发展、协调发展，在全面建设小康社会、加快推进社会主义现代化进程中更好地发挥排头兵作用。广东人闻风而动，以建设经济强省、文化大省、法治社会、和谐广东、实现富裕安康为目标，牢固树立立党为公、执政为民的宗旨，倡导求真务实、干净干事的作风，确立追兵就是标兵、对手就是老师的竞争意识。全省人民经过五年的辛勤耕耘，在第三个“春天”里又实现了经济社会的跨越式发展，各项工作开始转入科学发展的轨道。

改革开放30年的思想解放，从打破旧体制、解放生产力开始，到建立和不断完善以市场经济体制为主的各项机制和体制，广东逐渐挣脱姓“社”姓“资”和姓“公”姓“私”等思想桎梏的束缚，充分发挥新体制的活力，使生产关系不断适应生产力的发展，从而创造了“三个春天”的伟大奇迹。

卸下包袱拓视野　再当思想解放弄潮儿

长江后浪推前浪——在“三个春天”和风的沐浴中，我们又一次站在历史发展的前沿关口。

思路决定出路。要跨越这道雄关，舍去思想大解放的导引，便没有捷径可走。换一句话说，放弃思辨进取，等于认同失败！

然则，这新一轮的思想大解放，需比以往具更无畏的勇气、更奋进的精神、更艰辛的付出——因为，这是一场主动的、自我的革命，是触及灵魂的、振聋发聩的思想解放，其空前性和深刻性非同日而语矣。

这是一场提高竞争优势的创新，其空前意义有三层：一是在“辉煌”上再进取；二是在“排头兵”阵中争尖兵；三是于“科学发展”的实践中发智慧。一言以蔽之，要在同高手“较招”中出高招。如是，由不得你躺在成绩册上读光荣，于前沿阵地打呼噜，伴“歌舞升平”而叹“悠哉”！有道是，快马尤须加鞭，响鼓必用重棰。

这是一次志存高远的主动出击，其深刻性意义有三难：一是把自己摆进去，二是将自满甩开去，三是把忧患记下来。一句话，轻装上阵，方能无私无畏，为排头兵冲锋扫雷吹号。君不见，时下广东流行所谓“领导不愿上调、企业不愿上市、先进不愿上榜”的思想，这是严重的固步自封倾向。因之，领导干部须树立忧患意识；行政部门须抛开“既得利益”；普通民众须发扬创业精神，不当“二世祖”。古语云，逆水行舟，不进则退。

六个层面深化认知　寻求破解难题良方

思想是行动的指南。思想解放不能停留在口头上。每一个干部群众，尤其是领导干部，起码应在以下六个层面上深化认知：

一是在思维取向上强化解放思想的使命感。鉴史镜今，“一个民族想要站在科学的高峰，就一刻也离不开理论思维”，任何一个地区想要实现科学发展，也须臾不能不依靠科学理论的支撑与指引。我们要以“先天下之忧而忧”的情怀、为中华民族伟大复兴贡献智慧的品尚、唯物主义者无所畏惧的气概，以及只争朝夕的紧迫感，创新理念，克服夜郎心态，增强忧患意识；摒弃狭隘视野，树立世界眼光；更新“见物不见人”的观念，实现“以人为本”。马克思主义不能未卜先知，中国特色的社会主义理论亦然，但我们可以总结实践，激发创造力，把握规律，减轻阵痛，少走弯路，这是为中国也是为世界科学社会主义探求创新的伟大历史使命。

二是进一步深化经济体制改革。转变经济发展方式是广东实现科学发展的关键，而转变经济发展方式的实质是优化资源配置模式，归根到底要依靠健全和完善社会主义市场经济体制、机制来实现。也就是说，党的十一届三中全会以来以市场为取向的经济体制改革未有穷期，制度创新对广东下一步发展任重道远。在进一步转变政府职能和完善调控手段、加快建立健全现代市场体系的基础上，继续深化产权体制、投资体制、分配体制等基本经济制度的改革，深化地方公共财政体制、金融体系等重点领域的改革；深化垄断行业的改革，大力发展高新技术产业和现代服务业；从更加开放、更加公平、更有效益的层面上，激发社会生产力的大解放、大发展。

三是进一步深化政治体制改革。社会主义市场经济与社会主义政治民主如车之双轮、鸟之两翼，不可分离和或缺。推进政治体制改革，不仅是巩固和发展30年改革开放伟大成果的需要，是富裕起来的人民群众发展政治权利的合理诉求，也是解放思想的前提条件。实现以人为本的科学发展，归根到底体现在全社会每一个人的自由而全面的发展；建立以人为本的和谐社会，归根到底体现于人民群众当家做主的民主法制社会。如何建立决策、执行、监督相对独立的政治架构，形成权力有效制衡和监督的运行机制；如何以党内民主带动社会民主，形成党内民主与社会民主相互促进的政治局面；如何由扩大基层民主向扩大高层民主推进，形成全体公民有序参与的民主法制社会；如何把政府主要职能转变到经济调节、市场监管、社会管理、公共服务上来，进一步激发社会活力等等，广东作为开放度较高的地区，已经为我们大胆探索提供了较好的基础和环境。要有突破，须涉风险，关键是要拿出政治理性和创新勇气。

四是深化文化体制改革。文化创造力是自主创新能力的核心，要建立创新型文化，就要切实增强文化忧患意识和文化自觉意识，树立文化创新观念，以世界眼光、战略思维进一步创新文化建设的管理体制和运行机制，着力在文化创造的产业化、文化消费的大众化、文化资源的资本化、文化生产的社会化、文化传播的全球化上先行一步，提升广东的文化软实力和竞争力，为广东实现科学发展、和谐发展提供文化支撑和精神动力。当前，充分尊重人民群众的文化权利，为城乡居民提供更好更多的公共文化产品；大力鼓励和支持民营企业投资文化，营造开放、公平竞争的全民文化创业环境等，当不失为文化领域解放思想的路向。

五是着力改善民生问题。民生是我们党一切工作的出发点和归宿点。促进社会和谐，必须让人民群众共享改革发展的成果，提高生活质量和幸福感。广东乃全国最富的省份，然而又有全国最穷的地方，还有不少复杂的和新出现的民生问题有待解决。党和政府要拿出抓经济工作的干劲，切实推进社会体制改革，完善社会管理，注重社会建设，增进人民和谐安康。

六是大力加强生态文明的建设。科学发展是全面协调的、可持续的发展，是人与自然和谐相处的发展。我们要树立保护也是发展的理念，培育开发自然、尊重自然和服务自然的精神，在建立节能减排的长效机制的同时，转变生活方式和核心价值观，使“既要金山银山，也要绿水青山”成为领导者们的决策准则和老百姓的生活共识。把“竞争与共生”等生态文明理念融入我们的核心价值观中，是为当前思想解放的一大要务。

近 30 年的三次思想解放使广东由旧体制向新体制过渡，引广东走向开放富裕；今天，创新的思想解放，必将使广东在新的征程上进一步冲破不适应科学发展的“条条框框”，使广东继续成为中国经济的发动机、和谐社会建设的排头兵，引领广东走向世界！

中国特色的社会主义伟业无前史可鉴，我们要无愧于时代，不辱使命，需要“开启山林”的理论前导。广东争当排头兵的实践，呼唤“筚路蓝缕”的思想锋芒。要打破思维定势，倡导问题思维和辩证思维，唤起从传统发展方式全面转入科学发展方式的自觉性和前瞻性。前瞻绝不是书生意气、坐而论道，描绘空中楼阁、标新立异，而是建立在深刻把握我省经济社会发展的阶段性特征、深层次矛盾、总体性趋势的基础上，通过整合、判断、分析与论证，寻求破解难题的良方。如是的理论前瞻，方能脚踏实地，有的放矢，指导实践，立竿见影。

（原载《羊城晚报》2008年3月9日，作者：田丰、王杰）

解放思想是社会建设和管理创新的前提

改革开放30多年来，我们许多同志抓经济建设很有一套，但是抓社会建设思路不活，办法不多，管理不善，被动应对，归根结底是思想认识问题，是思维方法问题。

省委十届九次全会作出了全面推进社会建设和管理创新的战略决策，并提出首先要坚持解放思想，切实转变观念。我以为这抓到了问题的关键。从以阶级斗争为纲到以经济建设为中心，需要解放思想；在坚持经济建设为中心的同时更加重视社会建设，同样要解放思想。改革开放30多年来，我们许多同志抓经济建设很有一套，但是抓社会建设思路不活，办法不多，管理不善，被动应对。归根结底是思想认识问题，是思维方法问题。站在时代趋势、社会转型乃至社会主义本质要求的高度，从理论层面充分认识社会建设和管理创新的重要性和复杂性，提高自觉性和科学性，是开创社会建设新局面的关键。

科学理解“社会”内涵，确立人民社会主体观。把社会与人割裂开来，是长期以来社会革命和建设的一个误区。我们当前的社会建设，要坚持以人为本，切勿急功近利，搞成政府大包大揽的政绩工程，既要保障和发展民生这个重点，又要坚持发挥人民群众首创精神这个基本原则，把改善民生与民主建设有机结合起来，切实做到发展为了人民，发展依靠人民，发展成果由人民共享，使社会建设成为全体公民当家做主的一个环节，才体现我们党推进社会建设和管理创新的宗旨，才体现社会主义的本质要求。

客观反映社会矛盾，把握统筹兼顾方法论。胡锦涛总书记在“七一”讲话中指出“社会矛盾运动是推动社会发展的基本力量”，指出要在工作中坚持矛盾辩证法。这是当前社会建设的重要指导思想。促进社会和谐是社会建设的目标，但和谐社会不是没有差别没有矛盾的社会，不能用否认和掩盖矛盾的态度，光靠

“摆平”来维稳的办法达到和谐。要看到改革开放在给社会发展带来巨大活力的同时，也带来这样那样的矛盾和问题，这些矛盾和问题躲不开，绕不过，暴露了我们现有利益分配和社会管理上的体制机制缺失以及各种社会群体价值取向上的差异。正确的方法是客观正视矛盾，主动处理矛盾，妥善化解矛盾，在维护发展好人民群众根本利益的基础上做到统筹兼顾，既要处理好现实的不同群体利益诉求，更要大胆改革不合理的体制机制，既要大力发展减少矛盾的物质条件，又要努力增进兼容共享的价值共识，使社会建设在发展、改革、稳定有机统一中深入推进。

正确认识社会结构，充分发挥社会组织的作用。社会的活力在于社会结构的活力。社会组织发育不足，活力不足，是我省乃至我国社会转型中束缚社会活力、影响社会和谐的重要方面，是结构性的短板。省委十届九次全会提出把发展社会组织作为社会建设的一项重要任务，并提出了具体的扶持措施，抓到了关键环节。要认识到社会组织的发育壮大绝不是权宜之计，而是社会和谐的基础工程。如学术类社会组织的存在发展，不仅是体制内学术机构的有益补充，而且是提升社会理性，形成良好社会心态的调节器，是激发全社会精神活力，培养社科人才的“民间智库”。进一步来说，学术类社会组织作用的充分发挥，实际上也是落实人民群众的思想表达、文化创造基本权益的体现，是提升人民群众的精神幸福的重要标志。

（原载《南方日报》2011 年 7 月 18 日）

解放思想与发展社会主义市场经济

改革开放是决定当代中国命运的关键抉择，是坚持和发展中国特色社会主义、实现中华民族伟大复兴的必由之路。我国改革开放最重要的制度成果，就是建立了与社会主义基本制度相结合、发挥市场配置资源基础性作用的现代市场经济体制，成功实现了从高度集中的计划经济体制到充满活力的社会主义市场经济体制、从封闭半封闭到全方位开放的伟大历史转折。在坚持中国特色社会主义道路、进一步改革开放的过程中，我们必须继续解放思想，旗帜鲜明、坚定不移地坚持社会主义市场经济的改革方向。

市场经济体制探索、确立和不断完善的过程，也是不断解放思想的过程，每一次思想解放都相应地促进了经济体制改革的深入和经济社会的发展。1978 年真理标准大讨论，把人们从教条主义的精神枷锁中解放出来。面对探索过程中出现的各种干扰，1992 年邓小平同志“南方谈话”推动了第二次思想大解放。党的十四大将社会主义市场经济体制确立为改革目标，改革开放由此进入了新的历史阶段。上世纪末，以江泽民同志为核心的党的第三代中央领导集体在准确把握世界发展趋势、科学判断党的历史方位的基础上，确立了“三个代表”重要思想。进入新世纪，针对经济社会发展不平衡等突出问题，以胡锦涛同志为总书记的党中央提出了以人为本、全面协调可持续的科学发展观。

实践证明，坚持解放思想、实事求是，才能冲破不合时宜的观念和做法，才能大胆探索、勇于实践、不断创新，也才能推动社会主义市场经济体制的不断完善。纵观 30 多年波澜壮阔的经济体制改革历程，我们党以巨大的理论和政治勇气，提出了社会主义市场经济理论，并在大刀阔斧的改革实践中不断加以发展和完善，创造了人类历史上伟大的经济社会发展奇迹。这是科学社会主义思想提出以来，中国共产党人对马克思主义的重要发展和重大贡献。

当前，改革开放又到了一个关键时刻。如何进一步解放思想，推动理论创新和实践创新，深化经济、政治、社会、文化体制改革，继续推动社会主义市场经济发展，完善社会主义与市场经济的有机结合，实现以人为本的全面协调可持续发展，使中国特色社会主义朝着富裕、民主、文明、和谐的方向发展，更加需要坚定的马克思主义信仰，需要大无畏的政治勇气和理论勇气。

1. 解放思想，就要继续深化对市场经济的认识，不断完善社会主义市场经济体制。

社会主义市场经济体制是我国改革开放最重要的制度成果。30 多年来，正是因为坚持社会主义市场经济体制，中国才创造了人类历史上罕见的经济奇迹。社会主义市场经济在发展生产力、提高国家综合实力、提高人民生活水平方面发挥了巨大的威力，功不可没。但我们同样需要看到，社会主义市场经济体制改革还远远没到大功告成的时候。尤其是进入“改革深水区”后，改革正面临新的困难和挑战，旧的矛盾和问题没有完全解决，又产生了新的矛盾和新的问题。因此，胡锦涛总书记在庆祝建党 90 周年大会上强调，要坚持社会主义市场经济的改革方向，明确深化改革开放的重点，不失时机地推进重要领域和关键环节改革。

市场经济不是万灵的，其发展有一个完善的过程。当前，我国社会主义市场经济的不成熟主要表现在：一是社会信用体系不健全；二是市场规则不健全；三是政府和市场的关系没理顺；四是政府宏观调控缺乏力度，微观管制越位和缺位并存；五是面临“中等收入陷阱”，最终可能导致经济长期低迷、社会混乱。而从世界范围看，市场经济是一个从自由市场经济走向理性市场经济，再走向人本市场经济的过程。现阶段总体上处于理性市场经济阶段。

反映市场经济本质和规律的市场理性包括：对应自由竞争的市场经济理性，即市场竞争主体依据价值规律，可以自由地进行资本投入、转移和商品买卖的竞争，通过自由竞争实现优胜劣汰，促进经济发展；对应公平正义的市场社会理性，即市场主体按照正当的秩序，合理地参与市场竞争，合理地追求机会公平、过程公平和结果分配公平等；对应民主法治的市场政治理性，即通过民主法治建设促进和实现社会的公平正义，培养和规范社会的诚信友爱，为社会充满活力提供激励机制和规则；对应创新包容的市场人文理性，即各种市场主体可以自由地进行文化创新、技术创新、制度创新、组织创新等。

当前，坚持社会主义市场经济改革，就是要从市场经济的本质特性和社会主义本质要求两者相结合来理解社会主义市场经济，把握其法治为基、诚信为魂、效率为先、公平为本的基本特点。从社会主义的本质要求看，要大力解放和发展生产力，走向共同富裕。而从市场理性和社会主义本质要求的结合上来认识和推进社会主义市场经济的发展和改革，在理论上还要进一步探讨、进一步概括。这是解放思想的一个很重要的任务。

2. 解放思想，就要敢于破除既得利益格局，消除发展社会主义市场经济的障碍。

既得利益格局已成为进一步改革开放和发展市场经济的重大障碍。长期以来，过于集中的经济、社会、政治资源分配模式，自上而下的用人制度，不仅容易造成只对上负责的官场生态和心态，而且容易形成重物轻人的发展模式。这种发展模式可能在一定时期取得以 GDP 总量增长为标志的政绩，但也会造成经济与政治、文化、社会、生态的非均衡发展，是不可持续的发展。在市场经济条件下，它还可能导致以资本和权力为中心的价值异化，偏离“发展为了人民、发展依靠人民、发展成果由人民共享”的科学发展观，最终形成扭曲的利益格局。

当前，在改革中形成的部分利益群体不愿继续深化改革，出现“摸到了石头不愿过河”的现象；贪腐现象屡打不绝，在一些地方、一些部门甚至越演越烈，这些都是这种扭曲的利益格局的产物。只有破除既得利益格局，不断完善社会主义市场经济体制，才能实现效率与公平的有机统一，才能实现以人为本、以民为本的科学发展，才可能更加重视民生建设，更加重视发展民主。否则，改革就可能会停滞不前，甚至出现倒退，导致社会掉进“中等收入陷阱”，原来取得的改革成果也无法保存。

改革开放不走回头路。正如胡锦涛总书记在最近的讲话中指出，全党同志必须牢记，我国过去 30 多年的快速发展靠的是改革开放，我国未来发展也必须坚定不移依靠改革开放。只有改革开放才能发展中国、发展社会主义、发展马克思主义。我们一定要坚持党的十一届三中全会以来的路线方针政策，坚持把改革创新精神贯彻到治国理政各个环节，更加自觉、更加坚定地推进改革开放，而不能让既得利益格局阻碍改革开放的继续深化，不能让既得利益格局扭曲市场经济的发展。

3. 解放思想，就要勇于推动行政体制改革，为发展社会主义市场经济提供制度保障。

政府的改革，必须与社会主义市场经济相适应。行政体制改革除了进行机构调整外，重点要加快政府职能转变，着重解决政府职能越位、错位、缺位等问题，为发展社会主义市场经济提供制度保障。

一是要建设法治政府，严格依法行政。市场经济本质上是法治经济，首先要求政府必须严格依法行政。要通过制定法律的形式，规范政府行为，划清市场与政府的边界，明确政府什么该做、什么不该做，减少与抑制政府权力扭曲分配的可能性。要坚持用制度管权、管事、管人，健全监督机制。特别是在没有法定依据的情形下，政府不得作出有损公民、法人和其他组织合法权益的决定。

二是要健全决策机制，提高政府公信力。市场经济要求政府的决策科学、规范、透明、公平、可预期。要继续健全决策机制，一方面要让各种决策权力形成有效的制衡，在政策中充分体现公共利益；另一方面要以法律为准绳，健全依法决策机制。行政决策的整个过程都必须严格地遵循法律的制约和规范，确保各种决策以及决策的各个环节都在法律规范的范围内进行，坚决防止和克服言重于法、权高于法、情大于法等错误倾向，确保决策依法进行。

三是要完善参与机制，扩大公民参与。完善参与机制，最主要的是扩大公民的政治参与。要不断扩大与增加公民有序政治参与的渠道，让群众和社会组织参与规范权力和资本的运行。要创造适应市场经济要求的制度环境，逐步建立人本市场经济体制，防止权贵市场经济的出现。

四是要规范政府行为，加大监督力度。要通过立法的形式，明确政府的重大工作事项需要通过人大的审议，加大人大对政府工作的监督力度。同时，政府要实行政务公开并完善政务公开制度，及时发布信息，将行政行为置于人大、政协、媒体和群众的监督之下，变“封闭型”为“公开型”，提高政府工作透明度。通过规范政府行为，减少权力对市场的寻租，完善市场主体参与公平竞争的制度环境。

4. 解放思想，就要加强社会建设，勇于进行与市场经济相配套的社会改革。

进一步解放思想，就要按照市场经济发展的要求，适应经济转型和社会急剧转变的需要，建设与市场经济相适应的社会体制，处理好政府与社会的关系。在我国，许多社会矛盾和问题都是与“全能政府”相伴而生的。当前，“全能政府”依然深刻影响着人们的思想观念，大量社会需求得不到满足，社会矛盾和问题因此日益积累。要想社会和谐，必须改革“全能政府”，大力培育社会组织，提供以人为本的社会服务，协调好社会各阶层的利益。

当前，社会建设的关键在于将社会建设开放，让位于多元社会建设主体，以满足大量的、多样的社会需求；而政府的主要任务是给各类社会建设主体自主生长和发展的空间，要实现向社会建设的规则制定者和服务员、裁判员角色的转变。政府要完善扶持政策，加大培育力度，并创造充分竞争的环境，以此不断防止和化解各种社会矛盾与问题，促进社会自治的自我完善与和谐发展。

5. 解放思想，就要积极发挥好政府与市场的不同作用，处理好公平与效率的关系。

我国目前还处于社会主义初级阶段，准确认识社会主义市场经济条件下的公平与效率的关系，正确处理好提高经济效率和实现分配公平之间的关系，对于促进我国社会经济全面、协调、可持续发展具有重要意义。社会主义市场经济的发展既不能通过牺牲效率换取公平，也不能忽视公平片面追求效率。市场主体的目标是追求效益的最大化，仅靠市场经济本身不能自动实现社会公平，需要发挥政府的统筹作用。在没有完全解决效率的现阶段，片面追求公平与片面追求效率都不是真正的社会主义，要积极探索市场经济的效率如何与社会主义的公平相统一。

一是要促进各种所有制经济共同发展。从当前效率还不高的实际出发，生产资料公有制的范围大小不是最重要的，重要的是要建立起公平的竞争机制，使不同的所有制能够有一个统一、公平的竞争平台，发挥自身的优势，为社会主义市场经济的发展注入生机与活力，在不牺牲效率的前提下实现先富带后富，让全民共享发展的红利。

二是要建立公平竞争的市场环境。今天的贫富差距不断扩大，除了少数人在一些重要的生产资料领域通过私有化侵蚀全民利益外，不公平的竞争环境也是一个重要的因素。面对公平不足的效率，政府要进一步加快职能转变，继续深化行政体制改革，为市场竞争的公平提供制度上的保障，让公平的市场竞争成为提升效率的主要推动力量。

三是要发挥好财税的调节作用。鉴于目前政府有限的财政资源还无法很好满足民生的需要，除了加强管理，进一步提高政府运行与服务的效率，还需要提高政府财政预算透明度，将有限的财政资源最大限度地用于提高人民生活水平，并在社会公平中发挥更大的作用。一方面，要建立财政公平的保障机制，确保社会公众对财政收支的民主监督、民主参与和民主决策，使财政收支决策的公正性得到制度保障。另一方面，要注重提高居民收入在国民收入中的比重，在做好“蛋糕”的同时，分好社会财富的“蛋糕”，不断完善社会保障体系。

四是要促进城乡一体化发展。在充分发挥市场经济带动作用的同时，加大政府的统筹力度，打破城乡二元结构，建立覆盖城乡的社会保障制度，构建城市带动农村、促进城乡经济社会逐步一体化的良性机制，为市场经济的发展创造更大的空间，推动我国全面建设小康社会的历史进程，最终实现城乡经济社会发展一体化。

今天，中国的改革开放又走到了一个非常重要的历史关头，面临着新的机遇和挑战。只有坚持改革开放不动摇，才能攻坚克难，不断建设中国特色社会主义。胡锦涛总书记在最近的省部级主要领导干部专题研讨班讲话中强调：我们必须毫不动摇走党和人民在长期实践中开辟出来的正确道路，不为任何风险所惧、不为任何干扰所惑。解放思想始终是推动党和人民事业发展的强大思想武器，改革开放始终是推动党和人民事业发展的强大动力，我们必须毫不动摇推进改革开放，永不僵化、永不停滞，团结一切可以团结的力量，调动一切可以调动的积极因素，信心百倍战胜前进道路上的一切困难和风险。

（原载《中国社会科学报》2012 年 8 月 29 日，作者：田丰、李翰敏）

增创新优势关键是继续解放思想

敢为天下先，是广东改革开放20年取得巨大成就的根本经验之一，也是广东广大干部群众在改革开放实践中创造和积累起来的宝贵精神财富。邓小平同志在1992年视察深圳时指出：深圳的重要经验就是敢闯，没有一点闯的精神，走不出一条新路，就干不出新的事业。这实际上也是对广东改革发展和现代化建设经验的总结和殷切期望。改革开放之初，广东被赋予先走一步的机遇，为全国改革开放探路的历史使命。没有现成的道路可走，没有前人的经验可借鉴，唯有勇于探索、敢为天下先，才能杀出一条血路，才能创造出许多新鲜的做法和经验。如发展市场经济，引进外资和先进技术，放开物价，集资建桥修路，企业产权改革等等，在精神文明建设方面也创造出许多新事物和新路子，如提出“排污不排外”的文化开放方针，培育文化市场，开展群众性创建文明活动，普遍推广广场文化等。这些，都是广大干部群众在党中央、广东省委省政府领导下的大胆创新，细想这些走过的路和经历的事，在纪念改革开放20周年之际，我们倍感亲切和格外激动。

解放思想，“敢为天下先”，是马克思主义、毛泽东思想和邓小平理论的一个重要原则。邓小平同志在党的十一届三中全会上的讲话强调：一个党、一个国家、一个民族，如果一切从本本出发，思想僵化，迷信盛行，那它就不能前进，它的生机就停止了，就要亡党亡国。最近江泽民同志又指出，创新是一个民族的灵魂。就是说，时代在前进，实践在发展，情况在变化，只有不断更新观念，大胆探索，敢走新路，大胆地闯，才能推动历史的进步，僵化守旧只能导致落后，落后只有挨打，这既是中华民族文明史的经验教训，也是社会主义发展史的经验教训。

今天的广东，还要不要发扬“敢为天下先”、敢闯敢冒的精神呢？我想要解决三个问题。

首先要想闯。20年的改革、开放、发展，广东确实富了，多项重要经济指标都居全国前列。但要清楚地看到，就全省而言，工业化的任务还没有完成，而世界又进入了知识经济时代。我省与上海等一些省、市相比，在发展高技术产业、社会综合治理、城市建设等方面都显得落后了，因此，必须破除一些干部中的小进则满，小富则安的思想，破除习惯于以往成功做法的经验主义，继续解放思想、更新观念，要有危机感、紧迫感，真正贯彻广东省委提出的“增创新优势，更上一层楼”的战略部署。

第二是敢闯。目前我们一些领导干部不是不想闯，而是缺乏闯的勇气，怕风险，怕非议，怕踩地雷。改革是一场革命，从姓“资”姓“社”到姓“公”姓“私”等几场思想解放运动，没有敢闯“禁区”、敢踩“地雷阵”的无私无畏精神，是冲不过来的。关键是牢牢掌握好实践标准、生产力标准和“三个有利于”标准。最近，江泽民同志又提出以人民利益为最高标准，这是一个发展。同时，又应创造一种民主、宽松的政治氛围，邓小平同志说，“民主是解放思想的前提”，要允许试验，不搞无谓争论，为敢闯敢冒提供良好的社会环境。

第三是会闯。也就是善于闯，善于创新。改革开放初期，广东涌现出一大批敢闯的改革者，为推动改革开放功不可没。在20年后的今天，改革开放从局部的改革开放进入到以两个根本性转变为目标的、整体的、高水平的、可持续发展的改革开放和现代化建设。为此，要把敢闯敢冒的精神与求实精神、科学态度更紧密地结合起来。归结起来，最重要的是提高领导干部、企业家的素质，这些领导和企业家应有广阔的眼界，驾驭全局的能力，丰富的专业知识和强烈的法治精神、理性精神、人文精神。这样，增创广东发展新优势才能真正落到实处。

（原载《亚太经济时报》1999年1月3日）

继续解放思想与反对形式主义

当前中国的改革开放又到了一个关键时刻，如何进一步推动理论创新和实践创新，把思想从新的形式主义中解放出来，从路径定势中解放出来，从既得利益中解放出来，深化改革，使中国特色社会主义朝着富裕、民主、文明、和谐的方向发展，需要坚定的马克思主义信仰，更需要大无畏的政治勇气和理论勇气。

1992 年邓小平同志视察南方并发表重要谈话，是在关系到党和国家前途命运的关键时刻推动解放思想、开创改革开放新局面的重大历史事件，真是“东方风来满眼春”，“姓‘社’姓‘资’”的思想牢笼一下子被打破了，社会主义市场经济在神州大地上起航了，中国改革开放的巨轮义无反顾地驶向全球化的深海大洋。而反对形式主义，在当时成为启发人们开动脑筋、思考社会主义何去何从的切入口，成为撬动全党全国思想解放、掀起新一轮改革开放的有力杠杆。

小平同志的“南方谈话”对形式主义从文风、领导作风、思维方式几个层面做了深刻的批判，剖析形式主义的表现形式、危害和根源，打破阻碍思想解放的行为方式和思维定势。今天重温这些思想观点，有利于振奋精神、开阔视野，增强继续解放思想、深化改革开放、促进科学发展的使命感和责任感。

一、形式主义文风的要害是精神懈怠

文风不正，是形式主义的一般特点。剥去形式主义的华丽外衣，才能打破精神枷锁，为思想解放带来清新的空气。小平同志在视察南方的首站南昌停留不到半小时，主要谈了纠正文风问题，指出“现在有一个问题，就是形式主义多。电视一打开，尽是会议。会议多，文章太长，讲话也太长，而且内容重复，新的语言并不很多。重复的话要讲，但要精简”①。会议多一点，文章长一点，本来不是根本性原则性问题，但是在一定的历史条件下沉迷于缺乏实质内容的会议和文章可能会成为窒息新鲜思想的恶习。毛泽东同志把文风不正起名为“党八股”，指出“党八股”表现为空话连篇、言之无物；装腔作势，借以吓人；无的放矢，不看对象；语言无味，像个瘪三；等等。毛泽东指出“党八股这个形式，不但不便于表现革命精神，而且非常容易使革命精神窒息。要使革命精神获得发展，必须抛弃党八股，采取生动活泼新鲜有力的马克思列宁主义的文风”②。

形式主义文风的要害是精神懈怠。夸夸其谈的表面掩盖着精神麻木、思想无力的实质。精神懈怠就是缺乏问题意识、危机意识，安于现状，不思进取，拒绝变革。把握时代特征，体现时代精神，抓住时代主题，破解主要矛盾和重大问题，推动社会历史发展进步，是社会主义产生、发展的必然性和合理性之所在，也是马克思主义政党历史使命之所在。当今世界，科技革命迅猛发展，全球化继续深化，信息革命已把世界带进了互联网时代，微博等现代通讯技术的大众化打破了新闻传播和信息发布的格局和程序，从而向原有的政治和社会管理方式提出了如何真正体现社情民意的问题，提出了信息开放客观、官民平等互动、管理透明公开、应对敏捷规范的要求。那种对外部世界孤陋寡闻、对现实矛盾否认躲避、对社会风险麻木不仁的精神状态，必然引发社会危机，给党和人民的事业造成重大危害。20 年前小平同志以问题意识、危机意识强调精神状态的重要性，指出在和平与发展的时代大背景下，没有一点“闯”的精神，没有一点“冒”的精神，就走不出一条好路，走不出一条新路，就干不出新的事业。如果总是稳稳当当、平平静静、谨小慎微，不敢解放思想，不敢放开手脚，必然丧失机遇。

二、形式主义也是官僚主义

“形式主义也是官僚主义”，这是小平同志对形式主义政治本质一针见血的剖析。他在不同时期指出了官僚主义的表现形式，概括起来是：长官意志、主观决策；事事务务、文牍主义；机构臃肿、人浮于事；不敢负责、互相推诿；骄傲

① 《邓小平文选》第 3 卷，人民出版社 1993 年版，第 381 页。

② 《毛泽东选集》第 3 卷，人民出版社 1991 年版，第 840 页。

自满、压制批评；命令主义；搞一刀切；不熟悉基层，不关心群众；等等。官僚主义在行为特征上是做表面文章、下表面功夫、求表面政绩，削弱领导机关的活力和效率，压抑基层和社会的积极性；在行为本质上是严重背离党的群众路线和群众观点，割裂对上负责与对下负责的关系，并由此割裂一般与特殊、领导与群众、个人与人民的关系。

官僚主义是思想解放的体制障碍。如果说，过去的官僚主义是缺乏活力的官僚主义，那么现在的官僚主义是忽视发展质量、忽视人的需求的官僚主义。过于集中的经济、社会、政治资源分配模式，自上而下的用人制度，不仅会造成只对上负责的官场生态和心态，而且会形成重物轻人的发展模式。这种发展模式可能在一定时期取得以GDP总量增长为标志的政绩，但也会造成经济、政治、文化、社会、生态非均衡发展，是不可持续的发展，在市场经济条件下还可能导致以资本和权力为中心的价值异化，偏离发展为了人民、发展依靠人民、发展成果由人民共享的目的。在某种意义上，贪腐现象屡打不绝，在一些地方一些部门甚至越演越烈，也是这种发展方式的产物。反对发展方式上的形式主义、官僚主义，必须坚持以社会主义市场经济为方向的改革开放，深化生产要素市场等重点领域的改革，实现效率与公平的有机统一，必须坚持以人为本、以民为本的科学发展，更加重视民生建设，更加重视发展民主。

三、思想僵化是形式主义的思维特征

思想僵化，是形式主义的思维特征。顾名思义，形式主义就是重外在形式，轻实质内容，其思想根源在于割裂理论与实际、认识与实践的内在关系，硬要活生生的实践去适应僵化的理论框架。思想僵化普遍表现为原则先于实践、用原则剪裁实践的唯心主义认识论和教条主义方法论，是与马克思主义格格不入的。小平同志根据实践第一的观点，在“南方谈话”中对思想僵化的根源猛烈开火，指出现在有右的东西影响我们，也有“左”的东西影响我们，根深蒂固的还是“左”的东西。“左”带有革命的色彩，好像越“左”越革命。右可以葬送社会主义，“左”也可以葬送社会主义。中国要警惕右，但主要是防止“左”。破除形式主义的思想障碍，排除“左”的干扰，最根本的是坚持实事求是的思想路线。“实事求是是马克思主义的精髓。要提倡这个，不要提倡本本。我们改革开放的成功，不是靠本本，而是靠实践，靠实事求是”。小平同志还针对要不要推进改革开放、要不要搞市场经济做了大量论述，从中提出了解放思想的方法论。一是试验的方法。对改革开放中看不准、有争议的问题，不能简单否定，要放到实践中检验和完善。一些资本主义有效的经营方式，社会主义能不能用？允许看，但要坚决试。二是看本质的方法。不要囿于社会主义的个别观点、结论停步不前，贻误时机，社会主义的本质是解放和发展生产力，最终实现共同富裕。三是重目的的方法。计划和市场，不是社会主义和资本主义的本质区别，它们都是经济手段，为了发展生产力，市场经济同样可以为我所用。四是不争论的方法。不争论不是不讲是非得失，而是在改革开放的大前提下杜绝空谈，用事实和经验说话。不争论，是为了争取时间干，要大胆地试，大胆地闯。

小平同志旗帜鲜明地尖锐批判“左”的危害，石破天惊，一扫长期压抑人们心理的精神阴云，为从根本上清理我党根深蒂固的“左”的思维定势，为防止“文革”那种“左”的全局性的错误和危害奠定了坚实基础。其关于反对思想僵化，坚持改革开放，发展社会主义市场经济的论述，充满了唯物辩证法和唯物史观的大智慧。20年后的今天，这些思想和方法论仍具有深刻的真理性和现实意义。重温这些观点和语言，仍使我们感到无比亲切和感慨。中国特色社会主义道路和中国特色社会主义理论体系的形成和发展，是一个不断探索的充满艰辛和风险的历史过程。当前中国的改革开放又到了一个关键时刻，如何进一步推动理论创新和实践创新，把思想从新的形式主义中解放出来，从路径定势中解放出来，从既得利益中解放出来，深化以政治体制为重点的经济、社会、文化改革，完善社会主义与市场经济的有机结合，实现以人为本的全面协调可持续发展，使中国特色社会主义朝着富裕、民主、文明、和谐的方向发展，需要坚定的马克思主义信仰，更需要大无畏的政治勇气和理论勇气。

（原载《南方日报》2012年2月18日）

形式主义的要害

党中央最近强调，要反对形式主义，倡导真抓实干。形式主义的要害，不在于它讲求形式，而在于它脱离实际内容却片面夸大形式的作用，甚至把形式推向可以决定内容的极端。这是一种形而上学和主观主义的思维方式。观察问题的表面性、片面性和静止性。处理问题的绝对化和简单化，是它的基本特征。

作为一种思想方法，形式主义与“本本”主义是相通的。形式主义者把“本本”和上级的指示神圣化、凝固化，往往搞一刀切，一风吹，其结果必然是窒息了真理的生命力。当前，党中央要求我们抓住机遇加快改革开放，而机遇是稍纵即逝的，如果我们老是按“本本”争论计划和市场谁多谁少、经济发展速度是快了还是慢了等问题，不敢大胆地试，大胆地闯，那么我们就可能痛失良机，与资本主义缩短了的发展距离又会拉大，因此，要把经济建设推上一个新台阶，就必须打破形式主义这个精神上的枢框。

作为一种工作作风，形式主义也是官僚主义。严重脱离群众，是官僚主义的特征。形式主义既然脱离实际内容追求表面形式，那么它在社会生活中也必然脱离实践的主体——人民群众。它割裂了对上负责和对下负责的统一关系，一味对上负责，因而凭长官意志行事，不体察群众的疾苦，不反映群众意见；它割裂了一般号召与具体指导的统一关系，满足于一呼百应，热衷于整天开会，发文件，提要求，而不是深入实际，调查研究，切实为基层服务，为群众办实事。一般来说，形式主义不像那种饱食终日、无所用心的官僚主义，更多的是表现为一种忙忙碌碌的官僚主义。然而它的“忙”与群众的需要不一致。如忙于什么剪彩、首发式、首映式等等，这些东西，有不少是不必要的，有的甚至是劳民伤财的。又如它只忙于抓这样那样的学习、考试，而不问这是否有助于提高干部的素质。往往这种学习不但无助于干部开阔视野，反而给他们设置思想障碍。可见，这种忙忙碌碌的官僚主义与那种荒于职守的官僚主义虽然形式不同，但在严重脱离群众方面及对党的事业造成的危害上则没有什么两样，有时候甚至更严重，更难纠正。

在文风上，形式主义表现为“党八股”。古人云“文以载道”。唯上唯书，远离生活，远离群众，在文章、讲话中就必定拿不出新鲜活泼的东西。没有新鲜的话讲，又要舞文弄墨，而且动辄就是长文章、大报告，必然导致照抄照搬，空洞重复或老调重弹，装腔作势，其结果必然是误党误国。马克思主义不是没有“大本本”，但马克思主义的“大本本”都是对实践的反映和概括，而且马克思主义的力量不在于“长”“大”，而在于实事求是。只有实事求是才能掌握群众。可见，形式主义的“党八股”，不但不便于表现当今改革开放的精神，而且容易使改革开放精神窒息。要鼓励“闯”、“创”、“试验”，就必须抛弃这种新的“党八股”。

形式主义不是什么新东西，它是我们党历年来所反对的。如20年代末对“本本主义”的批判，40年代延安整风时期对“党八股”的批评，50年代对浮夸风的制止，以及70年代对“文化大革命”那套东西的纠正，等等。然而，为什么这种东西在我们党内屡屡出现，在今天新的历史条件下又有所抬头呢？总结我党思想斗争的历史，不难看出，形式主义的泛起总是与右或“左”的东西相关，尤其是与“左”的东西联系在一起的，因为“左”的病症之一就是思想僵化，僵化就是把形式凝固化、绝对化，落后于生气勃勃的内容的发展。在社会主义建设时期，“左”主要表现为不承认社会主要矛盾的变化，仍然把阶级斗争当做全党的中心任务。我们可以看到，什么时候政治斗争调门很高，什么时候形式主义就盛行。因此，反对形式主义，首先，要坚持实事求是的思想路线，在警惕右的同时主要排除“左”的干扰。对“左”的东西不进一步纠正，就不能铲除形式主义的思想基础。其次，要坚持党的基本路线，毫不动摇地以经济建设为中心，不允许偏离这个中心。这样做，必然要求我们按经济的客观规律办事，讲效率，求效益，来不得半点花架子；要求我们的思想政治工作服从并服务于这个中心，而且要虚功实做，决不能搞空头政治。再次，要把实绩作为考核选拔干部的一项重要标准。看实绩是实践标准在干部路线上的体现。评判一个干部的德才，主要看其实绩，而不是看他的表面功夫。这个关把好了，真抓实干的风气就会在我们党内发扬光大，形式主义就很难香起来。

（原载《南方日报》1992年4月13日）

论任仲夷的价值观

任仲夷同志以理论上的坚定性、彻底性和政治上的远见卓识，带领广大干部群众创造性地贯彻落实邓小平和党中央关于广东改革发展的战略思路，奋力杀开一条血路，堪称省委书记中的政治家。而支撑着任仲夷同志过人的政治勇气和理论勇气的，是历史唯物主义和辩证唯物主义的价值观。他对人民群众无限深沉的爱，对人类公平正义的执著追求，对社会发展规律的透彻理解，构成了他制定改革发展战略的出发点和落脚点，成为渗透在他的领导风格和工作、生活风格中的基本元素。

一、以人民群众为主体的实践价值观

马克思主义揭示人类历史发展规律，是为了人类解放，而首先是无产阶级的解放。马克思指出："哲学把无产阶级当作自己的物质武器，同样，无产阶级也把哲学当作自己的精神武器；思想的闪电一旦彻底击中这块素朴的人民园地，德国人就会解放成为人。"[①] 马克思主义的"思想的闪电"颠覆了千百年来统治着社会历史发展学说的唯心史观，破天荒地指出了人民群众是历史的主体。用主体意识唤醒人民群众，启发他们为自己的利益、为自己的解放而斗争，是马克思主义的首要任务，也是马克思主义创始人的伟大历史贡献。正如列宁所指出："马克思和恩格斯对工人阶级的功绩，可以这样简单地来表达：他们教会了工人阶级自我认识和自我意识，用科学代替了幻想。"[②] 任仲夷运用马克思主义这个基本

---

① 《马克思恩格斯全集》第 1 卷，人民出版社 1995 年版，第 15—16 页。

② 《列宁选集》第 1 卷，人民出版社 1995 年版，第 89 页。

原理，结合“文革”后拨乱反正、确立实事求是思想路线的实际，结合制定正确的政策措施、调动人民群众改革开放积极性的实际，阐发人民群众是历史活动的主体、人民群众的实践是思想解放的源泉、人民群众的创造精神是党和政府制定政策的出发点等观点，教育广大党员干部自觉遵循马克思主义的以人民群众为主体的实践价值观，把根扎在人民群众之中，真心实意地为人民群众的利益而奋斗。

“马克思主义从来都尊重群众的首创精神”，这是任仲夷的常用语。尊重人民群众的首创精神，是马克思主义历史观和认识论的首要的、第一的观点，是保证马克思主义政党的根本性质的前提，是制定和实施党的正确领导的基本要求。任仲夷同志鲜明的政治品格和理论品格之一，就是承认并重视发挥群众的主体创造能动性。他初到广东主政工作时，面对如何冲破僵化体制的束缚，打开改革开放和经济建设新局面的问题，大声疾呼：“我们的出发点，是承认广大干部和群众中存在着建设社会主义的巨大积极性和创造性，有着无穷的智慧和活力，我们的政策就是要调动这种积极性和创造性，为这些智慧和活力的充分发挥创造条件。”①

人民群众的主体作用不但表现为实践过程中改造客观世界的物质力量，而且表现为群众实践经验为真理性认识提供源泉，为政策制定提供依据。任仲夷指出：“实践出真知，广大群众在长期的实践中，摸索和创造许多切合实际的经验。党的任务，就是善于总结群众的经验，进行理论上的概括，以实现认识上质的飞跃。党在经济建设和各项改革方面的理论就是来自人民群众的实践，群众的首创精神、群众的实践经验是我们制定政策和理论探索的重要来源和依据，党的政策和理论离不开群众的实践。”② 1980 年任仲夷同志从辽宁调到广东时，正值人们对是否实行农村土地联产承包责任制意见纷纷之时，他从农民的愿望和实践经验出发，明确地赞同支持仁化县等地率先实行包产到户的改革。20 世纪 90 年代，顺德率先进行企业产权和经济体制改革，从上到下都有反对的声音，广东省委坚

① 张岳琦、李次岩主编：《任仲夷论丛第二卷：先行一步——改革开放篇》，广东人民出版社 2000 年版，第 222 页。

② 张岳琦、李次岩主编：《任仲夷论丛第三卷：是是非非——政治文化篇》，广东人民出版社 2000 年版，第 94—95 页。

定地给予支持、引导和总结推广，任仲夷同志也鲜明地支持这一新的改革探索。他提出，总结我们党形成有中国特色社会主义的路线方针政策以及理论上的不断突破的历程，最根本的一条就是充分肯定群众的创造，总结群众的实践经验，集中群众的智慧，并上升为指导改革的政策和理论，农村改革是如此，国有企业改革以及对市场经济、公有制等问题认识上的突破也是如此。党的十一届三中全会以来，我国的改革开放正是以广大群众的实践创新为动力和基础，不断从凡事问姓“社”和姓“资”、姓“计划”和姓“市场”、姓“公”和姓“私”的思想束缚中解放出来，形成不可逆转的滚滚潮流，这是中国改革开放在不甚长的时间内获得巨大成功的奥秘之所在，也是以邓小平为代表的中国共产党领导人的智慧之所在。

任仲夷自觉运用邓小平的人民主体思想，在制定和实施农村改革开放政策的过程中，他创造性地提出“三顺”的工作方法。在1981年11月广东省委常委会上，他提出要坚持和完善农村生产责任制，要做到因地、因时、因事、因人制宜，“不能忽视因人制宜，包括干部经验、群众觉悟。群众喜欢、接受哪一种责任制，不能采取强迫命令的办法去改变。就是群众选择得不对，也只能逐步引导，不能硬扭和硬顶。总的来说，政策对就顺路，顺路就能顺心（顺民心），顺心就能顺手，要做到‘三顺’”①。“民利”是“三顺”的基础，“必须使每项政策的制定和执行符合客观经济规律，有利于发展生产和改善人民生活。任何一项政策，制定和执行得是否正确，必须以群众是否拥护，是否能促进生产的发展，是否使国家和人民都能得到利益来衡量。能够实现这些要求的，就是正确的政策。反之，就不是正确的政策”②。联产承包责任制不仅体现了“按劳分配”，而且有利于“各尽所能”，把公有制和个人积极性有机结合起来，使生产力得到解放，使农民收入大幅度提高，因而是好政策，要教育我们的干部，不能因为出了一点问题就对责任制发生动摇，反之，要在完善中稳定和坚持，让农民放心。

“民信”是“三顺”的保证。“在政策上，必须取信于民”，要避免农业丰收

---

① 张岳琦、李次岩主编：《任仲夷论丛第二卷：先行一步——改革开放篇》，广东人民出版社2000年版，第411页。

② 张岳琦、李次岩主编：《任仲夷论丛第二卷：先行一步——改革开放篇》，广东人民出版社2000年版，第406—407页。

时多向农民要东西的“红眼”政策，还要避免在物质紧张时取消“包干”、“留成”、“奖励”的“急眼”政策。“不管是‘红眼’政策，还是‘急眼’政策，其结果都会失信于民，挫伤群众的积极性。”① 党的十一届三中全会以来党的农村政策总的来说是正确的，但在实施时不能搞“一阵风”，一切政策都要通过试验，在群众实践试验中证明是行之有效的，就要大力推广。“对于成功的经验不去推广，也是失误，是官僚主义。”② 即使是废除错误的和过时的政策，规定新的、对发展生产有利、对群众带来实惠的政策，也要经过调查研究，走群众路线，证明确实有利于发展，为广大群众欢迎之后，才能决定。

“民主”是“三顺”的关键。尊重人民群众的创造性和积极性，必须遵循毛泽东所倡导的从群众中来、到群众中去的思想方法，就是实践——认识——实践的方法，特殊——一般——特殊的方法，民主——集中——民主的方法。这个思想方法体现了唯物论、辩证法、认识论和唯物史观的统一，体现了马克思主义思想路线和政治路线的统一，体现了人民主体历史观和人民利益价值观的统一。任仲夷 1998 年在《百年潮》杂志上发表文章指出：“在民主基础上的集中，才是真正有权威的集中，这样的集中才真正有力量，才能做到政通令行，避免那种有令不行、有禁不止的情况出现。这就是我过去讲过的‘顺路、顺心，才能顺手’的道理。现在我们按照邓小平理论指引的建设有中国特色的社会主义道路走下去，路子是顺的，再认真倾听群众的意见，顺乎民心，工作就一定会顺手。我们不是常说相信群众能够辨别是非、通情达理吗？正确理解和执行民主集中制也应当以这样的思想观念作指导。”③

二、使人民群众由穷变富的经济价值观

贫穷不是社会主义。邓小平这个论断颠覆了极左的社会主义的理解，恢复了

① 张岳琦、李次岩主编：《任仲夷论丛第二卷：先行一步——改革开放篇》，广东人民出版社 2000 年版，第 406 页。

② 张岳琦、李次岩主编：《任仲夷论丛第二卷：先行一步——改革开放篇》，广东人民出版社 2000 年版，第 411 页。

③ 张岳琦、李次岩主编：《任仲夷论丛第三卷：是是非非——政治文化篇》，广东人民出版社 2000 年版，第 196 页。

马克思主义的社会主义价值观。经济解放是社会进步和人的发展的前提，社会主义应比资本主义有更高的物质生产率，这是社会主义制度的历史合理性之所在；社会主义制度下人们应拥有一天比一天更丰裕的物质生活，这是社会主义制度的价值感召力之所在。沿着邓小平开辟的正确认识社会主义本质的道路，任仲夷在改革开放初期主持辽宁工作时，鲜明地提出要让人民群众由穷变富，到广东主政工作后大力落实党的富民政策，迅速打开了改革开放的崭新局面。与此同时，他从社会主义的基本经济规律、人的全面发展规律、共产党执政规律的高度对实现人民群众富裕安康做了大量论述，丰富了邓小平的社会主义富裕论。社会主义基本经济规律是斯大林在《苏联社会主义经济问题》一书中提出来的，他主要从社会主义经济发展的手段和目的的辩证关系来表达这一规律："用在高度技术基础上使社会主义生产不断增长和不断完善的办法，来保证最大限度地满足整个社会经常增长的物质和文化的需要。"任仲夷同志1980年写下了《社会主义建设必须遵循社会主义基本经济规律》的长文，发表在《红旗》杂志上。他认为，对斯大林这一表述的准确性，人们可以有不同的看法，但是不能否认社会主义基本经济规律的客观存在，社会主义基本经济规律体现着社会主义生产关系的根本性质，制约着社会主义社会的其他一切经济规律和一切重要的经济活动。搞社会主义建设，如果不遵循这个规律，必然要受到惩罚。任仲夷从三个方面或者说三对关系展开论述。

一是生产和消费的关系。"人们不是为生产而生产，而是为了满足社会的需要而生产，生产出来的东西应当有用。"① 这本来是一个很简单的道理，但"左"的路线和观念把这个关系颠倒了，相当长的一段时间里是为政治目标而生产，或者为了追求产值和产量而生产，"以致于不能讲为满足人民生活需要而生产，不能讲革命的目的是为了解放生产力，让人民过富裕的生活，甚至连生产本身也受到了批判"②。这种意识形态化、政治化的"为革命而生产"、"为生产而生产"的观点体现在经济政策上，是重积累轻消费，重建设轻生活。我国经济发展一向

---

① 张岳琦、李次岩主编：《任仲夷论丛第一卷：冲破禁锢——拨乱反正篇》，广东人民出版社2000年版，第152页。

② 张岳琦、李次岩主编：《任仲夷论丛第一卷：冲破禁锢——拨乱反正篇》，广东人民出版社2000年版，第153页。

有积累过高的倾向，那是在片面的工业化政策下，以牺牲人民群众的生活为基础实现的。任仲夷指出，既然生产是为了满足社会需要，那么生产就必须考虑消费的需要。消费并不是消极的，更不是消费越少越好。消费是维持生产的必要条件，没有一定的消费，劳动者就不能继续工作，生产也就成为不可能。消费还是生产的动力，它创造出新的生产的需要。既要反对离开生产去追求消费的倾向，也要反对不考虑消费而去盲目生产的倾向。

二是两大部类生产的关系。在"左"的思想影响下，我国长期以来重第一部类生产而轻第二部类生产，连人民群众的日用品供应都十分紧张。任仲夷认为，根据马克思主义关于社会再生产的理论和许多国家经济发展的实际来看，在技术进步引起有机构成提高的情况下，为了保持国民经济发展的高速度，生产资料的生产（第一部类）要比消费资料的生产（第二部类）增长得快一些，但并不是说，在任何情况下，第一部类都必须比第二部类增长得快。如在一定时期，由于消费资料的生产严重落后于生产资料的生产，就需要突出地加快发展消费资料的生产。"特别应该强调的是，在社会主义制度下，发展第一部类生产一定要有为第二部类生产服务的明确目的，决不能使生产资料的生产脱离消费资料的生产、脱离社会需要去盲目发展。"① 任仲夷1980年来到广东后，在全省局以上干部大会上强调，在抓好能源、交通、粮食的同时，搞好城市卫生、交通、治安的同时，大力抓蔬菜、水果和肉、鱼、蛋等副食品的生产，提出要落实邓小平同志提出的改革要给人民群众以实惠的意见，要给人民群众以看得见的利益。"我们一切工作的目的，归根结底是为了满足社会日益增长的物质和文化生活的需要。我们必须经常牢记这一条。"②

三是计划与市场的关系。满足人民群众的生活需要，既有认识上的问题，更重要的是体制问题。在高度集中的计划体制下，僵化的体制和机制严重束缚了生产和消费的动力，短缺与匮乏似乎成了社会主义的一个特征。任仲夷在思考如何让人民群众生活好起来时深入到计划与市场的关系这个关键而又敏感的问题，率

---

① 张岳琦、李次岩主编：《任仲夷论丛第一卷：冲破禁锢——拨乱反正篇》，广东人民出版社2000年版，第155页。

② 张岳琦、李次岩主编：《任仲夷论丛第二卷：先行一步——改革开放篇》，广东人民出版社2000年版，第13页。

先从广东实践经验中提出要对外更加开放，对内更加放宽，对下更加放松，也就是要冲破僵化的计划体制，运用市场机制贯彻社会主义基本经济规律，让社会主义在与市场经济的结合中获得生机与活力。他举例说，广东是有名的“水果王国”，可是由于价格背离价值规律，妨碍了生产，老百姓很难买到水果。于是广东在全国率先放开了一批农副产品价格，刺激了生产，市场上水果很快多了起来。糖、食油、粮、鱼等价格改革都是广东最早开始的。任仲夷从广东实践中总结出一条，必须自觉地运用价值规律这只看不见的“手”来建设社会主义，“对于这只‘手’，我们既不能创造它，也不能改变它，更不能消灭它。但我们可以发现它、认识它、掌握它、利用它为社会主义服务”①。无论是社会主义的初级阶段，还是社会主义的高级阶段，都必须把握和运用价值规律来搞改革、谋发展，使人民物质文化生活获得永不枯竭的活水源头。

任仲夷认为，共产党人搞革命第一条是带领人民“由奴变主”，第二条是带领人民“由穷变富”。这是革命的目的，是我们党不懈奋斗的目标，是社会主义的本质要求。他明确指出：“由穷变富是真理，是社会主义社会的发展规律。要使我们的国家繁荣富强起来，使广大人民群众更富起来，这是共产党人在社会主义建设中的天经地义的职责。”② 为了消除人们对“富”的恐惧和疑虑，任仲夷还进一步对社会主义的“富”作了界定：“我们讲的富，是走社会主义道路的富，是依靠发展生产、巩固和发展集体经济致富，是以勤俭为手段的富，是兼顾国家、集体、个人三者利益的富。这样的富，是光荣的，越富越好。”③ 与资本主义少数人占有生产资料取得劳动者的剩余价值致富的方式相反，社会主义由于广大人民共同占有生产资料而使马克思关于劳动创造价值、劳动者通过自由劳动获得全面发展的生活资料的理想成为现实。“社会主义制度允许人们通过劳动达

① 张岳琦、李次岩主编：《任仲夷论丛第三卷：是是非非——政治文化篇》，广东人民出版社 2000 年版，第 148 页。

② 张岳琦、李次岩主编：《任仲夷论丛第一卷：冲破禁锢——拨乱反正篇》，广东人民出版社 2000 年版，第 213 页。

③ 张岳琦、李次岩主编：《任仲夷论丛第二卷：先行一步——改革开放篇》，广东人民出版社 2000 年版，第 469 页。

到富裕，并为劳动致富创造了条件。”① 因此，任仲夷理直气壮地指出：“靠劳动致富是件大好事。”在社会主义条件下，一个劳动者生活得富裕，说明他劳动得好，同时也说明他对社会的贡献大。反之，你的日子过得比别人穷，只能说明你的劳动和工作不如人家好，不如人家勤俭。任仲夷用这些朴素语言和道理为人们冲破“左”的障碍，大力发展经济和勇于致富鸣锣开道，同时也阐明了马克思主义的劳动价值论不仅是理论的抽象，而且也是历史的具体。在社会主义制度下，广大人民不仅要成为劳动的主体，而且要在公平的社会劳动中获得一天比一天更加丰裕的物质生活。

引导群众富裕起来既是历史规律的客观要求，也是一个辩证的过程。邓小平以政治家的大智慧，创造性地提出了让部分地区、部分人先富进来，以先富带后富，实现共同富裕的观点。任仲夷在主政辽宁、广东的工作中率行应用并发挥了小平的这个观点。他经常在干部群众中阐述“国强与民富”、“先富与后富”、“敢富与会富”的辩证法。他指出，民富则国强，要国强，首先要民富，特别是要使广大农民尽快富裕起来：富裕不是两极分化，是共同富裕，然而又不是同时富，不是齐步走，而是让有条件的农民阶层先富起来，发挥示范效应和拉动效应；仅是敢富、想富还不行，还必须找到致富的途径，要发挥代表农村先进生产力的阶层的积极性和创造性，要充分发挥科技和市场的功能来发展农业和农村经济。在20世纪80年代初，任仲夷在广东亲自抓推广专业户经验的全省性活动，通过召开全省专业户表彰会，营造敢富、会富的社会环境。他抓在山区发展商品经济的新战略，根据每个地方的实际提出致富的新路子。如在乳源，他提出十句话方针：“农林牧副渔，锡锑铋煤石，能源与交通，人才和技术，商品生产多，发展专业户，外引又内联，善断且多谋，班子要团结，致富靠政策。”② 这十句话体现了任仲夷运用辩证法指导农村工作的智慧，体现了他对农民富裕起来的热切期盼。

富裕并不是社会主义的全部，任仲夷从人的发展和社会主义制度的不断完善

① 张岳琦、李次岩主编：《任仲夷论丛第二卷：先行一步——改革开放篇》，广东人民出版社2000年版，第468页。

② 张岳琦、李次岩主编：《任仲夷论丛第二卷：先行一步——改革开放篇》，广东人民出版社2000年版，第451页。

方面思考富裕的过程性及其人文意义，提出了“富亦思变，越变越好”的观点。建国之初，毛泽东曾引用“穷则思变”的古语，激励中国人民发扬艰苦奋斗的精神，改变“一穷二白”的落后面貌。但在“文革”期间，“四人帮”把“穷则思变”引申出“穷则变、富则修”的谬论。经过20年的改革开放和现代化建设，广东人民率先摆脱了贫困，逐步走上小康富裕之路。特别是在珠三角地区，人们的生活已接近中等发达国家水平。但与此同时，一些社会丑恶现象有沉渣泛起之势，是否真的应了“富则修”之说？任仲夷分别在20世纪80、90年代多次批判这种“左”的歪论，解除人们对致富的疑虑，同时提出“富亦思变”，阐发了“富亦思变”的必然性和途径。

任仲夷指出，穷则思变，富了也会思变，也应当变，必须变。富的变有两种，一种是极少数人会变坏，这是事实，但不代表社会主流，不代表社会发展一般规律；另一种是变得更好，包括物质生活和精神生活。物质上是富上加富，由小康之家到大康之家；精神上也有更高要求，道德情操达到更高境界，文化教育达到更高水准，言论行动更加文明。实际上进步与文明已成为当今社会的主流方向。我们党和政府在引导人民富裕起来以后，就要解决“富了怎么办”和“富亦思变，越变越好”的问题，引导人们往更好的方向发展。一靠正确的思想观念去教育引导，鼓励好人好事，宣传高尚的思想品德，扶持良好的社会风气；二靠社会法制，严格纪律，运用一定的经济手段和行政手段控制和防范可能产生的种种违法违纪行为，严厉打击坏人坏事，制止不良社会风气的蔓延。

如果说使人民由穷变富是共产党执政的基本任务，那么引导人民“富上加富，富亦思变”就是共产党执政的新理念、新目标。任仲夷敏锐地抓住了时代性的重大实践问题，较早地从理论上进行探索，为形成全面的科学的发展理论提供了新观念、新观点。从发展的中心任务来说，仍然要坚持以经济工作为中心，任何时候都不能因为富起来后过上了好日子而淡化这个中心，不能因为富起来后出现各种消极现象而动摇这个中心。“不是主流是支流，莫把开始当过头”，只有紧紧抓住经济发展，加快经济发展，社会主义才有强大的物质基础。从发展的根本动力和目标来说，要比过去更加重视政治建设、社会建设和文化建设，促进社会全面进步和人的全面发展。任仲夷引用冉有和孔子的一段对话后指出：“两千多年前的孔子尚且懂得使人民‘富之’进而‘教之’的道理，我们共产党人应该比孔子站得更高，看得更远。我们推翻了三座大山，建立了人民的政权，让人民‘由奴隶变成主人’。我们又进行了改革开放和现代化建设，让人民‘由穷人变成富人’。现在人民开始富起来了，我们应当进一步加强两个文明建设，真正做到邓小平同志所说的‘两手都要硬’，使物质文明和精神文明共同发展、经济财富和道德财富同步增长。让人民‘由素质不够高的人变成素质较高的人’。这是当前一个极其迫切而重要的任务。”① 可见，任仲夷价值观的落脚点是人，是人的政治和经济地位的全面提升，是人的文化素质的全面发展。

三、让人民群众真正当家做主的政治价值观

任仲夷的政治家品格，鲜明地表现在他对社会主义民主政治的深刻理解和大力倡导上。共产党人是人民群众利益的代表者，全心全意为人民利益而奋斗，不仅要争取人民群众的经济利益，还要争取人民群众的政治利益。民主，无论在资本主义还是在社会主义社会，都是人民群众政治利益的集中体现和基本途径。列宁十分明确地指出：“没有民主就没有社会主义。”社会主义为民主政治开辟了广阔的道路，然而，社会主义民主在社会制度和社会生活的实现仍处于探索之中。中国改革开放要解决两大任务：一是发展物质生产力，二是发展民主政治；因而要推进两大改革：以发展市场经济为取向的经济体制改革，以及以发展民主政治为取向的政治体制改革。相对于前一个改革任务而言，后一个改革任务更艰巨更复杂。任仲夷同志作为一个清醒的马克思主义者，充分认识民主的意义，它关系到社会主义的前途命运，关系到中国改革开放的成功与否。他结合我国社会主义革命和建设的历史教训，从世界文明发展的大趋势和马克思主义的本质特征，阐述了不少关于发展社会主义民主政治的观点，为今天我们深化政治体制改革，建设和谐社会提供了可贵的思想养料。

任仲夷把社会主义革命的目的概括为两句话：“由奴变主”、“由穷变富”。历史唯物主义的一个核心思想就是人民群众是历史的主体，是国家政治生活的主人。领导人民“由奴变主”，贯穿于社会主义革命的始终，是共产党执政目标和执政价值所在。任仲夷认为，我们党要始终成为民主的推动者和领导者。在新民

---

① 张岳琦、李次岩主编：《任仲夷论丛第三卷：是是非非——政治文化篇》，广东人民出版社 2000 年版，第 319 页。

主主义革命时期，我们党一直是民主潮流和民主运动的领导力量。早在“五四”运动时期，信仰马克思主义的先进分子，就为“科学和民主”的口号英勇而战。抗日战争时期，毛泽东同志提出“民主是抗日的保证”。我们领导的抗日根据地就称为抗日民主根据地，根据地的政府称为抗日民主政府。中华人民共和国成立前夕，毛泽东在回答一位朋友关于中国共产党如何避免封建王朝兴亡轮回的命运时说，我们找到了一个根本的法宝，那就是民主。然而，中华人民共和国成立以后的长时间内，党内党外民主生活严重不正常，“文革”中更是被践踏，民主的缺失给人民和国家带来了极大的伤害，也严重影响了执政党的形象。

任仲夷多次引用辽宁省女共产党员张志新在“文革”中被杀害的事例，强调吸取惨痛历史教训，加强民主和法制建设的极端重要性。任仲夷对张志新表示了崇高的敬意：“这样一位年轻的同志，在当时那种错综复杂的斗争中，能够对大是大非问题认识得那样深刻，表现了那样高的马列主义水平、那样英勇无畏的斗争精神，确实是伟大的。我们党一向提倡‘五不怕’精神（指不怕批评、不怕处分、不怕离婚、不怕坐牢、不怕杀头的大无畏革命精神），张志新同志是真正做到了的。她为了坚持真理，被开除了党籍，抓进了监狱，抛开了家庭，最后被杀了头。这一切都未能使她在真理的立场上后退一步，未能使她屈服。她的光辉形象，同历史上的许多英雄人物相比，毫不逊色。”[①] 他认为，这样的冤案竟然在社会主义社会中发生（尽管是在“文革”的特殊历史条件下），说明了我们的社会主义民主和法制有严重的缺陷和漏洞，从中吸取的教训是多方面的。譬如抓不抓“思想犯”要很慎重，“在历史上，凡是滥抓滥杀‘思想犯’的，无不留下恶名。滥抓‘思想犯’还容易伤害好人和社会的优秀分子”[②]；又如要坚持一切按照法律程序办事，“无论处理哪一类矛盾，都必须充分依靠人民群众，严格遵守社会主义法制”[③]。更为重要的是，党内生活必须正常化。党内民主空气如何，影响整个社会的民主风气，党规党纪是否能得到严格遵守，影响到整个社会

---

① 张岳琦、李次岩主编：《任仲夷论丛第一卷：冲破禁锢——拨乱反正篇》，广东人民出版社2000年版，第291—292页。

② 张岳琦、李次岩主编：《任仲夷论丛第一卷：冲破禁锢——拨乱反正篇》，广东人民出版社2000年版，第293页。

③ 张岳琦、李次岩主编：《任仲夷论丛第一卷：冲破禁锢——拨乱反正篇》，广东人民出版社2000年版，第294页。

的法治秩序。为了健全社会主义法制，党内必须有正常的民主生活，必须有实事求是、言者无罪的健康风气。对每个共产党员来说，应学习张志新解放思想、独立思考、坚持真理并勇于为真理而献身的革命精神。党内生活与国家生活真正民主化了，人民的民主权利就得到切实保障，就从根本上铲除了类似张志新事件这样的历史悲剧可能重演的政治土壤。

发展民主，是中国改革深入发展的内在迫切要求。任仲夷认为，社会主义改革是全面的、整体的改革，是经济、政治、社会、文化的系统转型。中国经济体制改革是成功的，然而，政治体制改革是滞后了。民主政治不是可有可无的，它是市场经济不可或缺的制度形式，是中国走向世界、走向全球化的必然选择。中国特色的社会主义，不仅表现为社会主义与市场经济的有机结合，而且表现为社会主义与民主政治的有机结合。任仲夷从社会主义的人民性、普世性的价值内涵出发，阐述了民主的若干特征，如：主权在民，由民做主；多数决定，保护少数；权力制衡，互相监督；依法治国，保护人权；等等。他说，西方民主制度的形式我们不需要照搬，但那些具有普遍性的民主原则恐怕不能违背。他特别强调言论自由，认为对一个党、一个国家来说，鸦雀无声是危险的，让每个人都有表达权利，是和谐社会的一个重要前提。可以说，在党内高级领导干部中，对于民主政治的重要性及其实质、内涵，任仲夷的认识是很深刻的，体现了彻底的唯物主义者的品格和精神。

过去，我们为了论证中国社会主义产生的必然性及其不可逆转性，下大气力论述社会主义革命跨越“卡夫丁峡谷”的可能性，而忽略了对东方社会主义包括中国社会主义在实践中批判封建主义，减少封建因素对社会主义政治文化发展的影响，甚至有时还以封建主义批判资本主义，走了弯路。列宁说过：“同社会主义比较，资本主义是祸害。但同中世纪制度、同小生产、同小生产者涣散性引起的官僚主义比较，资本主义则是幸福。”① 任仲夷结合中国社会主义实践的历史教训，用历史的、辩证的眼光分析社会主义与封建主义、资本主义的联系，特别强调要充分认识封建主义因素对社会主义民主政治的危害。他多次指出，在走向现代化的道路上，我们反对封建主义的任务还很重。

任仲夷对封建主义在现实生活中的表现、影响作了概括：经济上的条块割

① 《列宁选集》第4卷，人民出版社1995年版，第510页。

据，追求自给自足的“小而全”倾向；政治上的家长制、一言堂；组织上把党内关系和工作关系搞成君臣关系、父子关系和宗派关系等等，论资排辈也是典型的封建主义。他指出，封建意识渗透在我们的日常政治行动之中，如一个省委书记、市委书记、县委书记，坐个公共汽车，下个饭馆吃个饭，就不得了，就登报，这在国外就可能不理解，因为那是平常事。正由于封建主义在党内政治生活的泛起，造成了一些干部任人唯亲、买官卖官等用人方面的腐败，这是老百姓最痛恨的最大腐败。在任仲夷看来，不能把这些腐败都归咎于资本主义，不能批了资本主义而漏了封建主义，“出这样那样问题的人，我敢说百分之八九十，都是由于他们脑子里还存在着浓厚的封建腐朽思想”①。

封建主义在中国有几千年的历史，它深深地渗透于我国社会生活的各个方面，特别是个人专权、君临天下的帝王思想更是常常影响着社会政治生活，以各种方式顽强地延存着，可谓“百足之虫，死而不僵”。这种封建政治特征也在我们党内时有表现。任仲夷对这种专制的封建政治十分痛恨，不仅结合“文革”的教训深挖封建专制政治对社会主义民主造成危害的形式和原因，而且对改革开放中新冒出来的类似思潮也痛加批判。他认为，权威来自人民，得民心者得权威，失民心者失权威。强调民主、科学、法制，强调人民意志的权威性，这是任仲夷政治民主价值观的基本立足点。

人民群众当家做主，是社会主义之所以有不可遏止的感召力和吸引力的根本，是我们党之所以受到广大人民群众拥护和支持的根本。来之人民，依靠人民，服务人民，情系人民，保持与人民群众的血肉联系，是我们党最大的政治优势，在改革开放和发展市场经济的条件下，能否自觉地坚持做到这一点，关系到党的性质，关系到党的命运。为此，毛泽东同志提出了从群众中来到群众中去的群众路线；邓小平同志提出了一切看“群众拥护不拥护，支持不支持，满意不满意，高兴不高兴”的评价标准；江泽民同志提出了代表最广大人民群众根本利益的基本要求；胡锦涛同志提出了“情为民所系，权为民所用，利为民所谋”的执政原则。归结起来，就是要永远摆正党与人民、领导与群众的关系，不能颠倒这种关系。小平同志说，“我是中国人民的儿子，我深情地爱着我的祖国和人

① 张岳琦、李次岩主编：《任仲夷论丛第三卷：是是非非——政治文化篇》，广东人民出版社2000年版，第113页。

民”，体现了中国共产党人的崇高品格，感动了千千万万的中国人民。任仲夷经常引用小平同志这句话，他说，“邓小平同志说自己是中国人民的儿子，我赞成这样的提法”，与此同时，他对一些领导干部以“父母官”“老板”自居等不良现象进行了评论，从中引申出防止公共权力异化的观点和道理。任仲夷指出，现在有一些党和政府领导干部，常常以“人民的父母官”自居，一些群众也常把为人民做好事的干部称为自己的“父母官”，这里有某种亲民之情或感恩之情，然而相互间的关系完全颠倒了。我们的各级干部，所有工作都是为了一个目的，就是为人民群众谋取利益。各级公务员实质上都是人民的勤务员。干部为人民做事是应该的，怎么能称为人民的“父母”呢？这是封建时代的提法，连资本主义都不这样叫，没有听说美国的州长、总统称自己是美国人民的“父母官”的，也没有听说美国人民称他们的州长、总统为“父母官”的。还有一些领导干部习惯甚至喜欢手下人称自己为“老板”，其实所谓“老板”不过是“掌柜”，是生意场上有资本能拍板的人，而我们党政部门的一些领导，特别是一些党委书记和政府领导人，对手下人称自己为“老板”习以为常，不以为非，这就奇怪了。这些称谓上的变化，实际反映了我们一些领导干部思想上的变化，是浓厚的封建意识在市场经济条件下沉渣泛起的一种表现。

为民做主与由民做主似乎是一字之差，但反映了两种执政观的区别。为民做主在封建时代是很好的，如戏曲《七品芝麻官》有句唱词，“当官不为民做主，不如回家卖红薯”。这句话今天很多人耳熟能详，说明人民群众太需要忠诚为他们服务的好领导。但在现代社会，对以立党为公、执政为民为宗旨的共产党人来说，为民做主就显得居高临下，违背了马克思主义让人民群众自己解放自己的根本原则，与现代民主相悖。任仲夷指出：“我们常说民主民主，应当是由民做主。人民有权要求干部做这些事，也有权要求干部不做那些事。领导干部做主，也只能代表人民的利益，反映人民的意愿。况且当领导决定问题时，也要经过一定的民主程序。人民群众当家做主，各级干部是人民群众的公仆，不是人民群众的主人。”① “水可载舟，亦可覆舟”，这句历史名言对于提醒我们脱离人民群众就有丧失执政资格的这个意义上是形象深刻的，但对共产党人来说，党与人民、领导

---

① 张岳琦、李次岩主编：《任仲夷论丛第三卷：是是非非——政治文化篇》，广东人民出版社2000年版，第214页。

与群众决不仅是舟与水的利害关系。人民群众不仅仅是工具性的载体，而且是我们党执政之基、力量之源，切记自己是人民的儿子，以人民价值为根本出发点和落脚点，我们党才能永葆来自人民、为了人民的根本特性，才能永葆先进性和创造活力。

四、开放包容的文化价值观

任仲夷对广东的影响是深远的，这不仅由于他主政广东工作期间以卓越的战略眼光打下了广东改革开放的坚实基础，更由于他深刻的思想观点、鲜明的创新精神和开放的文化风格，留给广东干部群众十分珍贵的精神财富。尊重知识、尊重人才，倡导和而不同的多样化的文化价值取向，这是任仲夷文化思想的核心，体现了任仲夷对世界文化潮流、中国当代先进文化、岭南文化风格的融会贯通，体现了他对马克思主义的科学理性精神和人文关怀精神的把握和实践。

文化的源泉是实践，文化的主体是人，就实践的客观性和人的社会性而言，文化具有统一性和普适性，然而由于实践的时空差异性，由于主体的区域性、民族性、个体性特点，文化又具有多元性、多样性、多层次性，否认文化的统一性，可能导致文化相对主义，否认文化的多样性，可能导致文化专制主义。对于中国现代社会转型时期来说，如何把坚持马克思主义的指导与多元文化价值取向统一起来，建设一个既有核心价值维系又和而不同的自由开放的和谐文化体系，是中国特色社会主义建设的一个重大任务。多年来，不少干部习惯于用一种文化价值、一种文化口味来领导文化工作，窒息了文化的创造活力，满足不了广大人民群众日益增长的文化精神需求。任仲夷认为，改革开放所引起的社会生活的革命性转型，使社会文化生活变得多样化和多层次化了。“我国正处在新旧两种体制交替的时期，人们的思想观念正在发生很大变化。如果再像过去那样，对某一事物的认识，往往由某个领导人‘一锤定音’，要求大家在同一时期对同一事物都只能说‘好’，或说‘不好’，要求‘舆论一律’，实践已经证明是行不通的。在改革开放中，人们的思想异常活跃，这是件好事，是合乎历史发展规律的。”①

---

① 张岳琦、李次岩主编：《任仲夷论丛第三卷：是是非非——政治文化篇》，广东人民出版社2000年版，第364页。

首先，改革开放激活了人们的文化个性。真理与谬论、美与丑、好与坏都有一定的客观标准，但是人们对事物的认识及审美价值是不可能完全一致的，因为人们的出身经历、文化科学知识结构、思想理论水平、看问题的角度和兴趣爱好等都不尽相同。好比吃饭，众口难调，对文学艺术的欣赏犹如吃饭，不能要求人们都是一个口味。比如音乐，有人喜欢现代流行音乐和通俗唱法，有人喜欢《洪湖水，浪打浪》《春江花月夜》《蓝色的多瑙河》等，也都是很自然的。难得的是，在当时社会上对通俗歌曲评价很不一致，甚至一些行政部门视其为异端的情况下，任仲夷同志认为，既然那么多人喜欢听、喜欢唱，那当然是好的，尽管他表示他个人更喜欢民族的、幽雅的、古典的音乐。他有针对性地指出，领导干部不要根据自己兴趣爱好轻易作结论，说什么好，什么不好，不能在艺术的问题上充当“裁判”和“法官”。允许差异，允许讨论，允许有不同的意见，才有文艺的繁荣。

其次，人们的文化需求是分层次的。人们在文化欣赏和消费上是分层次的。适应不同层次的需要，文化艺术也应该多样化，古典的、现代的，中国的、外国的，严肃的、通俗的，都要有。无论是“阳春白雪”还是“下里巴人”，不同风格的文艺产品都应该向人民群众提供，不能再回到“八亿人民只看八个样板戏”的时代。在文化消费上也提倡多样化，根据收入差异，有的人可以打高尔夫球、网球，有的人只能打桌球或乒乓球。如同生活消费不能搞一刀切一样，文化消费更不能不分层次地统一要求。

再次，复杂的社会生活要求信息的多样化。新闻报道是社会实践的反映，改革开放带来了社会生活的变革和复杂多样，新闻报道也应在内容上、形式上、风格上跟上时代的步伐，敢于求真，敢于创新，才能反映火热的群众实践，才能引领时代的潮流。任仲夷同志针对新闻改革迈不开步伐的现象指出：“如果报纸刊物‘舆论一律’，写文章千篇一律，处理问题绝对化，‘一刀切’，提倡什么就一哄而起，一面倒，那就太简单化了。所以如此，很大程度是过去那种自上而下的风气造成的。”[①] 他鼓励《南方日报》要办成从版面到标题都使人感到新颖、醒目、生动、活泼，令人爱不释手的好报纸；鼓励《羊城晚报》要努力形成和发

---

① 张岳琦、李次岩主编：《任仲夷论丛第三卷：是是非非——政治文化篇》，广东人民出版社 2000 年版，第 366 页。

展自己的独特的风格，突出“三性”（即知识性、趣味性和地方性）；鼓励记者写出“奇文”，敢于提出和回答问题。他认为改变“一刀切”、“绝对化”的弊病要从两方面努力：下面要敢于创造，敢于突破，领导者则要敢于支持这种勇于开拓创新的人。同时他指出，这是一个转型发展的过程，欲速则不达，但希望能尽快缩短这个过程。

“双百”方针是毛泽东提出的党领导文化、文艺工作的指导方针。邓小平结合中华人民共和国成立以来中国文化建设的经验教训加以发展，明确倡导创作自由。他指出，文艺要坚持“为最广大的人民群众、首先为工农兵服务的方向，坚持百花齐放、推陈出新、洋为中用、古为今用的方针，在艺术创作上提倡不同形式和风格的自由发展，在艺术理论上提倡不同观点和学派的自由讨论”①。任仲夷认为，文化建设是党的一项重要任务，当前党对文学事业领导的一个重要任务，就是坚定地保证作家的创作自由，包括作家对题材和主题的自由选择，思想感情的自由抒发，不同艺术观点的自由讨论，以及多种艺术形式的自由发展，都是创作自由的具体表现，必须加以保护。②

正确处理文艺与政治的关系，是保证创作自由的前提。任仲夷十分赞成邓小平关于反对机械地要求文艺服务政治的观点，认为作家、艺术家应当有社会责任感、使自己的创作更好地为人民服务，为社会主义服务；但并不是要求文学艺术从属于临时的、具体的、直接的政治，并不是要求文学艺术一味歌功颂德，而是要遵循文学艺术的特征和规律，满足人民群众的文化艺术需求。只要是人民群众喜闻乐见的作品，都应该允许存在和发展。我们要相信人民群众有鉴别是非和美丑的能力，作品的思想成就和艺术成就，应当由人民来评定。在文艺创作和文艺批判领域里的行政命令必须废止，干涉过多的偏向必须纠正，“左”的影响必须废止。党和政府应当做的，首先是执行正确的政策，造成有利于创作自由的环境和气氛；同时还要为作家的创造性劳动提供必要的物质条件。这“三个必须”和两项任务的提出，发挥了毛泽东、邓小平的文艺思想，奠定了广东文艺工作的基调。广东改革开放以来的30年，产生出不少优秀的文学、影视、音乐、美术

---

① 《邓小平文选》第2卷，人民出版社1994年版，第210页。

② 张岳琦、李次岩主编：《任仲夷论丛第三卷：是是非非——政治文化篇》，广东人民出版社2000年版，第358页。

等作品，为全国文化艺术界所瞩目，不能不溯源于任仲夷所倡导的尊重创作自由的文艺理念及其所制定的文艺政策。

任仲夷对知识、文化的高度重视，集中在他对知识分子的重视和爱护上。凡他工作过的地方，知识分子普遍感到心情舒畅。他与知识分子广交朋友，坦诚交谈，共商时政，同品艺术，在知识分子中有很强的亲和力，有很高的威信。任仲夷的知识分子价值观建立在科学技术是第一生产力的基础之上。他由衷地赞成邓小平在全国科学大会上的讲话，指出这个讲话运用马克思列宁主义、毛泽东思想，从理论与实践的结合上，对科学技术是不是生产力，脑力劳动是不是劳动人民的一部分，对知识分子队伍如何估计等一系列重大问题作了非常透彻的阐明，从根本上砸碎了长期以来“左”的路线套在广大知识分子身上的精神枷锁。他提出，领导干部要在思想方法上来一个大转变，要真正把广大知识分子当做工人阶级的一部分（而且是非常宝贵的一部分），要真正尊重知识，尊重科学，尊重科学家和各方面的专家。任仲夷对党的知识分子政策的形成和发展以及其中的经验教训进行了总结，指出，“历史经验证明，知识分子政策的正确与否，直接关系到革命和建设事业的成败”①。抗战时期毛泽东在为党中央写的《大量吸收知识分子》的决定指出：“没有知识分子的参加，革命的胜利是不可能的。”但在1957年后很长的时间内，知识分子被划到资产阶级的范畴，几乎每次运动他们都挨整。所以，任仲夷认为，要落实知识分子政策，最根本的是要解决对知识分子的认识问题，清除贬低知识分子的“左”的思想。一些干部对知识分子始终不能在感情上融合起来，是多年来宣传和舆论造成的。过去连演戏和文艺作品中，知识分子的形象都往往是保守的、草包的，读书多似乎是一种罪过。针对一些领导干部对知识分子的偏见，任仲夷在《羊城晚报》发表的谈话明确提出：“知识分子成堆好。知识分子多，知识就多，各项工作发展就会快。”②

重视知识分子，不仅要发挥他们在发展科技生产力方面的作用，而且要发挥他们在宏观决策上的作用。任仲夷在改革开放之初就提出：“制定重要的决策时，

---

① 张岳琦、李次岩主编：《任仲夷论丛第三卷：是是非非——政治文化篇》，广东人民出版社2000年版，第409页。

② 张岳琦、李次岩主编：《任仲夷论丛第三卷：是是非非——政治文化篇》，广东人民出版社2000年版，第412页。

要充分听取专家们的意见，这应当成为一项制度。”① 也就是说，实施科学决策，民主决策，不应由领导个人的水平或爱好所决定，而是一种制度化的要求，不能因领导人的能力高低而偏废，不能因领导人的变动而随意变更。

在落实知识分子政策，创造良好的有利于知识分子成长、锻炼、发挥作用的物质、政治、社会条件方面，任仲夷发表了许许多多的讲话和意见。例如，如何不拘一格选拔人才的观点，把引进人才与培养人才结合起来的观点，选拔人才既要看文凭更要看实际水平的观点，让人才在竞争机制中脱颖而出的观点，建立人才学的观点，等等。他较早提出知识分子的使用不应受行政级别的限制。1981年9月他在听取广东省社会科学院汇报工作时提出，过去我们习惯把一个科研单位机械地比照行政单位，研究人员的待遇框得很死，不利于积聚人才，其实，这些单位的科研人员可以高于或低于组织规定的单位的级别。广东是改革开放的前沿，需要大量的人才，尤其重要的是高级的人才，职能部门要研究制定灵活特殊政策，吸收国内外的人才到广东创业干事，这是广东长期快速全面发展的迫切要求。

（原载《学术研究》2009年第10期）

---

① 张岳琦、李次岩主编：《任仲夷论丛第一卷：冲破禁锢——拨乱反正篇》，广东人民出版社2000年版，第254页。

关于理论创新若干问题的探讨

理论创新是一项创造性、突破性的思维活动，它源于实践而又指导实践，是推动社会的经济、政治、科学文化巨大发展的重要动力。江泽民总书记《在庆祝中国共产党成立八十周年大会上的讲话》中郑重地指出："马克思、恩格斯、列宁和毛泽东同志、邓小平同志，都为我们作出了理论联系实际和理论创新的光辉典范。"就我国五四运动以来而言，毛泽东创立的新民主主义革命理论，邓小平提出的建设有中国特色社会主义理论，江泽民倡导的"三个代表"的理论，都是理论创新的范例。思想认识的发展，要求我们深入研究如下的主要问题：理论创新的涵义和特征；理论创新的意义和作用；理论创新的机制和途径。本文拟结合社会经济、科学技术和思维逻辑的发展史就上述问题进行初步的探讨。

一

简言之，理论创新就是在扬弃原有的思想、学说、理论的基础上进行创造性、突破性的思维活动，提出新思想、新学说、新理论。马克思深刻地指出："新思潮的优点就恰恰在于我们不想教条式地预料未来，而只是希望在批判旧世界中发现新世界。"①

从人类发展史来看，理论创新具有如下一些重要特征：

一是突破性。凡是理论创新，必然对原有思想理论有所突破，并创造性地提出新的思想观点。马克思、恩格斯就是突破了黑格尔唯心主义辩证法和费尔巴哈的机械唯物主义，突破了亚当·斯密、李嘉图的政治经济学和圣西门、傅立叶、

① 《马克思恩格斯全集》第1卷，人民出版社1956年版，第416页。

欧文的空想社会主义等等的局限性，从而创立了马克思主义。“把唯物辩证法应用于历史、自然科学、哲学以及工人阶级的政策和策略——这就是马克思和恩格斯最为注意的事情，这就是他们做了最重要最新颖的贡献的地方，这就是他们在革命思想史上英明地迈进的一步。”① 爱因斯坦突破了牛顿把时间、空间与物质运动割裂开来的绝对的、机械的时空观，创立了狭义相对论和广义相对论，认为时间和空间随着物质运动的变化而变化，去掉了物质运动也就去掉了时间空间，在时空观方面引起巨大的革命。狭义相对论认为，从对于物体有相对速度 V 的坐标系中，所测得的沿速度方向的物体长度 L′，总是比与物体相对静止的坐标系中测得的长度 L 为短，其公式为：$L'=L\sqrt{1-\frac{v^2}{C^2}}$（其中 C 表示光速）；从对于发生事件的地点作相对运动的坐标系中所测得的时间 $\triangle t'$ 要比相对静止的坐标系中所测得的时间 t 来得长，其公式 $\triangle t'=\frac{\triangle t}{\sqrt{1-\frac{v^2}{C^2}}}$。在广义相对论中，认为物质和空间、时间，存在着比古典物理学更为复杂和深刻的联系。在宇宙空间内物质积聚的地方，存在着较强的引力场，时空性质和一定空间区域内的物质密度及其分布有关。譬如说，经理论证明，在一定点上的引力场越强，则处于引力场的“钟”走得愈慢。爱因斯坦的相对论的确立，引起了现代物理学的重大革命。正因为马克思、爱因斯坦在不同领域的理论创新作出了巨大贡献，最近英国广播公司一项网上调查，评出了千年十大思想家，马克思、爱因斯坦分别光荣地居于第一位和第二位。

二是彻底性。凡是理论创新，都具有彻底性、深刻性的特点。“理论只要说服人，就能掌握群众；而理论只要彻底，就能说服人。所谓彻底，就是抓住事物的根本。”② 理论创新所以具有彻底性、深刻性，一方面因为它抓住了典型的，具有根本性的事物和现象，而不是枝微节末的东西；另一方面，它揭示了客观事物的内部的本质的必然联系，而不是停留在浮光掠影的层面上。

马克思一生中有两大发现：唯物史观与剩余价值理论。以往的历史观，都是以精神为本原，以帝王将相为历史创造者的唯心史观，马克思却发现了历史是生

---

① 《列宁全集》第 19 卷，人民出版社 1956 年版，第 558 页。

② 《马克思恩格斯全集》第 1 卷，人民出版社 1972 年版，第 9 页。

产发展史，人民群众是历史发展的创造者，提出了生产力与生产关系、经济基础与上层建筑的辩证规律，从而彻底地揭示了社会历史发展的客观规律，把唯心主义从最后一个避难所（社会历史领域）彻底地驱除出去。庸俗政治经济学认为资本生产利润，土地产生地租，劳动产生工资。这种所谓“三位一体”公式，完全掩盖了剩余价值产生的秘密和劳动者受剥削的根源，马克思在《资本论》等著作中，详细剖析了剩余价值产生的源泉——劳动者的剩余劳动，剥削者的利润、地租只不过是剩余价值的转化形态，劳动者的工资只是劳动力的价格，劳动创造的价值远远大于劳动力价值，而这一部分剩余价值却被剥削者剥削去了，无产阶级要解放就必须“剥夺剥夺者”，“在协作和对土地及靠劳动本身生产的生产资料的共同占有的基础上，重新建立个人所有制”[①]。恩格斯认为：“正像达尔文发现有机界的发展规律一样，马克思发现了人类历史的发展规律。”[②] 中外的历史发展，充分证明了马克思两大发现的彻底性、深刻性，直至今天仍然保持它的生命力。有人认为，马克思的“劳动价值论”“剩余价值论”忽视了脑力劳动和科学技术的作用，在现代高科技条件下，科学技术是剩余价值的主要来源，因而“劳动价值说”和“剩余价值论”过时了。这种观点是不正确的。我们知道：马克思早已指出，劳动力是智力和体力的总和，科学技术是生产力，劳动创造价值、剩余价值，包括智力劳动者在内。马克思还特别清楚地指出：“生产力的这种发展，归根到底总是来源于发挥着作用的劳动的社会性质，来源于社会内部的分工，来源于智力劳动特别是自然科学的发展。”[③] 马克思早在一百多年前就深刻地、彻底地揭开了生产力、剩余价值与智力劳动的关系，有些人随意地、想当然地否认马克思的“劳动价值论”“剩余价值论”，恐怕是没有读过或没有读懂马克思的《资本论》。

三是实践性。因为理论创新具有上面所说的突破性、彻底性的特点，必然转化为群众的实践，产生巨大威力和无限生命力，而且随着时间推移，掌握这些真理的人数愈多，愈来愈深刻，从而产生愈来愈大的实践效应。

“批判的武器当然不能代替武器的批判，物质力量只能用物质力量来摧毁；

① 《马克思恩格斯全集》第23卷，人民出版社1972年版，第822页。

② 《马克思恩格斯全集》第3卷，人民出版社1972年版，第574页。

③ 《马克思恩格斯全集》第25卷，人民出版社1972年版，第97页。

但是理论一经掌握群众，也会变成物质力量。"① 马克思、恩格斯创立马克思主义的时候，了解它、认识它的人很少，可是现在马克思主义传遍五洲四海，掌握着愈来愈多群众，并指导中国等国家取得无产阶级革命的辉煌胜利和社会主义建设的巨大成功。以毛泽东、邓小平、江泽民为核心的三代领导集体的理论创新，更是使中国大地发生了天翻地覆的变化，人民群众的精神面貌也随之焕然一新，朝气蓬勃。

二

理论创新既是社会历史发展的重要标志，又是社会历史发展的重要动力，因而具有不可估量的意义和作用。

理论创新必然引起社会经济的巨大发展。

无论自然科学、社会科学，还是思维科学，一旦理论获得突破创新，就会或慢或快地反映到社会经济上，推动社会经济的迅速发展。近代三大技术革命就是明显的例证。从伽利略到牛顿等人的力学理论创新，推动着大气压力研究和蒸汽机发明，从而引起了第一次技术革命，大大地提高了劳动生产率和生产力水平。电磁场理论的创新，直接引发了以电力为中心的第二次技术革命。丹麦物理学家奥斯特（H. C. Oersted）于1820年发现的磁效应指引着电动机的发明；英国物理学家、化学家法拉第（M·Faraday）1831年提出的电磁感应定律指引着发电机的发明；英国物理学家麦克斯韦（J·C·Maxwell）1864年发表了《电磁场的动力学理论》，建立了系统的电磁场理论，指引着无线电的发明，等等，从而引起了以电力应用为标志的第二次技术革命。第三次技术革命以原子核能、电子计算机和空间技术等三大技术为主要标志。爱因斯坦1905年提出了相对论质能关系式 $\Delta E = \Delta M \cdot C^2$（能量等于质量乘光速平方），从理论上预示了原子核能的巨大潜力。查德威克（J·Chadwik）、海森保（W. Heisenberg）、约里奥－居里（Joliot－Curie）夫妇等等著名科学家，都为第三次技术革命提供了理论基础。

理论创新必然引起社会的变革或革命。

科学理论的创新，特别是社会科学理论的创新，往往对社会制度、社会结

---

① 《马克思恩格斯全集》第1卷，人民出版社1972年版，第9页。

构、社会组织形式以及人们的相互关系，提出新的见解和改革方案，从而推动着人们进行社会的改造和革命。毛泽东对旧中国的社会阶级状况等国情进行了细密的分析，确定了正确的革命对象、革命任务和革命动力，提出了科学的革命道路和方法，建立了完整的新民主主义革命论，从而指导中国人民取得了新民主主义革命的伟大胜利，建立了中华人民共和国，并领导中国人民进行社会主义改造和社会主义建设，取得了重大成就。邓小平在"文化大革命"之后，认真反思了其教训，总结了我党长期奋斗的经验，正确地分析了国情，从而提出"走自己的路，建设有中国特色社会主义道路"的科学理论，从而指导中国人民进行以经济建设为中心、坚持改革开放与四项基本原则的新的伟大长征，使中国人民走上了富裕、民主、文明发展的康庄大道。江泽民直接继承了邓小平理论，并根据国内外形势的变化，站在历史的高度，提出了"三个代表"理论，为党的建设、政权建设等方面开辟了新的一页，获得了立党之本，执政之基，力量之源。

理论创新必然引起人们思想观念、意识形态的变革和革命。

理论是思想观念、意识形态的灵魂。一旦理论创新，必然引起其他思想观念和意识形态的变革和革命。马克思创立了辩证唯物主义与历史唯物主义的世界观和方法论之后，引起了历史观、文学观、社会观、法律观、宗教观、道德观等等思想领域的革命。许多社会科学家重新运用科学的世界观和方法论整理、分析本学科的材料，作出了新的解释，得出比较合乎科学的结论。例如著名哲学家冯友兰重新编写哲学史，对历史事件重新进行了反思，提出了新的见解。

我们今天提倡加强社会主义精神文明建设，其关键仍然是理论创新。理论创新是精神文明建设的灵魂，只有正确的理论指导和理论创新，才会使社会主义精神文明建设抓到根本。

三

理论创新由于有那么多的特点和作用，有些同志因此产生一种错觉，以为理论创新只是大思想家、大科学家和杰出领袖的"特权"，与我们普通理论工作者和其他劳动者无缘。这种看法是不妥的。这是因为理论创新是多方面、多层次的。有全局性、根本性的理论创新（如马克思主义、相对论等等），也有局部性、个别性的理论创新（如提出某种新观点、新研究方法），我们老百姓即使不能进行全局性理论创新，也不排除进行局部性、个别性理论创新的可能性。还有，大理论家、大科学家和杰出领袖们的理论创新，往往来自于广大群众的实践经验和发明创新，然后由他们加以提高和集中，提出重大的理论创新。因此，人人都可以为理论创新作出不同程度的贡献。

问题是要正确解决理论创新的机制和途径。我们从伟大科学家、思想家的理论创新中，可以得到如下启示：

首先，破除迷信，解放思想，勇于探索，敢于修正、丰富和发展前人学说，是理论创新的思想基础。

我们要尊重权威，但不能迷信权威。我们要向权威学习，但不能唯权威是命。当我们发现权威有错误或不足之处，要勇于提出自己的见解，以真理为准绳，就像古希腊一位哲人说的：我爱吾师，但我更爱真理。

我们要随着社会实践及情况的变化，不断研究新情况，解决新问题，不能墨守成规，固步自封。尤其是当代科学技术突飞猛进，国际形势瞬息万变，广大群众实践不断发展，“应勇于和善于根据实践的要求进行创新。要坚持实践是检验真理的唯一标准，在党的基本理论指导下，一切从实际出发，自觉地把思想认识从那些不合时宜的观念、做法和体制中解放出来，从对马克思主义错误的和教条式的理解中解放出来，从主观主义和形而上学的桎梏中解放出来。坚持科学态度，大胆进行探索，使我们的思想和行动更加符合客观实际，更加符合社会主义初级阶段的国情和时代发展的要求”①。我们党提出的“一个中心，两个基本点”的基本路线，以公有制为主体、多种经济成分共同发展的经济结构，以按劳分配为主体与多种分配形式相结合的分配结构等等，就是善于和勇于理论创新的范例。我们要为解决现实问题而进行理论研究和理论创新。毛泽东就是为了解决中国民主革命的战略、策略等问题而创立新民主主义论；邓小平就是为了解决在中国如何建设社会主义等问题而创立建设有中国特色的社会主义理论；江泽民就是为了解决在现代条件下如何建设中国共产党这一重大问题而提出“三个代表”理论。

其次，苦其心志，劳其筋骨，深入地调查研究，从大量的丰富的材料中提炼

---

① 江泽民：《在庆祝中国共产党成立八十周年大会上的讲话》，新华社北京 2001 年 7 月 1 日电。

新思想、新理论，这是理论创新的基本途径。

古今中外的大思想家、大科学家和杰出的群众领袖，都是刻苦用功，不怕艰险，为科学创新而勇于献身。马克思有句名言：“在科学上没有平坦的大道，只有不畏劳苦沿着陡峭山路攀登的人，才有希望达到光辉的顶点。”[①] 我国古人有“读万卷书，行万里路”的刻苦奋斗精神，今人有陈景润为解决哥德巴赫猜想而“痴呆”的钻研精神。他们不为清贫所困扰，不贪图急功近利，不羡慕官位权势，不追求纸醉金迷的生活，而是为了科学事业而鞠躬尽瘁，死而后已。他们对人类的贡献和奉献精神，永远为后人所传颂。

马克思说：“研究必须充分地占有材料，分析它的各种发展形式，探寻这些形式的内在联系。只有这项工作完成以后，现实的运动才能适当地叙述出来。”[②] 爱因斯坦也说相对论这理论并不是起源于思辨；它的创建完全由于想要使理论尽可能适应观察到的事实。科学家必须在庞杂的经验事实中间抓住某些可用精密公式来表示的普遍特征，由此探求自然界的普遍原理。科学研究、理论创新一般分为两个阶段：从感性具体到科学抽象；从科学抽象到思维具体。感性材料是科学研究的基础，“只有感觉的材料十分丰富（不是零碎不全）和合于实际（不是错觉），才能根据这样的材料造出正确的概念和理论来”[③]。理论创新第一步就是要深入群众，深入实践，深入掌握前人积累下的材料，尽可能掌握丰富的、正确的材料，然后经过比较、归纳、演绎、综合、分析、类推等等思维方法，“将丰富的感觉材料加以去粗取精、去伪存真、由此及彼、由表及里的改造制作功夫，造成概念和理论的系统”。[④] 第二步，从科学抽象到思维具体（精神具体），即把各种抽象出来的概念、原理，按照从抽象到具体的即从浅至深、从简单到复杂逻辑的顺序构成科学理论体系。“具体之所以具体，因为它是许多规定的综合，因而是多样性的统一。”“从抽象上升到具体的方法，只是思维用来掌握具体并把它当做一个精神上的具体再现出来的方式。”[⑤] 我们一定要学会从感性具体到科学

---

① 《马克思恩格斯全集》第23卷，人民出版社1972年版，第26页。

② 《马克思恩格斯全集》第23卷，人民出版社1972年版，第23页。

③ 《毛泽东选集》4卷合订本（袖珍本），人民出版社1969年版，第267页。

④ 《毛泽东选集》4卷合订本（袖珍本），人民出版社1969年版，第268页。

⑤ 《马克思恩格斯全集》第2卷，人民出版社1972年版，第103页。

抽象，从科学抽象到思维具体的逻辑方法，才能有理论创新，并把理论创新正确地表述出来。

再次，把继承和创新结合起来，在继承基础上创新，在创新中更好地继承，是理论创新必由之路。

扬弃是既克服又保留、既肯定又否定的辩证思维方法。对前人学说、理论中要克服、否定的东西主要包括两方面：一方面是原来就不科学、错误的东西，如黑格尔唯心主义和费尔巴哈的机械的形而上学观。另一方面由于实践的发展和情况的变化，原有的思想、理论已不合时宜，或要作出新的诠释或需要修改补充。马克思是运用辩证否定或扬弃方法进行科学研究并取得巨大成果的大师。拿他的巨著《资本论》来说，除了对英国古典经济学家代表人物亚当·斯密和李嘉图的学说进行扬弃，还具体地分析许多当时不太知名的经济学家，对其中的哪怕是有某种合理的东西都给予肯定和介绍，而对其错误的东西却予批判性的否定。列宁对马克思主义与世界文明发展之间的关系曾经深刻地指出："在马克思主义里绝没有与'宗派主义'相似的东西，它绝不是离开世界文明发展大道而产生的固步自封、僵化不变的学说。恰巧相反，马克思的全部天才正在于他回答了人类先进思想已经提出的种种问题。他的学说的产生正是哲学、政治经济学和社会主义的最伟大代表的学说的直接继续。"① 我们要学习马克思批判继承、辩证否定的科学方法，使理论创新的大地盛开五彩缤纷的花朵和果实。

（原载《学术研究》2002年第3期，作者：田丰、刘景泉）

① 《马克思恩格斯全集》第2卷，人民出版社1972年版，第441页。

坚定理论自信　推进理论创新

党的十八大报告鲜明地提出了中国特色社会主义道路自信、理论自信和制度自信的新观点和新要求，开辟了马克思主义理论创新的新境界。

党的十八大深刻总结了马克思主义中国化、时代化、大众化的历史经验，概括了中国特色社会主义理论体系发展的进程和规律，鲜明地提出了中国特色社会主义道路自信、理论自信和制度自信的新观点和新要求，开辟了马克思主义理论创新的新境界。

理论自信来自于实践检验。实践是理论的来源和基础，是检验理论真理性的唯一标准。党的十一届三中全会以来，我们党带领广大人民开启了改革开放、建设社会主义现代化的伟大事业，逐步形成了中国特色社会主义的路线、方针、政策，形成了中国特色社会主义的道路、理论体系和基本制度。从邓小平理论、“三个代表”重要思想到科学发展观，是产生于亿万人民的改革发展的伟大实践而又被中国30多年发展举世公认的成就所证明的科学理论。党的十八大把科学发展观作为党必须长期坚持的指导思想写进党章，体现了继续推进中国特色社会主义伟大实践的客观要求，体现了坚持和发展中国特色社会主义理论体系的思想逻辑，反映了党心民心所向。

理论自信来源于人民认同。科学发展观坚持和丰富了唯物史观的群众路线和群众观点，把以人为本作为核心立场，把执政为民作为最高标准，得到了广大干部群众的衷心拥护和自觉践行，转化为巨大的现实力量和辉煌的发展成果。党的十八大报告更加明确了以人为本的核心立场。毫无疑问，包括科学发展观在内的中国特色社会主义理论体系由于代表了人民的愿望，符合时代潮流，从而成为全党和广大人民推进发展的世界观和方法论，成为新的起点上全面建成小康社会的强大思想武器。

理论自信来源于创新品格。中国共产党人把马克思主义普遍真理与中国国情以及时代特征紧密结合，在革命、建设、改革实践的过程中，实现了马克思主义中国化两次历史性飞跃，产生了毛泽东思想和中国特色社会主义理论体系两大成果。新世纪以来，我们党围绕坚持和发展中国特色社会主义提出了以实现什么样的发展、怎样发展为主题的一系列紧密相连、相互贯通的新思想、新观点、新论断，形成了科学发展观，把对中国特色社会主义规律的认识提高到新水平，开辟了当代马克思主义发展新境界。党的十八大报告又提出了一系列全局性、战略性、创新性的理论和观点，如科学发展观历史地位的新概括；中国特色社会主义的总依据、总布局、总任务的新阐述；全面建成小康社会的新部署；经济建设、政治建设、文化建设、社会建设、生态文明建设五位一体的新论述；社会主义核心价值观的新概括等，从而进一步丰富了科学发展观，进一步彰显了中国特色社会主义的实践特色、理论特色、时代特色和民族特色。

理论自信来自于理论自觉。理论自觉是理论自信的前提，缺乏自觉性的自信不过是妄自尊大、固步自封。自觉以科学理论为指导，自觉在实践中发展理论，是我们党政治成熟和走向胜利的重要标志和保证。我们要以高度的理论自信和理论自觉，在全面建成小康社会的道路上，继续解放思想，攻坚克难，做到发展实践永无止境，理论创新永无止境。

（原载《南方日报》2012 年 11 月 20 日）

以理论创新引领全面深化改革新实践

党的十八届三中全会做出的关于全面深化改革若干重大问题的决定，提出了在新的历史条件下全面深化改革的总目标、总方向、总体框架和主要问题，体现了新一届中央领导集体坚定不移的改革创新的政治勇气，标志着我们党对中国特色社会主义发展规律的认识提高到一个新水平，是引领当代中国沿着十一届三中全会开辟的改革开放新航向破浪前行的纲领性文件。

理论创新是党的十八届三中全会决定的灵魂。理论创新是实践创新的先导，改革开放历史进程中每一重大突破和转折，都必然以形成揭示经济社会发展的根本特征和基本规律的创造性成果为前提。全会决定在深刻总结改革开放35年历史经验基础上，提出了一系列带有全局性、前瞻性的新论断、新观点、新提法，其中关于使市场在资源配置中起决定性作用的新判断，是全会决定中关于经济体制改革的一个重大理论创新。这次会议强调提出，要使市场在资源配置中起决定性作用和更好发挥政府作用，提出经济体制改革的核心问题仍然是处理好政府和市场关系。实践证明，市场配置资源是最有效率的形式，市场决定资源配置是市场经济的一般规律，市场经济本质上就是市场决定资源配置的经济。健全社会主义市场经济体制必须遵循这个规律，着力解决市场体系不完善、政府干预过多和监管不到位问题。据此，全会决定明确政府的职责和作用是保持宏观经济稳定，加强和优化公共服务，保障公平竞争，加强市场监管，促进可持续发展和共同富裕。可见做出“使市场在资源配置中起决定性作用”的总判断和总定位，有利于在全党全社会树立关于政府和市场关系的正确观念，有利于转变经济发展方式，有利于转变政府职能，有利于抑制消极腐败现象。

全会的重大理论创新是基于实践基础上的问题导向型的创新。问题是时代的口号。改革开放把长期压抑的社会生产力和创造力充分释放出来，使我国经济总量跃居世界第二，把一个13亿人大国的人均收入提升至中等水平，然而发展中不协调、不平衡、不可持续的问题日益暴露，转型与稳定、效率与公平、发展与生态环境等矛盾日益突出。也是说，“中国奇迹”与“中国问题”相伴而生，我们既要总结和弘扬中国经验，又要直面和解决中国问题，从而更坚定地走好中国道路。三中全会的决定以当前亟待解决的重大问题为提领，突出重点领域和关键环节，把顶层设计和摸着石头过河结合起来，把整体思路创新与微观政策调整结合起来，围绕进一步解放和发展生产力、解放和增强社会活力，破除深层次的体制机制障碍和弊端谋篇布局。这些都充分体现了强烈的问题意识，展示了以重大问题为导向，着力推动解决我国发展面临的一系列突出矛盾和问题的勇气和智慧。正如习近平总书记指出的：“我们中国共产党人干革命、搞建设、抓改革，从来都是为了解决中国的现实问题。可以说，改革是由问题倒逼而产生，又在不断解决问题中得以深化。”

全会的重大理论创新体现了一切为了人民群众的价值观。全会明确提出：“以促进社会公平正义、增进人民福祉为出发点和落脚点”。把公平正义和人民福祉作为改革的依归，是改革战略和思路的一个重大调整和创新。依据这个指导思想，全会在经济、政治、文化、社会、生态文明以及党的建设等多方面提出了改革新举措，特别是针对城乡区域发展差距和居民收入分配差距较大问题，教育、就业、社会保障、医疗、住房、生态环境、人口政策、食品药品安全、安全生产、社会治安、执法司法等关系群众切身利益的重大和热点问题，提出了一系列带有体制性根本性的意见和解决办法。这个复杂的系统工程处处体现了以人为本、以人民为主体的价值导向，必定极大地激发社会活力，让一切创造社会物质财富和文化财富的源泉充分涌流，让发展成果更多更公平惠及全体人民。

新一轮改革开放的启动为广东发展提供了新的机遇，也为广东社科界提供了理论创新的新动力新要求。过去35年的改革开放，广东不仅在实践上走在全国前列，在理论创新上也同样走在全国前列，特别是商品经济和市场经济理论的率先研究，为中国特色社会主义理论体系的丰富、完善和发展做出了应有贡献。作为改革开放排头兵的广东，经济社会发展进入了一个新的阶段，全面深化改革开放的事业正处在一个新的起点上，破解改革发展的难题比以往任何时候都更加需要智力支持和理论支撑。广东社科界要以强烈的进取意识、机遇意识和责任意识，不断解放思想，大胆探索，继承和发扬敢为人先的优良传统，充分发挥市场经济发达和改革实践创新的综合优势，围绕重大理论问题和现实问题，加强学科建设和智库建设，培育决策咨询研究队伍，探索决策咨询研究的协同创新机制，提高决策服务的能力和有效性，当好省委、省政府的参谋和助手，为广东省实现“三个定位、两个率先”的奋斗目标，作出新的理论贡献。

（原载《南方日报》2013 年 11 月 30 日）

全面深化改革　须掌握哲学方法论

党的十八届三中全会制定了全面深化改革的目标、纲领、任务和路径，开启了中国特色社会主义的新阶段。当前，认真贯彻全国“两会”精神，落实好习近平总书记对广东工作的新要求，在全面深化改革中走在前列，不仅需要坚定的信心和勇气，更需要科学的思想方法和工作方法。

习近平总书记曾经提出要求，学哲学、用哲学，努力掌握中国共产党人的这个看家本领，提高战略思维能力，不断书写改革开放历史新篇章。如何推动干部群众学好哲学、用好哲学，自觉投身于全面深化改革这场新的伟大革命，是理论工作者应有的使命和责任。

一、学习运用马克思主义的实践观，提升全面深化改革的自觉性

30 多年前，实践是检验真理标准的大讨论把人们从“左”的思想禁锢下解放出来，从而拉开了改革开放的序幕。今天，我们在新形势下推进现代化建设，仍然要坚持实践观点、实践标准，在摸着石头过河中不断进行理论概括，不断解放思想。

面向实践要增强时代意识。把握时代潮流是战略决策的前提。以国际金融危机为标志，全球化进入了一个新阶段。一方面，西方在经历了金融危机、欧债危机后元气大伤，尚处于弱复苏状态，而中国等新兴经济体迅速崛起，产业、政治、文化和科技力量的再平衡在所难免；另一方面，世界范围的市场化、信息化和贸易自由化步伐加快，开放发展、科学发展、竞合发展是时代大势。在这个大变革、大调整和大转型的时代，如何加快改革，促进国家治理体系和治理能力现代化成为提升国家综合竞争力的必然要求。

面向实践要增强问题意识。问题是时代的呼声。30 多年来，我们用改革的办法解决了党和国家事业发展中的一系列问题，取得了举世公认的成就。然而实践无止境，时代在前进，旧的问题解决了，新的问题又产生了。当前发展中不平衡、不协调、不可持续问题依然突出，产能过剩、利益分化、生态恶化、腐败等发展起来后出现的问题凸显，这些现象暴露了体制上和结构上的深层次矛盾和症结，提出了深化改革的要求。完成全面深化改革的使命，就要有强烈的问题意识，以重大问题为导向，抓住关键问题进行思考和破解，着力推动解决我国发展面临的一系列突出矛盾和问题。可以说，改革是由问题倒逼而产生，又在不断解决问题中得以深化。

面向实践要坚持解放思想、实事求是的思想路线。实事求是是马克思主义哲学的精髓。全面深化改革与以前改革不同之处在于不仅要释放社会活力，而且要对利益格局再调整，不仅要冲破传统思想观念的障碍，而且要突破制度和利益固化的藩篱，思想障碍和社会阻力往往不是来自体制外而是来自体制内，这是一场真正意义上的壮士断腕式的自我革命。全面深化改革成功与否取决于有没有深刻的思想革命，全面深化改革的进程必然是思想解放的伟大进程。

二、学习运用马克思主义的辩证法，把握全面深化改革的规律性

马克思主义的辩证法就是唯物辩证法。社会主义社会辩证法就是探索社会主义发展规律，建设中国特色社会主义的理论。全面深化改革是前所未有的艰巨的革命和建设过程，更要尊重辩证法，把握客观规律，稳步有序推进。

学习运用辩证法，要掌握矛盾分析方法。在深化改革实践中，首先要把握社会基本矛盾，使生产关系与生产力相适应，上层建筑与经济基础相适应，不断完善和发展中国特色社会主义制度，这是全面深化改革的总根据；其次要把握主要矛盾，社会主义初级阶段的主要矛盾是生产力与人民群众不断增长的物质文化需要的矛盾，因而要坚持以经济建设为中心，以经济体制改革为牵引。在经济体制改革中，政府与市场是主要矛盾，要以此作为改革的突破口；再次要抓住矛盾的主要方面，如在效率与公平的矛盾中，公平已成为主要方面，要把促进社会公平正义、增进人民福祉作为改革着力点。

学习运用辩证法，要掌握系统分析方法。全面深化改革的复杂性，不仅在于

它是经济、政治、社会、文化、生态文明体制五位一体的统一性，而且在于改革、发展、稳定三者的关联性，在于人们各种利益、价值取向的多元性，在于中央和地方、城市和农村、宏观战略和具体政策以及各部门之间改革的协同性，因此，只有用系统的观点和方法，才能正确处理各类社会矛盾，才能形成改革的整体合力。正如习近平总书记所强调的，全面深化改革是要解决我们面临的突出矛盾和问题，仅仅依靠单个领域、单个层次的改革难以奏效，必须加强顶层设计、整体谋划，增强各项改革的关联性、系统性和协同性。

三、学习运用马克思主义的历史观，增进全面深化改革的主体性

历史唯物主义是马克思主义哲学的精华，它在思想史上破天荒地揭示了人类社会发展的客观规律，破天荒地提出人民群众是历史发展的根本动力、主体的观点，从而成为无产阶级和人民大众争取自身解放、实现人类解放的世界观和方法论。

要取得全面深化改革的成功，必须贯彻人民主体观。坚持以人为本，尊重人民主体地位，发挥群众首创精神，紧紧依靠人民推动改革。以群众拥护不拥护、赞成不赞成、高兴不高兴作为制定改革决策的根本依据，把人民群众对美好生活的向往作为我们改革发展的出发点。在改革分配制度、调整利益结构的过程中，要坚持民生底线思维，让政策调整的天平向大多数人民利益倾斜，使发展成果更多更公平惠及全体人民，把群众路线、群众观点贯彻到改革的全过程和各个方面。

要实现改革的目标，必须坚持人的全面发展观。改革的本质就是充分激发广大主体的积极性、主动性和创造性，达到解放、发展生产力与解放、发展人的一致性。在当代全球化和个体化互动互生的大趋势下，我们的社会管理改革和城镇化改革要勇于打破思维和体制障碍，进一步激发社会活力，促进人在不同地域、群体、体制间的公平流动，促进每个人的能力和个性的自由发展，让一切劳动、知识、技术、管理、资本的活力竞相迸发，让一切创造社会财富的源泉充分涌流，让一切人才都拥有施展聪明才智的广阔天地。

（原载《南方日报》2014 年 3 月 22 日）

为转变经济发展方式提供强大的文化支撑

文化建设是中国特色社会主义建设的重要组成部分，探索中国特色社会主义文化发展道路是探索中国特色社会主义道路的重大任务，揭示中国特色社会主义文化建设规律是发展中国特色社会主义理论体系的题中应有之义。邓小平同志在改革开放初期就从新时期对外开放和发展市场经济的新特点出发，强调了物质文明建设与精神文明建设互为前提，相互促进，必须“两手抓”“两手都要硬”的根本指导思想；江泽民同志从经济全球化和新科技革命的新趋势出发，作出了文化是综合国力、文化与经济政治相互渗透日益交融的新判断，提出了大力推动文化创新的新要求；党的十六大以来，以胡锦涛为总书记的党中央紧紧把握当今世界文化竞争新潮流和当代中国科学发展新要求，高度重视文化建设，作出了一系列重大决策部署，党的十七大进一步从中国特色社会主义事业“四位一体”总体布局的战略高度，提出了提升中国文化软实力，兴起社会主义文化建设新高潮、推动社会主义文化大发展大繁荣的战略任务。李长春同志2010年4月9日的重要讲话，结合学习贯彻胡锦涛总书记关于把文化产业作为转变经济发展方式重要途径的讲话精神、温家宝总理关于大力加强文化建设的要求以及全国“两会”精神，紧扣转变经济发展方式这个全局性的重大战略任务，从10个方面作了精辟论述，这是对党的十六大以来我国文化体制改革实践经脸的新总结，对中国特色社会主义文化发展道路理论的新探索，标志着我们党在新的历史条件下对文化发展规律的认识达到了新高度。

一、转变发展观念，以发展文化产业作为加快经济发展方式转变的突破口

李长春同志在其讲话中阐明了文化产业的性质、现代功能、发展趋势及其与转变经济发展方式的内在联系，提出要从加快经济发展方式转变的全局和战略高度，将文化产业纳入经济于社会发展总体规划，作为发展战略性新兴产业的重要组成部分，使之成为人民经济新的增长点和现代服务业的支柱产业。

1. 转变经济发展方式要求解放和发展文化生产力。

由主要依靠物质资源消耗转到更多地依靠科技创新、管理创新和劳动者素质提高实现增长，是转变经济发展方式的主要途径。人类社会近代以来产生过两次生产力革命，蒸汽机和电的发明与应用导致了生产力的第一次飞跃，信息技术等高新科技的发明和应用导致了生产力的第二次飞跃。第二次飞跃不仅使物质生产力与精神文化生产更紧密结合起来，而且深刻地改变了精神文化生产的功能、形式和范围，一个以物质生产力为基础，以文化生产力为主导，两种生产力相互联系、相互渗透、相互转化的现代生产力系统正在形成和发展，从而推动了人类社会从工业时代进入“知识经济”“文化经济”时代，推动着新的产业革命。讲话从生产力革命和产业革命的时代要求出发，针对我国现有产业结构、消费结构、就业结构、资源结构、区域经济结构不合理的现实问题，深入论述了发展文化产业在转变经济发展方式过程中具有优结构、扩消费、增就业、促跨越、可持续等五个独特优势和突出特点，阐明了文化产业是战略性主导性产业，是开辟经济发展的新途径新空间，是转变经济发展方式的重要途径和突破口，为我们转变观念，进一步深化对加快发展文化产业重要性的认识提供了理论根据。

2. 转变经济发展方式要求大力提升文化国际竞争力。

文化竞争是当前国际竞争的新趋势，文化竞争包括文化知识、文化价值、文化体制、文化产业等方面的竞争，而文化产业竞争是文化竞争的载体和焦点。如何在改变过于依赖出口拉动实现增长的同时调整以处于价值链低端的贸易加工为主体的出口结构，以文化产业走出去提升我国出口贸易结构，提升我国综合国力和文化影响力，也是转变经济发展方式的一个重要任务。讲话分析了世界多极化、经济全球化背景下中外思想文化交流交融交锋更加频繁、国际文化竞争更加

激烈的新态势，提出了积极发展文化产业、把丰富的民族文化资源转化为文化产业优势、提高我国文化产品的国内国际市场竞争力的新任务、提出了积极探索市场化、商业化、产业化运作方式，大力加强文化品牌建设、传输渠道建设和扶持文化企业海外运营发展。不断创新文化走出去的渠道、途径和方式方法的新思路。讲话中的这些观点和思路为我们在后危机时代调整外向型产业结构，在更高层次上参与国际竞争和国际分工，为提高我国国际竞争力和文化软实力开拓了新视野、新境界。

3. 转变经济发展方式要求充分激发文化创造力。

转变经济发展方式的关键，是由要素驱动转到创新驱动上来，切实提高自主创新能力。讲话强调要以文化人，为全民族乃至每个人的发展提供强大的精神支撑；要加快文化与科技的融合，提高文化创新能力和传播能力；要在全社会树立“人才资源是第一资源”的观念，形成尊重劳动、尊重知识、尊重人才、尊重创造、鼓励创新、宽容失败的良好氛围，培养造就大批创新型、复合型、外向型、科技型文化人才，等等。转变经济发展方式，说到底是改变人的生存方式和劳动方式，更多地在经济活动中注入文化元素，最终要以提高人的文化素质来提高经济发展的质量，只有通过激发文化创造力，营造创新文化环境，推动知识创新、价位创新、技术创新、体制创新，自主创新才有生生不息的源泉活水，科学发展才有强大的文化动力、价值支撑和人才支持。

当今时代，文化与经济日益交融，在为经济发展提供强大精神动力的同时，文化的经济功能明显增强，经济的文化含量不断提高，文化产业对经济增长和转变经济发展方式的贡献越来越大。党的十五大提出发展文化产业，十六届四中全会提出解放和发展文化生产力，十七大提出提高国家文化软实力，现在又进一步阐发文化产业对转变经济发展方式的功能和途径，表明我们党在把握世界范围内文化经济化和经济文化化的大趋势，不断扩展文化建设的内涵和外延上达到新的历史自觉。

二、转变文化发展方式，推动社会主义文化大发展大繁荣

在中国特色社会主义事业“四位一体”的总体格局中，文化作为主体能动性发挥的载体，贯穿经济、政治、社会建设的全过程和各个方面。贯彻落实科学

发展观，不仅要求文化为转变经济发展方式发挥作用，而且要求文化建设自身也要转变发展方式。讲话坚持科学发展观的核心理念、基本要求和根本方法，纵论文化建设十大关系，为破解文化发展难题，转变文化发展方式指明了方向。

一是坚持以人为本的价值观，进一步明确文化建设的根本任务。文化建设就是要最大限度满足人民群众日益增长的精神文化需求，文化建设的基本思路就是一手抓公益性文化事业，一手抓经营性文化产业，做到两手抓、两加强、两轮驱动、两翼齐飞，推动社会主义文化大发展大繁荣文化的同时既有意识形态属性，也有商品试性、产业属性、经济属性。意识形态属性是文化产品的特殊属性，经济属性是文化产品的普遍属性。无论文化事业还是文化产业都要努力做到经济效益与社会效益的有机统一。广大群众是文化消费的主体，是文化产品优劣的最终评判者，要坚持把群众喜欢不喜欢、满意不满意、接受不接受、认可不认可作为“两个效益”统一的重要标准。

二是坚持改革创新的发展观，进一步增强文化发展的动力。发展是社会主义文化建设的鲜明主题。改革创新是加快文化发展的强大动力，只有以改革创新精神推动文化建设。深化文化体制改革，破解文化发展难题、转变文化发展方式，才能不断解放和发展文化生产力，满足人们多样化、多层次、各方面的精神文化需求，我们要根据不同文化类别实施不同的改革方针，充分调动改革主体的积极性和创造性，不断增强文化发展活力。要根据文化与科技相融合的趋势，大力推进观念创新、体制创新、机制创新、内容创新、形式创新、传播手段创新、业态创新、科技创新，大力发展战略性新兴文化产业，不断拓展文化发展的新领域，不断优化文化发展结构，促进文化科学发展、和谐发展、可持续发展。

三是坚持统筹兼顾的科学方法，进一步提高领导文化建设的能力。随着世界进入后金融危机时代，国际文化力从对比出现新态势，文化竞争和发展表现出文化创意产业化、文化消费加速化、文化资源资本化、文化传播互动化、国际交往价值化等新特点。我国经济、社会、文化转型发展处于关键时期，随着工业化、信息化、城市化、市场化、国际化的深入发展，文化建设面临着人民群众文化价值多元化、文化需求多样化、文化思维自主化的新特征。如何适应新形势新任务，统筹好文化发展建设与经济、政治、社会、生态建设的关系，统筹好文化发展、改革、稳定的关系，统筹好文化建设各种矛盾，推动文化全面协调可待续发展，是对各级宣传文化领导干部的重大考验。广东是文化体制改革试验省，文化产业发展的主力省，服务于经济中心工作和建设文化强省工作光荣而繁重。我们要认真把握统筹兼顾这个科学发展观的根本方法，确立战略思维、创新思维和辩证思维，正确认识和处理好人民群众基本文化需求与多样化、多层次、多方面文化需求的关系，“两种属性”“两种效益”的关系，弘扬主旋律与提倡多样化的关系，文化与经济的关系等十大关系；更加自觉、更加主动地研究总结文化建设的重大理论问题和实践问题，进一步理清和谋划我省文化发展的思路和战略；更加自觉更加主动地加快发展文化事业和文化产业，为广东当好转变经济发展方式排头兵提供强大的文化支撑；更加自觉更加主动地转变文化发展方式，扎实加快文化体制改革，促进岭南文化大发展大繁荣，掀起文化强省建设的新高潮。

（原载《马克思主义哲学论丛》总第2辑，社会科学文献出版社2011年版）

和谐哲学：建设和谐社会的方法论基础

哲学是文明的活的灵魂，是时代精神的精华，时代变革需要哲学提供新的思维工具，而哲学也需要在吸纳时代思潮中获得创新和发展。当前我国建设和谐社会的实践，标志着中国特色社会主义事业发展到了一个新的更高的阶段，新的实践要求哲学作出新阐释、新突破，从理论形态上真正实现由斗争哲学向和谐哲学的转换，为建设和谐文化，构建和谐社会提供科学的方法论基础。

和谐哲学的核心是系统辩证法，着眼点是现代化建设的全面协调发展，落脚点是人的解放和幸福，因而和谐哲学是一种系统哲学、建设哲学、人本哲学。

从矛盾辩证法到系统辩证法：和谐哲学的理论基石

传统矛盾观是斗争哲学的根基。古希腊哲学家赫拉克利特认为一分为二是事物的根本特征，“统一物是由两个对立面组成的，所以在把它分成两半时，这两个对立面就显露出来了”；和谐产生于对立，“自然也追求对立的东西，它是从对立的东西产生和谐，而不是从相同的东西产生和谐”；斗争是普遍的法则，“正义就是斗争，一切都是通过斗争和必然性而产生”；战争也是普遍的，“战争是万物之父，也是万物之王”。赫拉克利特关于对立面统一的思想达到了那个时代对事物运动变化规律认识的最高峰，因而列宁称他为“辩证法的奠基人之一”。从柏拉图到黑格尔，矛盾学说得到了极大的丰富和深化，而赫拉克利特的这些基本观点在这个发展过程中一再被强调和发挥。

系统辩证法是对矛盾辩证法的继承和发展，它在近代以来在克服形而上学的哲学变革过程中，在概括现代自然科学和社会科学的新成果，总结复杂性科学的方法论的过程中形成和发展。系统辩证法并不否定矛盾的存在及其推动事物运动发展的重要作用，但它把矛盾置于系统的普遍联系之中，强调整体大于部分，系统整体的质决定部分的质。任何事物都是多种多样关系的总和，任何事物都互为中介相互联结，把“一分为二”的矛盾观作为普遍方法论观察判断万物之间多维的、全面的、活生生的联系，势必把无限丰富无限生机的世界割裂化、简单化、凝固化。马克思把人类社会看作是一个活的有机体，是一个生产力与生产关系、经济基础与上层建筑、社会存在与社会意识、社会主体与社会客体等矛盾要素互动互生的复杂系统，把社会历史看作是一个由不同动机的人们所创造的合力交互作用过程，体现了系统辩证法的整体性、动态性、过程性原则。系统辩证法对传统矛盾辩证法的超越，就在于它强调矛盾与整个社会机体的结构的不可分割性，强调矛盾与该结构的存在条件和制约因素的不可分割性。传统矛盾论中所谓对立面的统一只是在把整体还原分割为部分的前提下，作为“简化模型”才有意义。可以说，传统矛盾论本质上是形而上学的一种形式，它在不相容的两极对立中思维，尽管在依具体对象的性质而展开的领域中可能是合理的，甚至是必要的，但是它每一次都有一个界限，一旦超过这个界限，它就会变成片面的、狭隘的、抽象的，在方法上和实践上会陷入无法解决的矛盾。

以系统辩证法为核心的和谐哲学将为推进中国特色社会主义建设提供理论指导，为人类化解现代社会困境、建设和谐世界作出贡献。

从推进中国特色社会主义建设来看，社会和谐是科学社会主义的理想追求，是中国特色社会主义的本质特征，是对西方现代化困局的破解和超越。但是，构建和谐社会是一个充满矛盾的过程，尤其是我国目前发展正处在矛盾凸显期：经济发展与资源短缺、环境恶化和生态失衡等矛盾突出；伴随利益分化和利益主体多元化而出现的利益矛盾和利益纠纷普遍化；人民内部矛盾出现新的特点，各种社会矛盾错综复杂。因此，在社会主义初级阶段推进和谐社会建设，要从社会主义这个本质属性出发，充分认识实现人与人、人与社会、人与自然整体和谐的历史要求、时代意义和社会基础，摒弃非此即彼的形而上学思维，以系统辩证法为核心重构社会改革发展的哲学基础，以“和为贵”“和而不同”“万物并育而不相害，道并行而不相悖”的东方大智慧，统筹好经济社会发展中的各种复杂关系；正确处理好经济发展与环境保护的关系，确保社会可持续发展；妥善处理新时期存在的各种社会矛盾，尤其是处理好人民内部矛盾，努力探索各种化解利益冲突和解决社会矛盾冲突的和谐机制；走出一条经济发达、政治民主、文化繁荣、社会和谐、人民富裕、生态良好的全面协调可持续发展的现代化新路子。

从人类社会发展角度来看，近代以来，伴随着工业化、市场化、城市化进程的发展，以西方发达国家为代表的现代文明在有力促进生产力发展的同时，也引发了无数的社会问题和危机，尤其是它造成了经济发展与环境污染、自然生态破坏、生物多样性减少等尖锐问题，使得人类社会可持续发展面临着严峻考验；它还造成了整个社会伦理道德沦丧、人际关系物化、人性异化，社会矛盾和社会问题尖锐化；此外，它还导致了国与国之间、地区与地区之间的冲突日益复杂化和多样化。造成这一切的原因，既与西方社会制度的性质有内在的联系，也与西方的主—客、心—物、自我—他人两分的思维模式有内在的联系，是受传统矛盾辩证法思维局限的结果。以系统辩证法为核心的和谐哲学将有力化解现代工业文明的困境，促进人与自然和谐、经济发展与环境保护协调、缓解日趋恶化的生态环境；通过“和而不同”、平等、诚信、互利等价值观化解世界各种冲突和危机、促进国际关系民主化进程、消解不断升级的国际冲突等世界性难题，从而引领人类文明走向和谐世界新境界。

从革命思维到建设思维：和谐哲学的时代视角

从矛盾辩证法必然引申出不断革命的哲学逻辑。在矛盾辩证法看来，矛盾双方的统一、同一是相对的、暂时的、易逝的，而斗争是绝对的、普遍的、常态的，为了达到对立面的转化，对保守方面的否定而达到质的飞跃是不可避免的，因而，新旧所有制的交替是不可避免的，阶级对抗和革命暴力是不可避免的，意识形态和思想观念的对立是不可避免的。系统辩证法则认为，世界是多样性统一的物质世界，人类社会和自然是一个有机整体，物质世界是一个由相互联系、相互制约、相互作用的整体，强调对立双方的共生共存，侧重于对世界的整体性、动态性把握。如果说矛盾辩证法是革命性的哲学，那么系统辩证法则是建设性的哲学。

不可否认，在阶级斗争或敌我矛盾占据社会主要矛盾的背景下，我们以革命思维为指导取得了社会主义政权，取得了社会主义革命的成功；但是，在取得社会主义政权后，在建设社会主义的时代背景下，面对建设和发展的和平环境，如果还继续依据这种理论思维治党治国显然就有其局限性了。在这方面我们是有过教训的，尤其是在改革开放前，我们对于什么是社会主义、如何建设社会主义这两个根本性问题进行了努力探索和回答，但由于受革命思维的制约，经历了很多挫折和弯路。改革开放后，以邓小平为代表的中国共产党人对中华人民共和国成立30年来探索社会主义建设道路的曲折实践进行全面反思，突破了革命思维的桎梏，以建设思维为指导，提出了建设有中国特色社会主义的目标和道路；使我们党从原来主要领导无产阶级斗争，为夺取政权而奋斗的党，成为一个领导人民长期执政，带领人民搞建设谋发展的党。而在新的历史条件下，以胡锦涛同志为总书记的党中央，审时度势，高瞻远瞩，根据时代特点，提出了构建社会主义和谐社会等一系列重要战略思想和发展目标，这是党在新时期对中国特色社会主义建设规律的进一步思考和创新，既是对我国社会主义建设规律认识的深化，也是对共产党执政规律、人类社会发展规律认识的深化。为了实现这个伟大的历史使命，就需要以系统辩证法的建设思维为指导，团结和动员一切有利于和谐社会、建设和谐世界的力量和因素，形成最广泛的促进和谐社会、建设和谐世界的国际国内统一战线。在社会主义初级阶段建设和谐社会过程中，既要看到社会的内在矛盾以及矛盾各方的差异性、竞争性，又要看到社会各种矛盾的非对抗性及矛盾各方的依存性，促使各种矛盾在和谐社会的系统整体中得到合目的的转化和解决；既要代表工人阶级和人民群众的利益，又要代表全民族不同阶层的利益，促使不同利益群体在公平正义的制度框架内达到利益协调和平衡；既要立足本国利益，提升民族的综合国力和国际竞争力，实现中华民族的伟大复兴，又要以大国心态积极参与国际事务，推进多极化趋势，维护世界和平发展。为了实现这个伟大历史使命，要吸纳和激活一切有利于和谐社会、和谐世界建设的文化资源和精神价值，形成最广泛的促进和谐社会、和谐世界建设的共同理想和思想共识。既要坚持马克思主义的指导地位，又要承认社会主义初级阶段多种经济、多种价值、多种思想共存的现实，推动马克思主义在与各种思想对话、比较中发挥引领作用；既要立足中国传统文化的土壤，弘扬民族精神，又要与时俱进吸纳过去被贬斥为资本主义文化而实际上是体现人类现代化大趋势的先进理念。温家宝总理说："民主、法制、自由、人权、平等、博爱不是资本主义所特有的，是整个世界在漫长历史过程中共同形成的文明成果，也是人类共同追求的价值观。"

总之，从革命思维转向建设思维，就是要适应我国改革开放的新任务和全球化的历史潮流，深刻地变革执政理念和执政方式，从依靠人民的政治激情到依靠常态的社会治理，从依靠行政权威到依靠法律权威，从依靠经验决策到依靠科学理性决策，从重所有制的变革转为重制度、技术、文化创新，从重改造控制自然到重保护珍惜自然，从社会主义经济建设、政治建设、文化建设三位一体到经济建设、政治建设、文化建设、社会建设四位一体。革命不易，建设更不易；革命可贵，建设更可贵。要把我国建成一个和谐发展的现代化强国，就要从思维方式上从重"破"到重"立"，从重"一"到重"多"，以建设性思维尊重差异，包容多样，尊重劳动、尊重知识、尊重人才、尊重创造，调动一切积极因素，让一切财富的源泉充分涌流，让一切社会潜能充分发挥，让一切思想成果为我所用，创造一个既有统一意识又使个人心情舒畅、充满活力而又安定有序的改革、发展和稳定有机统一的社会生态环境。

从斗争哲学到人本哲学：和谐哲学的价值向度

斗争哲学之所以是"左"的错误的思想根源，在于它片面地强调"发展是对立面的斗争"，由此机械地把自然矛盾运动与人类社会运动混为一谈，把社会对立面的斗争作为推动历史进步的固定模式和唯一动力，习惯于在经济、政治、思想文化各个领域寻找对立面，习惯于用斗争乃至对抗的方式解决人与人之间的矛盾。于是，斗争成为目的，运动成为一切，而人成为革命运动和经济发展的手段和工具。在革命和发展的名义下，人的价值、人的需要、人的享受被漠视，从而使社会进步与人的发展相对立，使人的政治利益与人的经济、文化利益相对立，使每个人的发展与一切人的发展相对立。

唯物史观认为，社会历史运动是合客观规律性和合主体目的性的统一。马克思指出，"历史"并不是把人当作达到自己的工具来利用的某种特殊的人格，"历史"不过是追求着自己目的的人的活动而已。与主宰自然界的自发力量不一样，社会历史运动是有目的有意志有激情的人的自觉行动，社会矛盾运动是有价值导向的主体性的发展过程，一切真正意义上的社会革命都是为了打破压迫人、奴役人、剥削人的制度和关系，都是以增进人的幸福快乐和谐为宗旨。因此，面向社会主义和谐社会建设实践的和谐哲学，不仅要求从革命思维向建设思维的转变，而且要求从斗争思维向人本思维的转变。人本哲学坚持人的价值是最高价值的理念，坚持人的价值实现的历史性和过程性。全部人类进步史无非是一部人在解放和发展生产力进程中达到自我解放的历史，是一部从人性复归到人的自由全面发展，从阶级的解放到全人类的解放，从经济解放到政治、文化解放的历史。社会主义所以有不可遏止的吸引力和旺盛的生命力，就在于高举每个人的自由发展的旗帜，在于克服阶级的利益分立而达到一切人的公平和谐。把人作为发展主体和发展目的的和谐社会，必须充分尊重全体公民的决策权、管理权、知情权、监督权，不仅尊重多数人的意志，也倾听少数人的意见，保证人民群众在社会政治生活中当家作主的神圣的民主权利；必须在经济公平的基础上实现政治公平、文化公平、教育公平，全面发展人的能力，激发人的创造活力，高扬人的自由个性；必须坚持共建共享的原则，让发展的成果惠及全体人民，防止社会特殊利益集团的形成，更多地关怀困难群体，保证正义成为社会主义的最高价值并落实到社会生活的一切方面。胡锦涛总书记指出："构建社会主义和谐社会是艰巨复杂的系统工程，只有动员广大人民群众共同参与，才能使这一宏伟目标变成现实；构建社会主义和谐社会是造福全体人民的伟大事业，只有让广大人民群众不断从和谐社会建设中得到实惠，才能使和谐社会建设成为广大人民群众的自觉行动。"胡锦涛总书记在这里透彻地论述了和谐社会建设中共建共享的辩证法，共建与共享互为目的、互为动力、互为前提，植根于人民群众的历史主体与价值主体的统一性，贯穿于和谐社会系统运动的全过程。

我国将长期处于社会主义初级阶段，影响社会和谐发展的经济因素和体制性因素仍然长期存在，由每个人发展条件的差异而造成的人与人之间的利益差别和矛盾仍然长期存在，和谐哲学并不否认人与社会、人与人之间的矛盾，而是在共建共享社会和谐的大目标下致力于改革和完善社会主义政治体制、文化体制、社会体制，形成体现效率与公平相结合的分配机制、健全顺畅的社会流动机制、阶层间合理的利益协调机制、贫困群体救助机制、社会矛盾疏导机制以及宽容谅解的社会心理疏导机制等一系列的制度和机制，从而为化解各种社会矛盾创造经济条件、制度框架和文化氛围，最大限度地发挥主体能动性，促成矛盾各方的合作，在差异性中达到互动、互补、互利，促进社会全体成员各尽所能、各得其所而又和谐相依，实现社会的全面进步。

（原载《南方日报》2007 年 7 月 16 日）

努力构建有利于和谐人际关系形成的机制

在当前我国社会日趋多样化发展的社会背景下，人民内部矛盾冲突是不可避免的，和谐社会不是没有矛盾冲突的社会，而是一个能够容纳冲突并能够用制度化的方式减少冲突、解决冲突的社会。良好人际关系的形成，最为重要的是能够具有一种促使社会良性运行及和谐发展的机制。社会良性运行机制一旦形成，当社会中有不和谐的因素时，这种机制就能够自发地搜寻、发现影响社会和谐的因素，并发挥调节、矫治的作用，有效地整合社会各部分及各种人际关系，使社会在良性的状态下运行。因此，要把思想道德建设与政治建设、社会建设结合起来，通过制度化的渠道，提高思想道德建设的效能，促进人际和谐。

一、疏通社情民意沟通渠道，建立健全社会良好氛围的预警机制

社情民意沟通对于良好社会氛围的形成具有重要作用，它可以起到社会预警器、社会安全阀以及社会宣泄器的功能。民意如水，宜疏不宜堵。疏导民意，首先必须疏通群众反映问题的渠道。要适应利益主体多元化、利益需求多样化的新形势，建立更加畅通、更加多样化的反映诉求的渠道。除了进一步规范、畅通信访渠道外，还应充分发挥工会、共青团和妇联以及人大代表、政协委员密切联系群众的优势，积极发挥社团、行业和社会中介组织等在反映诉求、规范行为方面的作用，确保党和政府与人民群众沟通、交流渠道的畅通。通过公开办事制度、简化工作程序、加强各职能机构之间的协调，提高社会沟通效率。建立社会舆情汇集和分析机制，成立为政府决策服务，但不为部门和地方利益左右的专业性社情民意调研机构，定期开展省情调查、民意调查或社会调查，把握社会情绪发展

脉络，并使之制度化和经常化。充分发挥媒体的特殊渠道作用，使得社会各阶层的利益诉求都能得到及时有效回应。对通过各种渠道反映上来的社情民意，应定期进行综合性分析和研究，及时了解和把握社会热点问题，建立健全预警机制，增强工作主动性和针对性。

二、创新社会管理体制，建立健全协同有序的社区管理机制

社会管理是以促进社会和谐发展为目标的自觉活动，是通过制定社会政策和法规，依法管理和规范社会组织、社会事务，协调社会矛盾，调节收入分配，保证社会公正，维护人际交往秩序和人际和谐关系的制度安排。正因为如此，党的十六届四中全会提出了要“建立健全党委领导、政府负责、社会协同、公众参与的社会管理格局”，这是对我国长期以来社会建设和管理实践的科学总结和创新。实现社会协同是整合社会管理资源的必由之路。充分发挥各类社会组织的职能作用，加强政府与社会组织之间的分工、协作以及不同社会组织之间的相互配合，是实现社会协同管理的必要环节。公众参与是人民当家作主的有效实现形式，是社会协同管理的主体基础。为此，要充分发挥城乡基层自治组织协调利益、化解矛盾、排忧解难的作用，增强基层社会管理和服务的合力，在这个意义上，社区建设对于推进社会协同管理，促进良好人际关系的形成具有关键性作用。大力加强城市社区管理和建设，建立起以地域性为特征、以认同感为纽带的新型社区。培育各类社区民间组织、志愿者组织，构建新的社区组织体系，形成社区管理合力。整合城市社区服务，搭建为社区居民服务的综合平台，更好地发挥社区服务群众、排忧解难的作用，不断满足多层次、多样化的需求，建设管理有序、文明祥和的新型社区。完善村民自治制度，要突出重点、解决难点，加强协调、提高实效，进一步建立健全民主选举、民主管理、民主决策、民主监督和“村务公开”等制度，切实提高村民自治的制度化和规范化水平，引导群众规范有序地参与村务的决策和管理，促进农村和谐与稳定。

三、创造平等社会环境，建立健全顺畅的社会流动机制

和谐社会应是社会成员能够自由流动的社会。在现代社会中，反映人们社会

地位差异的社会分层现象是人们在社会经济利益上的差别的制度化形式。这些差异和不平等是各个社会阶层之间沟通和协调的障碍，如果社会阶层界限凝固化，就会强化不同阶层的集团意识，处于社会底层的阶层在比较利益面前，会产生和累积起不满能量，引起社会隔阂、摩擦甚至社会冲突，社会阶层之间的不平等成为社会阶层关系持续紧张的矛盾源。而化解阶层冲突的主要途径是社会流动，即个人或群体从一种社会集团移向社会经济地位不同的另一种社会集团，或从社会集团内部一个层次移到另一个层次的现象。它可以打破社会阶层之间的壁垒，使各个社会阶层的人员处于不断的更新变换之中，缓和社会地位差别造成的冲突，释放由社会不公平的能量形成的社会张力。一个社会的社会流动程度越高，就越意味着能够为社会成员提供更多的机会和希望，社会的阶层结构越具有弹性，社会集团性的冲突越不容易产生。目前我国仍然存在不少有碍于社会阶层相互开放和平等进入的、必须予以消除的因素，需要我们进行深入改革。要保障教育公平，公平分配教育资源，消除教育资源分配上的城乡差异、地区差异、阶层差异，维护社会成员平等享受基础教育的权利和接受高等教育的机会，为社会成员实现社会流动和平等发展创造最重要的渠道。大力推进城镇化进程，积极推进户籍制度改革，消除制度障碍，畅通社会流动渠道。加大制度和政策开放力度，打破就业、招工、提干中的地域、行业、性别、学历、年龄等歧视和垄断，打破经济投资、社会管理领域中的所有制、身份限制。政府行政部门招收公务员、选拔领导干部，一律实行公开招聘、竞争上岗，并逐步降低招聘门槛，积极选拔具有真才实学的民营科技企业、外资企业优秀人才及海外留学归国人员，促进政府执政理念与国际接轨。支持中小企业和个体工商户的发展，鼓励农民和工人积极从事个体经济活动。

四、维护弱势群体权益，建立健全合理的阶层利益协调机制

和谐社会应是各方面的利益关系都能得到协调的社会。社会的核心价值理念是公平与公正，维护公平、公正是社会和谐的基础与前提。新形势下的我国人民内部矛盾主要是人民内部不同群体之间利益关系的矛盾。如今的社会冲突集中表现为“利益的冲突”，大多都是由于我们不能协调各个阶层、各个群体的利益引起的。所以，作为执政者，就要能很好地处理各个不同阶层、各个不同利益集团

之间的关系，当前特别是不能以牺牲弱势群体的利益来维护强势群体的利益，使社会财富向少数人一方聚集。这种利益流向的不平衡，会引发普通劳动者阶层和弱势群体的不满，会扭曲小康社会的目标。因为，全面建设小康社会目标的重要内容是要“惠及十几亿人口”，而不仅仅是“惠及”少数人。在利益调整的过程中，政府的经济政策与社会政策，具有决定性的作用。政府应利用财政、税收、福利等杠杆，对收入再分配进行科学调控，理顺工资和收入分配的秩序，扩大中等收入群体，减少贫困和低收入群体。要以改革分配制度为重点，建立健全社会利益协调机制，完善按劳分配为主、多种分配方式并存的制度。要正确处理效率与公平的关系，加大政府调节再分配政策的力度，合理调整不同阶层的利益结构，调节好社会成员之间的收入差距，努力遏制贫富差距、地区差距和城乡差距的扩大。

五、妥善处理新时期人民内部矛盾，建立健全矛盾疏导机制

和谐社会应是能有效化解内部矛盾的社会。尽管当前的社会矛盾大多是属于人民内部的矛盾，没有敌对的性质。但是，如果自发的、零散的、轻微的利益的矛盾不能得到及时解决时，就有可能转化成自觉的、有组织的、严重的群体性对抗，会使矛盾摩擦上升为矛盾冲突，烈度与强度不断地增强，引发更大范围内，更加激烈的冲突。政府必须健全矛盾疏导的工作机制，维护社会稳定。要高度重视矛盾纠纷排查调处工作，抓住热点、难点问题，立足早发现、抓苗头，把各类矛盾和纠纷解决在当地、解决在基层、解决在萌芽状态，要强化基层化解矛盾和解决问题的能力。要完善信访工作责任制，完善省、市、县、镇、村的信访信息网络建设，加强信息反馈，掌握化解矛盾的主动权。加强舆论导向，重视对社会热点问题的引导，积极开展舆论监督，完善新闻发布制度和重大突发事件新闻报道快速反应机制。高度重视互联网等新型传媒对社会舆论的影响，加强互联网宣传队伍建设，形成互联网上正面舆论的强势。建立健全解决社会矛盾的领导责任制，注意倾听群众意见和呼声，关心群众利益，改进工作方法，对群众反映的问题久拖不决而造成恶劣影响的部门和个人，要实施责任追究制度。

六、营造宽容谅解的社会氛围，建立健全良好社会心理疏导机制

现代社会有着错综复杂的关系，各种关系归根到底都这样或那样地涉及利益的关系，利益的矛盾冲突在所难免；一个多元共生的社会，异己的主张和生活方式必然随处可见；一个鼓励开拓创新的时代，标新立异或遭受挫折肯定时有发生；一个处于发展中的、正在转型的国家，一定会有诸多不尽如人意的问题。面对这样的局面，一方面我们要寻求问题的积极解决；另一方面我们需要一种宽容的心态。宽容可以是人对人的宽容，一类人对另一类人的宽容，也可以是对一些事情，乃至对这个时代、社会的宽容。宽容的心态不能理解为一种居高临下的包容，也不能理解为一种无可奈何的选择，而应该是对自己非完美性的反思之后的推己及人。每一个人的人生成长和事业成就都离不开天地的养育、社会的保障、家庭的关爱、师友的帮助。饮水思源，对那些让我们今天一切成为可能的先辈、祖国、政党、父母、亲朋好友，甚至是对那些随缘而遇的陌生人和默默无闻的大自然心存感激。各级领导干部必须以谅解宽容的态度，把思想政治工作做细做实，充分发挥其在凝聚人心、理顺情绪、化解矛盾、稳定社会方面的作用；把解决思想问题和解决实际问题相结合，增强群众工作的主动性和有效性，使群众感到入情入理，最大限度地调动人民群众的积极性。要建立积极的心理调适机制，在大学和中学要建设专门的心理辅导机构，帮助学生形成健康健全的人格和心理；在社会上发展心理咨询业，鼓励和支持社会力量为下岗职工，进城民工提供各种心理咨询服务。建立一些适当的机制，让某些群体或某些人长期被压抑和积累起来的破坏性能量，能够有一个合理的渠道发泄出来。一些发达国家在这方面都有很好的做法和非常成熟的经验，加强社会的心理疏导和心理咨询，这应该作为一项重大的社会事业来推进。建议国家加大在这方面的投入，加大专业人员的培训。

七、完善社会保障体系，建立健全社会救助机制

社会保障关系到社会成员的切身利益，一个社会只有保障绝大多数社会成员

正常的生活需要，满足他们基本的生活需求，使得人们能够老有所养、病有所医，弱有所助，才能保持社会的稳定和维持良好的社会秩序。在城镇地区，基本养老保险必须实现对所有工薪劳动者的全覆盖，各种形式的雇主及雇员都必须依法参加，且目标人群的确定应以产业为界而非以城乡为界，与城市化、工业化步骤相协调。在农村，分层次、分类型建立社会养老保险制度，有所区别地选择各地区向城乡社会养老一体化过渡的模式。完善城镇医疗保障制度，建立包括基本医疗保险、企业补充医疗保险和商业医疗保险、医疗救助等多层次的医疗保障体系。完善农村医疗保障制度，加快建立和健全农村新型合作医疗制度。构建弱势群体综合性救助制度，建立一个容救助、医疗、教育、就业及其他服务为一体的网络化体系，加快衔接养老、医疗、教育、就业、住房和法律援助等其他单项救助工作。

（本文为全国马克思主义研究和建设工程“构建和谐人际关系”项目专题成果）

环境：广东现代化建设的重大课题

江泽民总书记在中共十四届五中全会上提出：要正确处理经济建设和人口、资源、环境的关系，使经济建设与资源环境相协调，实现良性循环。把环境问题郑重地提出来，表明我党和我国政府对现代化建设规律认识的深化。广东作为现代化建设先走一步的地区，认真贯彻落实中央这一精神，具有重大的现实意义。

一、优化环境是社会全面、协调、持续发展的内在要求

重视环境建设，不仅是当代世界文明演进的大趋势，而且是我国我省在新的历史条件下推动物质文明和精神文明建设跃上新台阶的客观需要。

优化环境，是现代社会文明进步的突出标志。迄今为止，人类社会文明已经经历了几种不同的形态：狩猎与采集文明、农业文明、工业文明。文明进步的过程，也就是人与自然界的关系发生和发展，对立和统一的过程。在狩猎和采集文明时代，人类活动的特点是适应自然，人与自然界的关系是一种原始的和谐。农业文明与工业文明，是人对自然进行征服和改造，亦即“人化”的过程。然而，人类对自然界的每一次胜利，都以生态平衡的打破为代价。正如恩格斯在《自然辩证法》一书中所指出的“我们不要过分地陶醉于我们对自然界的胜利，每一次这样的胜利，自然界都对我们进行报复。”这种报复，在工业文明时代表现得淋漓尽致。在短短的20多年历史中，工业文明创造了令人瞩目的物质财富和文化成果，但也逐渐陷入深深的危机之中：土地、生物、矿产、森林、能源等资源日趋衰竭；大气、水质、土壤等人类生产与生活环境遭受严重污染而日益恶化；人口过度增长，都市过度膨胀，气候变化异常，饥饿威胁人类，等等。种种迹象表明，工业文明已从兴盛走向衰落，它必然要被更高的文明形态所代替。这种更

高更新的文明形态就是生态文明。生态文明力图从根本上克服经济发展与环境恶化的二律背反，在更高的层次上建立起人与自然的和谐关系。它要求工农业生产、人口生产、社会消费、科学技术发展等人类各项活动都以人与自然和谐相处、协调发展为出发点，在资源增殖的基础上合理开发利用自然资源，发展经济，形成经济繁荣和环境优化的良性循环，不但满足人的物质需求，精神需求，而且满足人的生态需求，提高人的整体生活质量。

优化环境，是经济可持续发展的内在要求。旧的粗放式的经济增长模式，不仅给人类生存环境造成无穷的隐患，同时也严重阻碍经济本身的进一步发展，这是由自然资源的有限性与人类生产的无限性的矛盾所决定的。因此，与新的文明观相适应，产生了一种新的经济发展观，即可持续发展观。这种发展观主张在努力发展经济的同时，控制人口增长，提高人口素质，注意合理使用资源，保护和改善环境，使社会经济能够持续、快速、健康发展，达到多目标相互协调。可持续发展的新型战略，既是对传统的偏重数量扩张，单纯追求国民生产总值的增长为主要目标的战略模式的一大超越，也是对西方学者提出的以缩小消费、放缓发展为代价达到生态低水平平衡的历史悲观论的一大超越。“发展是硬道理”，尤其对于包括我国在内的发展中国家来说，离开了发展，不仅解决不了经济问题，社会问题，同样也解决不了环境问题。因此，“可持续发展”为处于起飞阶段的发展中国家以及全人类走出当代全球性的危机、困惑指出了一条切实可行的道路。以可持续发展战略思想为指导而编写的联合国《21 世纪议程》，已得到世界大多数国家的认同。我国也相应编制了《中国 21 世纪议程》，作为我国制定社会经济发展的中长期计划的指导文件。这就说明，在加快发展的同时高度重视环境的优化，是各国及各区域发展的共同趋向。

优化环境，是提高社会道德建设水平的呼唤。现代文明观不但重视人际道德，而且重视生态道德，即人与自然的道德伦理关系。人际道德与生态道德是相通的。人与自然的道德关系折射出人与人的道德关系。自然界是一个相互联系、相互作用的整体。人对自然界的行为如果造成了任何局部环境的破坏，都有可能影响到整个地球环境的平衡，而失去平衡的自然界必然会对人类的行为作出强烈的反应，还以各种形式的报复。所以，人如何对待自然界的问题，实质上就是人如何对待自身的问题。一定的个体或群体对自然界的不道德就是对其他个体或群体的不道德。因此，新道德观要求我们克服在生态环境问题上的实用主义和唯利是图的行为，自觉地把个人、群众的局部行为纳入到有利于环保和生态平衡的道德规范之中。马克思曾在《1844 年经济学哲学手稿》中论述了人的自然化以及自然的人化思想，提出人—自然的不可分割性、共存性以及人在改造自然中表现本质力量的同时，依靠自然、爱护自然的伦理观点。中国古代思想家也一贯主张“天人合一”。孟子说：“尽其心者，知其性也，知其性，则知天矣。”《中庸》中写道：“天命之谓性，率性之谓道，修道之谓教。”人的心性和道德的根在于天，“天人合一”是最高的道德境界。可见，把环境问题纳入道德伦理领域，体现了马克思主义和中国古代哲学思想精髓与时代精神的有机结合，从而把现代道德建设导向新的视野。

优化环境，也是广东 20 年基本实现现代化的客观需要。广东改革开放先走一步，工业化、城市化的浪潮席卷珠江三角洲及沿海地区，当前又朝着邓小平所提出的 20 年基本实现现代化的宏伟目标大步迈进。随着工业化、现代化和农村城市化、城镇都市化的进程的加快，环境问题日益突出，其中某些问题的解决已刻不容缓。环境监测资料表明，我省总体环境质量逐渐下降，不仅城市存在污染，农村地区的污染也在蔓延。一是水污染。流经城镇的河段污染严重，有些在枯水期出现恶臭，近海水域特别是河口海区水质污染还在发展。二是大气污染。汽车排气等污染逐渐突出。值得注意的一种新趋向是，已有一些城市的大气污染的类型正由煤烟型污染向化学烟雾型污染转变。三是噪音污染。来自交通、施工和生活的噪音已成为城市乃至部分城镇的大公害。此外，城镇居民区周围植被覆盖面缩小，人口膨胀，交通阻塞的现象以及脏、乱、差的现象也十分严重。凡此种种，严重地影响了广东生态环境以及投资环境、生活环境。在向现代化进军的过程中，广东应当而且有可能避免重走西方工业国家所走过的先污染、后治理，以牺牲环境为代价换取高速度的老路，从一开始就把建设良好的自然环境作为现代化的根本目标之一，实现物质文明和精神文明、城市和乡村、人和环境的协调发展。

二、推动科技、产业进步是建设良好环境的根本前提

邓小平指出：“科学技术是第一生产力。”生产力是社会有机系统中最活跃最革命的要素，而科技又是生产力要素群中活的灵魂。紧紧地把握科技发展的脉

搏，大力推动科技和产业进步，实现经济增长方式从粗放型向集约型的转变，是推动社会经济文化和人全面进步的杠杆，也是搞好环境建设的前提条件。

首先，把经济发展纳入到依靠科技进步的轨道上来。与处于经济起飞阶段的其他国家和地区一样，广东十几年来走的是一条主要靠增加物质投入总量、分散型、粗放式的发展道路。对外开放先走一步的政策优势和毗邻港澳的地理优势，使广东得以大量吸纳境外中、小资本，大范围地引进“三来一补”企业和“三资”企业，大规模地兴办以轻型加工业为主体的乡镇企业。这些遍地开花的中小型企业的存在和发展，是广东短短十几年内完成原始资本积累的重要因素。但不可否认，这些企业是主要以劳动力资源、土地资源、水资源、电力资源的高消耗来维持的。随着全国各区域全方位对外开放态势的形成及由此所至的我省政策优势的弱化，随着资源紧张而引发的土地、劳动力、电力等价格的轮番上涨，面对以信息高速公路为标志的国际新一轮经济、科技竞争的激化，广东经济发展模式必须来一个大的转换，从重在扩大外延再生产转到重在扩大内延再生产，从重在消耗廉价资源转到重在提高产品的技术含量，从重在使用密集劳动转到重在提高劳动者的科技文化素质，从重在经济效益转到兼顾经济效益、生态效益的统一。

其次，把科技进步纳入到生态文明的视野中来。科技发展并不直接导致环境的优化。实质上，随着科技的迅速发展，如果不加以注意，毁坏生态过程的危险性也日益增加。也就是说，科技的发展具有正价值效应和负价值效应两个方面作用。从现代文明本质要求来衡量，推动科技进步应当包括调节科学技术发展方向和应用目的，发扬其价值效应，抑制其负价值效应。因此，当新科技革命扑面而来的时候，我们要从人与自然协调发展的高度选择之，应用之。具体说，我们在新的经济发展时期所选择和应用的技术应当具有如下特征：（1）生产上的投入最少，产出最大，既能取得近期效益，又能取得长远利益；（2）资源的消耗、利用最经济最合理；（3）生产单位的利益与整个社会的利益协调一致；（4）经济的发展与人的发展协调一致。据此，电子技术、信息技术、生物工程技术、海洋工程技术、新材料技术等应广泛地应用于我们的生产和生活之中。

再次，把科技进步转化为产业革命。产业革命或产业结构调整是科学技术转化为现实生产力的中介和枢纽。广泛应用以低耗能为特征的新科技，必然要求产业结构的重新整合。80 年代以来，广东的产业结构已发生质的变化，主要表现在：农业在 GDP 中的比重下降，并由单一的种植业转向多种经营的大农业，工业结构轻型、外向化，形成轻纺工业、部分重化骨干产业的多元发展格局；第三产业呈加速发展趋势，其产值在GDP中的比重高于全国平均水平。然而，产业总体构成与资源、环境协调发展的要求仍不相适应，主要表现在：农业发展与总体经济发展水平不相适应，主要农副食品及为工业提供的原料的自给率不断下降；低水平的轻型加工业和重化工业重复建设现象突出，资源浪费严重；第三产业中劳动密集型行业增长迅速，而技术和智力含量较高的行业如金融、信息、保险、培训等则发展缓慢。针对这种状况，广东产业结构更新换代的总体原则是：大力发展低资源消耗和低环境污染产业，逐步淘汰高耗能和高污染产业，在三大产业协调发展的基础上积极培育和发展高新技术产业群。整体布局是：

——以发展生态农业为主体，大力加强农业建设。生态农业要求从宏观上协调生态经济系统结构，协调生态—经济—技术关系，建立整体的生态经济平衡；从微观上做到物质多层次循环和综合利用，提高能量转化循环效率，建立子系统的生态经济平衡。"有机农业""生物动力学农业""生物农业""免耕农业"以及我们所创造的"三高"农业，都属于生态农业的范畴。

——大力发展以高加工度、高附加值、高技术含量的高新技术工业产业群，促进工艺革命。在发展现有优势产业如家电、电子、电器、食品、建材等行业的基础上逐渐形成四大高新技术支柱产业，即：以信息高速公路为龙头的电子信息产业，以电子、建材、医疗器材等产品为主体的新材料产业，以微电子、自动化和机电产品为重点的光机电一体化产业以及以饮食、医药、种养殖等产品为核心的生物技术产业。运用生态原理设计出来的以获得最佳生态效益和经济效益为目标的生态工艺和工程，是对"原料—产品—废料"模式的传统工艺的重大变革，应广泛地运用于工业和城乡建设的各个方面。

——大力加强基础设施建设，提高空间可达度，增加输出输入量，扩大人与自然区域系统的开放度。

——大力加强以信息业为先导，以金融业、房地产业、旅游业、科技文化业、咨询业等为基础的第三产业，尽快完善社会保障体系和综合性社会化服务体系。

此外，直接为优化环境服务的环保产业也必须形成规模，形成系统，形成效益。

三、正确处理城市化进程中的矛盾是建设良好环境的关键

工业化、现代化必然导致城市化。当今世界正在迅速地变为城市的世界。根据联合国发展规划年资料，在1985年至2000年的15年间，仅亚洲就将增加近5亿城市人口，即增加70%。在我省，农村城市化的趋势在80年代已见端倪，90年代以来更加速发展。珠江三角洲纵横数百里的大地上，一个以广州、深圳为支点，以珠海、佛山、江门、中山、东莞、惠州、肇庆为网节，连接上百个中小城市、城镇的特大城市群带已形成。农村城市化，对缩小三大差别，促进城乡一体化，改善投资环境，加快工业化和第三产业的发展具有深远的历史意义。但是，城市化又是原有社会结构、产业结构、人口结构、生活方式剧烈变动、更新换代的过程，由此导致了人与环境的一系列矛盾，只有处理好这些矛盾，才能推动农村城市化健康有序发展，真正为人的生存和发展营造一个良好的生态环境、工作环境和生活环境。

（一）正确处理局部建设与整体建设的矛盾，把环境优化纳入城市化的整体规划之中。过去十几年，我省城市化建设基本上按行政区域进行，很少从自然环境规律、资源流向规律方面考虑。一个地区、一个县、一个镇甚至于一条村，在建设上都追求“大而全”“小而全”。于是，重复建设、浪费资源、互相污染等现象十分严重。现代化城市体系是一个开放的体系，是一个各种要素相互联系、相互制约、相互影响的复杂系统，由此决定城市化过程必须是一个在相当大的区域内统一领导、整体推进的过程，这就要求大力强化政府职能，一开始就抓好整体规划，使环境保护与经济建设、城市建设做到同步规划、同步实施、同步发展。主要抓好以下几个环节：

——总量控制。城市发展必须与经济发展相适应，与资源的总量相适应。据此控制好城市的规模和人口数量。从我省来说，控制人口数量是关键。我省本来就是人口分布密集的地区，而工业化和城市化又吸纳了大量的外省劳动力和流动人口，仅珠江三角洲就容纳了上千万外来人员。不采取有力措施使人口增长控制在合理的范围内，就不可能从根本上解决粮食紧张、住房紧张、生活生产用水紧张、交通拥挤等问题。

——布局合理。在一个地区内，城市过于集中必然造成地区环境的恶化。从

全省看，珠江三角洲地区的城市增长太快，密度太大，而东西两翼和粤北山区发展不够，要通过产业转移等方式加以分流和平衡。

——功能互补。现代城市学不要求任何城市都兼政治中心、经济中心、文化中心、交通中心等功能于一身，应各有侧重，互补互利。我省的中心城市如广州等应实行功能转换，大力发展第三产业，强化金融、信息、教育、文化等功能，以减轻人口、资源问题的压力。

——基础设施配套衔接。打破以邻为界的半封闭的旧格局，充分挖掘各地资源的潜力，组建和完善贯通全省的、全方位开放的、现代化的交通运输网、邮电通讯网、能源网，让人流、信息流、能源流、商品流畅行无阻并大大拓宽其流动空间。

（二）正确处理开发建设与管理服务的矛盾，切实提高现代化城市的管理水平。粗放型的经济发展模式必然导致“开发优先，环保置后”的城市建设思路。在可观的经济利益驱动下，人们不断开发建设商业广场、住宅小区、写字楼，但与此相应的环保措施和设施没有跟上，结果是野蛮施工的现象十分普遍，施工场地终日尘土飞扬、噪音扰人、绿化尽毁，工程竣工后往往无人过问配套的卫生、交通、教育等设施，脏、乱、差的现象比比皆是。因此，必须把管理作为城市建设的关键环节来抓。要把环保管理纳入城市建设的根本性的常规工作，把环保管理工作的好坏，作为衡量一个地区、一个城市的政府工作成绩的重要指标。除了运用行政手段外，要学会用法律的、经济的手段加大管理力度。要通过人大对征地、拆迁、建筑和土地、房屋批租等涉及环境的问题制定法规，并成立专门的环境执法机构和队伍加以实施。要运用价值规律，根据房地产企业及各类工商企业经营的不同特点征收“环境资源使用费”。把生态环境的保护、建设纳入市场经济的轨道。

（三）正确处理人口素质与城市文明的矛盾，提高公众的环保意识。随着农村城市化的进程，昔日的农民已成为今天的市民。然而，人的生活方式、思想观念不是一朝一夕所能改变的。许多新市民的行为规范、卫生习惯、修养程度等还停留在农业文明的水平上。公民意识、社会公德意识、卫生意识、节约资源意识甚为薄弱。为此，要开展全民环境教育，广泛宣传环境保护的意义、方针、政策，使公众认识到环境质量与他们切身利益的关系并自觉维护之。要引导他们积极参与文明小区和文明村镇的建设，参与群众性爱国卫生工作，共同建设“绿化”“净化”“美化”的工作环境和生活环境。此外，还要建立和完善必要的约束、监督机制，使公众行为法制化。

自然既是人的本质力量的证明，也是人的文明程度的反映。如果到2010年，我们不但实现人均GDP 8000美元，而且仍然拥有一个青山绿水、蓝天白云、花香鸟语的美好环境，那么我们才可以无愧地说，我们已建成一个基本现代化的繁荣、富裕、文明的新广东。

（原载《广东社会科学》1996年第2期）

环境　人　实践

——广东创建文明城市活动断想

1998年，省委、省政府在中山市召开的全省创建文明城市现场经验交流会，确定了以创建文明城市为龙头推动我省精神文明建设跃上新水平的战略，标志着我省群众性精神文明创建活动进入了由点到面、由单项整治到综合治理指标、全面推进的新阶段。一年多来，群众性的创建文明城市活动在南粤大地方兴未艾，如火如荼，奏响了一首以环境、人、实践为主题的浑厚优美的交响曲。

人是环境的产物。环境是人类世代赖以生存的母体，是我们劳动生息的家园，是一切文明演进的基础。我们的老祖宗崇尚自然，把“天人合一”看作是最高境界；吸收了全人类文明成果的马克思主义认为未来的共产主义不仅是消灭了人与人、人类与个人抗争的社会，而且是消灭了人与自然抗争，实现二者和谐相处的社会；当今已被世界大多数国家和民族所认同的可持续发展理论，正是基于自然生态环境在工业化进程中急剧恶化并将极大地危及人类文明而提出来的。我省各地创建文明城市活动普遍以环境的整治为切入口，从城市的净化、美化、绿化到城市文明形象的设计和建设，反映了富裕起来的广东人民向往更高生活质量的迫切要求，反映了人类文明进步的大趋势。

工业化近乎掠夺式的对自然资源的开发，已使生物圈严重失衡甚至到达崩溃的边缘。对森林、植被的愈破坏，对水、空气的愈污染，就是对人类子孙后代的极大的不道德；要进一步建设好生活环境，这是老百姓无不拍手称道的民心工程；要进一步整顿好社会环境，这是关乎广东改革开放成败得失的形象工程。消除市场经济的异化现象，拥有安全、和谐。有序的社会秩序和良好的社会风气，城市才是真正属于人的舒适美好的家园。

环境是由人来改变的。世界不会满足人，人必然以自己的行动改造世界。人是环境的“立法者”，无论自然环境还是社会环境。其状态和变化归根到底取决于人的素质和能力。我省创建文明城市的活动，紧紧地把握住“提高人的思想文化素质”这根主线，从引导人们告别愚昧、告别陋习做起，到普遍培养人民群众的公德意识和公民意识的行为习惯，因而抓住了根本，把创建活动自觉的层面，拓展了创建活动的广度和深度。人的现代化过程是一个不断满足并升华精神需要的渐进过程，要充分关注人的精神的感性需求。没有情感、激情、欲望，就不会有对真理的追求。为人民提供更多的上档次的文化设施，生产更多的令人赏心悦目的视听文化产品，开展更多的群众性的文化活动，形成浓厚的人文氛围，无疑是创建文明城市的一项迫切任务。要努力满足人的精神的理性需求，理性判断是人的世界观、价值观形成的基础，理性思维能力是人认识和改造世界的支点。在实现社会经济、政治、文化、环境整体协调发展的战略转换中，在新技术革命和知识经济时代扑面而来的挑战面前，用科学的知识武装人们的头脑，大兴爱科学、学科学、用科学之风，不仅是广大群众从求美求乐向求实求知提升的需要，而且是广大干部特别是各级决策者从经验型领导向理性型领导提升的需要。要用心研究并悉心引导人的精神的信仰需求，信仰是人的灵魂得以安宁的终极关怀，是人“众里寻他千百度”的精神家园，是一种使人永远充满希望、在任何困境中都能“重生其精神生命”的巨大力量。人对环境、对自己、对他人、对社会的态度，都源于某种信仰以及与信仰相适应的道德体系。多少年来，我们依靠革命的信仰激发了亿万人民群众投身社会主义革命和建设的积极性，战胜了无数的艰难险阻。而在今天，随着市场经济的发展，随着多元利益群体的形成，随着社会和文化转型引发的不同世界观、价值观的碰撞，原有的信仰体系受到了挑战，社会整体的凝聚力、向心力受到削弱，多元信仰取向的格局在出现，甚至一些荒诞不经的歪理邪说得以大行其道，蛊惑人心，破坏社会的稳定。由此说明，现代化是一项系统的社会工程，它不仅需要现代产业体系的支撑，也需要整合人心的信仰体系的支撑。我们在精神文明创建活动中，必须深入研究人的高层次的精神需要，从各方面加强思想道德教育，把人心导引到邓小平理论的伟大旗帜和“振兴中华”的共同理想下，重塑社会主义的精神支柱，为现代化提供强大的精神动力。

环境的改变和人的改变统一于创建活动的实践。实践是主体与客体、人与环境互动的中介，人通过实践既改变客观世界也同时改变自己的主观世界。实践是合规律性与合目的性的统一，是人既按事物的内在规律同时也按自己的价值取向改造环境的行为。在实践中认识文明，在实践中追求文明，在实践中创造文明，各地创建文明城市的路子越走越宽，越走越新。从持久深入地开展创建文明城市活动并使之提高到新水平的要求来看，坚持实践第一的观点，就要把历史标准与价值标准结合起来，既要从人类文明发展的大趋势，现代化演进的一般规律去确定建设文明城市的总体战略、规划和任务，又要从不同阶段不同地区的人们对幸福快乐的理解，从他们的物质精神需求的变化赋予创建活动以不同的内涵、特色和品味；坚持实践第一的观点，就要把总结经验和探索创新结合起来，既要注意解剖总结典型，宣传推广先进，发挥榜样的示范效应，又要从理论的高度探索出带规律性的东西，并与各地的经济社会发展水平、人的文明程度结合起来，创造出新的形式、新的机制、新的方法；坚持实践第一的观点，就要把领导的积极性和群众的积极性结合起来，既要明确领导的职责，建立并落实“一把手，抓两手”的制度，推动各级领导在创建文明城市活动中发挥核心和灵魂的作用，更要善于引导广大群众从自己的切身利益出发认识创建活动的重要性和必要性，以饱满的热情和坚定的信心投身到这场改造环境改造自身的伟大历史运动中来。群众是创建实践的主体，他们是否赞成，是否拥护，是否高兴，是制定创建文明城市活动一切方针、政策、措施的根本出发点和落脚点。

新世纪的曙光已升起在地平线上，即将到来的21世纪对人类意味着什么？有人说21世纪是全球化的世纪，有人说是知识经济的世纪，有人说是文化的世纪。不管如何定义，新世纪必定是人类通过自己的头脑和双手创造新生活的世纪，它必将更加重视人，发展人，充分发挥人的主体能动性，必将更加爱护环境，优化环境，全面提高人的生活质量。让我们继续夺取创建文明城布的实践和理论的丰硕成果，朝着基本实现现代化的宏伟目标不断迈进，把一个山清水秀、和睦稳定、富裕文明的广东带进21世纪！

（原载《南方日报》1999年11月14日，作者：蓝红、田丰）

推进社会主义新农村建设

党的十六届五中全会的《中共中央关于制定国民经济和社会发展第十一个五年规划的建议》（以下简称《建议》）提出，坚持把解决好“三农”问题作为全党工作的重中之重，实行工业反哺农业、城市支持农村，推进社会主义新农村建设，促进城镇化健康发展。建设社会主义新农村是我国现代化进程中的重大历史任务。充分认识并着力推进这一重大任务，对于构建社会主义和谐社会具有重大意义。

一、建设社会主义新农村的现实意义

建设社会主义新农村是落实科学发展观的具体实践。科学发展观是指导发展的世界观和方法论的集中体现，是我们党在深刻总结我国长期以来经济建设的经验教训，吸收人类现代文明进步新成果的基础上提出来的，是对社会主义现代化建设指导思想的重大发展。因此，建设社会主义新农村，必须要坚持以科学发展观为指导，用发展和改革的办法去解决前进中的问题，去统筹协调城乡关系。只有这样，才能从根本上解决“三农”问题，实现城乡协调发展。

应该说，《建议》提出建设社会主义新农村这个目标和要求，有着鲜明的时代特征。近年来，我国工业化、城镇化步伐加快，国民经济持续较快增长，但城乡之间的发展差距却有继续扩大之势。农业、农村经济的发展在这样的新背景下出现了不少新问题，突出反映在粮食生产滑坡和农民增收困难上，城乡居民收入差距进一步扩大。针对这种情况，党中央、国务院及时明确了要对农业、农村、农民实行“多予少取放活”的方针，并出台一系列强有力的政策措施。由于这些政策措施的强力推动，以及市场粮食价格回升和气候比较有利等因素的共同作用，农业、农村经济形势出现了明显的转机。但是，农村经济社会发展明显滞后的局面是长期形成的，改变农业和农村的落后面貌必须付出长期艰苦的努力。“十一五”时期是承前启后的重要时期，只有切实推进社会主义新农村建设，建立有利于逐步改变城乡二元经济结构的体制，加快农业、农村发展和农民增收的步伐，促进农村经济社会全面进步，才能如期实现全面建设小康社会的宏伟目标。

二、强化对农村的公共服务，推进城乡协调发展

统筹城乡经济社会发展，不仅是当前解决“三农”问题的需要，而且是全面建设小康社会的重大任务。如果只有城镇人口的小康，而没有农村人口的小康，这个小康是不全面的小康、低水平的小康。统筹城乡区域发展，很重要的一点在于为农民提供基本而有保障的公共产品。目前，农村发展滞后很突出的一个表现就在于，农村教育、卫生、文化等公共事业服务相对不足。

这就要求各地区各部门按照《建议》的要求，进一步强化对农村的公共服务，加快发展农村文化教育事业，重点普及和巩固农村九年义务教育。加强农村公共卫生和基本医疗服务体系建设，基本建立新型农村合作医疗制度，加强人畜共患疾病的防治。实施农村计划生育家庭奖励扶助制度和“少生快富”扶贫工程。发展远程教育和广播电视“村村通”。加大农村基础设施建设投入，加快乡村道路建设，发展农村通信，继续完善农村电网，逐步解决农村饮水的困难和安全问题。大力普及农村沼气，积极发展适合农村特点的清洁能源。

另外，要千方百计增加农民收入。采取综合措施，广泛开辟农民增收渠道。充分挖掘农业内部增收潜力，扩大养殖、园艺等劳动密集型产品和绿色食品的生产，努力开拓农产品市场。大力发展县域经济，加强农村劳动力技能培训，引导富余劳动力向非农产业和城镇有序转移，带动乡镇企业和小城镇发展。继续完善现有农业补贴政策，保持农产品价格的合理水平，逐步建立符合国情的农业支持保护制度。加大扶贫开发力度，提高贫困地区人口素质，改善基本生产生活条件，开辟增收途径。因地制宜地实行整村推进的扶贫开发方式。对缺乏生存条件地区的贫困人口实行易地扶贫，对丧失劳动能力的贫困人口建立救助制度。

三、建设社会主义新农村，要全面深化农村改革

统筹城乡发展，建设社会主义新农村，当前既面临着许多有利条件，但也存在一些制约因素，必须通过全面深化农村改革来加以解决，进而切实为城乡统筹发展，增强农村经济和农业产业发展活力提供体制和机制保障。

坚持和完善农村的基本经营制度，坚持以经济建设为中心，努力发展农村生产力，促进农民收入持续增长。推进现代农业建设，是建设社会主义新农村的重要任务。因此，要坚持以经济建设为中心，把推进现代农业建设、提高粮食生产能力、促进农民收入持续增加作为新农村建设的出发点和基本目标。在稳定和完善农村基本经营制度的基础上，健全农业技术推广、农产品市场、农产品质量安全和动植物病虫害防控体系；在完善现有农业补贴政策的基础上，逐步建立符合国情的农业支持保护体系；在增强村级集体经济组织服务功能的同时，鼓励和引导农民发展各类专业合作组织，提高农业的组织化程度。

巩固农村税费改革的成果，全面推进农村综合改革，为建设社会主义新农村提供体制保障。新农村建设必须伴随一系列体制创新，其中一大任务就是推进以巩固税费改革成果为主要内容的农村综合改革。只有下决心深化改革，进行体制创新，才能巩固和发展农村税费改革已经取得的成果，才能保证农村经济社会的稳定发展和新农村建设的顺利推进。因此，“十一五”期间，要基本完成乡镇机构改革、农村义务教育和县乡财政管理体制等改革任务。这些改革任务涉及农村经济社会的方方面面，核心是要建立起精干高效的农村基层行政管理体制和覆盖城乡的公共财政制度。应当从各地实际出发，在认真总结试点经验的基础上，积极稳妥地推进农村综合改革，为建设社会主义新农村提供可靠的体制保障。

搞好乡村建设规划，逐步改善村容村貌。在着力解决直接关系农民切身利益的各类生产生活问题的基础上，要切实加强乡村规划，使乡村的建设和管理符合社会主义新农村的要求。乡村建设规划的实施是一项长期任务，既要着眼于改善村容村貌，又要从当地实际出发，尊重农民的意愿，充分考虑农民的承受能力；既要坚持节约和集约使用土地的基本原则，又要便于农民生产生活，体现地方特色。农村各地的发展差距很大，改善村容村貌的工作也必然是起点有差距、过程有快慢、水平有高低，切不可脱离实际，违背农民意愿，盲目攀比，而必须坚持

从实际出发，统一规划，分步实施，因地制宜，稳步推进。

注重培育和造就新型农民，形成良好的社会风貌，进一步完善村民自治机制。建设新农村，离不开培育和造就新型农民。要通过发展农村教育事业、活跃农村健康的文体活动、加强农村精神文明建设、完善农民职业技能培训制度等措施，在农村形成良好的社会风貌，使新一代农民有健康成长的良好社会环境。在转变乡镇政府职能的同时，应切实加强农村基层组织建设。通过认真开展保持共产党员先进性教育活动，增强农村基层党组织的凝聚力、战斗力和创造力。要发展基层民主，通过完善“一事一议”和村务公开等制度，保障农民依法行使民主权利，健全村党组织领导的充满活力的村民自治机制，为建设社会主义新农村提供可靠的组织保障。

（原载《经济日报》2005 年 12 月 29 日）

树立科学发展观　全面提升地区综合竞争力

一个地区的综合竞争力，体现为该地区在不断变化的国际国内经济环境中所具备的持续发展能力，不仅表征了现实的经济发展水平和实力，更与该地区的经济增长后劲和未来的发展潜力相关联。

按照广东竞争力评估中心的最新研究，从全球视野来考量，广东经济的国际竞争力已接近中等收入国家水平；在国内，广东的地区竞争力指数高于全国平均水平一倍左右，与浙江、江苏、福建等省份不分伯仲。

历经20余年改革开放的洗礼，中国的市场经济体系已具雏形。中国加入世界贸易组织（WTO）及全国开放格局的形成，使得国内外的竞争压力日益加剧。随着早期发展优势的渐次弱化，其他区域的竞争对手纷纷挟“后发优势”奋起直追。面对新形势，未来广东发展能否实现加快发展、率先发展和协调发展，应以科学发展观为指针，全面提升地区综合竞争力。

从潜在的角度看，广东地区竞争力的提升受到多种因素的掣肘。

第一，过度非均衡发展难以走出“发展中的陷阱”。在富庶的广东，至今还有全国级的贫困县，出现了“阳光里的寒极”现象。珠三角与其他地区的发展差距有愈拉愈大之势。当富裕与贫穷向两极过度延伸时，一条腿长一条腿短的发展模式，最终将导致区域发展重心失衡，并延缓整个区域竞争力的提升。

第二，发展的结构性失衡，需要付出巨大的代价。短视性的城市规划、日趋严重的江河污染、过快的人口增长和出生性别比例失调、人文精神失落和文化产业发展滞后以及日益加大的社会保障压力，这些都是今后发展中需要解决的棘手问题。

第三，制造业基地的技术提升困境。在全球价值链系统中，发达国家日益成为“虚拟经济国家”，发展中国家相应变为“生产主体国家”。广东的主体企业多数非广东本土长成，即使是本土化企业生产的产品，其关键技术、关键部件仍控制在跨国公司手中。缺失了核心技术和核心部件，企业的核心竞争力等于无米之炊。

第四，企业家队伍的培育。处在风口浪尖的广东，曾经涌出过一批叱咤风云的企业家。但许多企业不断“城头变幻大王旗”，“企业家”也如流星般昙花一现。时至今日，企业发展资金已不那么匮乏，市场容量也足够大，问题就在于缺乏能整合各种资源，开拓国内外市场的一批战略企业家。

发展是辩证的统一。在一定的时空条件下，非均衡发展是抓住机遇、奠定基础和占领国际市场制高点的法宝。在另一时空条件下，发展的非均衡性过度膨胀，又会破坏经济社会各方面的有机联系，造成资源浪费和社会的不稳定，从而在整体上降低一个地区的综合竞争力。

发展的本质是人的发展。因此，发展必须以人为本，以人为本的发展尤其应当重视文化对经济的推动。当知识成为左右经济发展的关键变量时，综合竞争力的主导因素也会逐渐由经济竞争力、资源竞争力、科技竞争力、环境竞争力等向文化竞争力转变。

综前所论，提升广东综合竞争力应当从以下诸方面着手：

第一，切实转变发展观念。应当摒弃盲目的 GDP 崇拜，坚持全面、协调、可持续的科学发展观，树立均衡发展、以人为本的发展新思维，实现经济社会和文化等方面的协调发展。

第二，走新型工业化之路，提高可持续发展能力。提高经济增长的质量，以信息化带动工业化，走出一条科技含量高、资源消耗少、污染排放少、经济效益好、资源可充分利用的可持续发展道路。积极倡导和推行循环经济，重视资源的存继，为后代人留下发展空间。

第三，实施均衡发展战略，促进区域经济、城乡经济协调发展。广州、深圳两大中心城市和珠三角地区应以国际市场为导向，着力提升国际竞争力，发挥其龙头带动作用；以支付转移、政策扶持等手段加快推进欠发达地区发展步伐；借助产业的区内转移，合理配置和调整区内产业结构；调整财政收入和支出结构，在减免农业税、减轻农民负担等方面走在全国前面，促进农业经济发展，增加农民收入。

第四，培育区域产业集群和区域创新体系。公共政策领域最新的研究表明，营造地方产业集群是提高国际竞争力以应对全球化挑战的一种重要政策措施。广东应当考虑通过区域治理，增强本地生产系统的内力和利用国际资源外力相结合的程度，走外源发展和内源发展相结合的路子。

第五，加强与周边省区的合作，扩大发展腹地和市场范围。本着“双赢”的原则，实现区域之间的高度竞合。以物流、资金流、人才流和信息流为纽带，在推进粤港澳经济圈形成的基础上，大力加强与周边省区的合作与互动，加速构建“泛珠江三角洲经济合作区域”，在交通设施一体化、人才流动自由化、产业转移清洁化、技术和信息共享等方面取得实质性进展。

（原载《南方》杂志2004年第4期）

创新驱动引领珠三角转型发展

改革开放使珠三角迅速崛起，发展成为中国人口集聚最多、创新能力最强、综合实力最强、经济最发达的地区之一，成为辐射带动华南、华中和西南地区发展的龙头。在当前新常态下，珠三角如何增创发展新优势，继续争当中国改革开放排头兵，很有必要总结、探讨珠三角的发展经验和模式，从中找到启示、思路和规律。黄志云、符永寿所著《珠三角改革发展模式创新研究》一书，全面总结了珠三角改革开放以来特别是十八大以来的发展经验，从经济、社会、文化、生态等多角度探索珠三角发展模式，我认为，它从三个维度为我们揭示了珠三角崛起的轨迹和奥秘。

优势再造：从区域优势到市场优势。珠三角背靠内陆，连接港澳，面向太平洋，拥有“通达四海、八方围聚”之势，凸显对外通商贸易之利，由此造就珠三角地区得天独厚的发展条件。随着历史的发展，珠三角的这种区位特点使其成为海上丝绸之路的发祥地之一，成为我国改革开放的先行地，在对外开放中有着八面来风的地缘优势，也有着华侨众多的亲缘优势，有着“春江水暖鸭先知”的观念优势。中国改革开放总设计师邓小平和党中央看中珠三角的独特优势，从实际出发，运筹帷幄，赋予珠三角“杀开一条血路”的使命，给予珠三角“先行先试”的特殊政策，正是中央正确决策与广东干部群众伟大实践的有机结合，造就了珠三角和广东迅猛发展的世界奇迹，产生了激活全局带动全国的示范效应。然而，在今天中国进入全方位开放、各经济区域千帆竞发的竞争格局中，珠三角依靠区域优势的路子已到尽头，唯有依靠真正的市场优势才能打造可持续发展的全球竞争力。党的十八大以来，广东省委、省政府在激活市场要素市场的基础上加快珠三角市场化改革：一是营造国际化法制化的营商环境，保障企业的市场主体地位；二是率先简政放权，大幅下放政府审批事项；三是推进粤港澳自贸区战略，促进服务贸易自由化。这些举措把珠三角的市场活力充分释放出来，巨大的物流、资金流、信息流、人才流在这里涌动，创造出无限的社会生产力和发展机遇，一个高效、法治、公平、开放的市场将使珠三角具有更加强大的国际竞争力。

动力转换：从资源拉动到创新驱动。珠三角毗邻港澳的区域特点使其发展具有前店后厂式的外源型发展形态，相对廉价的劳动力资源、土地资源等造就了世界工厂的神奇崛起。然而，资源拉动下的高速增长是不可持续的，随着“路易斯拐点”的到来，随着珠三角生态环境的恶化，随着全球新一轮科技革命、产业革命的冲击，外源型粗放型增长路径已经风光不再，发展的外生动力正在不断弱化，它必然要被创新驱动的内生动力所取代。“春江水暖鸭先知”，自从国际金融危机以来，创新驱动的潮流在珠三角大地涌动，经济危机的压力变成了珠三角各市转型升级的动力：着力提升创新能力，夯实战略性基础研究，开启新一轮技术改造，加强创新国际合作和区域合作，以国际视野推进创新战略；着力构建创新体系，加快建设高水平大学、创新型企业和创新型城市、区域，使创新战略落实到创新载体建设上；着力改革创新体制机制，破除一切制约科技创新的制度障碍，营造良好的人才体制、投入体制、激励体制和社会环境，把科技人才的创造潜能充分发挥出来，把创新驱动的引擎全速发动起来，使珠三角成为全省的创新主体，成为全国的创新先行地。可以预期，创新驱动战略的实施将重铸珠三角的发展动力，华为、中兴等创新型企业将不断涌现，海内外创新英才将在这里汇聚、寻梦，一个大众创业、万众创新的热潮将在这里兴起、辐射。

自觉跃升：从发展自觉到文化自觉。当下的珠三角转型，不仅是优势的转型、动力的转型，更重要的是文化的转型，从发展的自觉跃升到文化的自觉。改革开放以来，珠三角一直坚持以发展为主题，咬定青山不放松，经济总量占广东全省的绝大部分，与长三角、京津冀地区同为中国发展的引擎。而在知识经济、文化经济、互联网经济如日中天的现时代，在减速换挡、创新驱动的新常态下，区域竞争的焦点在于创新，归根到底在于文化，因为原创力的本质是文化力。珠三角作为海上丝绸之路的始发点、中国近代化和现代化的发源地，其生生不息的活力在于东西文化的冲突和汇通，从而成为中国现代文化的生长点。放眼未来，当代珠三角的历史地位，绝不是仅仅依靠经济总量第一，而是在时代精神、文化感召上是否争先领潮。从广州建设岭南文化中心地到深圳的文化立市、珠海的生态文明示范市、中山的文化引领示范市，以求实务实、敢为人先、解放思想为灵魂，以保护弘扬岭南优秀文化为原点，以提高人的素质和幸福为根本，大力发展文化教育事业，大力发展文化创意产业，努力提升文化软实力、竞争力，在珠三角成为普遍共识和发展战略，这种文化自觉是在发展自觉上的重大飞跃，它使发展回归到以人为本的道路上来，回归到发展是人的自由全面发展的出发点上来，新的发展观将开启珠三角转型升级、创新发展的崭新里程。

建设 21 世纪海上丝绸之路战略及其实施，为珠三角的更好更快发展打开了无限的空间，一个极具经济文化活力的世界级城市群正在珠三角崛起，一个在市场优势、创新驱动、文化自觉等方面具有强大辐射力的珠三角将正在大步走向世界，珠三角正在从昔日的世界工厂蜕变成为先进制造业和高端服务业双轮驱动、“五位一体”协调发展的创新型区域，这是珠三角发展的必由之路，也是中国转型发展的必由之路。

（原载《珠三角改革发展创新研究》，广东人民出版社 2016 年版）

把握粤东西北振兴发展的辩证法

前30多年的发展，广东是仅靠一个姿势、仅用一条腿走路。两极驱动，不仅使珠三角和粤东西北的发展定位、主体更加明确，而且极大拓展了广东的发展空间，增强了发展动力，是外延扩张和要素集聚的统一，是加快发展和转型升级的统一，是深化改革和扩大开放的统一。

广东省委、省政府作出关于促进粤东西北振兴发展的重大部署，抓住了长期困扰广东省全面协调可持续发展的关键，体现了发展思路、方法、途径的重大创新。把握好实现科学发展的辩证法，处理好四个关系，是正确有效落实这一重大部署的必要前提。

一、处理好珠三角与粤东西北的关系

广东是我国经济相对发达的区域，经济发展总体水平已经达到中等发达国家和地区的水平。但是，在广东省内仍然存在着较为明显的区域发展不平衡问题。虽然从2005年开始，广东区域经济的相对差异趋于缩小，但是从2001年到2010年其绝对差异持续扩大，扩大幅度约为2.91倍。从珠三角、粤东、粤西、粤北四大区域来看，珠三角与其他三个区域的经济发展水平差异自2005年趋于缩小，但2010年珠三角的人均GDP仍分别是粤东的3.54倍、粤西的2.94倍、粤北的3.37倍。由此可见，广东在促进区域经济协调发展、缩小区域经济差异方面，仍然面临着较为严峻的挑战。粤东西北地区总体经济实力不强、产业发展层次不高、基础设施薄弱、公共服务水平不高，发展不协调、不平衡的问题尚未得到根本解决。可以说，前30多年的发展，广东是仅靠一个姿势、仅用一条腿走路。

两极驱动，不仅使珠三角和粤东西北的发展定位、主体更加明确，而且极大拓展了广东的发展空间，增强了发展动力，是外延扩张和要素集聚的统一，是加快发展和转型升级的统一，是深化改革和扩大开放的统一。加快发展是解决粤东西北地区落后问题的根本之策，加快粤东西北地区发展，也是促进珠三角地区转型升级、优化发展的需要。从全省发展大局来看，加快粤东西北地区发展，广东才能建立发展的新优势，实现更长时期更大的发展。面对激烈的竞争压力，广东要实现更大的发展，不仅需要把珠三角地区这一个增长极继续做优做强，还需要把粤东西北地区培育成新的增长极，共同支撑广东省经济长远持续发展。粤东西北地区发展起来了，广东经济就有了两个强劲的发动机，才能全面增强广东省的综合实力和核心竞争力，巩固华南区域经济中心地位。

二、处理好政府与市场的关系

加快发展粤东西北，要发挥三个力量：一是省委、省政府的顶层设计、资源丰富的行政力量；二是调动粤东西北的积极性、主动性，承接国内外产业的转移；三是利用好市场调配资源的力量，发挥好珠三角的辐射带动作用。

为加快粤东西北的发展，政府可以从规划、产业布局、扶持政策和资金投入上发挥重要的作用，特别是在交通设施、产业园区建设和城镇化建设上要给予大力的扶持，帮助后发地区实现跨越式发展。同时要加快政府职能转变，解决政府职能越位、错位和缺位等问题，为发展社会主义市场经济提供制度保障，让公平的市场竞争成为提升效率的主要推动力量。

我国改革开放最重要的制度成果，就是建立了与社会主义基本制度相结合、发挥市场配置资源基础性作用的现代市场经济体制。在大力推动粤东西北振兴发展的过程中，我们必须坚定不移地坚持社会主义市场经济的方向，营造良好的市场环境，把区域经济纳入世界市场体系，大力培养多元市场主体，大力发展民营经济，依靠市场力量的推动，实现区域内外资源、产业、人力资源、资金和信息等方面的合理流动，促进区域经济的快速发展。

三、处理好经济发展与社会建设的关系

在加快发展中，如何实现社会的和谐稳定，是加快粤东西北发展的难题之一。要坚持以人为本的新型城镇化方向，在提高城镇化率的同时加快社会组织建设，加

强和创新社会管理，建设宜业宜居、充满活力而又和谐的新城区、新社区。

为此，要尽快建立和完善社会保障体系，改革城镇户籍等制度，进一步吸纳本地农民和外来农民工成为市民，建立和完善公共服务设施体系，实现公共服务均等化，建立和完善就业、教育、医疗等社会保障体系，使新市民在身份、权利、心理上融入城镇化。

四、处理好城镇化与历史文化保护的关系

城镇化是大势所趋、不可逆转的时代发展趋势，促进粤东西北发展不应忽视地方文化的保护与利用。文化不仅是民族的血脉、人民的精神家园，同时也是推动地方经济社会进步、促进区域品位提升的重要发展性资源。特别是粤东西北地区涵盖了岭南文化的几大重要分支，如客家文化、潮汕文化、雷州文化等。这些地方文化源远流长、丰富厚重，在千百年的发展中形成了自己的特色，是岭南文化的重要组成部分和中华文化大观园的奇葩。如何因地制宜充分保护好、利用好这些地方特色文化，不仅对充实丰富岭南文化、提升广东文化软实力有着重要意义，对于粤东西北地区成功走出新型发展之路和振兴崛起之路更是有着重大的现实影响，为实现粤东西北地区经济社会大发展大跨越提供有力的文化支撑。对地方历史文化，要以科学精神提前普查好、规划好和布局好，要以敬畏之心保护好、宣传好和利用好。

粤东西北地区在新一轮工业化、城镇化中要首先注重保护好地方历史文化元素。要强化保护文物和非物质文化遗产，保护利用好名人村落民居建筑文化。尤其在“三旧”改造的过程中，可能会涉及大规模的征地拆迁，要尽可能保留具有历史文化、能够反映地方文化特色的建筑元素。如粤东以围龙屋为代表的客家民居，潮汕平原的潮州民居等，这些都是中国建筑史上很有特色的民居，同时也是研究广东建筑文化的丰富资源。再如，在近代100多年来，广东涌现出许多伟大、杰出的人物，这些杰出历史人物的故居、旧居，也是十分有特色、有文物价值的文化资源和文化财产，值得好好保护、开发和利用。此外，广东作为近现代中西文化交汇点，形成并留下大量的民国建筑、华侨洋楼，这些建筑鲜明地反映了广东的历史演变，要加强保护，有条件的可活化利用，造福人民。

（原载《南方日报》2013年9月7日）

·文化研究·

实现文化自觉，全面提升岭南文化竞争力

现代化进程越是深入，文化的因素就越显重要，西方现代化过程已证明这一点。当今，广东的现代化建设进入了一个十分关键的发展时期，提升以文化竞争力为主导的综合竞争力，是广东增创改革开放和现代化建设新优势的“瓶颈”。广东省委不失时机提出了建设文化大省的战略要求，体现了对现代化规律的科学把握和自觉运用。文化传统是任何民族启动和推进现代化的不可离弃的土壤，更是现代文化创新和发展的直接来源。如何评价深刻影响着广东人行为方式、生活方式、思维方式的岭南文化？如何提升岭南文化的创新竞争能力？如何推动岭南文化的现代转型？这是建设文化广东，规划广东文化发展宏伟蓝图需要认真研究回答的重要问题。

一、岭南文化是广东文化创新发展的深厚根基，传承、重构、创新岭南文化，达到现代文化自觉，是提升广东文化竞争力的前提条件

任何文化都是由有意识有目的的人在实践中创造的，由此决定了文化有共性、普遍性的品格，而任何文化又是由不同地域不同传统的人们在不同的实践形式中创造的，由此决定了文化又有个性、特殊性的一面。伟大的中华民族创造了博大精深的中华文化，而中华文化是由风格同中有异的亚文化圈所构成的：沉重、古朴、苍劲的西北高原文化；绮丽、婉转、靡情的苏南文化；浪漫、豪放、超脱的荆楚文化；清新、自然、宽阔的岭南文化……这些各具特色的亚文化圈在中华文化史的长河中争奇斗妍，各领风骚，相互融合，造就了多姿多彩、波澜壮阔的中华文明，也造就了不同特色的文化流派以及不同特色的经济圈。以珠江三

角洲为主要发源地的岭南文化，是以本土文化为基础、以中原文化为主干、融合外域文化而逐渐形成的区域文化。作为一种历史上属于后发性、边缘性的文化，在中国经济重心逐渐南移的过程中，在中国以被迫的形式卷入“世界历史”的过程中，在中国建设现代化，实现民族伟大复兴的进程中，逐步成为主流文化、主导文化。近代岭南文化的发展与崛起，浓缩地展现了中国现代化的历史画卷。

岭南文化的发展大体可划分为四个阶段，这四个阶段根据广东经济社会发展的状况以及中国社会发展的不平衡性显示出不同的特点和作用。第一阶段是孕育阶段。14 世纪以前，广东远离经济、政治、文化中心，经济开发比中原地区晚得多，以“百越文化”为形态的本土文化仅是一种边缘文化。文明进化缓慢，文化人才稀缺。有史记载，唐朝开科取士，中原地区进士、诗人如群星灿烂，而广东在唐前期没有一个进士，唐后期也仅有 5 人，占全国 0.7%。随着南方的逐步开发，也由于各种战乱及政治变动引起的人口南迁，中原文化更多地进入广东并与“百越文化”相互渗透，使自身在保持中原文化基本风格的同时又兼有异质文化的特色：亲民、济世、灵活、朴素、实用等等。其观念文化的代表人物之一是慧能，他变革禅宗，创顿悟禅学，推动佛学世俗化。由于以深厚强大的自然经济和封建体系为根基，中原文化具有强大的同构能力，异质文化对其影响微乎其微，这时的广东文化虽然有其特殊性，但尚无明显的新质特征。第二阶段是形成阶段。这个时期是西学东渐的时期。从 14 世纪起，西方开始了资本主义孕育、壮大的新潮，文艺复兴运动极大地推动着欧洲的思想解放和近代科学文化的兴起。明代中国航海业的发达，促进了中国和西方的经济交流和文化交流。广州等地作为南方良港，成为中西方通过海洋交流的接触点，岭南文化从长期静寂中获得了全新的活力源泉，这时期以新会陈白沙，番禺屈大均、陈澧和南海的朱九江为代表，在吸收西方文化上开风气之先。不仅学术思想强调经世致用，学风“以自然为宗”，而且开始走向系统化，进而影响中原。岭南文化在世俗文化中产生出有自己独立形态的精英文化，标志着一种区域文化的形成。第三阶段是飞跃阶段。当欧风美雨随西方列强用大炮叩开中国门户大举涌进，中西文化的交流转化为尖锐冲突之际，风云际会的广东在民族危机社会危机中相继产生了一代思想巨子，从洪秀全、康有为、梁启超、郑观应到孙中山，他们不仅代表了岭南文化从传统向现代转型的集大成者，而且代表了中国近代文化发展的主流，是近代中华文化发展的最高成就。第四阶段是自觉阶段。党的十一届三中全会以来，广东充分利用中央批准的特殊政策和毗邻港澳的地缘优势，率先开放改革，把外国先进文化与广东的实践相结合，充分发挥务实、开放、创新的岭南文化精神，倡导并形成了影响全国的思想解放更新观念的强劲潮流，从邓小平发表对中国改革发展具有十分重大历史意义的“南方谈话”，到江泽民发表关系到中国新世纪改革开放和现代化的方向和前途的“三个代表”重要思想，都是发生在广东这块实践创新和理论创新的热土上。广东再次成为中国开放的前沿和先进文化的策源地，岭南文化再次成为中国现代文化的主导。与此同时，岭南文化与广东经济社会发展的关系已引起人们的广泛兴趣，对岭南文化的研究方兴未艾，发掘岭南文化的内在精神价值，注入现代化实践的文化反思，使之系统化、理论化，并开始纳入大学和学术研究机构的学科建设，这都表明了岭南文化开始迈向自觉的阶段。

“文化自觉”是费孝通先生提出来的，2001 年 12 月在香港召开的“21 世纪中华文化世纪论坛”以此作为一个主题。所谓自觉，就是主体的自觉能动性的理性发挥，实现文化自觉，就是在文化上达到“自知自明”，把我们置身其中的、深深地熔铸于我们日常的交往方式、行为方式、思维方式的文化模式作为思考、观照、研究和批判的对象，揭示其精神内核，概括其结构体系，明白其优势弱点，发掘其内在资源，推动其与时俱进，创新发展，满足主体的历史活动和优化自身生命价值的需要。当今世界，全球化趋势迅速发展，文化全球化与文化多元化并存，普世伦理的整合认同与多元文化的竞相发展构成了当今文化进步的动力和主线。既要在全球意识观照下契合时代潮流自我创新，又要在各种文化（民族文化、区域文化和群体文化等）相互竞争相互交流中主动吸收他种文化的优秀成分，增强自我发展，努力保持“对话”权利以及扩大辐射力的能力，是各种文化在新的时代背景下生存发展的普遍规律。岭南文化无疑是一种深刻地影响广东人和广东经济社会发展的区域文化，面对各种文化的相互激荡，面对广东在我国现代化建设中所处的特殊地位，如何推动岭南文化适应广东经济社会的现代转型，充分认识自身的优势与不足，实现更高层次的文化自觉，在广东率先基本实现社会主义现代化的伟大进程中再创辉煌，具有现实的紧迫性和重大意义。这种文化自觉主要体现在文化精神、文化结构和文化体制三个层面上。

全球化的潮流以不可逆转之势从世界的西方向东方，从现代化的中心地区向边缘地区席卷而来，中国的改革开放以加入 WTO 为标志正式参与了世界市场体系，岭南文化要适应这种历史性变化，高扬开放创新、敢为人先的文化精神，为广东在新阶段的现代化建设增创精神动力的新优势。改革开放之初，处于较少传统文化观念束缚，敢于反传统，敢为天下先的岭南文化环境的广东干部群众以实事求是、务实开放的精神冲破了计划经济及自然经济下形成的种种僵化的观念、体制、习惯做法的禁锢，在发展市场经济、建立特区、创新体制等各方面敢冒敢闯，“杀开一条血路”，为全国改革开放提供了思想先导和实践先导。这在中国现代改革开放史上确是一次壮丽的日出，是一首威武雄壮的解放序曲。然而，随着经济的迅速发展，经济地位的跃升，人们生活水平的明显提高，一些干部逐步显示出小富即安的满足情绪和缺乏战略远见的经验主义，视野狭窄，少了一份锐气和继续担当改革开放排头兵的历史使命感和责任感。为了适应全球化的时代潮流，以及我国在 WTO 框架内实现政府管理职能和行政方式的全面转型的现实要求，岭南文化必须再造“适乎世界之潮流，合乎人群之需要”的新的文化精神，它是一种代表中国文化主流，阔步迈向世界主流文化的主体意识，一种海纳百川的世界眼光，一种冲破一切现代教条主义以及形而上学的创新思维，从而为新形势下进行新的更艰巨的实践探索和理论探索提供生生不息的内在动力。

全球化发展的新趋势实质是由市场和资本推动的工业经济向知识经济的转型，物质性资源的拥有和地缘状况的差异不再是国力竞争的根本性因素，而知识、技术、信息及文化资源等的拥有和创新成为提升国际竞争力的决定性因素，岭南文化要适应这种经济形态的历史性转型，构建以完备的知识体系为基础的科学的文化结构，为广东发展知识经济提供强大的智力支撑。20 多年来，广东是中国文化产业和文化市场的发源地和新生长点，执中国大众文化之牛耳，从音乐茶座、歌舞厅、卡拉 OK、广场文化的兴起到各种艺术活动、体育活动、大众传媒的商业化运作，大众文化渗透在各种城市文化、社区文化、企业文化、家庭文化之中。这是广东市场经济迅速发展的必然产物，也是岭南文化原有的强烈的平民性而历史传统文化积淀不深，理性文化精神不足的逻辑延伸。大众文化作为市民社会的文化形态，进入广大人民群众的日常生活，推动着中国文化朝着多元、平等、民主的方向发展。然而它又是一种以市场为导向的无深度、模式化、平面化、易复制的文化，它在用感性形式丰富人们精神文化生活，缓解人们在现实生活中的心理紧张和焦虑的同时消解人们的崇高美感和理性追求，不应当听任其盲目发展。构建与知识经济相适应的广东文化结构，应当在大众文化与精神文化，通俗文化与高雅文化，市民文化与主流文化之间保持必要的适当的张力。既要推进文化产业化、大众化，又要大力发展科学教育事业，发展和创新知识体系，培养和造就身心全面发展的一代代新人，并促进大众文化与精英文化的相互联结相互渗透相互转化，形成科学、知识、价值、艺术、娱乐各自充分发展而又浑然一体的文化结构，使大众文化既获得理性文化的价值导向、学术喂养和智力支持，使理性文化也从大众文化那里获得创造源泉、市场动力和群众基础。形成这种全面的合理的文化结构，将使岭南文化在继续保持原有特色的基础上跃升到一个新的高度，从而为造就大批广东现代化建设所需要的具有全面创新能力和良好人文精神修养的人才，增强广东经济社会可持续发展的后续力作出新贡献。

现代市场经济是一种制度化（包括法制化）的经济，它的发展不仅是各种市场要素组合配置的过程，而且是生产关系、生产方式、管理模式等经济运行游戏规则和体制框架形成和完善的过程。岭南文化要适应现代市场经济的发展规律，由观念和市场优势转向体制优势。广东20多年的经济优势得益于先发优势，市场发育度和开放度高于全国，推动了资源和资本等各种市场要素的聚集。岭南文化以不拘一格、经世致用、开放多元的风格为打造广东市场经济优势营造了良好的文化环境，同时也形成了思想观念开放创新的先发优势，这种优势也表现在各种文化要素市场发育较快，各种文化活动蓬勃发展，文化产品和文化服务辐射力和影响力不断扩大。然而，与上海为首的长江三角洲经济区相比，广东经济体制改革力度近年来步伐放慢滞后，这种滞后同样反映在文化体制的改革创新上。国有文化事业、文化单位基本上停留在计划经济的框架内运行，文化人才、文化资本的流动不畅，法治的体制还远远没有完善。体制是人的理性选择的固化，体制的滞后直接反映了人的认识和观念的滞后，文化体制改革和完善的滞后不仅弱化了文化要素的市场优势，而且还弱化了经济发展的动力和社会活力。适应广东全面建立社会主义市场体制的新任务，从文化观念创新、市场创新向体制创新推进，从观念优势，市场优势向体制优势转化，使文化产业、文化市场的发展以及人们的文化创造活动获得制度保障，是岭南文化在21世纪再创辉煌的时代要求。

二、在全球化、知识化、信息化的背景下，国际竞争、区域竞争归根到底是人的素质的竞争，文化竞争力构成综合竞争力的核心部分，提升岭南文化的竞争力是广东建设文化大省，全面提升综合竞争力，增强发展后劲的关键环节

全球化既为现代化先发国家、区域抢占国际竞争先机获得比较优势提供了动

力和条件，同时又为后发国家、区域利用先进国家的资本技术和经验，实现跨越式发展创造了交往和交流的平台。加入 WTO 的中国，已成为全球化的主体力量之一，改变着世界的经济、政治格局，而中国各区域之间随着全方位开放格局的形成也正在产生着均衡化和非均衡化两种趋势，各区域间国际竞争力或者说综合竞争力发生着此消彼长的态势。综合竞争力的变动、提升不仅由经济增长速度、劳动生产率、政府决策和服务能力、投资环境、科技发展水平等变化和提升所决定，更是由结构的差异所决定。也就是说，什么因素在增长或发展中起着主导性作用，决定着综合竞争力的内在性质、水平和程度。从资本竞争力、管理竞争力、科技竞争力为主导到文化竞争力为主导，反映了现代化发展的一般规律，反映了现代市场经济条件下国际竞争的根本特点。美国著名记者迈克雪说过："美国的真正优势是文化与知识财产这两个非常人性化的资源。"以上海为龙头的长江三角洲对外开放虽然晚于广东，但由于文化和人才的优势，其竞争力不断攀升。可见，加快文化的发展，形成以文化竞争力为核心和主导的综合竞争力，是在国际和区域竞争中制胜的关键。

文化是人的存在方式，是人的自觉能动性的本质特征。"在人之外或在人之前不可能有文化，同样，在文化之外或在文化之前也不可能有人。"① 因此，在人的实践活动中产生并随着人类历史的发展而发展起来的文化，应与人性的丰富和发展相一致，以人的价值、人的需要，人的自由全面发展作为最高目标和标准。任何一种文化只有为人接受，才有赖以存在和发展的根基，才谈得上所谓竞争力。首先，它是满足人的精神需要的文化。人总是要有一点精神的，精神生活是人与动物的本质区别，时代愈是前进，精神需要愈是丰富和发展。这种需要不仅是文化活动的社会基础，而且是文化薪火世代相传的动力。其次，它是解放人的思想的文化。打破人的狭隘的生存视野，打破狭隘的地域和民族自我封闭的孤立状态，打破一切禁锢人的思想发展的观念教条是文化的崇高使命。再次，它是增进人的能力的文化。概括和总结人类实践的经验，形成理性科学体系，揭示客观世界发展规律、社会历史进步规律以及人自身思维规律，使人不断提高改造客观世界和主观世界的自由度和自觉性。正如恩格斯所说的"文化上的每一个进

① ［苏］斯比尔金著：《哲学原理》，求实出版社 1990 年版，第 533 页。

步，都是迈向自由的一步”①。最后，它是给人予终极关怀的文化。向“善”向“美”是人的生命意义和社会理想价值，也是人的文化活动的最高境界，引导人们克服全球化、现代化中产生的各种精神的异化、焦虑、紧张、失落，重建精神家园，重构价值体系，是文化的不可推卸的重任。综观历史发展过程，文化竞争力归根到底在于获得人们的自觉接受和认同，反映人的心、智、德发展和提升的历史规律和价值要求。从现代化建设的实践意义上讲，文化竞争力应当包括如下五个方面。

文化生产力。精神文化生产是一个历史的范畴，它随着物质生产方式的变化而变化。马克思指出：“如果物质生产本身不从它的特殊的历史的形式来看，那就不可能理解与它相适应的精神生产的特征以及这两种生产的相互作用。”“例如，与资本主义生产方式相适应的精神生产，就和与中世纪生产方式相适应的精神生产不同。”② 现代精神生产或文化生产，也与传统资本主义时代有显著的不同，它仍然具有意识形态特点，但更多的已成为社会发展和人们日常生活的普遍需要；它仍然具有相对独立性，但与市场经济、物质生产更密切交融；它仍然不能离开个体的创造性活动，但更多的是由社会化的专门的机构来承担；它仍然以人为主体，但资本、科学技术在文化价值的创造中发挥着越来越大的作用。因此，现代文化生产力与文化产业的发育发展程度紧紧联系在一起。文化资本是文化生产力发展的基础，在市场经济下条件下，无论物质生产还是文化生产，资本都是第一推动力；文化组织机构包括中介机构是文化生产的载体，只有形成发达合理的产业组织结构，才能形成社会化的文化生产体系；科学技术是第一生产力，是否有效应用科学技术的最新成果，决定着文化生产力的性质、发展水平和发展方向；人是文化生产力的主体，人的素质的高低，直接给予文化生产力深刻的影响。广东文化产业市场化程度较高，但在组织结构的改革整合，文化资本的投入，高新科技的运用以及文化人才的贮备等方面都与把文化产业建成支柱产业及建设文化大省的目标有较大距离。在原有的规模优势上形成质量优势，是岭南文化保持在文化力竞争中立于不败之地的努力方向。

文化消费力。现代市场经济的一个显著特点是消费对生产的推动作用至为重

① 《马克思恩格斯全集》第25卷，人民出版社1974年版，第926—927页。

② 《马克思恩格斯全集》第26卷，人民出版社1972年版，第296页。

要，在一定的意义上讲，消费决定生产。文化消费力是文化竞争力的一项重要指标，也是衡量一个国家、地区发展水平的重要指标。我国正在进入全面建设小康社会的发展阶段，文化消费力迅速攀升。专家估计，2002 年我国城乡居民直接文化消费支出总额在 5000 亿左右，今年将达到 5500 亿元。广东经过 20 年的高速发展，已从工业化原始积累阶段过渡到全面现代化建设阶段，珠江三角洲地区更是开始从小康向富裕阶段过渡，人均 GDP 达到了 3498 美元。按照西方现代化进程的一般规律，人均 3000 美元不仅会带来汽车时代，而且也会带来文化消费时代。从国际及地区文化发展竞争态势以及广东的实际发展状况来看，提升文化消费力当前着重于四个领域。一是教育消费。我省经济发展位居全国前列，但高等教育与此很不相应，仅排在第 5 位，做大做强广东高等教育，使巨大的消费潜力形成现实的消费力不仅是提高广东人口素质的需要，也是实现人民群众“教育机会公平”的要求。二是信息消费。主要表现为大众传媒包括广播电视、刊物报纸出版等等的覆盖面。我省新闻传播产业起步较早，但目前有放缓的趋势，通过整合资源，走集约化发展道路，提升影响力是势在必行。三是娱乐消费。娱乐是大众化的文化消费，是不同阶层不同年龄的人们都需要的日常生活，广东娱乐市场发育很早，规模也较大，然而通俗的与高雅的比重失调，随着中等收入者阶层的壮大，推动高雅的娱乐消费成为引导文化消费的一项任务。四是闲暇旅游消费。开发历史文化、民俗文化、养生文化和生态文化资源，发展保健消费和旅游消费，不仅是扩大文化消费的需要，而且体现了文化的“人本”特征。总之，文化消费有无限广阔的市场，岭南文化本来就有商业文化的优势，如果在现代化一般进程与人民群众日益增长的需要之间找准结合点，在文化的人文性和消费性中保持合理的张力，以教育、信息消费为重点不断完善结构，在拓展消费市场的同时引导消费，岭南文化就能在市场和大众基础上不断发展和提升。

文化传播力。文化起源于交流和传播，其生命力也在于交流和传播，在全球化不断加速发展的现时代，传播力的强弱往往决定了谁家文化能够成为世界的价值主导和话语主导。当今文化的力量借助于市场和高科技的力量渗透到任何民族、群体和个人的经济生活社会生活之中，形成比物质力量更强大更持久的力量。因此，抢夺文化传播的主导地位，是当今文化竞争的焦点。作为国家、地区之间的文化传播，首先是新闻媒体的传播。美国和西方国家凭借强大的财力物力和先发优势，垄断了世界 90% 的新闻；其次是贸易传播。任何商品贸易都是一种文化的辐射，肯德基、麦当劳等快餐不仅带来美国人的口味，也带来了美国人的时间效率观念。文化产品的贸易更直接地传导着一种文化观念。美国消费类视听技术文化产品出口额已高达600亿美元，一举取代航天工业而成为第一大出口商品。[①] 它控制了全球75%的电视产品、60%的广播产品。会展传播也成为世界范围经济、文化活动的热点领域。特别要看到的是，在互联网时代，人们更多地从网络获取信息，各种哲学的、宗教的、艺术的、政治的观念在网上传播，营造着人类历史上最广袤的文化交流圈，它冲破了一切民族、国家、区域的障碍，削弱着已有文化体的价值认同和政治认同机制。岭南文化要增强传播力，不仅充分发挥已形成的传媒优势，还要全面发展和运用贸易的、会展的、旅游的等各种传播方式和渠道，大力发展网络技术，通过互联网等现代传输系统和技术向海内外传播，提升岭南文化的影响力和感召力。

文化创造力。全球化时代是一个大分化、大调整、大发展、大转折的时代，它深刻地改变着每个民族、群体乃至每个人生存和发展的条件和方式，它所导致的一系列社会、经济、政治、环境、文化问题，经典的思想理论，既有的文化模式都不能提供现成的说明、规范和导引。面对如此深刻的生产方式、交往方式、生活方式的转型，必须把文化创造力提高到决定一个民族、一个地区，一个企业的前途命运及胜负与否的高度来对待。在是否重视文化创造，提高文化创造力上，美国和日本的对比很值得借鉴。日本民族长于学习，战后通过学习模仿、吸收开发美国科技文化，制造业迅速发展起来，其风头大有超越美国之势；与此同时美国及时适应现代化向知识经济阶段发展的趋势，放弃传统工业的一些领域而全力研究开发以“信息高速公路”为代表的新一代科学技术，结果是日本逐渐由极盛转向衰退而美国重拾升势并保持了十多年的高速发展。与文化传承交流相比，文化创造更集中地体现人的自由自觉的能动本性：文化传承是文化发展中肯定的环节，而文化创造是文化发展中否定的环节；文化传承是文化发展的连续性，是量变，而文化创造是文化发展的非连续性，是质变和飞跃。文化创造渗透于人们的实践活动的各个方面，而其中知识的创造和价值的创造集中地反映了人的文化创造的内容和形式，知识的创造增进了人对自然规律、社会规律和思维规律的认识，而价值的创造增进了人对自身、社会存在和发展的意义的认识，两者

① 《经济日报》2003年3月20日第11版。

不但反映在科学（包括自然科学和社会科学）研究的成果上，而且反映在人的价值观念、道德伦理、社会风气的变化上，无论知识的创造和价值的创造，都离不开哲学思维。哲学给予人认识客观世界和主观世界的内在本质及其联系转化的趋势，形成前瞻性思维能力的伟大工具。“一个民族要攀登科学的高峰，就一刻也不能没有理论思维。”岭南文化从近代以来形成了它求新求变的特点，在观念、体制、社会生活的诸多方面的变革中表现了它巨大的创造力。但如上所说，缺少传统文化积淀，特别是较少哲学思维的熏陶又影响着新形势下新的创造力的形成和发挥。例如，珠三角的信息技术产业十分发达，甚至有人预料它将成为中国的硅谷，但许多企业普遍存在着研发能力低、核心技术少、企业家自我创新动力和支撑不足的问题，如何应对产业升级换代的新要求和高科技时代的挑战，从增加研发投入和力量，迅速发展自然科学和哲学社会科学事业，形成创新激励机制，培养文化精英队伍，营造良好文化创业环境等各个方面提升文化创造力，是岭南文化实现现代转型的必然选择。

文化持续力。文化创造是一个连续不断的历史过程，一定的历史条件是文化创造和发展的不可成缺的前提。“人们自己创造自己的历史，但他们并不是随心所欲地创造，并不是在他们自己选定的条件下创造，而是在直接碰到的，既定的，从过去承继下来的条件下创造。”① 这种“直接碰到的，既定的，从过去承继下来的条件”构成了文化的持续力。世界文化的发展是在民族文化、区域文化生生灭灭的运动中实现的，能延续到今天并仍然有活力的文化，都是持续力较强，在文化冲突和整合中以巨大的生命力在一定的民族、国家、族群中“活着”的文化。美国学者亨廷顿认为迄今只有七或八个文明历经千年沧桑而仍然保留下来并影响着世界进程，“它们的‘独特性和特殊性’是它们的延续性”，也正是它们“标志着社会的延续性”。构成这种延续性的基本的东西是渗透于千百万人们思想行为中的文化传统，“它是现在的过去，但它又与任何新事物一样，是现在的一部分”②。传统以鲜明的个性特点使民族文化顽强地抵御外来文化的同化，以深厚的文化底蕴成为新文化发育成长的土壤，因而历史文化资源和传统是文化持续力的十分重要的基础。语言特点、思维方式特点、价值观念的特点、交往行

---

① 《马克思恩格斯选集》第1卷，人民出版社1995年版，第603页。

② ［美］爱德华·希尔斯著：《论传统》，上海人民出版社1991年版，第16页。

为特点以及古迹、文物、典籍、传统艺术、历史名人等共同构成文化资源和传统的主体。当然，这些“过去和现有的”传统还是潜在的或可能的文化持续力，它向现实的持续力的转化在于人的能动的现实的文化实践和文化生活，实践和生活对传统的需求，比十所大学更能推动传统文化资源的创新和复兴。岭南文化虽然缺少中原文化的厚重，但不乏近现代民主革命的思想传统和资源，能否把这些传统和资源深入挖掘出来，并与现实的市场经济、政治文明建设以及与先进文化建设结合起来，与现代广东人的文明人格的形成结合起来，决定着它对新的实践环境提出的挑战的回应能力，决定着它返本开新的持续发展的能力。

三、实现文化自觉，提升文化竞争力，必须立足实践，解放思想，以文化创新推进岭南文化的全面转型

党的十六大高度评价了文化在现代化建设中的重要意义，指出当今世界文化与经济政治日益相互交融，在综合国力竞争中的地位作用日益突出。同时，还明确提出了文化创新的重大任务，指出必须立足实践，着眼前沿，把发扬民族优秀传统与吸取各民族的长处结合起来，在内容和形式上积极创新，不断增强中国特色社会主义文化的吸引力和感召力。党的十六大充分体现了中华民族在21世纪达到了新的更高的文化自觉，为创新和发展中国特色社会主义文化开辟了无限广阔的前景。十六大精神也是岭南文化发展的根本指导思想，紧紧围绕基本实现社会主义现代化的实践，以文化创新为动力，大力推进文化全面转型，是提升岭南文化竞争力的出发点和基本途径。

（一）坚持解放思想、实事求是、与时俱进的思想路线，在不断发展变化的实践中创新文化

如果说，解放思想是经济发展和经济体制改革的前提，那么文化建设和文化创新更需要发挥思想解放的先导作用。在这方面，解放思想的任务更重更紧迫。

当前，文化创新的解放思想，我认为在指导思想上要坚持“三个着眼于”。

着眼于实践。从改革开放和现代化建设的实践中吸取文化创新的源泉，并以文化创新的成果指导新的实践，以实践为标准检验文化创新的科学性和成效。

着眼于发展。实践不会停顿，总在不断变化发展，促进发展是我党执政兴国的第一要务。文化的先进性或创新性是具体的历史的，必须放到文化发展的历史

运动和人的历史发展中去考察，一切妨碍发展的思想观念都要坚决冲破，束缚发展的做法和规定都要坚决改变，影响发展的体制弊端都要坚决革除。

着眼于人的需要。发展不能离开人，文化的创新发展归根到底是解放人的思想，满足人的精神需要，增进人的快乐幸福，提高人改造客观世界和主观世界的自觉性和自由度，使人得到自由全面的发展。人的标准是文化创新和发展的最高标准。

（二）以文化价值的创新为核心带动结构创新和体制创新

1. 塑造与现代化相适应的文化价值。

文化价值体系或文化精神是一个民族（地区）文化的内核，是文化结构或体制的根据。文化结构、文化体制是文化价值的表现和外化，反过来又给予文化价值的转型以及经济、政治、社会人的现代化极大的能动作用。文化的全面转型要以文化价值的转型为核心带动结构转型和体制转型。如前所述，岭南文化的价值体系，从全球化进程中人类文化演化的大趋势以及实现现代化特别是人的现代化的要求看，具有一定的缺陷和不足，需要我们进行价值体系的重构。总的来说，就是要整合出“善”与“真”交融、“义”与“利”并举、“整体”与“个体”互动、“德治”与“法治”结合的文化价值系统，以形成既有浓厚人文传统又有科学理性的精神，既有个人自由发展又有社会整体合力，既充盈勃勃生机又保持协调稳定的社会文化氛围。

2. 完善多功能多层次多元化的文化结构。

根据广东现代化建设的新特点和人民群众精神生活的新要求，岭南文化结构的完善要体现如下特点：

——功能综合化。经济文化日益一体化是社会发展的大趋势，要大力推动经济文化化和文化经济化。应在继续发挥文化的娱乐功能的同时，调整结构，加强高层次文化建设，更多地发挥文化的思维、知识、审美等功能。这样的文化结构，将为人们提供更广阔的选择空间。

——形态多样化。以群众性创建精神文明活动为龙头，广泛地开展社团文化、社区文化、行业文化、企业文化、乡村文化、校园文化、家庭文化等各种群众文化活动，形成多层次的群众文化网络。为了改变文化高低层次发展不平衡的状况，还要在积极推动文化产业化的同时大力扶持精英文化的发展，保护好历史文化资源，推进专业文化建设，大力发展高雅理性文化。

——所有制多元化。要进一步调动各方面的积极性，鼓励和推动集体、个体、外资、合资等各种经济成分一齐办文化，大力发展文化产业，扩大文化投资中非国有制的成分，这不仅有利于增强文化发展的经济实力，而且有利于扩大政治民主和舆论民主。

3．完善民主化法制化科学化的文化管理体制。

坚定不移地推进文化民主。创造是文化的本质，而只有在民主氛围中，才谈得上真正的文化创造。要坚持百花齐放、百家争鸣的方针，重在建设，以立为本。适应当今社会主体利益多元化，价值取向多维度的现实状况，营造一个在马克思主义科学体系指导下多元文化、多层文化共存的百花齐放、百家争鸣的生动活泼的局面和机制。

完善文化管理法规。当前，文化建设中人治成分仍很重，要适应依法治国的总体要求，推动文化管理从人治向法治的根本转型。要使文化立法系统化。改变我国文化立法总体上呈滞后状态，使文化生产、流通和消费都有法可依。要使文化立法具体化，权威化。各种文化法规应由各级人民代表大会讨论通过、颁布实施。严格执法，彻底改变有法不依、执法不严的现象。

改革现行文化领导体制。政府对文化要从直接管理和微观办文化转变为宏观的规划、指导、协调，把较多的行政手段转变为较多的经济、法律手段，把主要精力用于研究市场经济条件下文化发展的一般规律；综合分析社会上各种文化思潮及其影响；制定文化发展战略、文化管理的经济政策和法律；协调社会各部门、各团体的文化建设活动；培养文化建设和文化管理的各类人才，提高文化管理队伍的素质问题上。

（三）按照文化发展规律推进文化转型

文化转型作为人类自觉推动的文化发展，也必须以文化发展变迁的内在机制或规律作为客观依据。根据逻辑与历史一致的分析方法，文化发展的机制一般可包括如下三个环节或三个阶段：

1．文化对话与文化选择。

文化交往和文化对话是文化发展的前提。文化对话可以减少文化隔阂，避免文化冲突。以平等的文化心态进行文化对话，有利于扩大文化视野。在全球化时代要特别提倡文化宽容。文化宽容是文化对话的要求。对其他地区、民族、国家的文化持宽容、尊重、学习的心态，这样，文化的交流、理解、互动才有可能。

文化交往、文化对话之所以促进自身文化的发展，是通过文化选择实现的。选择性是人的文化活动的重要特点，文化进步的过程是对过去、现在、未来文化选择的过程。每一个区域、民族和国家走向现代化、融入全球化的历程，都是在一定文化背景下的文化选择、文化适应的过程。它立足于世界现代化的历史趋势，对民族文化发展方向、目标、道路、模式重新定位、定向、选择，从而为现代化提供价值目标、精神动力、价值观念等。自觉、合理的文化选择可以促进文化进步的步伐，加快现代化的进程；而不自觉的盲目的文化选择则会延误发展，甚至导致社会结构的巨大震荡，社会发展的停滞乃至倒退和民族文化的消亡。

2. 文化批判与文化兼容。

文化批判为文化选择清理道路，提供思想借鉴，是文化选择的必要准备。文化批判是站在文化发展前沿的基点上，对民族文化和外来文化的理性审视和反思，它在对传统文化的严肃的批判的同时进行无情的自我批判，在对现存文化模式、文化思潮的肯定的理解中包含着否定的理解，在批判中选择，在选择中扬弃，在历史和价值的交合点上寻找和开创文化现代化的合理道路。文化批判并不是非此即彼的绝对排斥，相反，批判是为了吸收和兼容，在多元兼容中赢得发展优势，综观世界史和中国文化发展史，文化兼容是文化生存与发展的生命力所在。文化兼容克服了文化的狭隘性和片面性，日益丰富全面地占有人的本质。任何一种富有生命力的现代文化，首先是对人类共同文化的兼容。一个民族的文化只有在时间上与现代化相对接，在空间上与世界相关联，才能焕发出勃勃生机。其次是对优秀传统文化的兼容。文化的世界化与文化的民族化是同一过程的两个侧面。只有在具有悠久历史的博大精深的民族文化宝库中挖掘、兼容和继承其优秀精华，并与实现现代理想文明社会的目标结合起来，民族文化才能真正实现现代化，为全球化时代的人类文明作出应有的贡献。再次是对不同区域不同制度不同传统文化的兼容。对那些符合人类文明前进方向，无论东方和西方，无论资本主义或社会主义的思想成果、自然科学成果和价值理想，要“以我为主，为我所用”。

3. 文化积累与文化创新。

文化积累是人类文化发展的基本特征，文化积累把人类文化活动从有限转化为无限，对于人类进步和文化发展具有重要的意义。一个不重视文化积累的民族，是没有希望的。全球化对民族文化的积累提出新的挑战，它改变了文化积累的方式和途径，加快了文化积累的步伐。在文化的发展中，既有渐进的积累，也有文化突变和创新。文化创新是原有价值体系、心理定势、思维方式的解构，也是新的观念、思想、规则和体制的建构；是社会文化生活的变革，也是人身心的新生。各种文明、民族文化只有在世代积累和相传的过程中不断创新和赋予新的内容与形式，才能以经久不衰的魅力扎根于、浸润于不断变迁的社会和不断发展的人，才能使文化永葆其发展进步的内在活力。文化创新能力关系到民族文化的兴衰存亡，对于正在从传统走向现代化、全球化的发展中国家来说，文化的创新尤为重要。现代化进程中经济转型、政治改革以及社会协调发展，迫切需要文化发挥导向、创造、整合的功能。

（四）正确处理文化转型中的诸关系

1. 传统文化与现代文化的关系。

传统文化不是简单地涵盖过去的存在，而且以文化传统的方式存在于当代，必然与现代文化共存。现代文化作为新生事物，必然要对传统文化进行改造，这就产生了传统与现代的一系列冲突。现代文化与传统文化的这种既依存又对立的关系需要我们在新的层次上确立二者双向互动的关系。迫切需要我们化解二者之间的紧张关系，并在二者兼容的基础上建立一种建设性的互动关系格局。正如有的学者所指出，应该“以传统批判现代化，以现代化批判传统”①，即借鉴传统文化，观照、改善、深化现代文化，治疗今日文化所患的若干“现代病”，又以现代意识扬弃传统，发展传统文化中富于生命活力的部分，创造传统所缺乏而又为现代生活所必需的新成分。只有这样才能使传统文化与现代文化相得益彰，富有生机地共存共荣。

2. 主流文化与多元文化的关系。

我国现阶段的文化就其核心和主体而言，应该而且必须是有中国特色的社会主义性质的文化，它在思想文化领域乃至整个社会生活中占据着主导地位，是当代中国先进文化的集中体现。与此同时，我国当前思想文化也呈现着多元文化共存的格局。面对全球化时代各种文化大交流、大融合的潮流，我们应以马克思主义海纳百川的心态，从文化的开放兼容的本质上正确对待各种文化观念，不能用

---

① 参见张灏：《传统与现代化》，转引自冯天喻等著：《中华文化史》，上海人民出版社1990年版，第1175页。

简单粗暴的方法强求思想和文化的一律，追求那种单一的纯粹的文化体系。我们必须正视、承认文化多元化的现实，理解和容许社会成员在理想、信仰、人生观、价值观、道德观、精神文化需求等方面的多样化。我们要在一主多元的基础上，使主流文化、主旋律文化与多元文化互相促进、协调发展，形成以主流文化、主旋律文化为中心的、丰富多彩的“和而不同”的社会文化系统。

3. 理性文化与大众文化的关系。

大众文化（mass culture）是现代工业社会背景之下所产生的、与市场经济和商品社会相适应的一种市民文化。通俗的大众文化有助于促进文化的多元化、民主化、普及化和平民化的进程；具有抚慰功能和寓教于乐的功能，同时它也是一种缺乏严格意义上的美学价值的商业文化，存在着盲目性、自发性和过于商品化倾向，缺乏真正的文化个性与创造性。理性文化作为知识型文化或者知识分子文化的主要表现形态，是新知识、新观念、新方法的创造主体，它在当代中国社会占有十分重要而突出的位置。无论是经济的可持续增长、社会的全面进步、国民素质的普遍提高，还是精神文明建设、大众文化素质的提升，都离不开理性文化的知识支撑和观念指导。在社会现代化和文化进步的进程中理性文化与大众文化之间存在着一定的矛盾与冲突。但也存在相互依存与衬托、相辅相成的关系，要促进二者的协调发展。

4. 科技文化与人文文化的关系。

科技文化与人文文化是社会整体文化的两个重要侧面。世界现代化进程的经验已经证明，科学技术是推动工业化、现代化进程，进而推动工业社会向信息社会迈进的主导力量。我国的工业化的任务仍未完成，人的素质仍迫切有待提高，必须大力发展科学技术，倡导科学精神。但科学技术不是万能的，它不能解决人类发展进步的一切问题，尤其是精神领域的问题。因此必须积极弘扬人文精神，唤醒人们超越对金钱、物质的狭隘视野和偏执心态，引导大众去追求更为全面的、科学的人生价值和高尚的道德理想，拓展丰富的人生内涵；促进经济、社会、人、环境的协调、持续发展。全面推进现代化，实现社会全面进步，要求把科技文化与人文文化有机地结合起来。

总而言之，按照社会现代化与人的现代化的方向构建起来的岭南文化，将既是现代的，同时又是浸润着历史传统中全部精华成分的；既是大众的，同时又是体现人类文化思潮的方向的；既是科学的，同时又是给予人慰藉、激情和希望的文化。这种文化反映了全球化的发展规律和前进方向，它必定以鲜明的地域特色、民族特色和宽广的世界情怀汇集到中国文化和人类文明的长河中去，为中华民族的伟大复兴，为21世纪人类文化的全面发展作出自己的贡献！

（原载《广东社会科学》2003年第3期）

文化价值转型是建设人文广东的前提

从创立经济特区到贯彻《珠江三角洲地区改革发展规划纲要》，广东一直担负着为全国改革开放开山探路的重任，而推进改革开放的每一步，都离不开文化价值的重构和文化力量的支撑。

21世纪以来，广东提出文化是创造力、经济力、竞争力的新理念，把文化建设作为促进经济社会转型、提升全省综合竞争力的主导战略。率先推进文化体制改革和机制创新，把文化生产从文化行政体系中分离出来，建立跨区域、跨行业的市场化、国际化、股份化、集团化运作的经营管理体系；打破文化产业、文化事业的自我封闭，制定鼓励民有资本投入文化产业和文化事业的政策，充分释放全社会文化创业的活力；大力扶持文化经济，促进文化的经济化和经济的文化化，提升广东制造业、服务业的文化含量和文化竞争力。文化大省战略的实施，带来了广东文化建设新格局的形成，别具特色的岭南文化又一次展现出开放、兼容、创新的强大生命力。

国务院批复的《珠江三角洲地区改革发展规划纲要》，要求珠三角地区站在新的更高的历史起点上，努力争当实践科学发展观排头兵，成为探索科学发展模式的试验区、深化改革先行区，为全国科学发展提供示范，为发展中国特色社会主义创造新鲜经验。为此，不仅要大力促进产业结构调整升级，建设现代产业体系，而且要大力提升文化软实力，全面提高自主创新的能力和国际综合竞争力。作为科学发展先行者，广东就要在基本实现经济强省目标的基础上再向人文强省目标努力迈进。以人文广东作为转变发展模式，增强发展后劲的强大动力，作为全面转入科学发展轨道上广东文化建设迈向新境界的历史使命。

文化价值转型是建设人文广东的前提。从阶级斗争为纲转到生产力标准，是启动改革开放的价值转型。今天，在开创发展新模式的新阶段，我们又面临着新的价值转型的需要。广东省委提出的“八个必须、八个解放出来”，明确提出破除单一经济价值观，确立以人为本的全面协调可持续新发展观、新价值观的任务，这为新阶段价值转型指出了方向。广东率先发展市场经济，市场在配置资源已发挥基础性作用，物性资本、人力资本、社会资本被充分激活，社会财富如魔幻般被召唤出来。然而“见物不见人”的倾向也由此而生，广东现阶段确实存在利益过度分化、生态环境恶化、人文素质竞争力不强、经济建设与文化社会建设不相协调的事实。如果说，树立生产力标准是迅速发展社会主义经济基础的需要，那么今天在坚持生产力标准的同时强调人的标准是体现文化建设的主体性，推动经济社会又好又快持续发展的重要保证。

建设以人为本的文化，就要把文化从经济必然性中提升出来，使之与全球化时代和“知识文明”时代相适应，与新阶段人民群众过上文明新生活的需求相适应。它以满足人的文化精神需要为基本功能，以发展人的全面能力为根本任务，以发挥人的自由个性为动力，以“文化人”的生产和再生产为落脚点。只有这样的文化才具有不可遏止的吸引力和感召力，这就是建设人文广东的深刻内涵和历史使命。

提升公民文明素质是建设人文广东的基本任务。增加公民文化的思想理论含量，推动社会主义核心价值的大众化、生活化，构筑现代化建设和科学发展的强大的信仰支撑和精神动力；继续倡导解放思想、改革创新精神，打造和培育创业、创新、诚信等具有时代特征和岭南优良传统的新时期广东人精神；大力推进文化创新，形成现代文化生产体系和公共文化服务体系，更好地满足人民群众多层次、多方面、多样化的精神文化需求，让文化人才充分施展自由创造的能力，让文化精神成为渗透社会生活各个层面、提升广东发展水平的普照的阳光。

（原载《羊城晚报》2009 年 4 月 5 日）

建设人文广东，迈向新的文化自觉

从创立经济特区到贯彻《珠江三角洲地区改革发展规划纲要》，广东一直担负着为全国改革开放“开山探路”的重任，而推进改革开放的每一步，都离不开文化价值的重构和文化力量的支撑，文化建设在服务改革开放、服务现代化建设的过程中，经历了一个从伟大觉醒到历史自觉的过程，充分显示了文化的能动性、先导性和创造性功能。

在科学发展新的征途上，广东要实现新一轮大发展、再创新辉煌，迫切需要文化软实力的提升，迫切需要总结文化建设的经验教训，把握文化建设的规律。使文化自觉跃升到一个新的高度。这一新的文化自觉体现为人文广东的建设，其要点在于科学发展思维方式的确立、人文精神的建构、文化理性的提升。根本目的在于人的现代化和精神境界的提升。以马克思主义为指导的哲学社会科学是文化的核心和灵魂，也是这一新的文化自觉的重要内容。

充分消化广东文化建设历史经验，把握科学方法论

经验之一：坚持历史观和价值观的统一，使生产力发展与人的发展相互促进。

广东改革开放以来。既狠抓经济建设，又大力发展文化教育事业，使广东精神文明既适应发展市场经济的要求，又体现社会主义的人文价值，既为经济社会发展提供了强大的精神动力和智力支持，又努力为一代新人成长提供良好的社会环境。从开放之初起，不少人担心广东会成为经济发达而道德风气败坏的社会，然而正是由于坚持了历史观与价值观相统一这个根本性的指导思想，历届广东省委省政府不断自觉纠正发展中出现的这样那样的偏差，使经济社会建设始终保持

了正确的发展方向。

经验之二：坚持批判性与建设性的统一，使文化硬实力和文化软实力相得益彰。

从计划经济到社会主义市场经济的体制变革，从传统粗放型发展到科学发展的模式转换，必然伴随着各种各样的文化冲突。广东一方面提出破除各种思想阻力和思想干扰，一方面又旗帜鲜明地贯彻邓小平同志不争论、不刮风，重在建设的方针：重在围绕中心服务大局，不断增强文化发展所依赖的物质条件建设；重在制度创新，建立与社会主义市场经济相适应的管理体制和运行机制；重在增强文化实力，在做大做强文化产业中壮大文化事业；重在文化基础设施建设，建设一批现代化、高标准的城市文化场所；重在培养人的科学精神和人文精神，通过建设学习型社会提升全体人民的素质。寓“破”于“立”，寓批判于建设，寓质变于量变，不为浮名所累，不为争议所困，正所谓“香三年，臭三年，香香臭臭又三年”，走出了一条为实践所证明，为人民群众所称道的文化创新道路。

经验之三：坚持主导性与多元性的统一，使文化开放与文化安全相辅相成。

文化全球化与文化多元化的共存互动构成了当代中国文化进步的动力和主线。如何用时代精神的精华——当代中国马克思主义引领多元文化思潮，既保持文化的时代认同和民族认同，又形成充满开放活力的社会文化生态，是考验中国共产党人执政能力的重大理论和实践问题。广东处于开放前沿，受港澳文化及西方思想文化的影响是广泛的，意识形态的挑战是现实的。广东省委历届领导十分清醒，坚持唱响主旋律毫不动摇，坚持文化开放毫不动摇，两者统一于实践，统一于创新。一是掌握文化对外开放的主动权，二是掌握文化体制改革的主动权，三是掌握文化舆论环境建设的主动权。以重在建设的思维方式，大力推进马克思主义理论研究与建设工程，推进马克思主义的大众化，用当代中国马克思主义引导舆论；大力推动“主旋律”文化产品的生产和传播。广东的经验表明，马克思主义只有在开放多元的思想文化环境中才能不断获得活水源头，在回应各种挑战中创新，在吸纳各种文化元素中壮大，在与多元社会思潮的对话比较中发挥引领作用。

建设人文广东，引领科学发展潮头

国务院批复的《珠江三角洲地区改革发展规划纲要》，要求珠三角地区站在新的更高的历史起点上，努力争当实践科学发展观的排头兵，成为探索科学发展模式的试验区、深化改革的先行区。为全国科学发展提供示范，为发展中国特色社会主义创造新鲜经验。为此，不仅要大力促进产业结构调整升级，建设现代产业体系，而且要大力提升文化软实力，全面提高自主创新的能力和国际综合竞争力。作为科学发展先行者，广东就要在基本实现经济强省目标的基础上再向人文强省目标努力迈进。以人文广东作为转变发展模式、增强发展后劲的强大动力，作为全面转入科学发展轨道的广东文化建设迈向新境界的历史使命。

文化价值转型是建设人文广东的前提。从以阶级斗争为纲转到生产力标准，是启动改革开放的价值转型。今天，在开创发展新模式的新阶段，我们又有新的价值转型的需要。广东省委提出的“八个必须、八个解放出来”，明确提出破除单一经济价值观、确立以人为本的全面协调可持续新发展观、新价值观的任务，这为新阶段价值观转型指出了方向。

建设以人为本的文化，就要把文化从经济必然性中提升出来，使之与全球化时代和“知识文明”时代相适应，与新阶段人民群众过上文明新生活的需求相适应。它以满足人的文化精神需要为基本功能，以发展人的全面能力为根本任务，以发挥人的自由个性为动力，以“文化人”的生产和再生产为落脚点。只有这样的文化才具有不可遏止的吸引力和感召力，这就是建设人文广东的深刻内涵和历史使命。

提升公民文明素质是建设人文广东的基本任务。要增加公民文化的思想理论含量，推动社会主义核心价值的大众化、生活化，构筑现代化建设和科学发展的强大的信仰支撑和精神动力；要继续倡导解放思想、改革创新精神，打造和培育创业、创新、诚信等具有时代特征和岭南优良传统的新时期广东人精神；要大力推进文化创新，形成现代文化生产体系和公共文化服务体系，更好地满足人民群众多层次、多方面、多样化的精神文化需求，让文化人才充分施展自由创造的潜力，让文化精神成为渗透在社会生活各个层面、提升广东发展水平的普照的阳光。

繁荣发展哲学社会科学，开创文化自觉新境界

繁荣发展哲学社会科学是文化自觉的必然要求，也是文化自觉不断跃升的重

要动因。改革开放以来，广东哲学社会科学率先在全国开展了许多学术问题的讨论，取得了丰富的理论创新成果，如关于社会主义经济、价格改革、外向型经济、经济特区、政治文明、社会主义社会辩证法、精神文明学、民族凝聚力等问题的研究引起了持久的讨论，产生深远的影响。近年来，广东社科界在区域经济合作与发展、产业结构调整、自主创新能力培育、政府管理创新、文化建设等方面取得了许多其有开创性的成果，为广东建设经济强省、文化大省、法治社会、和谐广东、争当实践科学发展观的排头兵等战略任务作出了应有的贡献。与此同时，广东哲学社会科学各项事业以及广东省社会科学界联合会的工作也得到了较大发展，突出表现在六个方面。

一是社科服务体系更加健全。

在广东省委省政府的信任和支持下，在省委宣传部直接指导下，省社科联近年来在管理协调学术类社团的基础上，先后增加了社科规划、社科评奖、社科普及、民办非企业社科研究机构的管理、社科类基金会的管理等职能，实现了从学会工作为主的“小社科服务”向涵盖社会科学各个方面的“大社科服务”的转变，哲学社会科学服务体系更加健全。

二是社科规划工作取得了新成绩。

近几年，我省承担国家社会科学基金项目的数量不断增加，获准立项数目及所获资助经费多年位于全国前列，2008 年获准立项 88 项，获得资助经费 780 万元。在全国排名第四。

我省社科规划工作在 2008 年量化指标评选中获综合总分排名全国第一，受到全国社科规划办的表彰和奖励。

三是社科评奖工作迈上了新台阶。

设立广东省哲学社会科学优秀成果奖（政府奖），受到全省社科工作者特别是高校专家学者的充分肯定，有效地调动了我省社科工作者的积极性和创造性。2005 年以来，广东省社会科学联合会成功组织了两届广东省哲学社会科学优秀成果奖（政府奖）的评奖工作。首届共评出 209 项优秀成果，其中一等奖 29 项，18 人获得特别学术成就奖。第二届共评出 156 项优秀成果，其中一等奖 26 项。第三届评奖结果也即将揭晓。社科评奖在促进广东省出精品、出人才方面发挥了重要作用。

四是社会科学普及形成了新亮点。

省社科联与省委宣传部共同主办、全省社科工作者参与、省市社科联上下联动的“社科普及周”、“岭南大讲坛”已成为广大群众喜爱的文化大餐、影响全省辐射全国的两个品牌。多次受到有关领导的表扬。

五是理论创新、决策研究取得了新进展。

在规划、评奖等杠杆推动下，近年广东省社科界理论创新、决策研究两个方面取得了突出成绩。近年来，广东省马克思主义中国化的理论研究、逻辑与认知研究、行政管理研究、外国语言学与应用语言学研究、华侨华人研究、产业经济学、孙中山研究等在全国居于前列；在决策研究上，省社科院、省政府发展研究中心等单位在广东区城综合竞争力和大型企业竞争力研究、粤港澳合作研究、泛珠三角合作研究、广东现代产业体系发展研究、广东历史文化资源研究等方面取得了很多成果，为省委省政府提供了决策咨询，充分发挥了思想库、智囊团的作用。

六是理论阵地建设取得了新成效。

《学术研究》是我省学术理论期刊的重要品牌，多年来较好地发挥了理论宣传、理论创新、学科建设、学术交流、人才培养等多方面的作用，20 世纪 90 年代后连续三届获得国家期刊奖提名奖。2008 年中国社会科学评价中心发布的《中国人文社会科学期刊评价研究》显示《学术研究》在社会科学综合类期刊中名列第三。

在看到成绩的同时。我们也清醒地认识到，省委、省政府提出的广东争当实践科学发展观排头兵的战略任务对我省哲学社会科学提出了更高的要求，当前国际金融危机造成的冲击向社科研究提出了有待解决的新课题，以贯彻落实《珠江三角洲地区改革发展规划纲要》为主轴的广东新一轮发展需要社科界有更大作为。基于新形势、新情况，广东省社科联新一届领导班子，根据科学发展观的要求，提出了今后工作的总思路。这个思路就是坚持二为目标、发扬三种作风、实现四个突破、当好五种角色、树立六种意识。二为目标就是努力构建面向全国、面向世界、面向未来的有岭南特色的哲学社会科学创新体系，为广东争当实践科学发展观排头兵提供有力的理论支撑和智力支持、为广东哲学社会科学大繁荣大发展充分发挥桥梁纽带作用。三种作风就是历届领导班子留下的团结和谐的作风、求真务实的作风、廉洁自律的作风。四个突破就是要在提升全省社科界理论创新和服务决策的能力上有突破。在提升全省干部群众的哲学社会科学理论素质上有突破，在加快全省社科界人才培养上有突破，在提高机关服务能力和服务水平上有突破。五种角色就是要当好创新理论的实践者、党委政府决策的咨政者、社科理论的普及者、知识分子的贴心人以及中华文化的传播者。六种意识就是使命意识、大局意识、创新意识、学习意识、服务意识、民主意识。我们期待在我国科学发展新的历史阶段上，在广东贯彻落实《珠江三角洲地区改革发展规划纲要》的过程中，广东哲学社会科学继续发挥思想先锋的作用，为人文广东建设提供重要支撑，开创广东文化自觉的新境界。

（原载《中国社会科学报》2009 年 7 月 1 日）

广东精神的主要特征：厚于德、诚于信、敏于行

归纳和提出“厚于德、诚于信、敏于行”的“广东精神”，标志着广东推进科学发展进入一个新的文化自觉阶段。从“广东精神”的特征看，“厚于德、诚于信、敏于行”，三者都体现了民族性、时代性、地域性的统一，同时又有各自不同的侧重点。

“厚于德”突出体现了中华民族的优良传统。一种有生命力和概括力的优秀文化精神，必然是一种凝结着过去、昭示着时代和引领着未来的精神。“厚于德”就是广东精神继承中华民族优良传统的集中体现。“厚于德”来源于厚德载物，出自《周易》中的卦辞：“天行健，君子以自强不息；地势坤，君子以厚德载物。”进一步引申出人生哲理，即人生要像天那样高大刚毅而自强不息，要像地那样厚重广阔而厚德载物，要心胸宽广不计个人得失，重公轻私，增厚美德，容载万物，以深厚的德泽育人利物。厚德载物作为中华美德的一种概括，也是广东近代以来的真实写照，这体现在对新思想和新事物的开放包容上；体现在不同族群的相互包容和接纳、和谐发展上；体现在乐善好施、乐于奉献上。

“诚于信”突出体现了改革开放的时代精神。诚信是广东时代精神的重要写照。“诚”即诚实诚恳，主要指主体真诚的内在道德品质；“信”即信用信任，主要指主体“内诚”的外化，基本含义是指遵守承诺，言行一致，真实可信，诚实无欺，讲求信用。千百年来，诚信被中华民族视为自身的行为规范和道德修养，在广东改革开放和市场经济发展中，诚信发挥着重要的作用，体现了广东的时代精神。这一精神体现在阳光施政，自觉把诚信当作为政之要，使广东一直保持良好的投资环境和社会环境，社会公众对党委政府也保持了较高的信任度。还体现在公平竞争，自觉把诚信当做营商之本；也体现在以诚相交，自觉把诚信当做处世原则，广东人重契约，重承诺，“牙齿当金使”，有责任感和担当。

“敏于行”突出体现了岭南文化的特质。地域精神是一个地方独特的文化气质，构成了一个地方文化精神的独特风貌，是文化精神的亮点和品牌。敏于行、重实干的精神是广东引以为傲的地域文化特质，更是推动广东未来发展的强大精神动力。“敏于行”源自“君子欲讷于言而敏于行”，出自《论语·里仁》篇，意为：“君子的修养要尽力使自己做到话语谨慎，做事行动敏捷。”广东由于独特的地理位置，较早受到西方自然科学和商品经济的影响，历史上形成了经世致用的价值取向和敏于行的精神。思维上求真务实，行动上敢为天下先，特别是在改革开放大业中敢为天下先，勇挑历史重担，以务实的作风和实干的精神，创造了市场经济奇迹，为改革开放杀开了一条血路；在当好推进科学发展、促进社会和谐排头兵的进程中，在加快转型升级、建设幸福广东的实践中也体现了这种敢为天下先和开拓进取的精神。理论上勇于创新，“讷于言而敏于行”不等于只干不说，而是要说话严谨、有理有据，对先进文化思潮、改革开放和科学发展的理论提升总结也是一种敏于行的表现。近代以来，广东的思想解放和理论创新一直走在全国前列。

（原载《南方日报》2012 年 5 月 21 日）

践行广东精神，用文化占领科学发展制高点

广东省社科联主席田丰日前在接受《南方日报》记者专访时谈到，归纳和提出“厚于德、诚于信、敏于行”的“广东精神”，体现了民族性、时代性、地域性的统一，同时又有各自不同的侧重点，“标志着广东推进科学发展进入一个新的文化自觉阶段”。他认为，“厚于德、诚于信、敏于行”强调的是以人为本，建设和谐社会、幸福广东，“它与我们目前所处的推动科学发展、促进社会和谐排头兵的历史地位是相适应的”。

访谈中，田丰还向《南方日报》记者透露，省社科联接下来将以“岭南大讲堂”为基地，邀请专家学者就“广东精神”发表独到见解，帮助更多市民领会吸收“广东精神”的精髓，还将组织专人赴基层宣讲。

用文化占领科学发展制高点

要实现可持续发展、推进转型升级，就离不开核心价值体系的建设，提出“广东精神”，就是要用文化来打造精神支柱，为广东社会全面和谐发展提供精神力量。

《南方日报》：您此前曾表示，提出“厚于德、诚于信、敏于行”的“广东精神”，标志着广东推进科学发展进入一个新的文化自觉阶段。为什么这么说？

田丰：“文化自觉”是费孝通先生最初提出来的概念，呼吁一个民族、一个国家，应当对自身的文化在尊重之余，更要清醒认识其历史使命所在，也就是人们所说的“文化从哪里来，到哪里去”。

改革开放30多年的经验，使我们对发展有了更全面、更深刻的理解，文化自觉达到新的境界。首先，我们已充分认识到文化的力量，它不仅是生产力、创

造力，更是参与全球化语境下竞争的“软实力”。提出“广东精神”，表明了广东用文化占领科学发展的制高点，用文化引领发展的态度，这事实上已经深入到“文化”一词的核心层面。其次，广东一直深受市场经济浸润，这种“文化自觉”也是与市场经济联系在一起的。要实现可持续发展、推进转型升级，就离不开核心价值体系的建设，提出“广东精神”，就是要用文化来打造精神支柱，为广东社会全面和谐发展提供精神力量。

《南方日报》：作为一名参与此次“广东精神”提炼工作的著名研究学者，您怎么看待“广东精神”在历史上的渊源流变？这次提出的表述语您觉得最重要的创新之处何在？

田丰：我认为这次提出的“厚于德、诚于信、敏于行”，达到了一个新的精神高度。

改革开放初期，广东曾经涌现出许多影响全国、家喻户晓的表述语，比如“时间就是金钱”“效率就是生命”。这些表述语的实质是鼓励把人的潜能发挥出来，走向市场经济，积极参与竞争，并且在竞争中激发生产力、创新力和社会活力。发展到今天，广东连续多年保持高速经济增长，成绩斐然，有目共睹，因而需要更为强大的精神力量为发展提供动力源泉。“厚于德、诚于信、敏于行”强调的又是什么呢？是以人为本，建设和谐社会、幸福广东，这是将“广东精神”提升到了一个全新的精神境界。我认为它与我们目前所处的推动科学发展、促进社会和谐排头兵的历史地位是相适应的。

让“广东精神”融入百姓生活

推广宣传“广东精神”，关键就在于要把这种精神体现在建设实践、社会生活的各个方面，让它成为人们心目中的行为规范和道德修养。

《南方日报》：我们注意到，这次“践行广东精神”活动中，除了常见的宣讲、座谈等方式之外，也开始推广至微博等现代科技平台，引起了不少网友的关注，那么您对于推广宣传广东精神有什么建议？

田丰：让“广东精神”深入人心，在人民心中形成文化认同，变成一种自觉行为，我认为这是我们推广宣传“广东精神”的初衷和目的。文化和经济不应该是“两张皮”，我们现在致力于打造的实际上是一种“幸福文化”，它与广东实现产业转型升级之路是相辅相成、交相融合的。

以“厚于德”为例，在我看来，“厚于德”是“广东精神”继承中华民族优良传统的集中体现。它既体现在2008年汶川地震时广东人的慷慨相助、乐于奉献、“一方有难、八方支援”上，也体现在广东近代以来对新思想和新事物一以贯之的开放包容、对不同族群的相互接纳上，体现在保障社会公平正义、构建具有广泛认同的共同精神家园上。往小的方面说，它还体现在知足常乐的社会心态、人际关系的和谐融洽上。

同样地，“诚于信”“敏于行”既能体现在广东改革开放和市场经济发展中彰显的时代精神，如公平竞争、以诚相待、开拓进取，也能体现在日常人际交往中显露的重视承诺、有责任感、敢想敢做的群体性格。

因此，推广宣传“广东精神”关键就在于要把这种精神体现在建设实践、社会生活的各个方面，让它成为人们心目中的行为规范和道德修养。一言以蔽之，就是要鼓励全省各个地方根据实际情况和本土文化资源，创造性地掀起“践行广东精神”的热潮，让“广东精神”真正融入生活。

《南方日报》：省社科联前段时间曾专门就“践行广东精神”活动组织调研，在这个过程中您觉得哪些地市开展的活动值得借鉴?

田丰：有很多。比如云浮将得天独厚的禅宗传统文化资源与构建和谐社会的时代要求、振兴光大优秀民俗文化相结合，创新社会管理模式。惠州把“广东精神”引入中小学课堂，并结合各行各业特点，积极推动“道德讲堂”建设，全力打造机关、企业、行业、社区、村镇、学校、新市民等7类“道德讲堂”，宣扬社会公德、企业精神、职业道德、家庭伦理作出了富于新意、卓有成效的尝试。

培育大师将“广东精神”发扬光大

一种精神的产生和传播，它的影响力、引领力是需要底蕴的，在历史上，广东涌现过许多的思想学术大师，比如六祖惠能、康有为、梁启超、孙中山等。文化建设离不开人，归根到底是要靠人才。

《南方日报》：最近几年来，广东文化界一直呼吁要加强人才引进和培养，多出名家、大师，那么在您看来，践行“广东精神”与促进思想、学术、文化界的活跃繁荣及建设文化强省有着怎样的关系呢？

田丰：这个问题提得很好。一种精神的产生和传播，它的影响力、引领力是需要底蕴的，在历史上，广东涌现过许许多多的思想学术大师，比如六祖惠能、康有为、梁启超、孙中山等等。文化建设离不开人，归根到底是要靠人才。目前广东各个高校都在积极制定规划方案，高度重视引进培育人才工作，去年我们省社科联为深入贯彻省委十届七次全会精神，落实《广东省建设文化强省规划纲要(2011—2020年)》，启动了“广东省优秀社会科学家”的评选工作，目的就是通过奖励我省在哲学社会科学研究中作出突出贡献的优秀人才，充分调动和发挥哲学社会科学研究工作者的积极性和创造性，打造理论粤军，进一步提升我省哲学社会科学在全国的竞争力和辐射力。

这方面我们还有许多工作要做，比如提高人才的待遇，为青年人才施展才能搭建更宽阔的平台。还要让我们的人才在广东媒体上展示自我，提升知名度。还包括更为漫长的建设工作，就是要打造更好的、更适宜人才生根壮大的文化生态，理解人才、包容怪才、多出大师，才能让“广东精神”发扬光大。

（原载《南方日报》2012年6月26日，记者：郭珊）

在实践中推进中国特色社会主义精神文明建设理论的创新和发展

中国特色社会主义精神文明建设理论植根于有中国特色社会主义的实践，在马克思主义中国化的历史进程中不断丰富发展，是当代马克思主义的一个重要组成部分。在全面建设小康社会，开创中国特色社会主义事业新局面，实现中华民族伟大复兴的实践中，精神文明建设必将发挥不可替代的更加重要的作用。深入研究中国特色社会主义精神文明建设理论，对于实施马克思主义理论研究和建设工程，正确把握社会主义现代化建设的历史任务和一般规律，进一步树立和落实科学发展观，构建社会主义和谐社会，具有十分重要的理论意义和实践意义。

一、从开拓中国特色社会主义事业新局面的高度，深刻认识精神文明建设的理论意义和实践意义

首先，中国特色社会主义精神文明是现代化事业的动力之源。

社会主义精神文明既是实现现代化的重要保证，又是现代化建设的重要目标，是社会主义现代化建设不可分割的有机组成部分。人的实践是改造客观世界和主观世界的统一，人在实践中不但创造出日益增长的物质财富，也不断提高认识世界的能力，推动政治生活的进步，促进科学、艺术和人们思想道德水平的提高。人们在改造客观世界的实践活动中形成的有益成果，表现为物质生产方式和经济生活的进步即物质文明；在政治实践活动中形成的有益成果，表现为政治生活的进步即政治文明；在改造客观世界的同时改造主观世界中形成的有益成果，表现为精神生活的进步即精神文明；在社会实践中形成的有益成果，表现为社会生活的进步即和谐文明。在人类社会发展进程中，“四个文明”从来是互为条

件、互为目的、互相促进的，这是人类社会文明发展的普遍规律。物质文明是精神文明的基础，政治文明、和谐文明、社会主义和谐社会为精神文明提供制度安排，而精神文明一旦形成，便具有相对独立性和历史继承性，有其自身发展的特殊性。精神文明为物质文明、政治文明、和谐文明的进步提供精神动力和智力支持，对社会主义现代化建设的发展起着巨大的推动作用，有时甚至可以起决定性的推动作用。随着当今世界正在从工业经济文明时代迈向知识经济时代，文化与经济和政治日益相互交融，在综合国力竞争中的地位越来越突出，文化力直接影响着民族的创造力和凝聚力。

因此，社会主义现代化建设，是发展社会主义市场经济、社会主义民主政治、社会主义先进文化、社会主义和谐社会四位一体的过程，是四个文明协调发展、共同进步的过程。我们要建设的社会主义国家，不但要有高度的物质文明，而且要有高度的精神文明、和谐文明和政治文明。四个文明都搞好了，才是中国特色的社会主义现代化。社会主义现代化事业越向前发展，对社会主义精神文明建设的要求也就越高。随着我国进入全面建设小康社会并加快推进现代化的新的发展阶段，迫切要求精神文明建设适应经济发展和社会进步的历史性变化，开创党领导现代化建设事业的新局面。

其次，加强精神文明建设的理论研究是树立和落实科学发展观的迫切需要。

科学发展观是对社会主义现代化建设事业指导思想的重大创新，其内涵十分丰富，意义十分深远，需要广大干部群众从人类经济社会发展和社会主义精神文明建设的规律的高度，去深刻认识和全面把握，并转化为自觉行动。只有把握社会主义精神文明建设的根本目标，努力培养造就全面发展的“四有”新人，才能体现以人为本这个科学发展观的核心要求，只有把发展物质生产力与发展文化生产力结合起来，把实现经济指标、社会指标和实现人文指标结合起来，把提高人改造客观世界的能力与提高改造主观世界的能力结合起来，努力创造人全面发展的经济、政治文化、生态条件，才能实现经济社会的全面、协调、可持续发展。落实科学发展观，必须深入研究新的实践对精神文明建设提出的新课题。树立和落实科学发展观的过程是一个创新发展理念，增强发展能力，提升发展水平的过程，这就需要我们不仅从经济社会发展，而且从精神文明建设的视角对这一系列实践课题进行深入研究和探索，提出解决问题的思路和办法，把科学发展观的基本要求落到实处。

第三，加强精神文明建设理论研究是建设和谐社会的题中应有之义。

构建和谐社会是我党为落实科学发展观，全面建设小康社会而作出的一个重大决策。和谐社会是社会各种要素和关系相互融洽的状态，它涵盖了人与人、人与自然、人与自身等多重关系以及人们经济生活、政治生活、精神生活多重领域。构建和谐社会，要求把精神文明建设提高到新的水平。要努力发展经济，提高全体人民的生活水平，创造社会和谐的厚实的物质基础；要推进社会主义民主法治，完善社会和谐的调节机制；还要大力倡导公民道德意识和规范，弘扬体现“和合”精神的优秀传统文化，营造生机勃勃的文化生态、团结合作的社会氛围以及和睦相处的人际环境。构建和谐社会还要求创新精神文明建设的理论和实践。在理论上，要把公平作为社会主义的本质要求和社会主义的核心价值观，重新审视公平与效率的关系，全面理解社会公平的内涵和实现途径。在实践上，努力探索市场经济条件下思想政治工作的新形式和新载体，提高解决人民内部矛盾的能力和水平，增强社会的向心力和凝聚力。以建设和谐社会为标杆，社会主义精神文明建设要有一个新的更大的跨越式的发展，才能为社会的协调发展和人的全面发展，提供持久的动力，注入旺盛的活力。否则，建设和谐社会的奋斗目标就难以实现。

二、深入总结理论成果和实践经验，把握新形势下深化中国特色社会主义精神文明建设理论研究的规律和方法

（一）坚持历史观和价值观的统一

唯物史观把人类社会看做是一个基于生产力发展基础上不断运动变化的自然历史过程，一切社会关系、社会制度、社会文化合理与否、作用大小，都视其是否适应促进生产力的发展。生产力标准是衡量社会进步的客观标准，这一点把马克思主义历史观与形形色色的唯心史观区分开来。唯物史观又认为，历史是由有目的有意志有激情的人自觉创造的，历史发展是合规律性与合目的性的有机统一，人是历史的主体，也是历史的最终目的，人的价值、人的发展是判断社会进步的最高尺度，这一点把马克思主义历史观与其他形而上学的机械的经济决定论区分开来。坚持历史观与价值观的有机统一，是发展中国特色社会主义精神文明建设理论的基本方法论。

社会主义文明代替资本主义文明，是生产力发展的客观要求，也是人类解放的价值取向。马克思充分肯定资本主义生产方式在人类历史发展过程中的划时代的贡献，指出“资本主义生产方式是发展物质生产力并且创造同这种生产力相适应的世界市场的历史手段”。[①] 资本主义在其产生的100多年中所创造的生产力比人类世代创造的财富的总和还大得多。然而，由于资本主义自身所固有的私人劳动与社会劳动的根本矛盾的不可克服并日益扩大的本性，使它在推动生产和消费社会化、全球化的同时日益暴露出它的有限性和暂时性：它在消灭民族的狭隘性的同时又把一切文明资本主义化，威胁着世界文化的多样性和丰富性；它在促进人的普遍流动和发展人的能力的同时，又使人成为资本、市场的附属物，交往的普遍化反而造就了“单向度的人”，物的世界的升值反而导致人的价值的贬值，贸易自由反而剥夺了人格的自由。因此，以物质生产力充分涌现为基础，以每个人的自由全面发展为最终目的社会主义的胜利与资本主义的灭亡，是历史的必然选择。

坚持历史观和价值观的统一，是充分认识社会主义精神文明的性质和作用，自觉坚持物质文明建设和精神文明建设“两手抓”的理论前提。我们是在后发展的东方国家中建设社会主义，没有生产力的迅速发展，精神文明、人的发展就缺乏必要的物质基础。因此，必须坚持以经济建设为中心加快现代化建设，大力解放和发展社会生产力，精神文明建设必须服从和服务于这个中心，为之提供精神动力和智力支持。同时，社会主义现代化是经济、政治、文化、生态全面协调发展的现代化，建设高度的社会主义精神文明，是保证现代化运动不偏离人的主体价值，促进人的自由全面发展的客观要求。中国的历史和现实决定了中国的现代化不能再走西方那种经济、科技发达，而人文精神缺失、生态恶化的老路。邓小平同志早在20世纪80年代中期就深刻指出：“经济建设这一手我们搞得相当有成绩，形势喜人，这是我们国家的成功。但风气如果坏下去，经济搞成功又有什么意义？会在另一方面变质，反过来影响整个经济变质，发展下去会形成贪污、盗窃、贿赂横行的世界。”[②] 从强调“两手抓，两手都要硬”，到明确提出“三个文明”发展，到今天树立和落实以人为本的全面、协调、可持续的科学发

---

① 《马克思恩格斯全集》第25卷，人民出版社1974年版，第279页。

② 《邓小平文选》第3卷，人民出版社1993年版，第154页。

展观，体现了我们党坚持历史观和价值观相统一的马克思主义原则，在实践中不断创新和丰富中国特色社会主义精神文明建设理论的一贯追求。

（二）坚持继承性和创新性的统一

随着社会主义在我国从理论转变为实践，从革命实践转变为建设、改革实践，社会主义精文明建设也经历了不同的发展阶段，形成了既一脉相承又不断创新发展的思想轨迹。“一切划时代的体系的真正的内容都是由于产生这些体系的那个时期的需要而形成起来的。”① 每一体系都继承了以往有关思想发展的积极成果，同时又在回答时代提出的重大实践问题中实现创造性的飞跃，坚持继承性与创新性的统一，是中国特色社会主义精神文明建设理论形成和发展的根本特征，也是在新的历史阶段推进中国特色社会主义精神文明建设理论研究的基本方法论。

马克思主义创始人在揭示人类历史发展规律，阐明社会主义代替资本主义的必然性的过程中，对社会主义精神文明建设的本质和发展方向作了不少的论述和预见。如，在充分发展生产的基础上不断提高人们的道德水平，实现人的全面发展是共产主义的根本特征，人类社会是一个从必然王国向自由王国飞跃的历史过程等等，为社会主义精神文明建设理论奠定了思想基础。研究中国特色社会主义精神文明建设理论，必须从马克思主义经典作家的基本思想观念入手，依据当代世界和中国的发展变化挖掘其时代意义。

毛泽东思想、邓小平理论和“三个代表”重要思想是马克思主义中国化的三大理论成果。中国特色社会主义精神文明建设是这三大理论成果的有机组成部分。毛泽东同志把马克思主义运用于中国革命实际，分析了政治、经济、文化的辩证关系，提出建设“民族的、科学的、大众的新民主主义文化”的纲领和任务，在社会主义建设时期又提出了文化建设要坚持“两为”方向和“双百”方针等重要思想，对中国特色社会主义精神文明建设理论进行了积极的探索；邓小平同志根据我国改革开放和现代化建设的新要求，提出了在进行物质文明建设的同时建设高度的社会主义精神文明的战略任务，提出了培养“四有”新人是社会主义精神文明建设的根本目标，提出了“两手抓”的战略方针，为中国特色社会主义精神文明建设理论的形成和发展作出了重大贡献；江泽民同志在我国加

---

① 《马克思恩格斯全集》第3卷，人民出版社1960年版，第544页。

快现代化建设、世界科技进步日新月异、经济全球化迅猛发展的世纪之交，作出了精神文明属于综合国力重要组成部分的新判断，提出了党要始终代表中国先进文化前进方向的要求，提出物质文明、政治文明和精神文明协调发展的重要思想，对中国特色社会主义精神文明建设理论作出与时俱进的创新和发展。深入研究阐明这三大理论成果对中国特色社会主义精神文明建设理论的特殊贡献，概括出带有规律性的发展观和方法论，是深化这个理论研究的重要基础工程。

中国特色社会主义精神文明建设理论是一个随着实践发展而发展的开放体系。党的十六届三中全会以来，面对我国全面建设小康社会和世界范围内综合国力竞争更加剧烈的新形势，以胡锦涛为总书记的党中央提出了树立和落实科学发展观的重大指导方针，作出了开展党的执政能力建设、党的先进性建设、和谐社会建设的战略决策，精神文明建设面临着一系列新情况、新问题。如何在精神文明建设中体现以人为本的原则，充分实现人民群众的文化权利，充分满足人民群日益增长的精神文化需要？如何构建与市场经济相适应的道德体系，培养人格健全的一代公民，实现从市民社会向公民社会的转型？如何在文化全球化的大背景下推进文化的自主创新，弘扬民族精神和民族文化，保障我国文化安全？等等。我们要坚持解放思想、实事求是、与时俱进的思想路线，在建设和谐社会的伟大实践中回答新问题，概括新理论，推进中国特色社会主义精神文明建设理论的观点创新、方法创新、体系创新。

（三）坚持时代性和民族性的统一

全球化是当今时代变化最显著的特征，任何民族的物质生产和精神生产，都不可能游离于全球化的潮流而孤立发展。中国特色社会主义精神文明建设，必须反映时代语境、时代精神。时代精神反映在世界文化思潮、人们普遍的心理特征和价值指向以及对影响当代人类发展的重大问题的认识和判断上，在全球化的今天，精神文明建设理论研究要体现哪些具有普适性的时代精神呢？一是要体现文化精神。这里所讲的是对文化价值重视的观念。重建人类精神家园，调整人的生活态度和价值观念，是当代人类在经历了各种战争的、政治的、生态的危机和各种技术的、经济的异化之后，得出的基本共识。二是要体现类意识。就是从全人类的高度处理人际、种际、国际关系，这是对人的本质的深刻把握和治理全球性问题的现实要求的响应。三是要体现生物圈意识。真正的类意识不仅是对人与人之间关系的反思，而且是对人与自然之间关系的反思，随着现代化、全球化的发展，人们已经把视野从人自身扩展到生物界、自然界，把自己的生存命运与对生物圈的保护紧紧联系在一起。生物圈意识成为20世纪下半叶以来尤其是最后20年以来迅猛发展的文化思潮。

全球化不是同质化，普世价值、时代精神的生命力有赖于民族文化的多样性发展。民族语言、民族思维方式、民族礼仪等都深刻影响着民族的文明和文化。从精神文明建设理论创新的要求看，体现民族性要以民族精神、民族价值观为核心，以发扬民族风格为载体。民族精神是文化的民族性的最集中表现。以爱国主义为核心的民族精神是中华民族战胜各种内乱外患，跨越兴衰沉浮，奋力屹立于世界东方的精神脊梁，是中华文明历经时代更迭而始终维系着、发展着的精神支柱。我们要在融合时代精神基础上进一步弘扬和丰富民族精神。民族价值观是一个民族的思想观念、行为习惯、交往方式等各方面的评价标准和理想取向，是维系民族的协调性和统一性的深层的无声的力量，又是文化制度或体制的根据。中国文化在几千年的演变中形成了“天下为公”“崇德重义”“天人合一”“以和为贵”等价值观念，体现了中华民族的智慧和社会理想，是在全球化浪潮中复兴中华文化，推动社会主义精神文明实践创新和理论创新的宝贵资源。民族风格、民族气派、民族特色是一个文化民族性最鲜明的表现形式，弘扬民族精神、展示独立品格、彰显文化的民族气派与民族风格，是精神文明建设研究的重要方向。

要坚持时代性与民族性的辩证统一。体现时代性并不等于取消民族性。世界文化的形成和发展必须以民族文化的形成和发展为前提。世界文化应是一个以不断增进人类共识为基础的开放、多元、相容的民族文化体系，脱离民族的传统和现实利益追求的人类普遍精神，必然导致文化沙文主义和文化专制主义。强调民族性也不是拒斥时代性、故步自封的借口。如何既使民族文化保持自身的独立性，又使民族文化顺应全球化发展大潮的方向？合理的选择是以现代化发展规律为参照系，以民族的根本利益为出发点，在对民族文化的批判中挖掘优秀的内核和精华，在对民族文化优秀成分的肯定中重塑民族价值体系优势，在民族文化与世界文化的比较中寻找两者沟通和互动的桥梁。只有这样，才会实现时代性与民族性的有机统一，才能体现“越是民族的，就越是世界的”的真正含义。

三、紧紧抓住实践中的重大问题，不断进行理论创新

理论的生命在于创新，始终面向新的实践和新的发展，是中国特色社会主义精神文明建设理论当代价值的基础和源泉。我们必须着眼于来自国际环境的各种挑战，着眼于我国经济社会出现的深刻变化，着眼于我们党肩负的历史使命，深入研究精神文明建设实践中出现的新情况和新问题，准确把握新时期精神文明建设的生长点和落脚点，才能开创社会主义精神文明建设理论研究的新局面。当前特别要根据客观形势的发展变化，围绕一些具有全局性、战略性的重大问题进行研究。

其一，要研究与建设和谐社会相适应的和谐文化。

党的十六届四中全会明确提出要构建社会主义和谐社会，表明我国社会建设进入了一个以和谐为主调，注重社会各方面协调发展、稳定发展、健康发展的战略机遇期。作为社会主义经济建设、政治建设、文化建设和社会建设"四位一体"之重要方面的文化建设，也即精神文明建设，当然也要体现和谐的精神、唱响和谐的旋律，主动建设与社会主义和谐社会相适应的社会主义和谐文化。为此，我们要深入研究和谐社会与和谐文化的关系。一方面，二者是并列关系，它们都是建设和谐社会这一社会主义事业总体布局的组成部分；另一方面，又是包含关系，和谐文化是和谐社会的重要内容和标志，一个社会和谐文明的程度，不仅以经济增长为标杆，而且还包括社会风气醇化、人与人关系融洽、社会秩序井然等指标，建设和谐文化是构建和谐社会的题中应有之义。我们也要深入研究和谐文化对于和谐社会的作用。建设社会主义和谐文化，既是构建社会主义和谐社会的重要内容，也是其重要条件。和谐社会建设需要和谐文化理念来引导，需要和谐文化精神来浸润，需要和谐文化氛围来营造，需要和谐文化秩序来维系，和谐文化为和谐社会的构建提供支撑和保障。我们还要深入研究和谐文化的内涵和基本特征。社会主义和谐文化的基本特征至少应包括：多元统一、兼容共生、协调有序、充满活力和大众共享等内容。多元统一是指整个社会的文化既有多姿多彩的文化个性，又有共融一致的文化共性，社会的核心价值观念、道德观念能够被大多数社会成员所认同，社会的主导文化具有较强的凝聚力和整合力；兼容共生就是社会的不同文化主体和要素能够相互兼容、相互协作，在和平共处中共同

发展；协调有序主要是指社会文化结构自身的和谐，各种文化资源、各种文化门类和各种文化要素之间实现统筹兼顾、协调推进；充满活力就是文化建设要坚持以人为本，坚持“每个人的自由发展是一切人的自由发展的条件”，充分激发社会文化的活力，使文化财富不断涌流，从而促进社会文化繁荣；大众共享就是要维护和实现文化公平，努力避免和主动解决由于文化问题起的人民内部矛盾，切实保障最广大人民的文化权益，使全体人民共享文化成果。总之，建设社会主义和谐文化是当前社会实践提出的一个崭新的课题，该课题的研究和回答将为社会主义精神文明建设开辟新的发展空间。

其二，要研究精神文明建设如何体现人文终极关怀的时代要求。

人文终极关怀即是从终极的意义上关心、寻求人类生存意义的支撑，它主要关注人生最终目的及生命价值，它是人类本质属性的显现，是人类文化之灵魂，是人类精神家园的宿主，是人类安身立命之根本。注重人文终极关怀当是精神文明建设的重要内容，研究人文终极关怀在精神文明建设中的地位、作用以及如何解决人文终极关怀，是精神文明建设理论的重要课题。按照美国心理学家马斯洛的观点，人的需要的满足是由低级到高级逐步实现的，当人的物质需要满足以后，解决人的精神世界问题就会提到议事日程上来。追求人文终极关怀是人的自我发展、全面发展的内在需求。应该看到，“物质至上”和“精神失落”是伴随工业文明发展的一股暗流，特别是资本主义的兴起发展，在物质财富猛增的同时，造成了价值理想的缺失、人自身的失落和人与人关系的失调。社会主义现代化建设应该汲取资本主义的历史教训，必须始终重视精神文明建设，重视人文终极关怀，使人获得精神上的慰藉感、充实感、崇高感和超越感，从而提升人的精神境界，丰富人的本质属性，促进人的全面发展。在当前，和谐社会的建设，尤其要以人在人文精神向度上的发展和完善为先，和谐社会应当是人文终极关怀得到高扬的社会。具体来说，就是要充分关注每一个体的人性拓展与不断完善，关怀人的价值与人格尊严，关注人的主体地位与合法权益，关注人的自由而全面的发展，等等；要以以人为本的科学发展观协调各种利益、化解各种矛盾，解决现存具体社会体制中的非人道化问题，人际关系淡漠和人与自然关系恶化等问题，努力实现面向大众的人文关怀。总而言之，要把人文终极关怀引入构建和谐社会的价值坐标，把精神世界的完善和人的全面发展作为社会主义精神文明建设的最高目标。

其三，要研究自主创新能力的培育与创新文化建设。

在高新技术环境下如何培育创新文化，从而增强自主创新能力，是当前精神文明建设理论必须予以充分关注的又一个重要课题。世界近现代史表明，一个国家经济发展达到一定的水平后，其经济增长的主要动力便来自科技创新。尤其是在知识经济和经济文化一体化发展的时代，从科学发现、技术革命向产业革命转移的周期，以及技术与产品的市场生命周期将更为缩短，发展中国家通过学习、引进别国技术和经验赶上发达国家的难度加大，如无自主创新能力，后发优势的作用将减弱，只能总是作为“躯干”国家而依附于具有自主创造能力的“头脑”国家。有无自主创新能力是一个国家有无竞争力以及竞争力是否能够持久的关键，经济的发展越来越多地依赖于自主创新能力的增强。而自主创新能力竞争的背后，则是创新文化的角逐。人作为文化的存在，其创新能力必然有赖于创新文化的培育和塑造。因此，大力开展创新文化建设，对于自主创新能力的培育和提高具有极为重要的意义。研究创新文化首先要研究它的构成，如不同凡响的思维品质，合作、行动和实践能力，以及奠基于社会责任感之上的对真理不懈追求的敬业精神等；要研究它的表现，如创新意识、创新价值观、创新精神、创新思维方式等；同时要研究创新文化形成的机制、加强创新文化建设的办法与途径，如支撑创新文化的制度、发动创新文化的教育、培育创新文化的环境等；还要研究创新文化与先进文化、文化竞争力以及民族精神的关系等。总之，创新是民族的灵魂，社会主义精神文明建设要落到创新文化之上，从而使其成为民族前进的不竭动力。

其四，要研究文化生产力的内涵和发展要求。

在知识经济时代，解放和发展文化生产力应当成为社会主义精神文明建设的重要内容。生产力构成人类全部历史的基础，生产力的根本要素是有意识有创造能力的人，因此它内在地包含物质生产力和文化生产力。马克思在《经济学手稿(1857—1858年)》中明确地使用了“物质生产力”和“精神生产力”这对概念。“物质生产力”主要是指人类在适应、改造、调控自然过程中表现出来的能动的物质力量，而“精神生产力”则是指人类创造精神产品、精神价值的实际能力。[①] 如果说蒸汽机及电的发明和应用导致了物质生产力发展的第一次飞跃，

① 叶险明：《关于“知识经济”的历史观译释问题》，《哲学研究》2003年第9期，第19页。

那么以信息技术为主导的高新技术的发明和应用导致了物质生产力的第二次飞跃，这种飞跃不仅使物质生产力和精神生产力更紧密地结合起来，而且深刻地改变了精神生产力的功能和形式。一个以物质生产力为基础、以精神生产力为主导的物质生产力和精神生产力相互联系、相互渗透、相互转化的现代生产力系统的形成和发展，推动着人类社会从工业时代进入“知识经济”“文化经济”时代。随着精神生产的内容和形式发生根本性的历史变化，传统意义上的“精神生产”“精神生产力”已转变为更加体现产业化、社会化、市场化、国际化的现代特征的内涵更为广泛的“文化生产”“文化生产力”。在一定的意义上，“文化生产力”也是推动经济社会进步的第一生产力。在马克思看来，宗教、法、道德、科学、艺术等是人类生产的特殊方式，首先要受生产普遍规律的支配，然而，文化、精神生产是一种全面的生产。“动物的生产是片面的，而人的生产是全面的。”① 在市场经济条件下，精神、文化生产不能不讲经济效益，然而它作为全面性的生产是一种克服了片面的、外在的、异化的需要的生产，是一种体现了人的主体性的生产。因而，改革文化体制，解放和发展文化生产力，必须以人的全面发展为根本方向，首先，它是满足人的精神需要的生产。精神生产是人与动物的本质区别，时代愈是进步，人的精神需要愈是趋于多层次、多元化和个性化，文化生产力的发展将使人更多地从狭隘的生存视野，从地域和群体的自我封闭的孤立状态中解放出来。其次，发展文化生产力要体现人的价值追求。向“善”向“美”是人的生命意义，提升社会的道德精神，构建人的精神支柱，引导人们克服全球化、现代化过程中产生的种种精神焦虑、失落、异化，重建精神家园，推动人们心、智、德的协调发展，是经济活动和文化活动的价值追求。再次，发展文化生产力的落脚点是“文化人”的生产。人是文化生产力的主体，人的素质的高低，给予文化生产力决定性影响，而造就富有创造精神的“文化人”，也正是发展文化生产力的根本目的。文化生产与物质生产的区别在于，前者的对象是精神世界，主要是对精神资源的开发利用和创新，后者的对象是物质世界，主要是对物质资源的开发利用，文化生产过程直接就是人对自身的再理解、再创造、再构建的过程，更直接地依赖于人的能动性和创造性，没有一个高素质的“文化人”社会，就不可能有大规模的文化消费和文化生产。人生产社

① 《马克思恩格斯全集》第42卷，人民出版社1979年版，第96—97页。

会与社会生产人是一致的，文化人的生产与文化生产力发展也是一致的。

（本文是中共中央实施马克思主义理论研究和建设工程协调小组委托广东省邓小平理论和“三个代表”重要思想研究中心承担的《毛泽东思想、邓小平理论和“三个代表”重要思想对社会主义精神文明建设的理论贡献》重大理论研究课题的阶段性成果之一；执笔人：梁桂全、田丰、周薇、温宪元、夏辉，原载《广东社会科学》2005 年第 4 期）

把广东精神文明建设推向新阶段

自从党的十四大以来，随着改革开放的不断深入和现代化建设的发展，广东精神文明建设也迈上了一个新台阶。这集中体现在：邓小平理论逐渐深入人心，人们从南粤大地20年的巨变中真切领会到这一理论的科学性，从而对建设有中国特色社会主义的伟大事业充满信心和希望；与市场经济体制相适应的价值观念和道德体系得到完善和发展，一个有利于改革、发展、稳定的社会心理环境和文化氛围开始形成；知识和文化随着社会的发展和进步恢复了它的尊严和价值，并在经济社会的持续发展中越来越显示出其无穷魅力；生态环境日益受到重视，实现经济、社会、自然与人的协调发展提上了各级党和政府决策者的议程。而最根本的变化，就是邓小平关于"两手抓，两手都要硬"的战略思想从领导干部的认识转化为群众的自觉行动，从一种理想指向转变为千百万人民群众的伟大实践活动。在这场波澜壮阔的精神文明创建活动中，人民群众充分发挥历史主体的创造性、主动性，并在实践中不断形成新的观念、新的品格。

知识经济时代正在来临，经济发展的决定因素不再是传统的自然资源、资金和设备，而是知识和信息的占有、创造和开发。同时，经济的知识化、全球化也深刻地改变着资源的配置形式以及东方文明与西方文明。社会主义文明与资本主义文明既相互冲突又相互整合，从而使世界发展呈现出多样化、多极化的态势。这一切都预示着人类社会发展进程中的工业文明即将成为历史，而一种以人为本、以知识创新为驱动力、以全面开放为前提的新的文明形态正在向我们走近。在这种形势下如何建立与社会主义初级阶段相适应的市场经济体制、政治体制和文化体制，如何在深化改革中处理好改革、发展、稳定的关系，如何在新一轮国际经济、科技、文化的激烈竞争中抢占制高点，如何在民主化进程中引导人民群众同心同德实现现代化，是我们在精神文明建设中必须回答的一个历史性课题。

当前，我省各级党组织和全省人民正面临着“增创新优势，更上一层楼”的历史任务。

增创新优势，归根到底是增创人的新优势。因此，现阶段广东的精神文明建设，至关重要的就是要抓住“人”这个根本，把解放人的思想、提高人的素质、提升人的生活质量作为统揽全局的主线和中心。

解放人的思想，就是推动干部群众尤其是领导干部全面准确地掌握邓小平理论的科学体系和精神实质，自觉贯彻党的十五大和广东省第八次党代会精神，正确把握广东现代化建设的目标和任务；把思想从“本本”中解放出来，从狭隘的经验主义的束缚中解放出来，从小进则满。小富即安的小农意识中解放出来，跟上高科技革命的浪潮和知识经济时代的步伐；以广阔的思想视野、奋进的精神状态、求实的工作作风启动新一轮经济建设的热潮，交出物质文明建设和精神文明建设两份好答卷。

提高人的素质，就是大力加强市场经济条件下的思想道德文化建设，通过生机勃勃的群众性创建活动，通过实施依法治省工程和“科教兴粤”战略，用具有广泛基础的共同理想激励人，用职业道德、社会公德、家庭美德教育人，用完善的法律制度规范人，用现代科学文化知识培养人，激扬现代人文精神，培养与知识经济时代相适应的“道德人”“知识人”“文化人”，即走向全面发展的人。

提升人的生活质量，就是适应广东人民群众总体生活水平正在由温饱型向宽裕型转变的进程，进一步加强社会综合治理，重视生态环境的保护和建设，大力推动文化精品战略的实施，创建现代文明城市，活跃社区文化、企业文化、广场文化、家庭文化等各种群众文化活动，引导人们合力共建富裕、安全、和谐、文明的美好家园。

广东精神文明建设丰富生动的实践，推动了精神文明建设理论研究的不断深化。从服务中心、以立为本、虚功实做、务求实效的工作思路到社会主义初级阶段文化建设的战略思考，从生态文明观到社会全面协调发展观，从城乡一体论到城市文明形象论，从分门别类的研究到整体学科的建设，均反映了邓小平精神文明建设理论与广东实践相结合不断深入的轨迹，反映了文明创建活动规模日益扩大、水平日益提高的历程。当前，增创广东发展新优势的实践又向理论界提出了新的挑战。如何认识广东精神文明建设的形势、任务和目标，把握广东精神文明建设不断发展的特殊规律；如何认识现代化进程与人的需要及其思想道德演进的内在联系，把握社会进步与人的进步的互动规律；如何认识全球化过程中东西方文明冲突与整合的形式和特点，把握对外开放新形势下意识形态斗争及文化转型的一般规律等等，这是摆在广东理论界和实际工作者面前的新课题。解决好这些课题，必定推动广东精神文明建设跃上新水平。

（原载《广东社会科学》2005年第4期，作者：梁桂全、田丰等）

努力发展社区文明，把广东精神文明建设推向新阶段

近年来，我省大力推动创建文明城市活动的开展，群众性精神文明创建活动出现了百舸争流、千帆竞渡的生动活泼、整体推进的大好局面。从去年开始，创建文明社区的活动又在蓬勃兴起，标志着我省精神文明建设正在向纵深发展。广东省委关于建设文明社区的部署，适应了我省现代化、城市化发展的大趋势，反映了富裕起来的广东人民提高生活质量的新要求，把准了我省精神文明建设的脉搏，在全省得到了积极的响应和贯彻，使创建文明城市的活动开展得更加扎实、有效，更加生机勃勃。

一、广东社区文明建设的成就与经验

社区是指一种介于邻里和区域之间的社会实体，是聚居在一定地域中的人群的生活共同体。随着现代化、城市化、市场化的发展，社区由单一的居住功能逐步向满足人们多样需求的综合功能转变。广东作为全国经济开放最早的地区，经过20多年的建设，全省各地特别是珠江三角洲地区城市和乡镇正逐步向现代化城市转型，不同管理体制，不同功能的开放的现代社区大量涌现。社区开始从人口管理、政治管理的概念向社会发展、精神文明建设的概念延伸。根据省委要求，全省各地把创建文明社区的工作摆上议事日程。目前，这项工作取得了显著的成效，一批批各具特色的“文明小区”“文明社区”脱颖而出。“文明社区”的建设和发展极大地丰富了创建文明城市活动的内涵和形式。

创建文明社区活动对我省城镇社区带来的变化是十分显著的。

一是改善了社区生态环境。没有良好的生态环境就谈不上文明社区。各地把

营造“绿色社区”作为开展这项活动的基础性工程来抓，种花种草植树，扩展翻修路面，改造管网，建立较完善的管理制度和卫生保洁制度，使社区环境整洁有序，生活空间美观优雅，为居民营造一个安全、舒适、优美的工作生活环境。

二是促进了人际关系和谐融洽。现代社区的开放性、流动性和利益的多元化增加了人际关系的复杂性，处理不当容易造成人际关系的紧张。为了促进社区的和谐，许多社区大力开展以文明礼貌、扶贫济困、爱护公物、保护环境、守法守信、办事公道、服务群众为内容的职业道德教育和以尊老爱幼、男女平等、夫妻和睦、勤俭持家、邻里团结为核心的家庭美德教育，不但使社区有良好的社会风气和秩序，而且增强了家庭之间、人与人之间的亲和力。

三是营造了良好的文化氛围。文化是社区的精神纽带，不少社区重视完善社区文化设施，运用群众喜闻乐见的形式，开展多层次、多样化的社区文化活动，包括组织各种类型的家庭文化活动、广场文化活动、业余文化培训活动、全民健身活动等。教育引导群众不断提高自身素质，使社区充满生机。

四是提升了社区形象。社区形象工程建设是一项系统工程，是指得到社区内外公认的形神统一的整体反映。我省不少地方通过开展创建文明社区活动带动了住宅、绿化、环境卫生、交通等各方面的系列变化与发展，促进了服务体系的完善和管理水平的提高，经济发展和文化教育事业发展相得益彰，吸引了越来越多的投资者、居住者和游客，树立起良好的公众形象。我省在创建文明社区过程中，初步形成了一些行之有效的做法和经验。

（一）抓试点，由点到面逐步推进

上海市社区文明建设先走一步。中共中央政治局委员、广东省委书记李长春同志率团到上海市学习，其中一条是学习上海市抓文明社区建设的经验。此后，通过召开中山会议、南海会议，总结推广中山市和南海市创建文明城市和文明社区的实践经验。各市在贯彻省委决策的过程中，也都坚持了抓试点、抓典型，“解剖麻雀”，取得经验，分层推进，分类指导的做法，使创建活动在理论指导和榜样激励下扎实地普遍地开展起来。如广州市抓了南华西街、华景新城社区，深圳市抓了莲花山庄小区，中山市抓了竹苑、松苑小区，肇庆市抓了百花园小区，佛山市抓了普君、同济、城南社区，东莞市抓了莞城步步高文明小区。这些都从不同的方面为整体指导和推动文明社区创建活动提供了鲜活的经验。

（二）从实际出发，把丰富的内容与多样的形式有机结合起来

不同的社区有不同的自然条件、经济条件、人口结构、人文素质、管理体制，有各自的突出问题。许多社区能本着实事求是的原则，突出重点，注重实效，把难点作为重点，确立主攻目标，集中力量予以解决，既努力满足社区居民最迫切、最基本、最广泛的需要，又能量力而行，而不是片面追求豪华，盲目攀比，千篇一律。如广州创建文明社区突出素质培养、心理疏导，提升互动参与水平。南华西街社区与海珠区团委合办了“青少年手拉手援助中心”，成立了“南华西街现代家庭教育研究中心”，设立“爱心联系卡”和“社区便民热线服务卡”，保证随时提供帮助和服务，组建艺术体育团队，联合社区内各单位举办青年艺术节活动和联欢活动；大塘街社区为了加强社区各团体组织间的互动和联动，建立社区团工委建立居委会主任助理挂职制度，招募青年志愿者到社区服务。建立青少年网络俱乐部、书屋、各类康体设施以及与各教育基地合作，促进青少年思想道德和学识进步；华景新城社区建立素质教育基地，将青少年的素质教育工作引入社区，在生态园内设立多个青少年俱乐部，经常开展各种素质训练活动。针对深圳是一个年轻的移民城市，外来人口多、流动性强的特点，深圳社区工作突出疏导性、教育性、参与性、服务性等特点。社区服务由社区团委、社区青年文明号、青少年维权岗等组成；社区服务阵地包括大家乐舞台（公园、广场）158 个、社区义工站 150 个、图书馆 359 个、青少年培训基地 255 个、少先队队部室 50 多个、社区热线服务电话 10 多条、职业介绍所、婚介所、科技示范基地等一批；社区服务项目有大家乐、义工服务、青年文明号助万家、“千校百万”培训计划、城市美容、中学生社区实践、兴趣大本营等。中山市社区工作以“青年文明社区”为主，开展多样化、多层次的社区服务。有社区日常生活服务，择业服务，文化教育服务，助残、助老活动，咨询服务等。

（三）从人民群众的愿望和利益出发，找准切入点

以人为本，满足人的需要，促进人的发展，是社区文明建设的根本出发点。各地把社区居民群众不断增长的物质生活和精神生活的需求，作为创建文明社区的动力和追求，努力从老百姓最关心的事抓起，全心全意解决社区居民“急、难、愁”等方面的问题，在服务居民，满足居民需要上下功夫，通过服务社区居民群众来密切党和人民关系、管理机构与社区成员的关系，形成人与人和睦相处、文明生活的共同体。

广东文明社区建设活动取得了明显的进展，但从总体上看尚处于起步阶段，突出的问题是发展不平衡。从宏观上看，中小城市落后于大城市，经济欠发达地区落后于珠江三角洲地区，从微观看，硬件和软件发展不平衡，人的观念、人的素质滞后于环境建设，服务滞后于管理；有的社区囿于计划经济体制的方式方法手段，尚未形成与市场化、社会化相适应的现代管理机制和体制，法制和民主未形成互动态势；有的社区，特别是以商品住宅为主体的社区尚未形成认同感和归属感，与良好的社区外观形成强烈的反差，与整体城市文明形象不相协调。这些状况，对于经济快速发展的广东如何全面深入有效地抓好文明社区的建设，提出了更高的要求。

二、充分认识社区文明建设的重要意义，进一步增强创建文明社区的自觉性

（一）创建文明社区是精神文明建设的新任务

社区文明是广东城市化的要求，工业化催生了城市化。20 多年来的工业化、城市化运动使南粤大地发生了沧海桑田的巨大变化，以广州、深圳中心城市为龙头，以珠江三角洲城市群为主体，以粤东、粤西、粤北城市带为延伸点的城市体系已经形成。这种变化不仅是农村向城市的转变，而且是街道、乡村体制和结构的转型。现代社区在这种情况下应运而生，它构成了现代城市的基本要素。可以说，社区是城市的细胞，社区建设和管理是城市建设和管理的基础工作。细胞活了，整个城市肌体才能充满生机和活力；基础扎实了，城市精神文明建设的总体任务才能得到真正落实。从现实来看，近年来广东城市建设虽然有了长足的进步，但与城市社会发展和人民群众的要求相比还有不小差距。城市基础设施的不适应和城市管理的相对滞后，使城市社会生活中的矛盾表现得越来越突出。而城市基础设施不配套与管理滞后的矛盾又集中地反映在社区。如环境脏乱差、流动人口增长过快以及市民公德意识薄弱等城市建设与管理中的薄弱环节，无一不与社区关联。因此，搞好社区文明建设，是适应城市化发展、提高城市管理水平的关键环节。

社区文明是广东率先实现现代化的需要。率先实现现代化是党中央赋予广东的历史使命。社会的现代化不仅意味着城市空间的拓展、经济结构的优化、基础设施的完善，而且还包括人的文化素质、思维方式、行为方式、道德、习俗、观念的现代化。现代社会的竞争越来越集中到以人为核心的竞争。人的生存状况、

发展状况、文明状况，成为维系社会竞争力、发展后续力的关键。实现现代化，就是要实现人的全面发展。人的全面发展除了其受教育的程度之外，还包括人的生活状态和社会化的文明程度。而人的生活状态必然依存于一定地域，人的社会化也必然以一定空间为中介，这种空间维度就构成社会学意义上的社区。社区作为一个社会学的概念，一方面它强调社区居民日常生活的满足与服务；另一方面，它也指居民对生存空间的体验以及情感寄托的依靠。以社区为单位开展精神文明的基础工程建设，有利于营造一个科学文明、安全和谐的小环境，陶冶人的性情，培育人的文明秉性，满足人的个性发展要求，激发人的创造活力。因此，社区建设的状况不仅直接反映一个城市的文明程度，同时也是衡量一个城市现代化水平的重要标尺。

（二）创建文明社区是精神文明建设的新载体

精神文明建设是做人的工作。人是社会的人，通过家庭、邻里、单位、街道等与社会之网联系在一起，只有抓住社会之网的网节做工作，才能较好地实现精神文明建设培养人、熏陶人、发展人、造福于人的目标。多年来，我省精神文明建设以创建文明村、文明街道、文明家庭、文明单位为载体，取得了很大的成绩。然而，随着人的社会化程度的提高，人的普遍交往关系的扩展，以及人的需求的多样化发展，单靠这些载体就显得狭隘了。现代社区作为精神文明建设的新载体，具有以下几个优点：社区具有区域性的特点，它覆盖街道、企业和家庭。各类党政部门派出管理机构，各类服务组织，各类群众团体相互联系相互配合，构成一个小社会，对人的就业、学习、生活、交往发挥着全面的影响。以社区为载体开展文明创建活动，有利于促进社区内各种管理机构、服务组织的沟通和协作，使文明建设形成合力，形成规模，形成气候。社区同时具有综合性的特点，较完整的社区既是经济、政治的载体，也是教育、文化、思想工作的载体，通过社区各种设施各种渠道，精神文明建设的各项任务，包括改善生态环境，维护社会秩序，提升人的思想文化素质，增强共同体的认同感和责任感等等就能得到较好的落实。社区还具有自由组织的特点，社区人员往往由不同经济利益、不同职业、不同生活方式和多元价值取向的居民构成，是一个松散型的群体，采取传统的行政组织和行政手段开展文明建设，往往事倍功半。相反，那些代表共同利益、共同要求的居民自愿组建起来的自我服务、自我管理的团体、协会可以起到行政机构不能起到的作用。引导和发展这些团体、协会，通过它们把不同价值取向的居民动员起来和凝聚起来，为了自身的利益参与到社区文明建设中来，这个过程也就是人民群众自我教育的过程，充分体现了精神文明建设的主体性、群众性的原则。因此，根据社区以上的特点和优点，因势利导开展工作，精神文明建设就能找到一个有效的支撑点和辐射点，进入各阶层各群体，进入千家万户。

（三）创建文明社区是精神文明建设的新形式

新的教育形式。教育是提高人的素质的主要手段。在社会转型期，与人的自主观念、竞争观念、利益观念等市场经济催生的思想意识的增强相伴，人的责任、集体意识有所削弱，奉献意识弱化。面对多元化的思想，多样化的对象，思想政治工作受到严峻的挑战。实践证明，在创建文明社区活动中，充分利用区内基层党校、家长学校、再就业培训中心、图书馆、文化室等教育资源，把道德教育与法制教育、技术教育、文化教育结合起来，把思想教育与社区管理结合起来，把行政引导与居民自我激励结合起来，就能激活思想政治工作的形式和内容，使之更贴近生活，贴近群众。例如，从群众身边的事情入手，引导居民参与各种形式的公益活动，如共同维护居住环境和社会治安，参与社区文体活动，开展慈善性的帮困捐赠活动等等。居民在参与、交往、沟通、互助、共济等活动中培育了社会感情，深切地体会到个人同社区、个人同他人、个人与整个社会之间的紧密联系，公共意识和公益精神得到明显的提高。这不仅会在社区生活中体现出来，而且将会在范围更广的公共生活中体现出来，为社会公德的建设奠定良好的基础。

新的服务形式。精神文明建设以关心人、服务人为宗旨，真诚地为人民群众服务，满足人民群众物质和文化生活的需要是精神文明建设的落脚点。开展创建文明社区活动，不仅创新了服务的形式和手段，而且扩展了服务的对象和范围。社区服务依托社区各方力量和社区成员开展，以满足社区成员各种需求，提高社区居民的生活质量为宗旨，体现公益性、群众性、互助性等特点，通过完善各种便民、利民设施，努力解决社区居民最基本、最迫切要求解决的物质和文化生活方面的问题，如环境治理、联防治安、再就业培训和安置、社会福利和救济、医疗保健、文体娱乐等等。社区服务主要建立在自愿自治、自助互助基础上，在一定的条件下，引进市场机制，促进其朝着专业化、产业化发展，对于提高服务的社会化程度，提高服务的质量也是不可或缺的。实践证明，社区服务对社会生活有多种功能。它的大众福利宗旨、物质和精神兼顾的方针，群众性自我服务的性质，对于促进社区从生活共同体向价值共同体的转化有着十分重要的作用。

新的传播形式。传播是精神文明建设的基本方式。社会公德的培育，共同理想的形成，共同价值观的升华，无不需要传播来达到。文明社区的建设，提供了与现代化社会相适应的传播方式。它是一种横向传播，与靠行政体制的灌输不同，社区更多地通过邻里关系、人际关系传递信息，培育情感，因此这种传播是平等的、大众的。它是交往传播，社区是一个交往的共同体，共同价值观的培育是通过居民之间的交往，单位之间以及单位和居民之间的交往，以及许多不同类型的非政府的中间性的或自治性交往来进行的。因此，它更易于拉近人们之间的感情距离和心理距离。它是活动传播，各种由居民参与的社会活动、文体活动构成了社区生活的主要内容，居民的情绪和情感在这些活动中得到尽情的宣泄，从而使传播更直接、更生动。它是科技传播，现代社区正在引进因特网，网上对话、讲座逐步成为社区的一种基本生活方式这些现代科技的运用，增强了传播的时效性和公开性，不仅有利于在社区内形成扶正祛邪、扬善惩恶的舆论环境，而且有利于形成民主对话的氛围。

三、适应社会现代化进程，把社区文明提高到新的水平

随着广东朝率先实现现代化目标的大步迈进，社会现代化和人们生活现代化水平的提升，加强社区文明建设，把社区文明建设提高到新的水平显得必要而迫切。为此，我们必须进一步做好以下五个方面的工作：

（一）加强文化建设，培育富有自身特色的社区人文精神

文化是人自由自觉地创造自己生活的本质特征，是维系一个民族、一个群体的精神纽带，社区文明建设是否有效、是否深入，关键看是否形成了具有自身特色的社区文化。社区文化是指生活在某一特定区域范围内人们的共同的心理特征、价值观念和审美情趣，它对人的思想观念、道德观念、思维模式、行为方式的形成和发展有着深刻影响，对特定区域的经济、社会的发展起着一定的导向、动力和制约作用。我们以往的社区文化建设总体上仍停留在表层文化层次上，重视了文化设施的建设和文化娱乐活动的开展而忽视了深层文化尤其是人的价值观、道德意识、人文精神的培育。在人口流动性提高，经济利益多样化、思想观念相互碰撞的社区，人文精神的培育对于社区的稳定和谐，实现可持续发展更不

可缺。培育社区人文精神，首先要坚持时代性原则，提倡与改革开放和现代化潮流相适应的以人为本的精神，尊重知识、尊重人才的科学精神，平等民主精神、法治精神、协作精神等。其次是本土化原则，不同的社区具有不同的文化资源，这些资源来自传统的文化积淀，民族的伦理价值观和乡土文化风情。只有发挥自身的文化资源优势，才能培育富有自身特色的社区人文精神。

（二）加强伦理道德教育，增强社区凝聚力

社区的凝聚力来自于人的向心力，而人的向心力的形成既有赖于共同利益的产生，又有赖于社区伦理的形成和制约。社区伦理的形成和提高可以从三个方面入手：社会伦理教育，主要是要以集体主义道德原则为指导，树立起关心他人、关心社会、关心民族和关心国家的一种责任感和奉献精神，正确处理个人同他人、个人同集体和国家的关系，更好地调整人和人之间的各种关系；家庭伦理教育，主要是正确处理夫妻关系，更好地教育子女，提倡尊老爱幼，促进邻里和睦；生态伦理教育，主要是引导人们正确处理人与自然的关系，树立人与自然相互依存和谐共生的“生物圈”意识，形成爱护保护环境，绿化美化环境的风尚，通过这些教育，使“社区就是家园”的观念深入人心。

（三）强化主体意识，使文明社区建设成为人民群众的自觉行动

紧紧地依靠群众，充分尊重人民群众的首创精神，最大限度地发挥人民群众的积极性和主动性，是马克思主义的历史观和方法论，也是创建文明社区活动所要遵循的基本方针。人始终是创建社区文明的主体，唤起人们的主体意识，激发人们创造幸福美好家园的自觉性，是建设文明社区的保证，也是建设文明社区的最高目标。要使群众真正成为社区文明建设的主体，一是广泛动员人们积极参与创建活动。引导人们共同参与文明社区总体规划和实施方案的制定，参与社区自治规则和居民规范的讨论，参与社区的管理服务组织和管理服务活动，充分调动起群众建设社区文明生活的历史责任感和使命感。二是社区文明建设要适合群众的特点。社区文明建设的内容和形式要贴近群体生活，要为群众喜闻乐见，要善于创新，让不同阶层的群众都能找到适合自己特点的“兴奋点”，切戒千人一面的说教和简单的模仿。三是社区文明建设要着眼于群众的普遍利益。社区文明的宗旨是提高人民群众生活质量，解决人民群众普遍关心的实际问题，让人民群众生活得更幸福。因此，每一步都要给群众带来看得见、摸得着的实实在在的变化。尊重并照顾群众的实际利益是社区文明建设获得长久动力的重要条件。

（四）完善服务体系，为人民群众提供优美舒适的家园

服务是创建文明社区的关键，搞好服务，就抓住了社区文明建设的关节点，体现了社区文明的宗旨。生活服务是基础，为居民的衣食住行创造各种便利的条件，解决居民在入学、医疗、就业等方面的困难，社区文明建设就能得到群众的真心实意的拥护。拓展服务的层次和领域，促进人的素质的提升，就可以实现社会全面自由发展。通过组织各种社会活动、文化活动，满足人的多方面的精神文化需求，营造一种民主的氛围，培养人的民主意识，鼓励人的个性的发展，拓展人的交往关系。为此，要形成以街道居委会为主导，以志愿者为主体，以专业公司为补充的社区服务网络，使生活服务、就业服务、教育服务、休闲服务、科技服务系统化、社会化，并且不断提高服务质量，营造一个涵盖社区内不同年龄、不同层次、不同需要的人们的物质精神生活的完善的体系。

（五）加强社区文明建设的规划和协调，促进社区文明建设的可持续发展

随着社会经济的发展、人们生活方式的变化，社区日益成为一个复杂、动态的系统，因而社区文明建设是一个长久的、持续的、不断深入的过程。只有做到从整体上规划好、管理上协调好，才能促进社区文明建设的可持续发展。

社区作为整个社会的一个微观组成部分，其结构是十分复杂的，作为一个文明社区，在整体结构上，它至少具备两大特征：（1）环境优化。经济环境、政治环境、文化环境、社会环境必须同步优化，形成有利于社区发展的良好的生态条件、社会风尚和人文氛围。（2）各种基础设施的区位结构合理。本着有利生产、方便生活的原则，根据人们从事各种活动的需要，合理安排社区内各种公共设施、服务设施，注意结构平衡。安排好生产、生活、服务、教育、文化娱乐、体育卫生等，促进社区经济、政治、社会和文化协调稳定发展。在计划经济体制向市场经济体制转型的过程中，在一个社区内如何使各种管理组织彼此协调、互相配合，既是推进社区发展的关键，同时又是一项科学的系统工程。这一系统工程不仅包括社区的规划和决策系统，而且还涵盖着组织、实施等过程。从目前的实践看，为使管理科学化、制度化和系统化，要建立、健全社区建设和管理的协调机构。社区协调机构由街道机关和政府派出有关职能部门牵头，包括环卫、工商、税务、公安等机构共同组成，以建立高效率的运行机制，行使决策、协调、督促的职能；要进一步扩展街道的政府职能和社会管理职能，把街道党、政、工、团、妇的力量和作用协调好，发挥好，建立起政府行为与社会自主行为相结合的管理模式；要进一步强化居委会的功能，充分发挥居委会作为居民自我管理、自我教育、自我服务的组织的作用；要大力鼓励各类社区群众自治组织的建立，发挥其作用。

广东正在由小康社会向现代化社会迈进，加强社区文明建设，是推进社会转型和提高人民生活质量的迫切需要。可以预言，随着文明社区的实践深入，千万个绿色的、富裕的、和睦的，充溢着人文精神的家园将在广袤的岭南大地上涌现，广东精神文明建设将提高到新的水平。

（广东省精神文明建设研究中心课题组，课题组成员：田丰、周薇、章扬定、邓线平，执笔人：田丰、邓线平，原载《广东精神文明建设红皮书（2000）》，广东人民出版社 2001 年版）

文化产业与精神文明

党中央在《关于制定国民经济和社会发展第十个五年计划的建议》中提出，发展文化产业，加强精神文明建设。这是站在新世纪高度上加强精神文明建设的一个新思路。

我们知道，文化是文明的活的灵魂，文明是文化活动的凝结；文化体现了人的能动性自觉性，文明是人能动地改造世界改造自身的成果；文化主要反映人的精神状况，包括情感、思维能力、价值观念等，它有积极与消极之分，而文明反映社会整体状态，涵盖人、社会、自然环境的互动关系，标志着进步与发展。可见，文化建设与社会主义精神文明建设有着不可分割的内在联系，作为灵魂和主体能动的方面，文化建设的状况决定着精神文明建设的状况。随着文化产业的兴起和发展，文化建设的内容和形式、运行机制、管理机制等都发生了极大的变化，并给社会主义精神文明建设带来多方面的显著变化。

一、文化产业促进了精神文明建设内容的大众化

精神文明建设的根本宗旨是提高人的素质，服从和服务于广大人民群众的精神文化需要，促进人的全面自由发展。人作为一切社会关系的总和，与自然、社会、人自身发生全面的关系，既有感性的、理性的精神需要，也有信仰的精神需要。满足广大人民群众的多样化需要，是精神文明建设的题中应有之义。在自然经济、计划经济条件下，人的需要是狭隘、封闭的，狭隘的生产方式、交往方式限制了人们的欲望，与此相应的精神文化生产方式突出了传道教化功能，压抑了人们求美求乐的需求，娱乐、信息、审美、创造等功能被忽视了。这种功能单一化、政治化的文化与改革开放条件下人们释放出来的精神文化需求很不相适应，

与全面提高人的素质的精神文明建设根本任务很不相适应。文化本来是人民群众创造的，如果它不能反映人民群众的愿望和心声，就失去了它赖以发育和发展的沃土，就只能成为少数“精英”的事业，甚至可能成为少数人的政治工具（如“文革”）。

文化产业的兴起和发展，把文化融入到市场经济的总体格局中，使文化的生产、交换、消费经受市场的选择。而人民群众是市场的主体，他们的多样化需要通过市场反映出来。于是，文化的结构、内容、品味以市场为中介紧紧地与群众联系在一起，随之变化而变化。文化不再是少数人的享用品，也不是由长官意志随意“钦定”的计划产品，它借助于产业化的图书出版发行、大众传媒、娱乐市场春风化雨般进入千家万户，起着熏陶、传播、教育等作用，使广大人民群众及时得到知识、信息、艺术，开阔视野，增长见识，发展能力，全面提高文明程度。

二、文化产业促进了精神文明建设机制的社会化

无论是思想道德教育，还是科学、教育、文化、卫生、体育事业，都不能孤立地存在与发展，而是与社会系统紧紧联系在一起，与社会生活的方方面面联系在一起。随着时代的进步，精神文化在经过与物质生产、经济生活相分离后，又逐渐趋于统一，特别是在进入信息社会的今天，文化成了经济发展的动力和灵魂，文化生活成为人们生活方式的重要部分。因此，精神文明建设应该是全社会的事业。然而，计划经济模式把精神文明建设简单化、孤立化了，国办文化事业不仅由于缺乏财力支持而难以为继、日渐萎缩，更由于缺乏竞争而自我封闭，失去活力。

文化产业的兴起与发展，促进了精神生产、交换、消费的转型，市场机制对精神文化产业经营的资源配置日益发挥越来越重要和越来越广泛的作用。文化产业的可经营性、获利性吸引了社会各方面的投资，一个以不同形式的公有制为主体，多种经济成分参与的文化投资和经营体制已经形成。文化市场的开放和发展促进了文化企业的公平竞争，激活了受旧体制束缚的国有文化企业的各种要素，使之在竞争中走向集团化、股份化，生产和经营的社会化程度越来越高。市场的无形之手把管理者、生产者、经营者、消费者有机地联结为一个整体，精神文明

建设成为社会各部门、各行业、各阶层的共同活动。加入世界贸易组织（WTO）后，我国的文化产业将日益融入经济全球化进程，在参与全球文化产业的国际竞争中壮大和发展，我国精神文明建设也将在各种思想文化的相互激荡中不断得到提升。

三、文化产业促进了精神文明建设手段的现代化

精神文明建设必须借助于各种传播、教育的手段才能广泛地影响人们的思想意识和价值观念。在文化仅仅作为一种事业的状态下，思想政治工作作为精神文明建设的主要方面，往往局限于垂直式的单向传播（如下发文件、会议传达等等），不仅形式单调，而且影响面窄，时效性差。面对社会变革带来人们知情意识、参与意识的普遍增强，面对国门打开带来各种观念、信息的冲击，这种思想政治工作手段已不再适应了。

文化的产业化，首先是促进大众传媒迅猛发展，书籍市场、报刊市场、广播电视市场、娱乐市场趋向规模化系统化。传播工具的这种变化引起了传播方式的革命，双向、横向的传播代替了垂直的单向传播，精神文明建设的内容和要求通过新闻、信息、艺术、文化的广泛传播而迅速进户进厂进村，入耳入心入脑。恩格斯说，社会的需要比十所大学更能推动科学技术的发展。精神文明手段的现代化是通过机制创新引发技术创新而实现的。文化产业本质上按市场机制运作，这就为开拓市场吸纳人才提供了前提。市场的迅速扩张迫切要求提高文化生产力，人才的积聚给文化生产、传播的手段更新换代提供了可能。而世界范围内兴起的信息化、数字化潮流又给这种技术创新予压力和条件。近年来，文化产业的现代化以信息化、数字化技术的应用为标志，以信息技术全面改造带动出版、音像、电视、电影技术，全面提升图书馆、博物馆、影剧院等文化设施的装备水平，极大地提高了文化生产、传播的效率和质量，较好地适应了广大人民群众日益增长的精神文化需求。当前，信息高速公路技术正在对我国文化产业的发展产生越来越深刻的影响，这必将为精神文明建设手段的现代化注入新的内容和动力。

毫无疑问，文化产业的兴起和发展，对我国精神文明建设的内容、机制、手段的创新发展具有十分重要的推动作用。不仅为精神文明建设形成自我发展自我更新的良性循环提供了强大的物质基础，而且为精神文明建设成为千百万人民群

众共同参与的自己的事业创造了社会氛围和社会环境。然而，文化产业是把双刃剑，它在开拓文化市场，使文化产品的生产和消费社会化的同时，也可能为了追逐利润最大化而牺牲社会效益；它在大批量生产文化产品满足大众需求的同时，也可能把一种文化风格普遍化，从而压抑和抹杀人的自由个性；它在融入世界文化产业体系、促进文化开放的同时，也可能为外来文化冲击民族文化打开方便之门。因此，我们在顺应经济社会发展规律，积极推动文化产业发展的同时，必须充分认识和估计文化走向产业化给精神文明建设可能带来的负面效应。如何实现社会主义制度与市场经济的有机统一，既充分发挥市场对文化资源合理配置的杠杆作用，又清醒地认识到市场并不可能完全解决文化发展的一切问题；既遵循市场经济的一般规律，又尊重文化发展的特性和内在规律，做到市场调节与政府调控的有机结合，使文化产业的发展最大限度地满足人民群众的精神文化需要，为人的全面自由发展创造条件，促进社会主义精神文明建设的不断进步。这是时代向实践和理论提出的历史性课题。

（原载《南方日报》2001 年 3 月 18 日）

转变经济发展方式中的文化力量

马克思主义历来重视文化力量对经济社会发展的巨大推动作用，认为文化体现了人的能动性、自觉性的本质特征，不仅不断丰富人们的精神世界，而且能够转化为巨大的物质力量。当代世界，文化与经济、政治日益相互交融，文化在综合国力竞争中的作用日益突出。转变经济发展方式是劳动方式和发展模式的根本变革，是一次深刻的经济社会转型，需要充分发展文化生产力，提升文化竞争力。

一、文化生产力的本性

作为现实的生产力，文化生产力首先是一种对象性的力量。生产力是在主体与客体的相互作用的实践中形成和发展起来的，“劳动的实现就是劳动的对象化”①。人以自身的精神活动引起、调整和控制人和自然的物质变换以及人与人之间的精神变换，创造出人化自然和文化世界，从而达到在人化自然和文化世界中能动地、现实地呈现自身。文化生产力在这种对象性的活动中创造出“物化”的物质存在和文化存在。生产不仅为主体生产对象，而且也为对象生产主体。对象化实践包含了非对象性的过程，亦即客体向主体转化的过程。正如当人通过物质生产劳动这种活动“作用于他身外的自然并改变自然时，也就同时改变他自身的自然”② 一样，在创造人化自然和文化世界的过程中，主体也改变和发展着自身的思维能力和思维方式，丰富着自身的语言、智力、价值和情感。

---

① 《马克思恩格斯全集》第 42 卷，人民出版社 1979 年版，第 91 页。

② 《马克思恩格斯全集》第 23 卷，人民出版社 1972 年版，第 202 页。

其次，文化生产力是一种社会化的力量。人是社会关系的总和，社会化的交往实践是物质生产活动的前提，也是文化生产的前提。文化生产力发展的过程，紧紧地与人的社会化程度相联系，与社会化大生产的发展相联系。马克思指出："语言也和意识一样，只是由于需要，由于和他人交往的迫切需要才产生的。"①交往是人与人之间交换其活动、能力及成果的过程，它是人作为社会性存在或"类"存在的根本特征。交往使单个人的劳动成为社会劳动，使单个人的特殊性存在成为社会性的存在，从而使主体的潜在的文化力量成为现实的力量，从狭隘的地域性力量成为普遍性的力量。正如马克思所说的，诸多个人的力量，"只有在这些个人的交往和相互联系中才是真正的力量"。在全球化浪潮汹涌而至的现代，社会化交往不但是各民族借鉴外来文化激活自身文化基因的必然选择，而且是民族文化在融入世界体系的过程中获得保存和发展的必然要求。"只有当交往成为世界交往并且以大工业为基础的时候，只有当一切民族都卷入竞争斗争的时候，保持已创造出来的生产力才有了保障。"②

再次，文化生产力是一种产业化的力量。精神生产从物质生产中分离造成了文化生产力的第一次飞跃，而精神生产与物质生产在新的条件下的结合造成了文化生产力的第二次飞跃。经济文化化和文化经济化的相互作用，推动着文化生产走向专业化、标准化、批量化和联合化，形成了文化产业，西方一些学者称为"文化工业"。这种产业化的文化生产力以市场为导向，以创意为动力，以科技为支撑，以人才为基础，集中体现为经营文化生产和文化服务的文化企业大量涌现并不断走向集团化经营。文化的产业化必然打破行业壁垒、地域壁垒以及意识形态的壁垒，使文化产品和文化服务的生产、交换、分配相互联结，摆脱封闭运行、自我循环发展的状态，形成不断扩展的文化产业链条和不断优化的文化产业结构，实现集约化发展。文化生产力的产业化在大大扩张文化发展空间，增强文化对其他产业乃至全社会辐射力、影响力的同时，又将引起文化生产与物质生产的不断分化，不断转化，不断重构，引起对精神价值和物质价值乃至人的价值的重新评判和重新理解，引起经济增长方式和人的活动方式新的转变。

① 《马克思恩格斯选集》第1卷，人民出版社1995年版，第81页。

② 《马克思恩格斯全集》第1卷，人民出版社1995年版，第108页。

二、现代文化生产力发展的新特征

文化生产力的形成和发展与物质生产力相比具有许多不同的特征，这些特征在知识经济时代、全球化时代表现得更加突出，主要表现在如下方面：

特征之一：文化生产力以文化人的生产为前提，发展文化生产力要体现人发展的全面性和自由性。文化生产与物质生产都是人的改造客观世界的实践活动，因而都要遵循实践的普遍规律，正如马克思所说，宗教、法律、道德、科学、艺术等是人类生产的特殊方式，不能不受生产的普遍规律的支配。作为一种对象化的过程，它不能离开物质力量，思想如果不与物质力量相结合，仅仅在内部旋转，就不可能转化为现实的生产力。作为一种社会交往过程，如果不与一定的生产关系相结合，比如在资本主义生产方式中不与市场、资本相结合，也不可能成为现实的生产力。然而，思想文化与物质力量、社会关系的结合既是受动的过程，也是能动的过程。

在市场、资本的支配下，文化生产必然受利润法则的影响，尤其是大众文化，更是以追逐利润为目的。然而，人的生产具有自由性和全面性，这种特质在精神生产中更加鲜明地表现出来，成为非对象化、克服异化的内在强大力量。马克思指出："动物的生产是片面的，而人的生产是全面的。动物只是在直接的肉体需要的支配下生产，而人甚至不受肉体需要的支配也进行生产，并且只有不受这种需要的支配时才进行真正的生产；动物只生产自身，而人再生产整个自然界；动物的产品直接同它的肉体相联系，而人则自由地对待自己的产品。"① 从精神生产的全面性和自由性出发，发展文化生产力要以满足人的多层次精神需求为基本任务，以增进人的认识能力为基础，以丰富人的价值追求为核心，以促进人的自由全面发展为最终目的．在市场经济条件下，为了保持文化生产的自由、全面的本性，必须高扬文化的批判精神，努力避免文化生产的物化过程走向异化。

迄今为止，物质性工具仍是文化活动的不可或缺的因素，现代信息科技的迅猛发展所导致的因特网等网络体系的发展，不仅大大延伸了肢体，而且大大扩张

① 《马克思恩格斯全集》第42卷，人民出版社1979年版，第96—97页。

和解放了人脑，极大地提高了对文化资料收集、分析、综合、转化的效率和质量，在这个意义上“科技是第一生产力”。然而，文化生产与物质生产的根本不同在于，前者以物质世界为主要对象，主要是对物质资源的开发利用，后者以精神世界为主要对象，主要是对精神世界的创新和利用，文化生产过程直接就是人对自身的再理解、再创造、再构建的过程，就是人的自由个性的发挥过程，没有一个高素质的“文化人”社会的形成，就不可能有大规模的文化消费和文化生产，人生产社会与社会生产人是同一的，文化人的生产与文化生产力的发展是同一的。

特征之二：文化生产力与文化消费力具有同一性，发展文化生产力要以扩大文化消费为前提。在现代市场经济条件下，生产决定消费的传统发展模式正在被消费决定生产的模式所代替。与物质消费相比，文化消费具有三个不同的特点：一是与生产过程的同一性。人在欣赏一首曲、一幅画、一部电影的同时，也就是在阐释和丰富这些文化产品的内涵，也就是在增进人的审美能力，因而，文化消费过程往往是文化增值的过程，是提高人的素质的过程。二是效用的多样性。不同价值观念的人对同样的文化品消费有不同的评价和选择，可以说，在文化消费中找不到铁的规律。三是价值的无限性。文化消费品一般来说具有文化积累的意义，没有文化积累就没有人类的历史，因而它的价值不因时间的流逝和空间的转换而贬损，反而随着社会生产力的发展、人们自由支配时间的增加和交往范围的扩大而不断增长。至于一些具有代表性的经典的文化品，其价值更是不可估量。

在市场经济条件下，生产的无限性与消费的有限性是一对矛盾，无限扩大的生产必须由无限的消费来充当引擎，文化消费力的扩张无疑是这对矛盾运动的内在要求。在西方现代化国家，城市由生产的中心变成消费的中心。从生活用品消费到符号性消费，从享受型消费到炫耀型消费，资本和市场主导着人们的生活需求和文化价值。按照西方现代化发展的一般进程，人均 GDP3000 美元将带来汽车消费时代，文化消费时代也会接踵而来。从追求物质消费到追求文化消费，反映了社会现代化的客观趋势。文化消费力的不断扩大，给当代资本主义注入了新的活力和新的内涵。

特征之三：文化的生命力在于交往，发展文化生产力以增强文化的传播力为基础。文化起源于交流和传播，文化传播是文化生产和文化消费相互转化的中介，如书报出版发行，既促进了文化生产，也促进了文化消费。在文化传播中，一定的文化体通过与异质文化的接触、互动、融合，不断打破民族、群体和地域的狭隘性、局限性，不断扩大文化的认同圈，这个外化过程也是不断激活、创新自身的结构和内容，生产出新的文化主体和文化精神的过程。在全球化加速发展的现代，各种文化在全球范围内为夺取价值、话语的主导权展开激烈的竞争，而传播力的强弱与否区分出这个竞争过程中的强势文化和弱势文化。

经济全球化与文化传播形式的变革互为因果，文化传播工具、形式的变革推动了经济全球化，而经济全球化又为文化传播工具、形式的变革提供了需求和条件。人际传播与人类的历史一样久远，与“鸡犬之声相闻，老死不相往来”的传统农业社会相比较，由于交通、通信和全球交往关系的发展，当代人际传播的形式和内容发生了根本的变化，旅游业、教育业、会展业推动着人们的文化信息、生活方式的相互交流，成为文化传播的有效载体。贸易传播是随世界市场体系形成而产生的重要文化传播渠道，如今随着文化全球化的发展，文化产品贸易在国际贸易中所占份额急剧增长，贸易传播中的文化含量大大增加。互联网传播是当今最具影响力最有发展前景的文化传播形式，它正在深刻改变着人类的生产方式、生活方式和思维方式，把人类带进了网络时代，“地球村”时代，它削弱着旧的以民族为本位的文化认同机制，首造着人类历史上最广裹的文化圈，它不仅反映着现实世界，而且创造着一个虚拟世界。谁在互联网上占有优势，谁就占有文化传播的主导权。吉登斯认为，全球化的本质就是流动的现代性，流动指的是物质产品、人口、标志、符号以及信息的跨空间和时间的运动。互联网传播无疑是这种全球即时互动的主要杠杆。

特征之四：创新是人类文化进步的灵魂，文化创造力是文化生产力的核心，为文化生产提供不竭的动力源泉。文化创造力充分体现了人作为主体的自由能动的本质特征。文化创造与狭义的文化生产不同，狭义的文化生产是量的规模扩张，而文化创造是新质的产生和发展。与文化消费不同，文化消费往往是群体性的认同过程，而文化创造是发挥自由个性的过程，是求异的过程：与文化传播不同，文化传播是原有文化在空间的扩张和时间上的延续，而文化创造是原有文化的否定性环节，是扬弃和飞跃。然而，文化创造又不能游离于文化的实践过程，它作为能动的、否定的力量渗透于文化传播、消费、交往、传承的各环节之中。是否重视和培育文化创新能力，决定了每一民族、国家在全球化时代的生存发展能力。美国和日本20世纪80年代以来展开激烈的综合国力竞争，由于美国更重视创造力的提升，及时转向发展知识和文化产业而重现强劲的领先势头，日本则由于沉醉于模仿制造而经历了“迷失的十年”，这里显示了文化创造力对于提高国家综合竞争力的极端重要性。当前，由英美等西方国家发动的文化创意产业已经形成一种席卷世界的文化创新和产业创新的潮流，在文化创意产业领域的竞争成为文化和经济竞争的焦点之一。

三、激发文化力量是加快经济发展方式转变的内在要求

（一）转变经济发展方式要求解放和发展文化生产力，促进文化与经济的相互融合、相互转化

由主要依靠物质资源消耗转到更多地依靠科技创新、管理创新和劳动者素质提高实现增长，是转变经济发展方式的主要途径。人类社会近代以来由科技革命所推动产生了多次生产力革命。当前数字技术、网络技术的迅猛发展和广泛应用又在催生新的生产力革命，物质生产与精神文化生产比以往任何时候都更加紧密结合起来。一个以物质生产力为基础，以文化生产力为主导，两种生产力相互联系、相互渗透、相互转化的现代生产力系统正在形成和发展，从而推动着人类社会从工业时代进入“知识经济”“文化经济”时代，推动着新的产业革命。文化生产力以文化资源为主要对象，以高新科技为主要中介，以内容创新和服务创新为主要形式，以智力劳动者为主体，是发展先进制造业、现代服务业和战略性新兴产业的强大动力。因而，发展文化产业在转变经济发展方式过程中具有优结构、扩消费、增就业、促跨越、可持续等独特优势和突出特点，对改变乃至提升我国现有产业结构、消费结构、资源结构、生态结构等都具有现实价值和长远意义。我们要适应现代生产力革命和产业革命的时代要求，自觉把文化产业作为新兴战略性主导型产业，通过进一步深化体制改革，构建有较强实力和竞争力的文化产业体系，为经济发展寻找新途径、新空间，为转变经济发展方式开辟重要途径和突破口。

（二）转变经济发展方式要求大力提升文化国际竞争力，在全球产业价值链中实现高端崛起

文化竞争是后国际金融危机时代大国之间较量竞争的新趋势，文化竞争包括文化知识、文化价值、文化体制、文化产业等方面的竞争，而文化产业竞争是文

化竞争的载体和焦点。如美国把文化贸易作为国家战略，2010 年以一部《阿凡达》在全世界既赚足了钱又宣扬了美国价值观。中国出口贸易早已超越德国占居世界第二，然而结构上处于全球价值链的低端，而相对处于价值链高端的文化产品和文化服务所占份额甚少，总体处在逆差状态。如何在改变过于依赖出口拉动实现增长的同时，调整以贸易加工为主体的出口结构，以大力推动文化产业走出去提升我国出口贸易结构，提升我国国际竞争力和文化影响力，也是加快经济发展方式转变的一个重要方向。我们要以大国心态积极参与国际文化产业分工，把丰富的文化资源转化为文化产业优势，积极探索市场化、商业化、产业化运作方式，大力打造文化国际品牌，制定优惠经济政策扶持各种所有制文化企业到海外运营发展，不断创新文化走出去的渠道、途径和方式方法。实施文化走出去战略，将为我国在后危机时代调整外向型产业结构，在更高层次上参与国际竞争和国际分工，提高国际竞争力和文化软实力开拓新视野、新境界。

（三）转变经济发展方式要求充分激发文化创造力，培育和增强自主创新能力

转变经济发展方式的关键，是由要素驱动转到创新驱动上来，切实提高自主创新能力。发展文化产业，不仅能够拉动文化消费，满足人们多样化、多层次、多方面的精神文化需求，而且有利于营造自主创新的文化环境。当前在全球兴起的文化创意产业，把人的想象力与工业设计等传统业态与数字传播等高新科技、网游动漫等时尚娱乐融为一体，既提升了传统产业，又促进了文化的内容创新、形式创新、传播手段创新、业态创新；既提高了大众的审美情趣，又为大批创新型文化人才的成长和作用的发挥拓展了新领域。劳动方式的转变必然要求劳动者知识结构的转变，与低端加工业相应的是技能型劳动者，与创意产业相应的是知识型劳动者，发展文化创意产业，呼唤着有理想、有文化、有创造精神的一代新人的涌现。去年在应对国际金融危机中，振兴文化产业被纳入了国家战略，为全面提升广大干部群众的文化素质提供了契机和动力。我们要抓住这个文化与转变经济发展方式的结合点，在实施转变经济方式战略中坚持以文化人，为广大劳动者全面发展提供知识教育和文化熏陶，要在全社会树立“人才资源是第一资源”的观念，形成尊重劳动、尊重知识、薄重人才、尊重创造的良好氛围，培养造就大批创新型、复合型、外向型、科技型文化人才；要加强文化创意与传统业态的融合，提高产业转型升级能力和企业自我创新能力。转变经济发展方式，说到底是改变人的生存方式和劳动方式，更多地在经济活动中注入文化元素，最终要以提高人的文化素质来提高经济发展的质量，只有通过激发文化创造力，营造创新文化环境，推动知识创新、价值创新、技术创新、体制创新，自主创新才有生生不息的源泉活水，科学发展才有强大的文化动力、价值支撑和人才支持。

四、我国发展文化产业的战略方向

（一）主体多元化

党的十七大提出，要加大对垄断性行业和重要领域的改革，这也适用于文化领域。经过30年改革开放，我国市场经济发达，民间资本充裕，民营文化企业也不断发展，有规模化经营的，如广州的香江集团等，也有在新兴产业方面占据制高点的，如广东奥飞股份公司等。我们要在做大做强国有文化企业的同时进一步向民资、外资开放，形成公平竞争、崇尚创新的文化产业生态环境。当前我国文化体制改革进入新阶段，面临新的任务：（1）转企改制，主要是出版发行、文艺院团等文化事业单位；（2）战略重组，主要是广播电视网络传输系统和出版发行系统的集团化；（3）资本运作，全面推动报业传媒集团股改上市，在各区域乃至全国催生一批以资本为纽带的、跨区域跨行业跨所有制的大型上市文化企业。无论进行哪些方面的改革，都要把发挥多种所有制的优势和潜力，塑造多元化的产业和市场主体作为重要任务。

（二）资源资本化

一个经济学家说过，一个国家的发展水平和富裕程度，取决于它的资本化程度。我们过去熟悉的是经济资本，近年来又开始接触文化资本、社会资本的概念。文化资本由法国社会学家皮埃尔·布迪厄提出，他认为资本是天然合理的，是一种积累的劳动，一种嵌在客体或主体的结构当中的力量。文化资本包括个体的、客体的、制度的多种形式。对人的教育、开发文化产业、形成某种文化制度等都是积累和发展文化资本的过程。文化资本与经济资本、社会资本可以互相转化。

我们不缺乏文化资源，但缺乏文化资本，或者说缺乏资本化意识和战略。美国把花木兰、熊猫拍成大片，是用经济资本攫夺我们的民族文化资源。根据我国国情，培育文化资本要着力抓好如下几方面：一是发展教育和文化，提高人的文化素质，这是主体性的文化资本；二是保护研究开发本土文化资源，发展特色文化产业，这是客体性的文化资本；三是形成开放的文化交易平台，吸纳人才、创意、知识产权等各种文化要素，这是制度性的文化资本；四是形成有影响力的文化符号，这是心理性的文化资本。

（三）产业集群化

党的十七大以来，我国文化产业迅速发展，对国民经济的贡献越来越大。但与国际文化产业先进水平相比，存在如下问题：总量偏小，对国民经济增长的贡献率偏低，集约化程度不高，资源配置分割。龙头企业缺少，名牌产品不多，产业结构不合理，文化服务业产值仍然偏低，公共文化产品供给明显不足，等等。通过集群化提升文化产业发展水平势在必行。

集群化的路径包括：（1）链条化，即实行逆向波及、顺向波及、横向波及，形成以特定文化产品、文化品牌为核心，以从事文化产品的生产、交换、分配、消费的专业公司为依托的大型产业群；（2）集团化，即形成主业突出，产权明晰，跨国、跨区域、跨行业、跨所有制的大型文化产业集团；（3）集中化，即各种生产要素向龙头企业集中，向战略性新兴产业集中，向产业园集中，向形成产业优势的城市集中。广东提出以广州和深圳为龙头，建设珠江两岸文化创意产业园区群和粤港澳文化创意产业带，从而形成整合优化文化要素，推动文化产业集群化的新载体。

（四）营运国际化

国际化是推动文化产业做强做大，在国际竞争中使中国文化走出去的必由之路。一要充分认识到，与经济发展一样，开放也是文化发展的必由之路。今天的中国要以大国心态主动参与国际文化交流和文化贸易。二要借鉴别国成功经验，特别要借鉴日本、韩国文化产业国际化的成功经验，在参与全球化中打造有本土特色的文化产业模式。三要善用民族文化资源，可巧用汉文化、华侨文化、儒家文化、禅文化等资源。四要打造各类文化交易国际平台。如深圳文博会已与100多家外国商会建立联系，文化产品、产权交易总金额达千亿元人民币。五要自主创新造船出海。如深圳华强集团利用自主创新文化品牌，已签约在南非投资建设文化+科技+旅游的主题公园。

（五）人口文化化

伦敦西区文化创意产业聚集区在注重受众体的培育上值得借鉴。该文化创意产业区以戏剧为特色，不同于电影和电视的观众，戏剧的繁荣需要拥有相对固定的观众，特别是话剧、歌剧和芭蕾舞等一般以伦敦本地人群为主，其中相当一部分人将观看演出作为经常性消费项目。政府在资金、税收等方面给予扶持，使伦敦西区在有限的地理空间内，为观众提供了多样性的选择，以创意产业集聚的优势吸引庞大的观众群和消费群，产生良好的经济效益。

广东在建设文化强省规划纲要中提出实行文化人口评估统计制度，推动全民文化活动参与率不断提高。实施“文化消费补贴计划”和“国民文化消费卡工程”，通过这些措施引导、鼓励干部职工和居民群众观看文艺演出、参观各类展览，大力培育文化消费，在提高文化消费率的过程中提高全民的文化素质，形成人的文化素质不断提高——文化消费不断扩大——文化产业不断扩大的良性循环。

（原载《中国文化产业评论》第13卷，2011年5月5日）

“卖出去”比“送出去”更能使文化“走出去”

当前，广东经济已处于发展的新临界点，面对低成本资源的减少和国内外经济环境的新变化，以依赖大量物质资源消耗为前提的粗放型加工制造业遭到严重冲击，发展文化创意产业无论对保护生态链还是延长产值链都意义重大。

在经历6年文化大省建设并取得重大成就的基础上，广东省委、省政府又提出建设文化强省的口号和任务，要通过5年到10年的奋斗，使广东成为发展社会主义先进文化的排头兵、提升我国文化软实力的主力省、中国文化“走出去”的生力军。

从全球发展趋势看，经济全球化必然导致文化全球化，文化越来越成为国家之间、区域之间综合国力竞争的核心要素。从广东发展的现实需要看，广东文化建设与经济社会建设不协调。广东的现代化处在什么阶段？我认为处于工业化与后工业化的阶段，这个阶段突出了文化问题、创新能力问题，或者说突出了人的素质的问题。提升广东发展的核心竞争力，必须把文化建设摆在更加突出的位置。

文化强省必须以人为本

建设文化强省的核心是什么？我认为要大力提升文化自觉，就是自觉地以人作为文化建设的出发点和落脚点，以人的发展作为标准，强调以人为中心、以人为标准。一是从广东经济和文化发展来说，当前最大问题是自主创新能力不强，无论整体产业结构，还是文化产业结构，都比较粗放。二是从推动经济社会文化全面转入科学发展来说，要坚持以人为本的核心要求。文化本来是人创造的，但不是任何文化都是为了人的。如“文革”中的“愚忠”文化、塔利班的“斩首”

文化，使人愚昧，使人残废，所以鲁迅说过文化是可以吃人的。

为人的文化，起码应符合三条要求：第一是满足人的需要，第二是发展人的能力，第三是发展人的自由个性。简单地说，通过文化建设，使人成为快乐人、聪明人、高尚人、自由人（或自由自觉的人）。由此看来，不能再套用过去“文化搭台，经济唱戏”的老模式，而应是“文化搭台，文化唱戏”，甚至是“经济搭台，文化唱戏”。

按照以人为中心的思路推进文化强省建设，首先，在战略观念上确立文化是核心竞争力的文化价值观。文化作为核心竞争力具有时代性、不易模仿性、延伸性、可持续性等特性，可从五方面理解。

文化是现代生产力。文化经济化和经济文化化是当代社会生产的两大特征，或者说是一种潮流的两个方面。文化产业（包括生产文化产品和提供文化服务）已成为许多发达国家的支柱产业。

文化是无限消费力。从追求物质消费到追求文化消费，是人类社会发展进步的一般规律。有学者指出，人均生产总值超过 3500 美元，社会进入汽车消费时代，如果达到 10000 美元，社会进入文化消费时代。西方社会早已进入文化消费时代，从奢侈品消费到符号性消费，从享受型消费到炫耀型消费，文化消费力已成为维系资本主义生产方式的引擎，拉动消费特别是文化消费是转变广东发展模式的战略选择。

文化是国际传播力。实现中华民族的伟大复兴，仅仅成为世界工厂是远远不够的，只有让中国文化也像工业品一样走出去，受到认同和尊重，才能实现中华民族的和平崛起。

文化是核心创造力。世界上任何东西都可以模仿，只有文化不可能复制，真正的文化都是原创的、唯一的。模仿可以形成产业，但不能形成文化核心竞争力，如深圳大芬村的油画生产线能产生 GDP，但不能产生艺术家。

文化是民族传承力。在开放的前提下，越是民族的就越是世界的。岭南文化是我们建设当代广东文化的源头，在全球化的浪潮中弘扬岭南风骨，才能提升文化创造力和竞争力。

以个性化吸引世界　以产业化走向世界

在战略取向上要坚持“三个走向”：走向大众，就是文化大众化，这是文化强省的一个重要标志；走向高端，就是以提升人的创新能力为核心，实现文化结构高端化、文化产业高端化、文化人才高端化；走向世界，文化强省比文化大省高在世界眼光、全球视野，广东不仅要当好文化“引进来”的窗口，而且要当好文化“走出去”的桥梁。

岭南文化本质上是海洋文化，它在中西文化的交汇碰撞中形成和发展。如何推动岭南文化“走出去”？概括起来就是以个性化吸引世界、以产业化走向世界。个性化要求保持民族风格、岭南特色，如广东音乐、岭南画派、粤剧、粤菜、粤语乃至广东人的务实、淡定、变通精神，在海内外都是别具一格的。产业化是对原来的文化事业而言的，要在参与全球文化市场的国际竞争和国际分工中把文化“卖出去”，“卖出去”比“送出去”更能“走出去”。现在广东的工业产品卖出去了，但文化产品很少能“卖出去”。

目前，广东高品位的文化产品特别是学术思想在海外主流社会影响力微乎其微。广东要依托港澳平台、依托海外众多的华侨华人，发挥经贸大省的优势，率先制定鼓励文化“走出去”的经济政策，像抓制造业出口那样抓文化出口，像抓粤剧那样抓社会科学，努力成为世界级的文化产业中心、学术思想中心，成为中国文化“走出去”的主力军。

发展文化创意产业意义重大

提升广东文化产业竞争力可从五大战略着手：主体多元化战略、资源资本化战略、产业集群化战略、营运国际化战略、结构高端化战略。

这里主要讲文化企业所有者和经营者的多元化。在计划经济条件下，由于意识形态原因，文化生产仍然高度集中化、垄断化，文化体制改革相对经济体制、社会体制改革严重滞后。党的十七大提出，要加大对垄断性行业、领域的改革，也适合于文化领域。我们要在做大做强国有文化企业的同时，进一步向民资、外资开放，形成公平竞争、崇尚创新的文化产业生态环境。

当前，广东经济已处于发展的新临界点，面对低成本资源的减少和国内外经济环境的新变化，以依赖大量物质资源消耗为前提的粗放型加工制造业遭到严重冲击，发展文化创意产业无论对保护生态链还是延长产值链都意义重大。

具体来说，一是培育和引进新兴创意服务业，以高层次的创意服务带动区域服务业整体竞争力的提高。二是以数字内容产业作为核心竞争力。凭借广东在文化底蕴、内容原创、内容衍生品生产制造方面的优势，力争打造集内容创意、研发制作、人才培训、衍生产品开发、市场推广、传播流通等为一体，具有岭南文化特色的数字内容产业链。三是打造粤港澳文化创意产业带。充分利用广交会的知名度和香港“会展之都”及澳门“博彩之都”的国际影响力，将广东的产业优势和市场腹地与港澳会展业经营服务优势相结合，联手构建“国际会展平台”。四是建立推动文化创意产业发展的金融体系，在金融上向文化创意产业倾斜。广东省将设立“文化产业发展专项资金”，以贴息贷款、专项资助、奖励等多种方式扶持各地文化产业项目。在此基础上设立文化产业投资基金，建立文化企业投融资担保体系，为文化创意产业大发展提供风险资金。

（原载《中国社会科学报》2010 年 7 月 22 日）

提升城市文化竞争力

与城市化相伴随，城市文化对人们的生活方式、交往方式、价位观念的影响与日俱增，甚至可以说是无处不在，以至今天许多文化流派都是围绕城市文化的批判与构建而形成和发展起来的。从大众文化、社区文化、文化工业、文化产业等文化样式到文化异化、文化霸权、文化冲突等文化话语，无不是从城市文化的发展和内在矛盾中派生出来的。我国正处在大规模推进城市化的现代化建设时期，城市文化建设不仅关系到城市综合竞争力的提升，而且关系到建设中国特色社会主义文化的战略选择。

城市文化的产生以及它对乡村文化的胜利，是人类文明发展史上的重大飞跃。相对于乡村文化，城市文化表现出鲜明的特征：与工业文明对农业文明的胜利相适应，城市文化是一种生机勃勃的文化，它打破一切陈规倡导创新，它推动一切民族的、地域的狭隘性走向世界，它不断变化甚至每天都在变化，为工业化运动提供智力和价值的支持。从乡村文化到城市文化，人类的精神生产如同大工业生产一样，成为社会化、全球化的生产。它把巨大的文化创造力焕发出来，把人的精神从思想的禁锢中解放出来，城市以不断涌砚的思想家、科学家、艺术家等文化巨匠，不断增加的大学、大剧院、博物馆等文化机构，不断伸延的建筑群、大广场、交通网等文化象征，开辟了一个文化飞速发展的全新时代，昭示着人类文明的巨大进步。

1. 从市民社会的内在要求出发建设城市文化。文化是交往的产物，一定的交往形式决定着一定文化的性质和发展趋势。我们要在推动政治民主化，建设人民当家做主的法治的“市民社会”的基础上，适应现代社会结构转型的趋势和人的全面发展要求，营造一个充满活力的多元多样文化竞相发展的良性文化生态环境，激发每个人的文化个性，促进市民主体意识和主体地位的回归，让城市化运动始终不偏离人的价位目标，让城市真正成为人的生活乐园和精神家园。

2. 从文化全球化的时代要求出发建设城市文化。经济的全球化推动着文化的全球化。如果说，资本和市场是经济全球化的动力，那么，文化全球化也不可避免服从于资本和市场的共同规律。在这个意义上，建设城市文化，提升城市文化竞争力必须接入世界文化市场体系，推动文化的经济化、市场化、产业化和国际化。然而，文化的全球化并不是同质化，在全球意识的观照下打破民族、地域的狭隘性，在与他种文化相互激荡相互交往中实现兼容式发展，是任何民族、地域文化在全球化语境中生存和发展的必由之路。抹杀文化的特殊性的文化全球化只能是一种文化霸权主义的全球化，而离开文化普遍性的文化特殊性只能是游离于世界文明大道之外的偏然现象。城市化与全球化实质上是同一过程的两个侧面。城市要保持自身的特色和魅力，就要保持文化的民族和地域个性，形成富有特色的文化精神、文化产业和文化环境。植根于民族文化传统的厚实土壤上的城市文化，是城市在全球化浪潮中实现可持续发展的不可替代的宝贵资本。

3. 从提升城市竞争力的客观要求出发建设城市文化。当今世界，国家与国家之间的竞争往往表现为区域和城市之间的竞争，进入知识经济时代，城市综合竞争力的主导因素正在起变化，从以资本、管理、科技竞争力为主导到以文化竞争力为主导，反映了现代化发展的一般规律。文化竞争力亦即文化对经济的推动力，对社会的影响力和对人的感召力。在观念层面上，文化竞争力表现为是否适应人的价值追求，解放人的思想，提升人的能力，激发人的意志和理想。在实践的层面上，文化竞争力表现为文化生产力、文化消费力、文化传播力、文化创造力和文化持续力等。归结起来，有竞争力的城市文化或文化城市必须以文明进步的文化精神为灵魂，以先进发达的文化产业为基础，以优秀的文化人才为根本，以法治的文化制度为载体。文化精神是城市人认同的纽带和创新的动力，是城市相互区别的文化标志，缺乏精神的城市是死寂的城市；文化产业不仅是满足市民精神文化需求的基础性产业，而且已成为新经济的支柱性产业；文化人才是城市的文化资本和可持续发展的根本条件，文化人才的流动和积聚往往反映一个城市的兴衰；文化制度是人的文化活动的政治安排，制度的合理性关系到文化生产和文化创造的活力程度。文化竞争力并不仅仅是这几种要案的简单组合，而是以这几种要素为基础的行政的、社会的、环境的各种因素构成的有机的、开放的系统。

（原载《南方日报》2004 年 2 月 12 日）

广东提升文化竞争力的战略和对策

改革开放20多年来，广东先行一步的改革开放实践和社会主义市场经济的迅速发展，为文化建设提供了强大的推动力，教育、科技、广播、电视、报刊、出版、文学艺术、社会科学、体育、旅游等各种领域呈现出蓬勃发展的态势，文化事业和文化产业相互促进，大型文化设施不断涌现，文化环境日益改善，文化综合实力和竞争力不断增强，与北京、上海呈现出三足鼎立的态势。然而，面对中国加入WTO后的新形势，面对自身原有基础薄弱、后劲不足的问题，面对广东建设经济大省、文化大省的更高要求，我们必须根据现代化发展的内在要求和知识经济的发展规律，从国际竞争的大视野，从产业规模、科技进步、人文特点等方面提升广东文化的竞争力。

一、提升广东文化的产业竞争力

在经济全球化、信息化的条件下，文化的生产力、消费力、传播力等都与文化的产业化密切相关，文化产业化的程度直接影响着文化需求、文化市场的规模与发展方向，影响着文化传播的手段更新变化。大力发展文化产业，对于满足人民群众日益增长的精神文化需求，壮大文化事业，提升文化的竞争力是一个关键性环节。在大众文化需求和文化市场扩张的内在需求的拉动下，广东的文化转型较早，成为中国文化产业的生长点。近年来，全省文化产业年增长率高于周期GDP年增长率的3至4个百分点，2002年文化产业对GDP的贡献率为6.8%，已成为广东经济发展的支柱产业，特别是2003年确立建设文化大省的战略以来，文化的体制发展加快，文化产业的整体规划明显加强，文化经济方兴未艾。然而，与建设文化大省的宏伟目标相比，与国际文化产业的发展趋势相比，广东文化的产业化过程仍属于起步阶段，无论在产业的规模上或是在质量效益上都存在明显不足：文化产业总量偏小，对国民经济增长的贡献率不够大；产业集约化程度不高，资源配置散乱分割；支柱产业不强，龙头带动作用不明显；人均文化产品供给数量偏少；文化消费潜力未得到充分释放，等等。导致文化产业化相对滞后的原因是多方面的，包括思想观念、发展战略、企业组织结构、投资体制、经济政策、法制环境等。为了实现建设经济强省、文化大省的目标，要从战略的高度创新发展思路，增强发展动力，提高发展水平，推动广东文化产业实现跨越式发展。

（一）适应产业波及和市场扩张的客观规律，做大做强文化产业集团

当今世界，经济的社会化、信息化和全球化迅猛发展，必然推动文化产业沿着逆向波及、顺向波及和横向波及方向发展，形成以特定文化产品为核心的，以一系列与文化产品的生产、交换、分配和消费直接或间接相关的专业公司为依托的特大型文化产业群。[①] 这个过程也是本土文化产业参与国际文化市场的分工、竞争和合作的过程。产业化、市场化和集约化互为前提互相促进。广东文化产业从粗放式向集约化转型，就要遵循产业和市场发展的内在规律，优化内外资源配置，形成具有国际竞争力的实体和主体。一是进一步打破地区、部门分割，在做大做强省级行业龙头企业的基础上组建全省性集团，逐步实现跨地区经营，改变由行政层级管理所造成的重复建设、资源严重浪费的状态；二是进一步打破行业壁垒和原有的相当一部分文化生产行业垄断性经营的融资障碍，推动各集团间建立多种形式的产业联合体，打造跨地区、跨行业、跨所有制经营的文化产业“航空母舰”；三是按照现代企业制度加快文化产业的内部改革，推动具有一定经营能力又兼有公益性质的文化单位建立适应市场竞争的新的组织形式，逐步成为产权明晰、具有自主创新能力和自主发展能力、充满生机活力的文化生产经营主体。

（二）强化中心城市的聚合和辐射作用，推动文化产业的区域化和国际化

中心城市具有经济、政治、文化中心的优势，不仅有深厚的历史文化积淀和现代化的文化设施，而且有广大的消费群体和人才贮备，还有广泛的国际贸易交

---

① 李江帆：《全面小康与广东文化产业》，载胡中梅、梁桂全主编：《改革体制、发展产业、壮大事业》，广东人民出版社 2003 年版，第 345 页。

流合作网络，从而为文化生产要素和文化消费品的积聚和扩散，为优化资源配置提供了较低成本的必备条件。随着城镇化运动的持续发展，一个以广州、深圳为龙头，以佛山、东莞、珠海、中山、江门、肇庆、惠州等城市为区域性中心的珠三角城市群已形成，如果从更广的视野来看，香港、澳门及湘、赣、桂、闽等省区的省会城市与珠三角核心层的城市群已在泛珠合作的框架内更紧密地联结在一起，形成了一个和而不同的多彩多姿的文化风格的文化生产、消费、交往的庞大体系。广州、深圳要建设成为南中国乃至全国性文化产业的一流城市，发挥龙头城市的产业拉动辐射功能，以品牌优势产业为纽带，以特大文化产业集团为核心，以旺盛的文化消费为基础，以国际性文化会展活动为平台，创造出一个文化商品流、信息流、人才流聚合互惠、辐射东盟、走向世界的大通道。通过壮大文化产业，提高中心城市的整合功能，而中心城市整合辐射功能的提升，又进一步提升文化产业的国际竞争力。

（三）加强宏观规划和调节，加快发展一批支柱产业

优先发展基础产业。科学技术是第一生产力，知识和人才是第一位重要的生产要素。科技产业和教育产业是具有全局性、先导性的基础产业。要积极贯彻实施“科教兴粤”战略，增加教育投入，深化教育改革，加快建设教育强省；要以“珠三角高新技术产业带”为龙头，以发展信息技术、生物技术、新材料、光机电一体化、能源与环保及海洋科技等六大高新技术产业为重点，着力培育具有国际竞争力的高新技术产业群。

加快发展龙头产业。广播影视和新闻出版业是广东的优势产业，发挥着龙头带动作用。要通过深化改革继续做大做强南方日报报业集团、羊城晚报报业集团、广州日报报业集团、深圳报业集团、家庭期刊集团、南方广播影视传媒集团、珠江电影集团公司、广东新华发行集团、广东省出版集团，以及音像和电子出版业、印刷业、出版物物流业，使广东成为全国最重要的传媒出版基地之一。

做强传统产业。旅游、文化娱乐、体育产业是广东传统的文化产业。要充分挖掘、整合全省文化旅游资源，推动文化旅游信息化建设，加大整体包装宣传力度，推动广东文化旅游业发展；积极推进广东重点艺术院团、剧场、中介机构等的强强联合，推动演艺业的集约化经营，鼓励形成有利于发展艺术的签约制、演出经纪人制、演出季制、制作人制等组织形式，发展演艺文娱业；以产业结构和产品结构优化升级为主线，扶持龙头体育企业，组建大型、多元化体育企业。

做大新兴产业。会展业是广东目前发展势头猛、前景广阔的文化产业。要依托各地现有的基础，扶优扶强，在广交会、高交会、珠海航展、东莞电博会、惠州数码节、佛山陶瓷展、顺德花博会、顺德家电博览会的基础上，办好中国国际音像交易会、中国（深圳）文化产业博览会，办好泛珠三角区域经济合作发展论坛、中国企业文化国际论坛，力争建成一批全国及世界性品牌，确立华南地区会展业中心的地位。此外，信息咨询业也方兴未艾，要用高科技打造信息生产、消费、转输各环节互动整合的平台，不断扩大信息市场。

二、提升广东文化的科技竞争力

科学技术是文化的重要组成部分，它在推动世界现代化进程的同时，也深刻地改变文化的形式和内容。以信息技术为代表的现代高新科技的广泛应用，把人类带进了网络时代和数字生存时代，网上交谈、网上电影、网上出版、网上论坛等文化形态纷至沓来，令人目不暇接。生产、生活的信息化、网络化、数字化，不仅强劲地扩展了人类的文化生产能力、消费能力、交往能力，而且促进了文化管理模式的改革创新，促进了人们价值观念和思维方式的转变。文化产业的发展，直接与科技进步和科技应用息息相关，甚至可以说是同一过程。实现文化生产从粗放式向集约式的飞跃，关键在于提升文化产业的科技含量。广东的文化产业和文化事业，从整体上说与科技迅速发展的趋势和水平不相适应，文化产品的生产和服务手段仍然比较落后，在电影制作、艺术创作、出版发行、信息咨询等领域的高科技化仍然无力与先进国家竞争，甚至落后于国内一些先进地区。文化投入的重点主要是基础设施，而技术装备投入明显不足。为了进一步形成广东文化产业、文化经济的优势，夯实发展基础，增强发展后劲，必须确立科技是第一文化生产力的地位，加快先进科技向文化领域转移，提高文化产业的科技含量，促进文化生产手段现代化，为增强广东文化竞争力提供基础、载体和先导作用。

（一）加快发展信息技术，建设数字社会

信息技术是现代文化产业的载体，加快发展信息技术并且广泛应用于社会生产的各个领域、各个层面，是提升文化科技含量的基础工程。数字社会是信息技术、数字技术、网络技术的综合利用，信息技术不仅成为辐射和带动其他产业的支柱产业和先导产业，而且渗透到社会的方方面面，形成商务、政务和文化生活

的统一的数字平台。数字社会具有数字化、网络化、标准化、整合化、开放化、智能化等特点，它使数据的存储采取数字格式，数据传输采取数字化工具，数据应用采取各种数字化产品，它包容并整合各式各样的网络，包括互联网、电视网、手机网、光纤网、广域网、局域网等。数字社会的建设以数字城市的建设为重点。作为经济社会文化中心的大大小小的城市，凭借数字平台将极大地扩展城市功能，在参与全球化的文化竞争与文化交流的国际市场之中，整合为各种物流、资金流、通讯流高速协调传送的社会之网，各种知识、信息、文化艺术产品也得以在广阔的空间流动、传播，实现价值。

（二）推动高新科技在文化生产和文化服务中的广泛应用，激活文化生产力

通过广泛应用现代科技，推动文化产业不断拓展上下游产业链，文化产品不断更新换代，文化服务不断创新的形式，在满足人民群众日益增长的精神文化需求中创造更多的经济效益。从广东文化产业的现状看，与信息技术密切联系的若干领域可以在提升科技含量上大有作为。在广播电视上，大力推进业务的数字化、网络化建设，建立贯通省、市的节目运营平台、传输平台、服务平台的宽带网，使网络成为拉动生产、消费的增长极。在新闻出版上，广泛应用现代网络技术、三维动画制作技术、数码影音技术、数码照排印刷技术于编辑、制作、出版、印刷、发行等各个环节，提高生产效率和质量，形成多种媒体互动效应；在文化信息的服务上，以省级数字图书馆为龙头，启动文化信息共享工程，整合和开发现有图书、音像和信息等各种文化资源，建立和完善文化信息网络服务体系，加快农村网络服务平台建设，提高城市与农村资源共享水平；在会展业上，适应会展的国际化、专业化潮流，把高科技运用于会展的各个环节，在深化会展内涵的同时创造最佳的视觉效应，改变目前会展数量多、档次低的运作模式，大力倡导网上会展，通过以电子流代替物流，降低人力物力成本，使组织者和参加者摆脱时间和空间限制，达到即时互动的良好效果。

（三）制定推动文化产业科技进步的政策，加强对知识产权的保护

在大力发展科技业的同时，从投资、财税、经营准入、产品流通等各方面制定优惠政策，推动文化企业在生产经营的过程中开发、引进、使用现代高新技术，推动文化生产经营者通过使用信息技术提高产品和服务的竞争力。由于文化产业是以版权产业为核心的提供精神产品的产业，知识产权的保护关系到文化企业自主创新能力和核心竞争力的可持续发展，这不仅是全球文化产业竞争中的焦点，也是广东完善文化市场机制的重要目标和任务。要充分发挥广东专利大省的优势，加大专利宣传，强化知识产权保护意识，强化立法机制、监督机制和执法机制，构建强有力的知识产权保护网，形成激励文化企业科技创新的良好社会环境。

三、提升广东文化的人文竞争力

文化发展与经济发展的差别，在于文化发展具有更多复杂的不确切的变量，如传统的积淀、价值的差异、主体的能力等，都极大地影响着文化的创造力和竞争力，这些因素可称为文化结构中的人文成分，人文与科学构成了文化的两大要素，二者相互依存、相互转化、相互促进，推动文化乃至人类文明生生不息。如果说，文化中的科学成分更多地体现了文化的共性，那么文化中的人文成分更多地体现了文化的个性，它赋予了文化历史感和价值意义，它促进文化主体的民族认同、群体认同、区域认同，解决“我是谁”“我从哪里来，到哪里去”的本质问题。当今世界，在文化全球化的冲击下，民族文化、区域文化日益失去自身的特色，工具理性和大众文化在资本和市场的推动下，日复一日地消灭各民族、区域文化的自我同一性，人文精神的缺失、思想创造力的下降、文化人才的匮乏逐渐削弱着民族和区域文化的竞争力。广东处于改革开放前沿，不可避免被卷入到世界文化激荡的全球化运动之中，在实行文化对外中如何保持自身的人文特色和人文条件，是增强文化竞争力的灵魂工程。

（一）弘扬岭南文化，推进本土文化建设

文化传统是任何民族实现现代化的不可离弃的土壤，更是现代文化创新的直接来源。岭南文化的外延比广东文化宽泛，但从其内涵和本质来讲，二者可以说是同一的。从渊源来说，广东特别是珠江三角洲是岭南文化发展的主要的源体，而岭南文化传统又为近代以来广东文化在中国现代化进程中大放异彩并走向世界提供了极其宝贵的养料。岭南文化形成于14—15世纪西学东渐的历史时期，作为一种历史上属于后发性、边缘性的文化，在中国经济重心逐渐南移的过程中，在中国被动卷入“世界历史”的过程中，逐步成为主流文化、主导文化，近代以来岭南文化的崛起与发展，浓缩地再现了中国现代化的历史画卷。综观广东文化发展历程，思想文化的对外开放是其区别于中华文化中其他文化圈的最大特

色，在中国加入WTO以后，外来文化特别是美欧文化产品对我国文化的冲击也首先反映在广东。文化对外开放是不以人的意志为转移的世界潮流，文化开放无疑激发了广东文化发展的创新，但也对本土文化造成巨大的冲击。从民俗文化到视听文化，从大众文化口味到文化生产者的价值取向，都深受港台文化风格、文化话语的影响，岭南文化特色面临边缘化、书斋化的危机。丧失本土特色的文化犹如无根的浮萍，不仅极大地影响其返本开新持续发展的能力，而且影响其产业化、市场化、国际化的能力。为此，广东文化要大力弘扬岭南特色，以继承和创新传统，擦亮文化品牌。一是大力挖掘历史文化资源。历史文化资源包括古迹、文物、景观、风俗、典籍、名家等各种物态文化、活态文化、潜文化，所谓人杰地灵，就是指一种历史文化积淀所催生的人才辈出的盛景，一种"天人合一"的互动共生的理想境界。岭南文化的三大支脉——广府文化、潮汕文化、客家文化源远流长，各领风骚，丰富多彩，是不可多得的文化富矿。要以文化管理部门为主体，以专业文化工作者为核心，开展大规模的历史文化资源调研，形成一张详尽的广东文化地图，制定一个研究、保护、开发相结合的总体规划。二是系统推进富有岭南文化特色的大众文化建设。通过建设各具地方特色的岭南文化博物馆、编写乡土教材等形式，推介岭南典籍文化、革命文化、民俗文化，鼓励作家、音乐家、画家等艺术工作者开展以岭南历史文化为主题的小说、电视、电影、美术创作，再现历史文物的文化特色和历史名人的文化精神。三是大力发展岭南文化旅游产业。旅游业不仅是朝阳经济产业，而且是文化传播的重要渠道。以冼夫人庙、梅关古道等为代表的古代文化，以韶关南华寺、广州六榕寺等为代表的宗教文化，以洪秀全、孙中山故居等为代表的近现代文化，以开平立园和碉楼等为代表的华侨文化，以陆丰红场、广州烈士陵园等为代表的革命文化，以广州荔湾西关大屋等为代表的岭南水乡文化，遍布岭南城乡，蜚声海内外。要通过政府投资和民间注资等方式加以维护和包装，更要大力挖掘和提升其文化内涵，并从旅游路线、景观形象等方面精心策划，从管理政策上全面实施，使之做大做强，成为广东文化经济的一道新的亮丽的风景线。

（二）增强广东文化的思想原创力，提升文化自觉

思想是文化的灵魂，思想创造力是文化最深厚的底蕴。远离中原及开放的环境造就了广东人敢于创新的品格，特别是近代以来以康有为、梁启超、孙中山等一代思想家的涌现为标志，广东成为中国近现代化思想的发源地，成为民主革命的策源地。改革开放以来，这种敢为人先、务实创新的人文精神，受改革实践激活而复兴，广东广大干部群众、知识分子大胆冲破计划经济及自然经济条件下形成的僵化观念、体制、习惯做法的禁锢，在发展市场经济、对外开放、创建经济特区等方面敢冒敢闯，“杀出一条血路”，高扬思想解放的大旗，为全国提供了理想先导和实践先导。然而，在经过20多年的改革开放的今天，广东人的创新精神和思想创造力在弱化，昔日“思想观念北进”的态势已风光不再，从科技、艺术到哲学社会科学，能够体现理论学术前沿的成果与经济大省的地位很不适应，其原因：一是由于经济地位、生活水平上升导致大众的理论旨趣的下降；二是过分地陶醉以往实践成功的做法从而导致干部中的经验主义倾向；三是由于改革由原来的地方推动转为中央推动导致的话语主导权的失落；四是由于岭南文化传统中轻视理性文化的深层次惯性的影响。如李明华研究员曾指出的，“广东文化缺乏深刻的人文精神，审美意蕴和批判意识……而且广东一向有重行动轻思想的传统，因而对学术文化的态度相对淡薄”①。孙中山的“知难行易”思想，在一定的意义上也是针对岭南文化中学术思想缺乏厚重和彻底性而提出来的。为了全面提升岭南文化的核心竞争力，为率先实现社会主义现代化提供强大的精神动力和思想支撑，必须在新的实践中再造“适乎世界之潮流，合乎人群之需要”的新的人文精神，它是一种冲破一切形而上学和经验主义的创新思维，一种海纳百川、兼收并蓄的世界眼光，一种勇当先进文化发展排头兵的主体意识。只有达到这样的精神境界，才能实现真正的文化自觉。为此，首先，要重视自主创新思维的培养，倡导民主、和谐、宽容的文化氛围，把思想解放、求真务实作为培育新时期广东人精神的重要内容。其次，要大力发展哲学社会科学，提升学术价值，构建与知识经济相适应的文化结构，在大众文化与学术文化、通俗文化与高雅文化之间保持必要的张力，形成知识、价值、艺术、娱乐各自充分发展而又浑然一体的思想文化体系，这样的文化不仅有助于缓解人们在现代化进程中产生的紧张、焦虑、失落，而且使人们永远保持崇高美感和价值追求。

（三）贯彻以人为本的方针，加快培养高水平的人才队伍

人是文化的主体，人才是文化的根本，文化作为一种创造性的活动，其竞争

---

① 参见胡中梅、梁桂全主编：《改革体制、发展产业、壮大事业》，广东人民出版社2003年版，第218页。

力归根结底决定于文化人才的数量和质量。相对建设文化大省的战略目标，广东文化人才的现状很不适应：专业人才数量少、学历偏低、年龄偏大；文化管理人才奇缺；人才队伍专业结构和地区分布失衡；人才队伍管理体制和机制改革滞后；文化产业经营人才的培养体系尚未建立；等等。解决人才问题是一个系统工程，需要从思想观念到体制方面有一个大的转变和创新。第一，制定一个具有前瞻性系统性的人才战略。根据建设文化大省的需要，制定一个造就一大批在全国乃至世界上有地位的拔尖文化人才，一大批掌握知识生产力的文化创新人才，一大批横跨经济文化两个领域的文化产业领军人才的中长期目标，分阶段有步骤地推进，在5—10年内把广东建设成为文化人才强省。第二，形成一个造就人才的运行机制。要大力推进人事制度改革，借鉴先进国家、先进地区培养、引进、留住、用好文化人才的经验和经济政策，建立与文化生产规律和市场规律相适应的人事管理制度，建立反映精神生产特点和文化创新价值的分配制度，建立开放、公开、竞争的人才培养和引进机制。教育、人事、财税、外事、文化等各有关部门要负起责任，相互协调，在培养和引进文化人才中形成合力，发挥作用。第三，充分发挥专业文化工作者的主体创造精神。尊重他们的创造性劳动，维护他们自由创作的权利及其精神产品的权益，充分调动他们在文化决策、文化生产、文化管理中的主动性和积极性，从而创造一个天下英才向往的人才积聚和人才辈出的良好文化环境，使广东成为最适合文化人干事创业的地方，最能体现人才价值的地方。

（原载《新经济》2005 年第 21 期）

提升城市文化竞争力

以“红土风情——海港风韵”为文化主题，把湛江的特色旅游资源与城市生活生态有机结合，营造浪漫休闲活力之都的城市形象。

湛江在全省区域经济新格局中占据更加重要的地位，要成为粤西城镇群中心，成为广东沿海经济带新增长极，这就对湛江的未来发展提出了很高的要求。其中，文化建设必然在这个“中心”“增长极”的形成和发展中发挥十分重要的作用。

在全球化和区域化双向运动中，城市文化身份的确认无疑是城市文化建设和文化竞争的前提。文化资本是文化生产的第一推动力，是提升文化竞争力的前提。在经济文化一体化时代，文化资源日益成为资本，成为生产的要素。一切可以带来价值增值并转化为经济资本、社会效益的文化资源，都可以称之为文化资本。

如何提升湛江城市文化竞争力，我提几点建议：一是重视物质和非物质文化遗产，打造城市文化特色。飘色、泥塑、人龙舞、舞鹰雄、雷歌、白戏、雷州石狗文化、醒狮等民间艺术、民俗文化和历史文物古迹等资源，都是独具湛江地方特色的文化遗产。要形成一地一品、一地一特色的民间文化品牌。二是实施民营主体战略，加快发展文化产业。可确立将民营企业作为湛江文化产业主体的战略思路，对于经营性文化产业领域，减少对其投资领域的限制，放宽其市场准入条件，鼓励和支持民营资本参与国有文化单位改革，竭尽所能做大做强民营文化企业，使民营企业和民间资本成为文化娱乐业、网络业、文化旅游业、文化体育业等湛江重点文化产业发展的主体。三是完善公共文化服务体系，全面提高人的素质。四是保护海洋生态环境，营造浪漫活力之都。有人形容湛江是三色湛江，拥有三种美丽的色彩——红、蓝、绿：红是火山，是土地，是历史传统与风情民俗；蓝是大海，是蓝天；绿则是原野与丰硕的果实。要以红、绿、蓝“三色”作为旅游平台，经营好滨海旅游景点，以“红土风情——海港风韵”为文化主题，把民俗表演、旅游展览、实地旅游和文化活动有机结合起来，把湛江的特色旅游资源与城市生活生态有机结合，营造浪漫休闲活力之都的城市形象。

（原载《南方日报》2007 年 7 月 16 日）

如何打造广东文化强省

田丰：各位嘉宾，各位青年朋友，很高兴今天站在“岭南大讲坛·文化论坛”上，跟大家一起讨论文化强省这个问题。在讲文化强省之前，我先跟大家讨论一下文化。因为我知道陈实教授会在每一次论坛结束的时候问一个问题，就是什么叫文化。大家都比较害怕这个问题，这个问题比较难回答。不过我觉得还是要说一说，文化，用我的定义来说就是人们认识世界、改造世界的精神性成果。精神性成果就包括我们的音乐、书籍、网游等。精神层面还包括宗教和有标志性的建筑等。至于一些工业产品有没有文化含量？当然也有，如果把它也算上文化的话，那就什么都是文化了。为了能够区别经济、文化，我觉得文化应该指的是精神性层面的东西。所以，文化确实是认识世界,、造世界的伟大力量。它能够使人们从弱者变成强者，能够使一个社会发生翻天覆地的变化。它不但能摧毁一个旧世界，还能够建设一个新世界。

在中华人民共和国成立60周年到来之际，我特别怀念我们老一辈无产阶级革命家。以毛泽东为代表的无产阶级革命家，在80多年前就创建了井冈山革命根据地，我上个月到井冈山参加一个全国的正厅级干部培训班，重走朱、毛走过的运粮小道，才走了五分之一，我们就感到精疲力竭。当年，我们的朱德、毛泽东，我们那么多的革命老一辈，就是这样在井冈山开辟了根据地。在极其艰苦的条件下，有的同志提出了红旗能打多久，毛泽东写下了《星星之火可以燎原》，并且毛泽东最后预言：中国革命的高潮很快到来，新中国一定能够到来。毛泽东主席就是这样立于高山之巅，遥望东方。

过了20年，新中国成立了，这就是精神的力量，文化的力量，理想的力量。如果没有文化，没有精神，没有力量，没有世界的眼光，朱、毛很可能也变成了占山为王的流寇。他们之中许多人都是从日本、欧洲、俄罗斯留学回来的，有一套建国方略，在20、30年代他们就有新中国的建国方略，使精神变成了物质，文化变成了现实。我们中国人讲理想，美国人讲梦想，我们知道50多年前马丁·路德·金发表了著名的演说《我有一个梦想》，他说，我梦想有一天黑人和白人能够平等地走在一起，能够平等的学习和工作。今天这个梦实现了，至少是实现了一部分。奥巴马这个黑人当上了总统，不仅仅是坐在一起学习，这个梦想成真了，这种梦想也就是文化的力量。所以，我认为文化能够立党，文化能够立国，文化能够立人。一个人只要他追求文化，有文化的精神，有文化的理想，有文化的梦想，有文化的情怀，他就可以不断有进取的精神，不断地进步，走向高尚，走向自由。

我很高兴文化论坛建坛以来，很多年轻朋友都参加了。在这里，我们有很多年轻的朋友，包括很多的领导干部，大家对文化都有敬仰之心，追求文化。所以，我相信多参加一些文化论坛，对每个人的进步必定有好处，在你们之间必定会产生人才、企业家，甚至是领导型的人才，因为文化会使人进步。

话说回来，建设文化强省，不是否定文化大省，而是在文化大省的基础上及时推进文化建设。文化建设就是要通过文化强省的建设，通过5—10年的奋斗，使广东成为发展社会主义先进文化的标兵，提升广东成为软实力的主力省、中国文化走出去的生力军，这是我们远大的目标。怎么建设呢？那就是：文化创新是动力，提升公民素质是核心，公共服务是基础，文化走出去是重要的途径，高端人才的培养是关键，都说得很清楚了。所以，我们主要是讲一些大家还想深入讨论的问题，就是为什么还要建设文化强省？除了刚才说的文化强省是对文化大省建设的继承和发展，从现实来说，我认为目前有三个不适应：一是广东基础创新能力与广东科学发展的要求不适应；二是广东文化产品与广东人民群众日益增长的文化需求不相适应；三是广东文化的影响力与广东作为GDP连续25年全国第一这么一个经济强省地位不相适应。这种不适应大家都很有感受。

广东的文化在历史上我认为有两个时期是很有影响力的：一个是鸦片战争到大革命时期。那个时候出现了一批伟大的思想家，远的不说，近的就有康有为、梁启超、孙中山。毛泽东当时作为一个年轻学生的时候，认为未来的共和国有三位人士可以当领袖：一个是孙中山可以当总统，一个是康有为可以当总理，一个是梁启超可以当外交部长，三个都是广东人。另外，《人间正道是沧桑》这么一个电视剧，里面的主角杨立青说了：北伐战争是广东人出主意，浙江人出钱，湖南人出命。广东人为什么能够出主意？因为广东人有思想。

第二个时期就是改革开放初期，80 年代到 90 年代初，广东的文化还是很有影响力的，那个时候我们看到全国各个城市的大街小巷都在播放粤语歌曲，都在办粤语培训班，像《涛声依旧》《大哥你好吗》等这些粤语歌广为流传，而且把能够说一些粤语引以为自豪。但是，现在好像不是这样了，现在粤语歌很少听到了，而且我们的春节晚会还把像我这样普通话讲得不好的，带广东口音的，作为调侃的对象上去了，实在有点可悲。当然，搞笑肯定要找一个对象，能够作为搞笑的对象也是做了一点贡献嘛。但是，我们的影响力没有跟我们的经济实力与时俱进，为什么？因为软实力不行。广东文化在我们国内的影响力，在国外的影响力，在世界的影响力还是不行的。

建设文化大省的核心是什么呢？我的理解，核心就是要以人为本，以人为中心。建设文化强省是建设文化大省的一个提升，我们说建国以后到文革期间的文化是以阶级斗争为中心的文化，改革开放以来我们是以经济建设为中心的文化。到今天，我们当然不可能再片面强调以经济建设为中心了，仅仅讲以经济建设为中心我认为是狭窄了。这就要转变，要转到以人为本，要为人服务，要以人的聪明、快乐、高尚、自由为中心，使人变成聪明的人，快乐的人，高尚的人，自由的人，这应该是我们建设文化强省的中心思想。这跟我们的科学发展观的以人为本的出发点是相适应的，跟我们广东要提高人的素质，提高人的能力是相适应的。

我们推进文化强省建设，一个是要创立一个理念，就是文化是核心竞争力的文化理念。文化作为核心竞争力，它是现代生产力，是核心创造力，又是民族的传承力。我们知道以色列这样的国家，犹太民族失散已经 1800 年，能够在战后复活，当然这里面有美英西方国家的扶持，但是很重要的是，尽管经历了 1800 年的失散，但是它守住了它的文化，它的犹太宗教，它的犹太社会传统还在，很多伟大的科学家都是犹太人，像爱因斯坦等。所以，民族的传承就要靠文化。日本在二战后成为了战败国，但是它通过一个非物质遗产保护法案使文化得到了复兴。它战败了，但是它的文化不能丢，要保护它的儒家文化，保留日本的传统。这样，这个民族还会复兴起来。这个就是它对我们的一个启示。

我们推进文化强省建设要采取什么战略呢？“战略”这个词太过政治化，或者说是“基本做法”也可以。概括起来就是三个走向：走向大众，走向高端，走向世界。

第一个，走向大众的战略。我们知道让人民群众的文化素质得到普遍的提高，是文化强省的基本任务和核心任务，同时也是建设文化强省不可缺少的基础和条件。我们不能设想在许多民众还沉迷于买六合彩、打麻将的这么一个土地上能够建成文化强省。我们知道巴西出了那么多世界著名的球星，像贝利、罗纳尔多、卡卡这些球星我们确实耳熟能详。但是，他们并不是仅有的几个，还有更多的小贝利、小罗纳尔多、小卡卡。罗纳尔多说，他只不过是在巴西的小街上一天到晚跟孩子们踢足球、抢足球这样成长起来的，他就是在一个全民爱看足球，爱玩足球，会玩足球，会欣赏足球的传统氛围中长大。他们的总统，在世界杯的时候都不开会，专门看足球。所以，这么一个传统就造就了足球的强国。

我们文化强省也需要使大家能够文化起来，让人民群众能够文化起来，我们建设的大众文化就应该是多样、多层、多元、多产的大众文化，能够使大家快乐起来，聪明起来，用科学武装起来，要高尚起来，要有我们的精神追求，有我们的价值观。要自觉起来，要明确我们的目标、理想，这样我们每个人都有文化，每个人都能搞文化，我们的文化强省才有坚实的基础。省里的文件里面提出：打造“城市十五分钟文化圈”，“农村十公里文化生活圈”，使市民、农民享受丰富的文化生活，让公共财政的阳光照在每一个人的身上。这些都非常地鼓舞人心，这里面就包括了文化服务。

第二个战略是高端战略，使文化结构高端化，文化产业高端化，文化人才高端化，我们广东的饮食文化是一流的，但是我们的学术文化、精英文化是缺乏后劲的。我们的文化制造业、旅游业是很发达的，但是我们的文化服务业、文化创意产业是滞后的。在文化创意、文化创新、文化创造方面，我们算得上是文化大省，但还算不上是文化强省。有很多游客反映，来到广州玩赏，除了夜游珠江、吃喝、唱歌之外，好像就没有别的文化了。像云南有云南印象，是杨丽萍创造的，很好。还有张艺谋的桂林印象、海南印象、杭州印象等，这些都是大手笔、大制作，每一个晚上都有。我们没有这样的东西，没有什么广州印象、岭南印象。是不是群众不会欣赏文化？是不是政府没有钱来扶持文化？我认为是缺乏大师，缺乏现代的文化策划大师、创意大师。文化需要大师，需要大师作为标志。我们还缺乏像关山月这样的一些大师，也缺乏像卓炯这样的学术大师。我们过去有很多大师，但是我们现在很难数出一些大师，可能也是大家对大师的要求提高了。

我们确实需要很多大师，因为没有文化产业的提升，没有很强势的媒体，就不可能留住人才，我们有些大师或者准大师，像省社科院的单世联教授这样的专家等，都是佼佼者，都是年轻学者中的佼佼者，但是去了北京、上海。我最近很纳闷，我想来想去，这些学者不是为了钱，他们不差钱，而是需要有一个高地，需要一个很高的平台，这个平台在哪里？就是我们的媒体，就是报纸、电视台，只要电视台一播，他们就出名了。仅仅在广东出名还不行，还要到北京去，所以，我们要打造大师，吸引大师，留住大师，就要营造一个好的文化生态，除了有政府的优惠政策，市场化的运作，很强势的媒体平台之外，还要鼓励一大批文化资本家，文化经纪人，文化闲人，他们侃着侃着就能侃出很多好的电视剧，我们要有这么一种文化氛围。

第三个是走向世界的战略。建设文化强省比建设文化大省高在什么地方？高就高在世界眼光，国际视野，要用一种世界的眼光和国际的视野来谋划文化强省。岭南文化在本质上就是海洋文化，我们的岭南文化是世界的。但是，现在我们还走不出去，走出去要靠什么？我认为两条：一个是靠个性化。要有个性，就是要体现我们民族传统，岭南特色。我们的广东音乐、岭南画派都有个性，但是现在为什么走不出去？就是因为产业化不够。产业化就是让我们的文化在国际文化市场上通过国际竞争，国际分工卖出去，把我们的文化带出去。不能像以前送出去人家还不要，以前我们印很多外宣画册送给人家，很厚的，但是一转身他就把画册放到抽屉里面去了，不带走。因为又厚又重，没什么好看的，都是领导的头像，信息量很少。所以，我们靠送出去还走不出去，要靠卖出去才能走出去。因此我们说现在广东的工业品卖出去是没有问题了，但是我们的文化产品走出世界还是很有问题。撒切尔夫人曾说，中国永远成为不了超级大国，因为中国卖的是产品，而不是价值观。所以，中国成不了超级大国。光卖产品不行，光成世界工厂不行，还要成为世界的脑袋，只成为世界工厂，只成为世界的手脚，你就成不了世界大国。所以，我们在卖产品的时候，我们还要把我们的价值观卖出去。日本在这方面做了不少工作，日本的动漫产品占了全世界的60%，它输出了很多的动漫形象，像蜡笔小新、圣斗士等，这些动漫形象对提升日本的国际形象很有帮助。

所以，我们还是要重视我们的问题，要像抓制造业那样来抓文化出口。在这方面，社会科学界也是任重而道远，我们要通过推进文化国际化、产业化的发展，促使文化走出去，让广东成为中国向世界“走出去”的主渠道、生力军。

我就讲这么多，谢谢大家！

陈实：感谢田丰教授这么精彩的发言。田丰教授结合广东在全国的影响力、广东人的竞争力，还有结合我们广东的幸福度来思考我们的文化强省的建设。大家注意，在报告里面他讲到了文化竞争力是生产力、消费力、传播力、创造力、传承力，这是田丰教授关于文化竞争力的核心观点。田丰教授也提出了怎样建设文化大省，他提出了要走向大众、走向高端、走向世界，这实际上是田丰教授对文化的一个新的思考。走向大众，他提到要让广大群众快乐起来，聪明起来，高尚起来，自觉起来。在走向高端的时候他说我们要出大师，不但要出大师，而且要出文化的智慧者，出文化的经纪人，出文化的冒险家和文化的闲人，侃着侃着就侃出电视剧了，侃着侃着就有一本书出来了，我觉得这个非常好，希望我们文化真正能够走向高端。第三个是要走向世界，田丰教授提出，我们要卖出自己的价值观，要成为世界的头脑，不但要去征服西方人的口味，而且要征服西方人的脑袋。要走出世界，我们的文化更应该走向世界。

（在《岭南大讲坛》文化论坛第12讲上的对话，2009年9月26日）

建设文化强省是“水到渠成”

广东省委、省政府近日出台《中共广东省委办公厅广东省人民政府办公厅关于加快提升文化软实力的实施意见》(以下简称《实施意见》),提出广东文化发展的新目标和新定位,首次提出建设文化强省。昨天下午,参与《实施意见》部分内容调研工作的广东省社科联主席、党组书记、研究员田丰博士第一时间接受羊城晚报专访,解读这份历时8个月制定出台的《实施意见》,就广东文化建设的现状和目标、优势与不足等进行详细的分析。田丰认为,广东已经是文化大省,文化产业已经成为广东的核心支柱产业,珠三角地区人均GDP超过1万美元,已经提前进入文化消费时代,此时提出“文化强省”目标是水到渠成。

广东文化产业规模总量全国第一

《羊城晚报》:建设文化强省,广东已经取得哪些先决条件?还有哪些不足?

田丰:国际上对“支柱产业”的界定,是指占GDP总值6%以上的产业。2008年广东的文化产业产值已经占全省GDP的6.8%,可以说文化产业已经成为广东的核心支柱产业。

广东已经是文化大省,文化产业规模总量居全国之首。2008年全省文化产业增加值为2720亿元,较2007年增长13.8%,连续五年名列各省市之首,占全国的比重超过1/4;文化产业已成为广东一个重要产业门类和国民经济新增长点,连续五年年均增长率为14.6%;广东已经初步形成较完整的产业体系,包括新闻出版业、广电服务业、文化娱乐业、会展业、广告业、旅游业、电子信息业、文化产品和设备制造业等。

广东文化消费“逆市上升”

《羊城晚报》：有一些广东人文化自信不足，认为广东仅仅是经济大省：广东人在饮食上面的花费似乎比文化娱乐消费要高，一些高端的文化演出并不首选广东市场。您怎样看待这一现象？

田丰：其实不是这样的，广东部分地区已经进入文化消费时代。有学者指出，人均 GDP 超过 3500 美元，社会进入汽车消费时代，如果到达 10000 美元，社会进入文化消费时代。以此为标准，珠三角地区特别是广州、深圳，已经进入文化消费时代。

文化消费具有多样性、重复性、无限性等特点，从追求物质消费到追求文化消费，是社会进步的标志。这次国际金融危机对生产、消费冲击很大，但广东的文化生产、文化消费却逆市上升，如贺岁片《喜羊羊》的票房奇迹，还有，今年 1 至 5 月份，广东省 60 家电影院的票房表现相当好：放映场次 11.9 万场，观众人数 372 万人，票房收入 13.3 亿元，分别同比上升 7.2%、19.8%、19.6%。

岭南文化是务实、兼容的文化

《羊城晚报》：《实施意见》提出“以世界眼光打造具有岭南风格和广东气派、具有鲜明时代特征和实践特征的当代广东先进文化”，何谓“岭南风格”、“广东气派”？

田丰：“岭南风格”是有深远历史传统、务实、兼容的一种文化，岭南文化是一种“杂交文化”，是以中原文化为主流，融合了南方本土文化、外来文化而形成的具有开放性、务实性、创新性的文化。说到兼容性，广东多任领导都不是广东人，从任仲夷、李长春、张德江到汪洋，但广东人一样非常尊重和爱戴他们，没有门户之见。广东人认为，只要能干实事，能为广东发展提出开创性观点，谁来当领导都行。

“广东气派”是指改革开放以来，广东领全国风气之先，形成了广东特色的思想文化观点，文化意识形态，文化产业蓬勃发展。例如广东有四大报业集团：南方日报报业集团、羊城晚报报业集团、广州日报报业集团和深圳特区报报业集团，全省报业集团的数量、规模和质量，在国内都处于领先水平，传媒产业创造的产值全国最高。

创意文化产业实现“创新型广东”

《羊城晚报》：广州市先后出台了现代服务业、高新技术产业等相关产业发展规划，将羊城创意产业园列为“广州建设现代服务业中心重点项目”；最近又颁布实施《广州市建设现代产业体系规划纲要（2009—2015 年）》，再次将羊城创意产业园列为“广州市建设现代产业体系重点项目”。

《实施意见》在提升文化产业方面提出建设“粤港澳文化创意产业试验园区”，您也参与这个课题的调研，能否谈谈粤港澳文化创意产业融合发展的现状和三地文化创意产业的发展定位？

田丰：我认为，粤港澳文化创意产业的发展定位应该是这样：广东要依托深厚的文化底蕴和制造业基础，以及新闻传媒、网游动漫、音像制作等在国内领先的优势，积极发展创意衍生品的生产制造，并向创意产业价值链上的内容原创和服务供应、分销两个高端环节延伸，成为具有国际影响的创意产品和设备制造业及流通业中心，数字内容产品生产流通与内容服务基地、动漫和网络游戏研发制作中心、创意产业研发与孵化基地；同时也成为港澳文化创意产业进军国内（首先是泛珠三角区域）市场的重要门户，国内（首先是泛珠三角区域）文化创意产业产业链与国际市场对接的区域性国际商务服务中心区。

香港应充分发挥国际大都市的金融、资讯、人才、贸易等综合优势，着力抓好内容创作和再生产、服务供应与分销两个增值环节，架构一个吸引国内外著名品牌进入、资金汇集和消费引导方面的国际化营销平台，成为国际性名牌、名品新潮流的设计、研制、开发中心，创意融资的平台，创意内容、产品及服务包装中心，国内创意产业外销的跳板口岸，国外创意产业引进中国的前沿阵地。

澳门应发挥葡语文化资源、宗教与历史人文资源优势及与拉丁语系国家交往的桥梁作用，成为创意产品海外市场推广的重要基地，国际性的文化旅游城市。

（原载《羊城晚报》2009 年 7 月 16 日，记者：廖怀凌）

“解放思想，改革开放”与岭南文化一脉相承

广东文化的特质是什么？这个问题争论了许多年，在省委十届七次全会上终于一锤定音：“解放思想，改革开放”！短短8个字追溯了广东近代以来的文化源头，更指明了未来的发展方向。对于这句话应当如何理解？广东在哪些方面应当卸下思想的枷锁，又该以什么作为建设文化强省的抓手？本报专访广东社科联主席田丰，解读“解放思想，改革开放”的文化内涵。

精神解读

“解放思想，改革开放”与岭南文化一脉相承

“‘中国气派、岭南风格、广东特色’三者是民族性、历史性和现代性的统一。”

记者：这次全会将“解放思想，改革开放”这8个字作为广东文化最鲜明的时代特征和最突出的地域优势。以往我们谈到广东文化时，最先想到的是“岭南文化”，但这次却是从思想层面对广东文化进行提炼和概括。您如何看待这“解放思想，改革开放”这8个字的意义？

田丰：岭南文化在近代形成和发展，是中西方文化相互交融中形成的独特文化品质。经过改革开放30年，这种精神逐渐升华为“解放思想，改革开放”。可以说，“解放思想，改革开放”与岭南文化一脉相承。

这种思想不仅体现在文化作品、文化经典中，更重要的是成为广东人独特的生活方式、情感方式和思维方式。

记者：汪洋书记在对广东文化建设提出新目标时，曾说过，要形成“中国气派、岭南风格、广东特色”的现代文化体系。“中国气派、岭南风格、广东特

色”有何内在的逻辑联系？

田丰：中国气派指的是中国的民族精神、民族文化和民族特色。岭南风格则是第二个层次，它体现了地域性，也就是我们常说的岭南文化，它体现的是广东文化的历史性，广东内在的文化积淀。广东特色则更加具有时代特征，体现的是改革开放以来广东人敢闯敢拼的精神特质。这三方面是民族性、历史性、现代性的统一。

文化软肋
广东没有自己的学术高地

“上世纪90年代，珠海重奖人才，不仅有20万的珠海科技奖奖金，还每人一套房一辆车，在全国引起轰动。广东应该深思，为什么现在没有了当时的魄力？”

记者：在您看来，目前在广东文化方面，哪些地方还存在不足，需要把思想上的枷锁打开？

田丰：广东文化在很多领域都曾在全国处于领先地位，比如说影视作品、流行音乐等，但现在有些高不成低不就的倾向。就拿电视节目来说，大题材不够多，创新不够多，导致了这样尴尬的现象：做高端精品节目做不过凤凰卫视，做大众化节目做不过湖南卫视。

记者：人才是文化的核心和关键，吸引不了人才、留不住人才这个问题也提了很多年。您认为症结在于何处？

田丰：我认为，原因主要有3个。第一个是话语权问题，这不仅是学术界的问题，跟整个大的时代背景有关。从学术界来说，北京的理论氛围比较浓厚，最好的学者都在北京，因此很多广东学者出走北京，为的是获得更好的学术氛围。

第二个原因是广东缺乏学术的传播平台。如果在北京的媒体上发表一篇论文，那么全国甚至全世界都知道了。但广东媒体、特别是广播电视媒体的影响力相对较弱。

第三个原因是对于文化人才的待遇。广东雄厚的经济实力曾经引来很多文化人才“孔雀东南飞”，但现在这个优势已经不明显了。

记者：人才出走，话语权旁落，吸引不了新的人才，这似乎成为了一个恶性循环。要破解这个恶性循环，应该从何处入手？

田丰：上世纪90年代，珠海重奖人才，不仅有20万的珠海科技奖奖金，还每人一套房一辆车，在全国引起轰动。广东应该深思，为什么求贤若渴，现在却没有了当时的魄力？广东应该更大力度地对重点学科、特色学科进行扶持，提供给学者更好的工作条件，以财求才。

建言献策
应建立地方特色文化研究基地

“广东地域特色文化研究，从时代和发展的角度看，是推动民族文化的千秋功业。”

记者：列席这次全会的文化名人、导演孙周曾经说，广东有着天然的地域优势，接受新观念、新技术非常容易，但这也造成了广东文化“拿来主义”倾向比较严重，缺乏自主原创，目光比较短浅。您是否同意这个观点？

田丰：我同意，广东“穿堂风”、只开花不结果的现象由来已久。对于广东来说，要给文化、特别是特色文化营造一个轻松、交流的环境，引入竞争机制，不要想着怎么样尽快把学术成果转化成经济利益，对于特显广东优势和特色的项目，要一抓到底。

记者：您特别强调对于广东地域特色文化的研究，在发展地域特色文化研究方面有什么新的思路，使之成为广东的学术高地？

田丰：广东地域特色文化研究，从时代和发展的角度看，是推动民族文化的千秋功业。而且，地方特色文化的研究还可以同旅游、动漫相结合，最终转化为文化产业。

加快筹备建设
特色文化研究基地

田丰：省社科联将以学科建设为工作重点，尤其是那些能体现岭南学术优势、特色的学科研究，例如粤港澳合作、广东近代史的研究，如孙中山、康梁等历史人物的研究，再如广东产业经济和岭南文化的研究。还要抓重点基地的建设，我们根据各地特点，设立了11个特色文化研究基地，例如佛山基地研究重心是广府文化，梅州基地研究客家文化。

（原载《南方日报》2010年7月18日，记者：郭珊，见习记者：吴敏）

广东提升文化软实力的对策思考

建设文化强省、提升文化软实力是广东贯彻落实《珠江三角洲地区改革发展规划纲要（2008—2020）》、争当实践科学发展观排头兵、实现广东新一轮大发展的重要举措。最近，广东省委、省政府出台了《关于加快提升文化软实力的实施意见》，对建设文化强省、提升文化软实力提出了总体要求和具体可行的措施，对推动广东省文化强省建设、提升广东省文化软实力具有重要意义。但是，文化建设是一项长期而艰巨的任务，文化软实力的提升，迫切需要总结文化建设的经验教训，把握文化建设的规律，使文化自觉跃升到一个新的高度。为了更好地贯彻落实广东省委、省政府的精神，根据广东省委宣传部的要求，广东省社科联组织课题组对如何提升广东省文化软实力进行了调研。

广东文化建设尚存不足

在调研中我们发现，近年来，广东文化建设取得了瞩目成就。然而，从更加自觉、更加主动地推动社会主义文化大发展大繁荣的要求看，从广东争当实践科学发展观排头兵的要求看，从广东城乡居民对文化生活的更高要求看，广东省文化建设还存在着一些不协调、不全面的问题。如，从经济建设与文化建设的关系看，存在重经济轻文化的问题；从文化资源与文化建设的关系看，存在重资源轻建设的问题；从文化消费与文化创造的关系看，存在重消费轻创造的问题；从城市文化与农村文化的关系看，存在重城市轻农村的问题；从文化理论与文化实践的关系来看，文化建设理论武装落后于实践。

此外，从广东的文化外部影响力来看，“广东”的文化符号不够鲜明；粤方言使用人口日益增多，具有一定的国际化水平，但粤语人群的整体文化形象有待提升；广东境外旅客来访量不断攀升，但“文化旅游大省”的形象并未深入人心；广东媒体的境外传播能力日益增强，新闻和网络外宣发展较快，但海外媒体对广东的关注度远逊于京沪；近年来，广东频繁举办各种国际活动，但仍缺乏具有国际声势的响亮活动品牌；广东文化产品出口发展势头强劲，占据全国半壁江山，但自主品牌产品不多、核心产业竞争力不强。

建设开放和谐的文化

提高思想原创力是提升广东文化软实力的当务之急。为此，我们要重视自主创新思维的培养，要优化文化结构，要创造人才辈出的环境。而当前增强广东文化软实力的重大任务是建设开放和谐的文化。岭南文化是海洋文化，开放是海洋文化的题中应有之义。然而，这种开放性并没有充分发挥出来。开放是文化发展的必备条件，要进一步主动“请进来”和“走出去”，树立广东国际文化形象。

进一步革除现有文化体制中制约文化生产力、文化创造精神的弊端和环节，为民营资本进入文化产业开拓更大的空间，这不仅是激活民间资本的需要，也是发展政治民主的需要。此外，还要大力发展大众文化，促进文化公平。

繁荣发展哲学社会科学

哲学社会科学是文化的灵魂和核心，繁荣发展哲学社会科学是提升文化软实力的必然要求。改革开放以来，广东哲学社会科学率先在全国开展了许多学术问题的讨论，取得了丰富的理论创新成果，如关于社会主义市场经济、价格改革、外向型经济、经济特区、政治文明、精神文明学、民族凝聚力等问题的研究，引起了持久的讨论和深远影响。近年来，广东社科界在区域经济合作与发展、产业结构调整、自主创新能力培育、政府管理创新、文化建设等方面取得了许多具有开创性的成果，为广东建设经济强省、文化大省，争当实践科学发展观的排头兵等战略任务作出了应有的贡献。

目前，广东省围绕哲学社会科学研究和理论创新体系的建设，形成了社科规划、社科评奖等较全面的“大社科服务”体系，并且取得了显著成绩。同时，我们也清醒地认识到，广东省委、省政府提出的广东争当实践科学发展观排头兵的战略任务对广东省哲学社会科学提出了更高的要求。当前国际金融危机造成的冲击向社科研究提出了有待解决的新课题，以贯彻落实《珠江三角洲地区改革发展规划纲要（2008—2020）》为主轴的广东新一轮发展需要社科界有更大作为，哲学社会科学各方面工作需要进一步加强，要着力提升理论创新和决策服务能力与水平，提升广大干部群众社科知识素养，还要加强培养高层次社科人才队伍。

扶持地方特色文化

地方特色文化不仅是广东省重要的文化历史资源，更是提升广东省文化软实力的重要资本。广东省的潮汕文化、客家文化、广府文化和侨乡文化等都是特色鲜明的地方文化，它们的文化精髓赋予岭南文化特殊的价值和独有的特征，离开这些地方特色文化，岭南文化将不复存在。

开展文化大省建设以来，广东省各级政府、高等院校和科研机构高度重视地方特色文化研究，推出一批研究成果，有力地促进了广东省地方特色文化的发展。比如广州佛山的广府文化、梅州的客家文化、汕头潮州的潮汕文化等，都在当地政府的积极支持下得到保护、开发和研究。广东省社会科学院围绕保护和开发广东历史人文资源的问题，开展了两年的广泛深入的调查研究，写成了《广东历史人文资源调研报告》。

为尽快解决广东省在地方特色文化挖掘、整理、研究、推广中存在的问题，我们建议：一是打造地方文化活动品牌，开展“南粤文化行”“南粤文化海外行”“六祖文化节”和“广东地方戏剧推广周”等活动，擦亮广东文化名片，扩大广东文化的影响力和渗透力；二是设立扶持地方特色文化专项资金，从省级宣传文化发展专项资金和文化事业建设费中每年安排专款，用于资助地方特色文化项目的研究、保护、宣传和开发利用；三是充分发挥社科联和地方高校在地方特色文化研究方面的重要作用；四是加强地方特色文化研究机构与企业、媒体等文化产业机构的联系，积极为文化产业提供可以开发利用的历史文化资源，促使地方特色文化研究成果作为资本形态进入生产环节，将潜在的资本形式转变成现实的资本，实现资本效益；五是加强人才队伍建设。

改革体制机制

物质资源和制度资源都是文化发展的必要前提，而制度更为直接。提升广东省的文化软实力，建设文化强省，必须按照“科学发展、先行先试”的要求，遵循社会主义文化发展规律，把创新精神贯穿、渗透、体现于文化软实力建设的全过程和具体实践之中，着力构建有利于文化科学发展的体制机制，促进文化生产力的解放和发展，持续增强广东省的文化发展活力。

多年来，广东省文化服务业增加值比重一直徘徊在36.5%左右，低于全国约41%的水平。发展文化创意产业是优化产业结构的突破口。当前，广东经济已处于发展的新临界点，面对低成本资源的减少和国内外经济环境的新变化，以依赖大量物质资源消耗为前提的粗放型加工制造业遭到严重冲击，发展文化创意产业无论对保护生态资源、延长制造业产值链以及提升文化产业核心竞争力都意义重大。

作为全国文化体制综合改革试点省，近期文化体制机制改革应重点在以下三个方面取得突破。一是尽快实现文化管理方式的创新；二是大力构造国资管理、公共服务和政策保障三大体系；三是尽快形成统一、开放、竞争、有序的现代文化市场体系，重塑文化市场主体，完善法律法规，规范政府对文化市场的管理。

构建国际化的文化传播体系

对外传播力是文化软实力的重要内容。改革开放以来，广东对外传播取得了巨大成就和丰富经验，但由于历史条件的限制，也还存在一些需要解决的问题，如广东总体形象定位不清、强势媒体不多、产业化程度不高、基础建设不足等。在新的形势下，广东对外传播工作应作出中长期规划，以国际视野和战略思维，以能力建设为中心，努力构建与广东科学发展新使命相适应的体制机制、平台和队伍，创新方法手段，形成现代化、国际化的对外传播体系，通过实施国际化、产业化和新媒体战略，使广东成为中国文化“走出去”的生力军，为广东贯彻实施《珠江三角洲地区改革发展规划纲要（2008—2020）》、争当实践科学发展观排头兵营造良好的国际舆论环境。

把握经济全球化的发展趋势，全面提升国际化水平，是提升广东对外传播能力的紧迫任务；适应当代文化竞争的大趋势，加快对外传播产业化进程，是广东提升对外传播能力的着力点；充分发挥网络和手机等新媒体作用，创新传播方式，是提升广东对外传播能力的突破口。

（原载《中国社会科学报》2010年2月4日）

提高广东文化软实力的行动建议

一、改革体制机制，解放和发展文化生产力

广东要加快文化体制改革进度，率先在突破文化体制改革关键环节、解决主要矛盾、破解难点问题上，取得实质性进展，进一步解放和发展文化生产力。

（一）加快推进经营性文化单位转企改制。积极推动广播电视传输网络剥离转制为企业，并进行战略性重组；完成全省新华书店转企改制工作，构建以连锁经营和物流配送为标志的出版物流网络；大力推进省市、县两级电影公司、出版社、国有文艺院团等转企改制，培育合格的文化市场主体。

（二）深化文化事业单位改革。省文化厅、省广电局和省新闻出版局对所属事业单位根据性质和功能进行分类改革。公益性单位深化人事、收入分配和社会保障制度改革，全面推行聘用制和岗位管理制度，改进服务效率和水平。同时强化公益属性，规范经营行为，实行收支两条线。非公益性单位进行转企改制。政府职能部门积极采取措施为深化事业单位改革提供配套政策和保障。

（三）加快文化企业战略重组步伐，做大做强一批大型文化集团。运用市场机制，以资本为纽带。重点培育和发展一批实力雄厚的国有或国有控股大型文化企业和企业集团，使之成为文化市场的主导力量和文化产业的战略投资者。组建广东省广播电视传输网络股份有限公司、广东省新华联合发行集团股份有限公司、珠江电影集团，重组整合同一地区重复设置的文艺院团和出版单位。做大做强南方广播影视传媒集团、南方报业传媒集团、羊城晚报报业集团、广东星海演艺集团、广东省出版集团、南方国际传媒控股集团、家庭期刊集团、佛山珠江传媒集团，加快股份制改造，鼓励部分企业上市融资。

（四）突破体制壁垒，整合珠三角和粤港澳文化产业资源，推进三地创意产业融合发展。打造“广深佛文化产业圈”和“粤港澳创意产业带”，共建“粤港澳文化创意产业试验园区”，整合粤港澳三地资源，集聚产业要素，实行特殊文化产业政策。构建三地文化创意产业融合发展的组织平台、信息平台、制度平台与资金平台，使之成为亚太地区最具活力和竞争力的创意集聚区，打造具有国际影响力“粤港澳创意产业带”。

（五）构建公共文化服务体系，形成全民共享文化发展成果的新局面。以乡镇综合文化站建设为重点，构建基层公共文化服务设施网络。实施文化信息共享工程，建立覆盖全省的文化倍息资源共享网络服务体系。继续完善流动图书馆、流动博物馆、流动演出网三大文化流动服务网络。改进公共服务供给机制，增强公共服务供给功能和供给能力。建立文化设施集中代建和统一建设体制；探索“专业实体运作，政策法规管理”的文化设施管理经营新模式；创新文化活动（服务）项目社会化运作机制，采用政府目录指导、社会和企业策划、竞争性投标、政府采购、合同管理、第三方评估验收的运作方式。

二、弘扬岭南文化，推进历史人文资源的保护、开发和利用，提高资源整合力

充分发挥文化遗产在传承中华文明、提高人文素质、增强民族凝聚力、强化文化特色和吸引力中的重要作用。

（一）大力保护和挖掘历史文化资源。岭南文化的三大支脉——广府文化、潮汕文化、客家文化源远流长，各领风骚，丰富多彩，是不可多得的文化富矿。要制定全省文化资源的保护开发和利用的总体规划，梳理各类文化资源，建立文化资源数据库和系统的广东非物质文化遗产和传承人名录。

（二）建立政府主导、社会各界参与的人文资源保护和开发机制。加快历史人文资源的法制建设，完善历史文化遗产保护的社会监督机制。建立文化生态保护区制度，对具有代表性的文化生态环境进行整体的规划保护和合理开发。建立历史文化遗产保护的“社会认领制度”，完善社会监督机制。

（三）实现人文资源开发利用的市场化和产业化运作。在有效保护与科学整合的前提下，发展人文资源旅游业。打造珠三角都市历史文化旅游圈、梅潮旅游

文化圈和粤西海洋文化走廊。系统推进富有岭南文化特色的大众文化建设，如充分体现地方特色的文化节庆活动，再现历史文物的文化特色和历史名人的文化精神。

三、扩大文化领城的对外开放和交流，加强文化辐射力

积极开展中华文化“走出去”战略，在抵制文化霸权主义与文化殖民主义的同时增强中华文化的国际影响力和文化软实力。

（一）实施全球化和区城合作战略，以历史人文资源为纽带，建构“南中国海区城文化合作体系”、“粤港澳文化合作圈”和“泛珠三角文化圈”，形成岭南文化辐射国内、走向世界的开放格局。加强与东盟国家文化交流合作，推动“南中国海文化圈”的形成。发挥毗邻港澳的地缘优势，利用粤港澳文化合作会议、粤港澳文化资讯网等平台，以及粤港澳政府文化官员定期沟通机制，联手打造粤港澳文化合作平台，努力构建粤港澳全三角文化交流网，充分利用港澳在文化管理理念、经营模式、管理方法上的成功经验和先进的技术，提高广东公共文化服务水平和文化产业发展能力。利用泛珠三角区城文化合作联席会议制度这一平台，加强与周边省区的合作，推动泛珠三角文化圈的形成。在文化资源保护和开发利用上展开区城合作，打造具有国际影响的跨区城的文化旅游观光体系。①

（二）开辟“走出去”的国际通道。利用好港澳的窗口作用，加快广东文化进入全球文化圈的步伐。尽快在国外建立文化经纪代理机构，组建跨国文化经纪公司或跨国演出公司。尝试向港澳或海外华人集聚地的演出和展览场馆实施战略性投资，争取能在海外拥有具有自主产权的文化设施，为广东省文化服务业在国外开辟阵地，提高国际竞争力。增大市场化运作的对外文化服务项目数量，将其逐步提升到主渠道位置，实现以政府主导下的派出项目为主渠道最终转向民间主渠道的过渡。建立对外文化项目评估激励机制。

（三）实施“广东文化品牌”推广计划。成立高层次的文化品牌小组，作为“广东文化品牌”的品牌管理人。开展文化名牌评选、评级和推广活动。

---

① 参见向晓梅等：《广东建设广深佛创意产业圈的调研报告》《粤港澳文化创意产业融合发展研究》，引自广东社会科学院研究报告，2008 年。

四、加快培养人才，增强文化发展支撑力

文化人才不足，是广东文化发展的一块短板。要实施高端文化人才培养引进工程。加快文化领军人才培养和引进步伐。支持本地高等院校设立研究广东文化创意发展方向的专业，重点培养既懂文化又善经营的复合型人才和相关领域的专门人才。制定文化高端人才引进规划。每年面向国内外引进100名左右的社科领军人物、文化创意拔尖人才和文化产业高端经管人才等。通过招标项目柔性引进和利用海内外人才。建立重大文化产业项目国内外公开招标制，积极吸引省外人才研究广东文化产业发展问题。建立健全文化人才评价激励机制。建立文化艺术领城政府荣誉制度，设立省政府“文化杰出贡献奖”，表彰在广东省文化事业和文化产业领城做出突出贡献的文化工作者。

发展教育始终是培养人才包括文化人才的基础工程，是提升广东软实力的重大战略任务。要继续实施科教兴粤战略、人才强省战略，实现由教育大省向教育强省的转变、人口大省向人力资源强省的转变。切实实行“三优先”政策，做到“经济社会发展规划要优先安排教育发展，财政资金要优先保障教育投入，公共资源要优先满足教育和人力资源开发需要”。推进县域义务教育均衡发展，加快义务教育规范化学校建设步伐。努力争取全省所有初中和独立建制的完全小学全部达到义务教育规范化学校标准。加快提高高中和中职教育力度，改善教育结构。大力发展高等教育，以建设高等教育强省、全面提升广东省高校自主创新能力为目标，科学制定高等教育发展战略和发展规划。加强粤港澳教育交流与合作。放宽港澳高校在广东省独立办学或合作办学、人才培训和交流的限制。

（原载《中山大学学报（社会科学版）》2008年第5期，作者：田丰、夏辉）

广东改革开放与文化软实力的崛起

广东改革开放的历程，是不断实现社会全面进步的历程，是不断提升人的精神境界的历程，是不断走向文化自觉的历程。文化的力量，深深影响着改革开放和现代化建设的全过程，熔铸在全社会的生命力、创造力之中。正如中共中央政治局委员、广东省委书记汪洋所概括的：广东的崛起，从某种意义上讲，就是文化软实力的崛起。

一、改革开放以来广东文化建设的基本经验

从创立经济特区到争当实践科学发展观排头兵，广东一直担负着为全国改革开放开山探路的重任，而推进改革开放的每一步，都离不开文化价值的重构和文化力量的支撑，文化建设在服务改革开放、服务现代化建设的过程中，经历了一个从伟大觉醒到历史自觉的过程，充分显示了文化的能动性、先导性和创造性功能。

（一）基本成就

1. 观念更新，重构价值体系。

毗邻港澳的广东，广大干部群众目睹封闭的社会主义与上升繁荣时期的资本主义社会生活条件的巨大反差，求富求变求新成为强烈的不可阻挡的意志和追求，率先领会小平思想，积极参加真理标准大讨论，在冲破观念桎梏中一马当先，提出了“时间就是金钱，效率就是生命”的务实观念，“排污不排外”的开放观念，“看见红灯绕道走，看见绿灯赶快走”的变通观念，等等。这些观念产

生于创立特区和发展市场经济的实践、从封闭转向开放的历史趋势，因而有力地冲击着传统的思维方式和行为方式，把人们创造富裕美好生活的积极性、主动性充分调动起来，成为神州大地上一股清新的生气勃勃的精神力量。广东作为引领改革开放风气之先的“南风窗”，为冲破“左”的束缚，倡导新观念新风尚新生活发挥了不可替代的历史作用。

2. 理论创新，激发思想活力。

广东的实践为我党重大理论创新发挥了试验田的历史作用。1992 年邓小平同志在广东发表“南方谈话”，2000 年江泽民同志在广东提出“三个代表”重要思想，2003 年胡锦涛同志在广东提出科学发展观思想。三次重大理论创新，之所以发生在广东这块热土上，是有其历史的内在必然性和实践的内在必然性的。广东历史上两次在思想文化变革中站在历史潮头，一次是以康有为、梁启超、孙中山为代表的近现代思潮的风起云涌，一次是改革开放以来与发展市场经济相适应的思想观念的形成和传播。从这个意义来说，广东担当了中国现代化思想发源地的历史使命。正是由于这一文化传统和实践基础，广东思想理论界在探索社会主义建设规律过程中，在研究解决经济特区建设、珠三角改革开放试验区建设、赶追亚洲“四小龙”率先实现社会主义现代化的过程中，产生了卓炯的“社会主义商品经济论”，较早提出市场经济理论、国有企业股份化改革理论、政治文明理论、精神文明理论等等。这些理论观点，屡屡向理论禁区挑战，激发了人们对改革开放重大理论的思考，为党的重大理论创新，提供了实践经验和思想元素。

3. 体制改革，解放文化生产力。

党的十六大强调了文化与经济政治相交融的大趋势下文化创新的重要性和迫切性，十六届四中全会提出要树立新的文化发展观，推进文化体制改革，以体制改革加快文化事业和文化产业的发展，为文化生产力的解放和发展打开广阔的空间。具有悠久传统的中国文化，一经突破体制的束缚必定能激发出无限的创造力，转化为现实生产力。

在经济体制改革中领跑的广东，又一次担当了文化体制改革的领跑者。广东省委、省政府做出了建设文化大省的决定，制订了《建设文化大省规划纲要》，提出文化是创造力、经济力、竞争力的新理念，把文化建设作为促进经济社会转型、提升全省综合竞争力的主导战略。第一，率先推进文化改革和机制创新，把文化生产从文化行政体系中分离出来，建立跨区域、跨行业的市场化、国际化、股份化、集团化运作的经营管理体系。第二，打破文化产业、文化事业的自我封闭，制定鼓励民有资本投入文化产业和文化事业的政策，充分释放全社会文化创业的活力。第三，大力扶持文化经济，促进文化的经济化和经济的文化化，提升广东制造业、服务业的文化含量和文化竞争力。第四，制定科技强省、教育强省和史人文强省战略，夯实建设经济强省的知识基础和人才基础。第五，开展历史人文资源的大调研，促进岭南文化的宣传、研究、保护和创新，构筑广东文化发展的深厚的传统底蕴。第六，加大政府对公益文化的投入，推进覆盖城乡基层的公共文化服务体系建设，形成满足广大人民群众文化需求的传播网络。文化大省战略的实施，带来了广东文化建设新格局的形成，报业集团和影视集团的相继诞生、广州大学城的崛起、中山图书馆的扩容、“南海一号”的打捞、深圳文博会的举办、“岭南大讲坛”理论品牌的形成，等等，标志着广东又一次走在全国文化潮流的前列，别具特色的岭南文化又一次展现出开放、兼容、创新的强大生命力。

4. 建设和谐文化，培育社会文明风尚。

广东经过30年的改革发展，成为中国最大最具活力的经济体，GDP总量继超过香港地区、新加坡后，去年又超过了台湾，然而珠三角与周边地区发展水平的差距在拉大，城乡生活水平的差距在拉大，社会矛盾日趋复杂化和尖锐化。广东省委、省政府以化解矛盾维护社会稳定为中心，以重视民生改善为重点，大力加强社会建设与思想文化建设，在加强社会建设的同时深入开展群众性精神文明创建活动，包括大力弘扬“敢为人先、务实进取、开放兼容、敬业奉献”的新时期广东人精神，培育宽容和谐的人文精神；把握舆论导向，营造团结向上的主流舆论；保障人民群众文化权益，促进文化公平和文化共享；推进社会信用体系建设，增强全社会的诚实守信意识；加强公民道德建设，推动公民社会的形成；加强党风廉政建设和反腐败斗争，以良好的党风政风带动社会风气的好转。建设和谐文化的实质，就是勇于正视矛盾、善于化解矛盾，发挥精神文化对经济基础的能动促进作用，最大限度地调动和增加社会和谐因素，最大限度地排解和减少社会不和谐因素，在激发个体文化活动的同时不断增加文化认同，在实行文化开放的同时不断增强民族文化凝聚力，为和谐社会的形成营造强大的精神纽带。

（二）基本经验

1. 坚持历史观和价值观的统一，是文化建设的基本指导思想。

邓小平同志指出，社会主义不但要有高度的物质文明，也应当有高度的精神文明，广东要创造出比资本主义更高的物质文明和精神文明，只有“两个文明”都搞好了，才是有中国特色社会主义。怎样才算搞好？从根本上说就是培养“四有”新人，培养出与社会主义现代化建设相适应，与人类文明进步相适应的面向世界，面向未来，面向现代化的一代新人。广东改革开放以来，既狠抓经济建设，又大力发展文化教育事业，不断提高人民群众的科学文化素质，坚持不懈地抓社会公德和诚信社会建设，不断提高人民群众的道德水平，大力弘扬新时期广东人精神，不断激发人们富而思进，富而思变的精神风貌，使广东精神文明既适应发展市场经济的要求，又体现社会主义的人文价值，既为经济社会发展提供了强大的精神动力和智力支持，又努力为一代新人成长提供良好的社会环境。从开放之初起，不少人担心广东社会成为经济发达而道德风气败坏的社会，然而正是由于坚持了历史观与价值观相统一这个根本性的指导思想，广东省委、省政府不断自觉纠正发展中出现的这样那样的偏差，使经济社会建设始终保持了正确的发展方向，展现出强大的物的张力和思想张力。

2. 坚持批判性与建设性的统一，是文化建设的基本方法。

广东从计划经济到社会主义市场经济的体制变革，从传统粗放型发展到科学发展的模式转换，伴随着各种各样的文化的冲突，广东省委一方面旗帜鲜明地提出破除各种思想阻力和思想干扰，一方面又旗帜鲜明地贯彻邓小平同志不争论、不刮风，重在建设的方针：重在围绕中心服务大局，不断增强文化发展所依赖的物质条件；重在制度创新，建立与社会主义市场经济相适应的管理体制和运行机制；重在增强文化实力，在做强做大文化产业中壮大文化事业；重在文化基础设施建设，在建设一批现代化、高标准的城市文化场所的同时大力发展覆盖全省农村的公共文化服务体系；重在弘扬岭南文化，鼓励创作体现岭南文化风格又富于时代精神的文化精品；重在培养人，通过大力发展国民教育和建设学习型社会提升全体人民的素质。寓“破”于“立”之中，寓批判于建设之中，寓质变于量变之中，不为浮名所累，不为争议所困，正所谓“香三年，臭三年，香香臭臭又三年”，着眼于干好自己的事情，着眼于营造干事创业的宽松氛围，着眼于形成持续发展的文化生产体系，走出了一条为实践所证明，为人民群众所称道的文化创新道路。

3. 坚持主导性与多元性的统一，是文化建设的基本方针。

文化全球化与文化多元化的共存互动构成了当代中国文化进步的动力和主线。如何用时代精神的精华——当代中国马克思主义引领多元文化思潮，既保持文化的时代认同和民族认同，又形成充满生机活力的社会文化生态，形成与开放社会相适应的开放文化，是考验中国共产党人执政能力的重大理论和实践问题。从邓小平同志提出从全人类高度认识发展问题的论断，到江泽民同志提出世界文明多元论，再到胡锦涛同志提出共建和谐世界论，反映了我党准确把握时代主题，坚定走文化开放之路，在全球化进程中增强马克思主义的兼容性，推动民族文化融入世界文明的博大胸怀和远大眼光。

广东处于开放前沿，受港澳文化及西方思想文化的影响是广泛的，如何坚持文化的主导性与文化的多元性的有机统一，不仅是理论问题，更是一个实践的问题。广东省委历届领导十分清醒，坚持唱响主旋律毫不动摇，坚持文化开放也毫不动摇，两者统一于实践，统一于创新，统一于人民群众文化权益的发展中。一是掌握对外开放的主动权；二是掌握体制改革的主动权；三是掌握文化发展的主动权。以重在建设的思维方式，大力推进马克思主义引导舆论，引导哲学社会科学研究；大力推动“主旋律”文化产品的生产和传播。广东的经验表明，马克思主义只有在开放多元的思想文化环境中才能不断获得活水源头，在回应各种挑战中创新，在吸纳各种文化元素中壮大，在与多元社会思潮的对话比较中发挥引领作用。

二、价值转型与提升文化软实力的时代要求

（一）提升文化软实力是文化竞争时代的要求

20 世纪 90 年代以来，西方政要和学者纷纷提出全球战略展望，比较著名的有美国学者塞缪尔·亨廷顿的文明冲突论，约瑟夫·奈的软实力论等。越来越多的迹象表明，21 世纪是文化竞争的世纪。资源竞争—资本竞争—技术竞争—文

化竞争成为当代国际竞争发展的演进趋势。① 党的十七大指出，文化越来越成为民族凝聚力和创造力的重要源泉，越来越成为综合国力竞争的因素。当前文化发展和文化竞争呈现出如下时代特征：文化创造产业化，文化生产社会化，文化消费大众化，文化资源资本化，文化传播全球化，国际交往价值化。总的看来，是从硬要素到软要素，从外在要素到内在要素的转移趋势。美国已处于创新驱动—文化驱动型发展阶段；而中国总体上仍处于硬要素驱动—资本投入驱动型发展阶段。

广东是中国改革开放前沿地区，是承接世界产业转移和文化冲击的桥头堡，要保持30年来开放和发展中的领先地位，就要保持强大的国际竞争趋势，使经济、政治、文化发展全面转入科学发展轨道，以大力提升文化软实力提升持续发展综合实力，以文化创新引领体制创新乃至发展方式的创新。在经济文化全球化的冲击下，民族文化、区域文化日益失去自身的特色，工具理性和大众文化借助市场的无形之手，日复一日地消灭各民族、区域文化的自我同一性，人文精神的缺失、自主创新能力的下降、文化人才的匮乏逐渐削弱着民族和区域文化的竞争力。广东处于改革开放前沿，不可避免被卷入到世界文化激荡的全球化运动之中，在实行全方位对外开放中如何保持和增强自身的人文价值生命力和精神创造力，是增强文化软实力的灵魂工程。

（二）提升文化软实力是转变发展模式的要求

树立新的文化发展观，要求总体发展战略上实现从经济广东向人文广东的转型。在成功实现现代化工业化的惊险跨越过程中，发展不平衡、社会分化、文化滞后等社会深层次矛盾的积聚是不可避免的。用今天的尺度去衡量甚至非难30年的发展是非历史的态度，是错误的。但是，也要充分认识到，在现有物质条件下和新的历史发展阶段上，忽视乃至牺牲人的政治文化权利及生态环境片面追求GDP总量增长已不合时宜。建设中国特色社会主义，不能走资本主义以人的异化、文化异化、环境异化为代价实现增长的老路，不是用人的头颅做成酒杯才能喝下社会进步的甘甜的酒浆。广东走科学发展之路，就要在基本实现经济强省目标的基础上再向人文强省目标努力迈步，以人文广东作为提升发展质量，增强发展后劲的强大动力，作为真正体现以人为本，把出发点和落脚点转到人的全面发

① 田丰等著：《文化竞争力研究》，中国社会科学出版社2007年版，第1—2页。

展和幸福安康上来的奋斗要求，作为全面转入科学发展轨道上广东文化建设再创辉煌、迈向新境界的历史使命。

（三）提升文化软实力必须有一个从生产力标准到人的标准的跃升

从以“阶级斗争为纲”转到以生产力为标准，是启动中国改革开放的价值转型。今天，在开创发展新模式的新阶段，我们又面临着新的价值转型的需要。广东省委提出的“八个必须、八个解放出来”明确提出破除单一经济价值观，确立以人为本的全面协调可持续新发展观、新价值观的任务，这为新阶段价值转型指出了方向。

以人为标准体现了以人为本科学发展的根本要求。广东率先发展市场经济，市场在配置资源已发挥基础作用，物性资本、人力资本、社会资本充分激活，社会财富如魔幻般被召唤出来。然而在市场经济条件下，生产力的增加并非自然而然地带来共同富裕，并非自然而然地造福于人。西方社会在发展过程中产生物化、异化，导致社会不公、精神失落、人文贬值的情形并不少见。广东现阶段确实存在利益过度分化、经济建设与文化社会建设不相协调的事实。如果说，树立生产力标准是迅速发展社会主义经济基础的需要，那么今天强调人的标准是保证改革开放成果造福于人，保证社会全面进步的需要。

建设以人为本的文化，就要把文化从经济必然性中提升出来，使之与人的自由自觉的本性相适应，与“知识文明”时代相适应，与新阶段人民群众过上文明新生活的需求相适应。它以满足人的文化精神需要为基本功能，以发展人的全面能力为根本任务，以发挥人的自由个性为动力，以“文化人”的生产和再生产为落脚点。也就是说，文化作为社会上层建筑，虽然承担着服务于、反作用于经济基础的责任，但就其作为人的存在方式和发展方式来说，必然要随着时代的变化而从外在转向内在，以人的价值为最高价值，以人自身作为根本目的和根本意义。只有这样的文化才具有不可遏止的吸引力和感召力，这就是建设人文广东的深刻内涵和历史使命。

三、提升广东文化软实力的理论进路

2007 年底以来，广东省委发起的以科学发展为主题，以领导干部为重点的新一轮思想解放的大讨论，重现了改革开放前沿干部群众的巨大思想活力，标志着广东思想文化建设新高潮的到来，沿着这一方向前进，切实抓住薄弱环节，推进路径创新、体制创新、方法创新，必定使广东文化建设开创新局面，作出新贡献。

重视自主创新思维的培养。破除自满情绪、守业心态，树立忧患意识，增强建设创新型广东的紧迫感和责任感。倡导民主、和谐、宽容的文化氛围，把弘扬解放思想、勇于改革、求真务实、创业创新精神纳入培育新时期广东人精神的重要任务。

大力倡导马克思主义的价值精神。思想创造的动力来自于对人类普世价值的追求。不能把马克思主义仅仅看作是发展的理论工具，而且要看作是发展的价值支撑，要在干部特别是领导干部中倡导以人为本的核心理念，情系大众的基本立场，民主法治的公民意识，以及自由平等、公平正义、珍视自然生态等普世价值，树立精神文化新形象。

促进文化公平。广东是移民大省，是东西方文化风云际会的窗口，必须更加重视文化和谐问题。要充分认识在社会转型中，民族文化认同、群体认同、区域认同等问题的极端重要性，处理好本土文化与外地文化、城市文化与乡村文化的关系，增加对落后地区和农村的资金资源投入，加快建设公共文化服务体系，增加公共文化产品的供给，努力构建和谐文化。

进一步深化文化体制改革，大胆破除与科学发展不相适应的思维定势和管理方式，解放和发展文化生产力，培育和催生文化消费力，锻造和提升文化持续力。进一步突破体制障碍，推动跨行业跨体制的文化集团做大做强，推动粤港澳文化产业资源整合，打造粤港澳文化创意产业带。要更加重视岭南优秀传统文化的保护与利用，分层次建立传统文化生态保护区，与此同时抓紧总结推出新岭南文化，亦即改革开放30年广东文化变革中形成的新形态，为经济社会发展注入更具持久竞争力的文化资本。

人民群众是文化创新的主体，要大力保护和发展人民的文化权利，让文化发展为了人民，依靠人民，文化发展成果由人民共享。知识分子是文化创新的主力军，要充分发挥他们在文化决策、文化管理中的作用，大力发展学术自由和艺术自由，着力培养和引进大批文化人才，特别是高层次人才，为各类文化人才的成长营造施展才华的舞台和宽松、宽厚、宽容的社会环境。以宽松的政策支持文化创业，以宽厚的心态鼓励文化创牌，以宽容的精神促进文化创新，使广东成为天下英才向往、最适合文化人干事创业、最能展现文化人价值的生活乐园和精神家园。

（原载《先行一步到先行先试——广东纪念改革开放30周年理论研讨会文集》，广东人民出版社2009年版）

新阶段广东企业文化建设的回顾与展望

以1992年邓小平同志视察南方和党的十四大召开为标志，广东改革开放和现代化建设进入了一个新的阶段。在改革开放之初就产生并逐步发展起来的广东企业文化，无论在理论上还是在实践上，也随之跨进了新的里程。当前，广东省企业改革和发展面临着十分关键的时刻，认真总结新阶段广东省企业文化建设的成就和经验，明确今后的发展方向，对于进一步繁荣企业文化，推动企业改革，促进社会经济发展有着重要的意义。

一、新阶段广东企业文化建设的重大进展

新阶段的一个突出特点，就是在继续坚持以经济建设为中心的同时，更加重视社会主义精神文明建设，强调社会全面进步，党中央和广东省委发出的一系列文件中，提出加强文化建设，其中包括企业文化建设。党的重视和企业自身的需要的结合，形成了巨大的精神动力，推动着广东企业文化更加自觉、更加全面、更加深入地发展。

（一）发展观的重大转向：从单纯的经济增长转向以人为中心，实现社会全面进步新阶段是与新发展观紧密联系在一起的

随着全球性的资源、环境、人口等一系列问题对人类的生存和发展的困扰与威胁，世界各国开始反思过去单纯的以经济增长为核心的发展观，并提出一种新的发展观——可持续发展观。新发展观的核心和实质，是追求在经济发展的同时使人与人、人与社会、人与自然协调发展，而不是单纯以经济增长或物质财富的增长为目标。新的发展观作为一种新的文明观，最根本的标志是从以物为中心转到以人为中心。人是发展的目的、条件、动力。发展的目的是人的幸福与全面发

展，而不是为发展而发展，也不是为单纯的经济增长而发展。当今社会的发展，已不主要取决于对物性资源的占有和资本的投入，而是取决于人的素质和能力，人的积极性、创造性的发挥。只有确立以人为中心的发展模式，才能实现社会的可持续发展和全面进步。

发展观的转向不仅是当代世界文明演进的大趋势，而且也是我国和我省在新的历史条件下，推动经济社会进一步发展的客观需要。经过20年经济快速增长，广东的现代化建设取得了辉煌的成就。然而，广东经济的增长从整体上看，仍然是依靠大量消耗资源和能源的粗放型的发展。作为一个资源和能源贫乏的省份，粗放型的发展难以为继。面对新的形势，广东经济发展模式必须来一个大的转换，从偏重于发展的规模和速度转向发展的质量和效益，从偏重于物质投入转向注重提高人的科技文化素质，从偏重于经济发展转向经济、社会、文化、环境的协调发展。一句话，就是确立以人为中心的发展模式，促进经济社会健康、稳定、持续、全面发展。

社会发展战略的转型说到底要落实到企业。作为经济组织，企业的发展当然要以经济增长为核心，但在新的条件下，经济增长不能仅仅依靠经济手段，不能搞目光短浅的短期行为，必须重视政治、文化、环境的协调发展，重视人的素质的提高，从而实现企业的可持续发展。而且，作为社会经济基础的细胞，企业应当对社会履行相应的社会责任和义务，应当关注行为的社会效益。有远见的企业家总是把企业利益融于社会利益，努力把企业发展与社会发展、环境保护协调起来。以关心人、尊重人、培养人、发展人为根本特征和根本宗旨的企业文化建设与以人为中心的社会发展模式是一致的。

理论的突破必然带来实践的飞跃。新阶段广东企业文化建设从总体上看，在坚持服务经济、服务企业的前提下，努力实现物质文明和精神文明协调发展，市场经济和人协调发展，人文环境和生态环境协调发展，社会和企业协调发展，企业和个人协调发展，从而有力地促进了企业的改革和发展。康佳集团在发展中把企业的发展和社会进步结合在一起，总经理陈伟荣提出了“康乐人生·佳品纷呈”的全新理念，“康乐人生·佳品纷呈”即“为企业内外公众创造健康快乐的生活，不断奉献优秀产品和服务”。这是康佳在市场经济条件下对自己提出的更高要求，它“对内是目标，对外是承诺”，将企业的发展与社会进步统一起来。广州广汽集团有限公司领导班子认为，员工是企业发展最重要的资产和资源，企业的发展就是人的发展。以人为本，以生产经营为中心，这是广汽的宗旨。长期以来，他们正是坚持了这个宗旨，使企业在日趋激烈的市场竞争中赢得主动，立于不败之地。科龙集团根据人的生态需求日益增长的趋势，提出绿色营销的理念，把发展与环保统一起来，开发环保冰箱，1997 年获得国家环保体系认证中心的 ISO14001 认证证书。1996 年，联合国总部和蒙特利尔联合国大厦永久收藏了两台“容声”环保冰箱。科龙集团制造的“容声”全碳氢无氟冰箱成为全球冰箱环保典范。

（二）对人的认识不断深化：从经济人、社会人到文化人

企业文化建设的水平取决于对人认识的程度，只有对人的性质的科学把握，才能抓住企业文化建设的关键和核心。在吸收西方企业文化理论的过程中，在企业文化建设的实践中，与社会发展观的变化相适应，广东企业文化建设者对人的认识达到了一个新的层面。

西方企业管理理论对人的认识经历着从“经济人”到“社会人”，再到“文化人”的不断深化的过程。“经济人”是西方主流经济学和早期企业管理理论对人的基本假设。“经济人”是单纯只有经济欲望，只知道追求自身物质利益的人。这种认识把人看作社会和组织这部机器上的一个零件，受到重视的只是人的行为，其作为社会主体的特殊性被忽略，其精神因素被漠视。随着社会的发展，以“经济人”为核心的企业管理模式和以经济增长为核心的观念暴露出种种弊端。以人际关系学派、行为科学理论等观点为代表的西方经济和管理理论，对以往见物不见人的人性假设进行反思，开始重视社会和组织中的社会因素以及在其中活动的人的心理、感情、态度及需要等心理因素对人的积极性及对社会和组织结构功能的各种影响，产生了“社会人”的观念。这相对于“经济人”的认识是一大进步。20 世纪 80 年代以来在美日企业管理比较中产生的企业文化理论，通过总结美日两国企业管理上的差异，得出“力量寓于文化之中”的结论。从而开始重视人的精神因素包括价值观念、责任心、使命感、献身精神等对人的积极性及在现代企业发展中的作用，形成了“文化人”的认识。这种认识与马克思主义关于人的本质的观点有着共同点。

文化是人的本质特性。文化，就其广义来看，就是“人化”，即人的本质力量的对象化。人是“文化人”的认识，体现了对人的本质力量、对人的主体性和创造性的肯认。人类与其他动物的一个重大区别是能动的实践，即人在与自然界的相互关系中能动地作用于自然，人在改造世界的同时改造着自己，发展着自己，丰富着自己，体现和肯定人生的价值，实现意志的自由，精神的完善和人格的升华。因此，人只有在超越生存需要的文化活动中，才能克服异化，达到自由自觉的境界。在现代经济条件下，随着经济文化的一体化进程，社会发展的趋势归结到一点，就是越来越重视人的“文化力”。文化弥漫于整个经济领域，既表现为动力、资源，又体现为一种润滑剂。只有确立“文化人”的认识，才能充分发挥人的主体性和创造性，人的精神资源的价值才能充分开发利用。

随着经济转轨和体制转型，把人看作“文化人”、以人为中心的管理思想已被越来越多的广东企业所接受和认同。它促使企业的观念从过去单纯注重管理制度、生产技术和经营策略等“硬”因素，更多地转移到企业的“软”因素——人的精神因素，促进了企业管理的现代化、主体化、科学化。

第一，实行民主管理，鼓励创造精神。传统“外在型”的管理严重扼杀人的主体性，随着对人的认识的不断深化，广东许多企业适应了广大员工自主、自强、自尊的人格心理特征，在企业文化建设中，变外在式压制型管理为内在式自主型管理，在决策上发扬民主，在管理上激发员工参与，创造了不少民主管理的好形式。如广州汽车公司员工可以通过职工代表大会，依据《企业法》和《职工代表大会条例》，对企业的经营决策、管理制度、经营承包方案、工资调整、奖金和住房分配、企业工作计划、年终总结报告认真行使审议和监督权。通过合理化建议活动，员工可以对企业经营管理、技术改造、增收节支等所有环节提出问题和改善的对策。

第二，树立正确的用人观，创建科学合理的用人机制。社会越发展，人的个性差异就越大。每个人都有专长、爱好和志愿。对于适宜的岗位来说，每个人都是一种特定的人才。在用人上要取长补短，发挥特长，满足个体的个性发展需求，创建科学合理的用人机制。美的集团董事局主席、总裁何享健有一句口头禅：“我宁可放弃可赚100万利润的生意，也不放弃一个有能力的人才”。在这个思想的指导下，美的集团确立了“人才是第一资源”的理念。他们制订了《美的集团人才资源管理实施办法》，实行总裁领导下的人事部长和产品经营单位负责人双重领导、共同负责的人事管理体制，建立起包括激励机制、竞争机制、约束机制三个部分的用人机制。

第三，尊重人的人格，重视人的全面的需求。人的需求可分为物质需求、情感需求和发展需求。不同的需求具有不同的特点和要求。注重人的需求就是时时处处爱护员工，了解他们的思想状况，倾听他们的意见和建议，解决他们的实际困难，激发他们的积极性、创造性和敬业精神，把人本管理落到实处。企业管理体现了对人情的关注，对人格的尊重，对人性的理解。例如，康佳集团每个月都为本月出生的员工举行一次生日会，公司领导亲自出席，使员工感受到企业的亲情。中华自行车公司提倡“人性化管理”；万科公司提倡“丰盛人生”等等，都体现了对人的文化本质的高度重视。

（三）对人的精神资源的深层开发：实现内涵、活动、体制、机制的有机统一。如果说，物性资源是有限的，有的甚至是不可再生的，那么，人的精神资源就是不可穷尽的

广东许多成功企业的实践证明，从战略的眼光着眼于人的精神资源的开发，并与生动的形式、有效的制度和机制结合起来，企业文化建设就会焕发出生生不息的活力。

(1) 形式与内容的有机结合。企业文化建设的形式是指各种各样的企业文化活动形式，而企业文化建设的内容则是企业的价值观、知识技能、行为规范和精神面貌的总和。企业文化建设是生动的形式与丰富的内容的有机统一。内容通过形式表现，只讲内容，不讲形式，不注意形式的生动活泼和丰富多彩，就不能激发起人们参与的热情和兴趣；形式要反映内容，只讲形式，不讲内容，流于形式，搞花架子，做表面功夫，就不能取得实效。

在开展企业文化建设的初始阶段，广东较多企业的文化活动主要是生活福利型和文化娱乐型。生活福利型文化活动有利于培养内部成员以企业为家的感情，增强了企业的内聚力和吸引力。而文化娱乐性文化活动可以协调沟通信息、加强内部公众的理解和交往，陶冶了情操，使人们重新认识和体会到自己工作的意义。随着员工素质的相对提高，人们的心理需要向高层次发展，出现了一大批生动活泼、丰富多彩的技术型、思想型的企业文化活动。它能调动员工的积极性和创造精神，形成互相学习、互相激励、追求一流的企业士气；使员工掌握现代化技术和管理知识，培养员工正确的价值观念和远大的理想。此外，各种各样的舆论宣传文化活动、习俗礼仪型文化活动、公共关系型文化活动也在广东企业中盛行，进一步促进了企业文化的多样化发展。例如，广州友谊企业集团公司大力开展喜闻乐见的企业文化活动，运用各种渠道寓教于文、寓教于乐，如每年举办评选企业“十大新闻”活动、周年庆典活动、系列艺术竞赛、商业道德大讨论、服务工作演讲会、职工运动会、专题节日晚会及开展“员工艺术团”的各项活动，营造一个文明健康、奋发向上和施展才华、实现自我价值的文化环境氛围，从而把党的路线、方针、政策、理论教育、思想文化教育的内容与企业价值观、企业精神、职业道德行为规范的培育结合起来，走出了一条企业思想政治工作的新路子。

（2）激励与管理的有机结合。激励是调动员工工作积极性、激发员工内在潜能的重要手段。企业要保持长久的活力，就要有良好的激励机制。激励可以分为物质激励、精神激励等，包括鼓舞人心的目标、合理的分配原则、组织对个人工作表现的准确公正的评价和嘉奖等。广东企业文化建设的一个特点，就是广泛采用激励的方式，培育员工的荣誉感、责任感和主人翁精神。中建驻深圳公司在激励员工上不断探索，他们不仅仅停留在表彰先进、民主评议等激励方式，而是通过表彰、参与经营、合理化建议以及委以重任等形式，形成激励的多层次、多侧面，以发挥员工最大的工作热情，释放员工群体中蕴藏的巨大潜能，促进企业的发展。深圳赛格集团打破任命制，通过公开招聘，自我、群众推荐的评选举荐机制，撤换无业绩的庸人，启用有专长、有奉献精神的年轻人，通过各层次各渠道评选表彰劳动模范和先进人物，形成学先进、当先进的群体激励效应。

激励与管理是相辅相成的，在完善企业内部激励机制的同时，还应该有相应的管理约束机制。广东企业特别是技术含量较高的企业注意把刚性管理与柔性管理结合起来，使管理不仅制度化，而且人性化。康佳集团一向非常重视制度建设，各种程序规则和行为规范众多、细化、可操作性强，仅由集团总部制订的现行各种制度就有 2000 多条近 10 万字。在康佳，员工的每一从业行为和集团区域内的行为，都有章可循。现在，康佳在实行制度管理的同时，也日益注重利用企业文化的软约束来管理。其内部管理越来越多地依赖员工的自律意识，制度约束的痕迹逐渐淡化，制度功能从控制员工偏差行为逐渐转为引导精神文化发展的方向。

（3）智力开发与道德提升的有机结合。科学技术是第一生产力。开发员工的智力，提高员工的科技文化水平，是企业文化建设的应有之义。同时，道德水平关系到企业的凝聚力、战斗力和对外竞争力，因而不仅不可忽视，反之要加大力度，在社会转型期尤为重要。广东省广大企业结合社会公德、职业道德建设等精神文明建设活动，既大力开展技术文化培训，又坚持科学道德观、价值观的引导，把企业文化建设提高到新水平。华为公司是一个高科技企业，在智力开发上不遗余力。1994 年投入科研开发资金约 8000 万元，1995 年超过了 1 亿元；公司建立了员工培训制度，保证每位员工每年有 7% 的时间接受培训；公司每年为 20 多所著名大学提供奖学金、奖教金、贷学金或特殊津贴，给优秀毕业生的推荐者“伯乐奖”；每年为 100 多名优秀大学生举办夏令营，为他们提供从事科研工作、接触生产实践的条件与机会；为了引进人才，每年投资上百万元奖励、资助部分高校的尖子学生，在他们毕业后引进公司。华为现有员工 8000 多人，其中大学以上学历占 85% 以上，技术研究及开发人员占 40%，人才密集成为华为的一大特色。同时，华为公司教育员工把公司的发展与民族通信工业的命运联系起来。“爱祖国、爱公司”在华为不是一句空话，而是华为人用心血、用汗水、用集体的智慧去换来的一种精神成果，也是公司文化最美的一道风景线。“华为”二字的释义就是“中国的华为，华为为中国”，民族感、危机感、责任感是华为精神表现最强烈之处。为了国家安全和经济的发展，即使资金十分困难，华为仍拒绝外资的加入。在这种危机感、民族感、责任感的驱动下，公司“先生产、后生活”的安排也得到了华为全体员工的理解，虽然曾经有 98% 的员工没有住房，但众多的雷锋、焦裕禄式的人物仍在华为不断涌现。

（4）企业机制与社会机制的有机结合。企业文化根植于社会文化的土壤中，受到社会文化的影响；企业文化作为精神文明建设的载体，与整个社会的精神文明建设息息相关。因而，在企业文化建设中，应该把企业机制与社会机制有机地结合起来，以“自建”促“共建”，以“共建”带“自建”，形成自建与共建相互促进、相互补充的互动效应，让企业文化走向社会，让社会文明走进企业。广东的企业文化建设注意把共建与自建相结合，企业积极参与社区共建、军民共建、街厂共建、厂校共建，促进了企业和社会的共同发展。

（四）企业文化已经成为中国新文化的新生长点

作为与市场经济紧密联系的企业，是支撑着社会主义市场经济体制的基石。从本质上说，企业文化是一种现代文化，它肩负着改造农业文明，促进社会现代化的历史使命。在改革开放中产生的广东企业文化，正在给社会大文化注入新的因子，成为一种改造传统文化以及与计划经济相联系的文化的思想酵母。具体来说表现在：

第一，人本精神成为不可阻挡的社会思潮。随着以人为中心的管理模式在企业中的实施，管理的趋势不断朝着接近和符合人的本性需求以及为个人的全面发展创造条件这一目标发展，形成了一种关心人、尊重人、培养人、发展人的文化氛围。这种强调人的中心地位和作用，重视人的价值的人本精神是一种新的文化。这种人本精神与中国传统文化中的“民本”思想有一定的联系，都体现了对人的重视，但二者在实质上是有区别的。“民本”思想的本质是在维护君主的统治权的前提下，强调统治者应该“为民作主”。这种“为民作主”的思想与现代意义的民主思想显然不同，与蕴涵着民主观念的人本精神也是不同的。应该说，新中国成立以来，在企业管理方面，始终贯穿全心全意依靠工人阶级，充分发挥员工在企业中的主人翁地位这一主线，但是由于种种原因，如片面理解公有制，没有很好地体现按劳分配的原则等，企业中的人本精神没有得到充分的发挥。随着与市场经济相适应的现代企业制度的逐步确立和现代企业文化建设的深入开展，人本精神从企业向社会扩展，为社会大文化注入了时代精神。

其次，科学理性精神对传统观念的冲击。科学技术在社会化大生产中的应用以及现代管理制度的实施，形成了企业的科学理性精神。现代企业文化虽然对传统的理性主义管理有所纠偏，但并没有简单否定，而是在更高的层面上实现科学的理性精神与人本精神的结合。中国传统文化作为一种伦理文化迫切需要贯注现代的科学理性精神，企业文化建设中形成的科学理性精神无疑对传统文化的改造起着积极的作用。

第三，民主精神对宗法观念的否定。建立和谐宽容的人际关系，高度尊重人的自由发展权利和参与权利是企业文化的中心内容之一。因此，企业文化是民主精神的载体。随着企业文化的兴起，民主精神已日益扩散到生活的各个方面。无论在家庭、团体、单位，还是在社会，封建的人身依附关系的残余日益弱化，人的参政、议政意识日益加强。

此外，企业文化建设中形成的竞争意识、危机意识、求实精神以及环保意识、礼仪规范、文明健康的生活方式等等，也直接地影响着社区乃至社会文化的发展。

二、广东企业文化建设面临着新的机遇、新的挑战

广东企业文化建设在新阶段无疑取得了令人瞩目的成就，然而由于主客观条

件的限制，还存在着种种误区和薄弱环节，从而制约着企业文化的更大发展：一是认识不足，发展不平衡。有些企业对企业文化建设不够重视，想起来就抓，忙起来就忘；有的只把企业文化当作单纯的文艺活动，有的认为只有效益好的企业才能搞企业文化建设；有的片面追求外部形象，不注意练内功。二是组织引导不力。企业文化涉及面广，不仅有精神因素，还需要物质经济条件。而有的企业文化的主管者单一，只靠党务部门少数人的积极性，企业家和经营管理人员对企业文化重视不够，一方面无法与企业的生产经营工作活动结合起来，另一方面不能形成做到党、政、工、团一齐抓，形不成合力。三是个性不突出。许多企业缺乏自己的特色，缺乏鲜明的个性，存在着雷同化、概念化现象，不能反映不同行业的独特传统、独特风格和独特追求，给人留下千篇一律的印象。

在面临诸多问题的同时，广东企业文化建设的内部条件和外部环境发生着很大的变化，面临着新的机遇和挑战。

（一）知识经济时代的到来提出了新挑战

人类正在步于一个以知识、智力资源的占有、配置、生产、分配、消费为最重要因素的知识经济时代。21 世纪将是知识经济占主导地位的世纪。一个拥有持续创新能力和大量高素质人力资源的国家，将具备发展知识经济的巨大潜力；一个缺少科学储备和创新能力的国家，将失去知识经济带来的机遇。知识经济将深刻地改变我们的时代，改变人类的生产方式、生活方式、思维方式和情感方式。今后企业的竞争，不仅是市场的竞争、品牌的竞争、质量的竞争，更是科技的竞争、信息的竞争和人才的竞争。新时期的企业文化建设不能游离于这股扑面而来的时代潮流，而必须站在信息革命潮流的前头，把信息科学技术的传播培训、开发应用作为重要内容，致力于企业员工科技素质的提高，推动产业的信息化、知识化进程，为企业抢占 21 世纪的制高点，在新的国际竞争中立于不败之地而做好充分的准备。

知识经济促进了知识的产业化、产业的知识化和劳动力的知识化。知识、文化、信息在经济发展中的作用越来越重要。这种趋势对广东企业文化建设提出了一个重要的问题，如何培植企业文化资产和知识资本？在美国，针对这个问题，已经出现了突出知识化的“智能资本管理”、突出创新化的“技术开发管理”、突出竞争的“人才激励管理”等新的企业管理模式。美国企业为了不断增加企业员工的知识面，扩大其掌握的知识量，提高知识和技术才能，纷纷从重视资本积累扩张管理转向突出知识要求的“智能资本管理”，将“智能资本”列入实施计划，通过科教立企，增加智能开发投入等一系列有效措施，以追求知识资本为企业带来的巨大收益。知识的不断创新是知识经济的重要特征。为推进技术开发管理的创新，美国不断增加创新与开发投资，建立风险投资机制，促进知识产业发展。这种创新化的“技术开发管理”使美国企业领先于世界。人才是技术开发的根本。为了适应知识经济竞争，美国企业逐步建立了企业内部人才激励机制。在管理层中，普遍设立了“知识主管”或“智力资本主管”的职位，实施人才开发计划，改进分配和奖励制度等等。人才激励管理的改革，为美国企业注入了新的活力与生机。

知识经济还使企业的组织和产销关系发生了变化。知识经济网络化、数字化的特点，要求经济活动、社会活动和组织形式从过去的“大块”结构变成模块结构，由此出现了模块组织模式。美国辉瑞公司、沃尔—马特公司、强生公司等一大批企业看到，过去组建的紧密型超大企业集团和大公司，已经出现竞争的弱点，于是将企业改建成“模块式”企业群，由此刮起了“模块管理”的风暴，从而使企业既有“航空母舰”的抗风浪优势，又有分散独立经营的“快调头”能力。为了适应知识经济带来的产销一体化新格局，美国企业的产销管理兴起“生态营销管理”的模式。生态营销就是将客户、供应商和生产厂家组成群体，与生态系统一样，相互作用、相互连接、相互依存。

知识经济带来的企业管理的变革，无疑会对我们的企业文化建设提出更高的要求，需要我们认真研究知识经济对企业文化的影响。随着广东经济的发展，产业的调整，将会出现大批的高新技术产业，企业管理模式、企业文化也将出现新的变化，如何适应时代的要求，立足于广东企业发展的实践，整合创新企业文化？这将是广东企业文化建设发展必须面对的问题。

（二）广东增创发展新优势提出了新要求

广东经过改革开放20年的实践，基本实现了从传统的农业社会向工业社会的转变，从封闭的社会向开发的社会转变，从传统的计划经济向市场经济的转变。目前，广东经济社会发展已进入了新的发展阶段，即由以初级工业化为主要内容的现代化原始积累阶段走向全面现代化建设的新阶段。然而，我们必须清醒地看到，广东20年经济社会发展所取得的成就，主要是充分利用和发挥了政策、地缘、人缘等先发优势。进入90年代以来，有些优势如政策已逐步丧失，有些优势如地缘、人缘已经发生了很大变化，作用不再显著。要使广东经济社会发展再上新台阶并进一步领先于全国，除了把着眼点放在保持和进一步发挥原有的优势外，更要致力于再创造和建立自己的新优势。

广东要再造新优势，要靠人文、科技优势。这种人文、科技优势表现为较强的现代经济意识，较高的科技文化素养，与市场经济相适应的道德情操以及对文化价值的正确选择等方面。广东商业文化发达，商品经济意识成熟，思想观念比较开放，这些都是广东进一步发展应该张扬的人文要素。但广东地区的文化积淀不够深厚，人文科技素质有待提高。目前，广东劳动就业人口中，初中及以下文化程度者约占90%以上，劳动力素质不容乐观；广东综合科技能力在全国属中等水平，经济信息化水平都比较低。要增创发展新优势，对企业来说，关键是增创科技和人才新优势。企业文化建设必须促进企业科技创新，催化科技人才的成长，使企业成为科技研究创新及转化为生产力的龙头；必须促进企业领导树立“科技兴厂”的意识，实施企业发展战略的转型；提高员工的人文、科技素质，形成浓厚的文化氛围。这些都对广东企业文化建设提出了更加艰巨的任务。

（三）企业的改革与发展提出了新任务

既要转型，又要发展，这是我国社会的一个特点，也是企业的一个特点。要完成这两大任务，当前企业要过体制关、市场关、管理关、质量关，要克服资金紧缺、资源紧缺、人才紧缺等难题，要解决重组债务、重组资本，重建机制等历史性课题，所有这一切，都对企业文化建设提出了新的任务。

第一，建立现代企业制度，要求新的企业文化。当前我国企业改制，就是建立以公司制为主要形式的现代企业制度。现代企业根植于市场文化的土壤，是具有独立法人资格的市场主体。我国企业改制决不是换上“有限责任公司”或“股份有限公司”的牌子，建立了股东会、董事会、监事会的机构，发行了股票，筹集了资金就万事大吉了，关键是要建立符合现代企业市场经济要求的科学的管理体制和经营机制，塑造与现代企业制度相适应的企业文化。没有确立现代化意识的企业家、企业员工，就不可能有现代企业制度。企业改制的成功说到底要靠一种新的文化意识的确立。改变文化才能改变人，改变人才能真正改变体制，建立科学合理的决策和运行机制，企业活力才能充分发挥出来。

第二，广东企业的发展迫切需要加大企业文化建设的力度。广东企业发展面临着诸多问题，如规模经营欠缺、科技含量不高、人才依赖引进、过度消耗资源、市场竞争力下降等等。从根本上来说，广东企业发展问题就是一个企业竞争力的问题。要提高广东企业的竞争力，不能仅靠政策、资金、地缘的优势，而必须从企业的内涵上下功夫。企业的内涵也不仅仅是一个体制问题，它还包括企业的发展战略、价值取向、精神支柱、员工素质等方面。正如美国著名的国际商用机器公司总经理小托马斯·沃森曾说："一个伟大的组织能够长久地生存下来，最主要的条件并非结构形式、管理技能，而是我们称之为信念的那种精神力量，以及这种信念对于组织的全体成员所具有的感召力。"广东企业的进一步发展迫切需要以构建现代价值观念体系为核心的企业文化建设。

三、乘势而上，把企业文化建设提高到新水平

企业文化建设是一个系统工程，根据广东企业面临的形势和任务，要以企业精神的塑造为突破口，动员员工和企业家两个积极性，并把它融汇到文化进步的时代潮流，纳入到群众性精神文明建设的总体框架，乘势而上，真抓实干，把广东企业文化建设提高到一个新的水平。

（一）营造富有个性的企业精神，把企业建设成为"命运共同体"，形成巨大的凝聚力、向心力

企业精神是由企业领导者倡导并为广大员工所认同和恪守的企业发展目标、价值观念、道德规范和行为准则的总和。它是企业文化的灵魂，是当代企业文化建设的核心内容。企业文化有三个层次：最底层为物质文化；第二层为行为文化；第三层也是最高层，是精神文化，也就是企业精神。广东企业文化建设大致上经历了一个从物质文化、行为文化到精神文化的由浅到深，逐步推进的过程。这一过程与人的认识从客体到主体的规律是一致的。一般来说，物质层面和制度层面的建设要比精神文化建设易于确立，收效也较快。而精神文化建设是企业文化中最核心最深层的问题，要经过长期的努力和精心的培养，并有待于政治、经济体制改革为其创造制度条件。

塑造企业精神是企业竞争和体制转型的客观需要。现代市场经济条件下，企业竞争的实质是人才的竞争、凝聚力的竞争。培育和弘扬企业精神是造就企业内部凝聚力和向心力最重要的途径。企业精神犹如一面旗帜，把企业的全体成员召集在这面旗帜之下，形成一个利益共同体。在企业内部召唤起员工的责任感，制

造一种利益均沾、风险共担、理解信任、真诚团结的良好氛围，产生一种巨大的合力、向心力和凝聚力。在当前国有企业改制转轨的过程中，尽管会产生不同利益、不同认识的冲突和矛盾，但一旦形成由企业精神维系的向心力，企业上下就能同心同德，共渡时艰。

培育企业精神要把个人创新精神和团队精神结合起来。美国企业重视的是创新精神，日本企业强调的是团队精神。在新的时代条件下，个人创新精神是知识经济的迫切需要，而团队精神是企业作为有效率的科层组织的内在要求。我们要立足于广东企业文化建设的实践，综采众家之长，把个人创新精神和团队精神结合起来。

培育企业精神要处理好共性与个性的关系。培育企业精神要符合时代发展的要求，顺应历史发展的潮流，能较好地反映时代特征和精神风貌。社会主义企业的精神，应当体现共同理想、集体主义精神、主人翁责任感以及服务奉献精神、科学精神等，这是共性的东西。但由于企业形成发展的道路的历史不同，承担的社会职能、创业环境、规模大小以及追求的企业目标不同，每个企业都有自己的特点，企业文化也就应该因企业而异。要充分反映本企业鲜明的个性和特点，只有充满个性的企业精神才能真正焕发长久的生命力。

培育企业精神是一项长期的艰巨而又细致的建设工程，不可能一步到位，也不可以一开始就提出高标准，要循序而进，因势利导，根据企业的实际和可能开展企业文化建设。不要急于求成地提出口号化、雷同化的企业精神、企业理念，先扎扎实实地做好调查研究工作，再提炼出具有本企业特色和行业特点的“企业精神”，经过多渠道的传播，使之成为员工认同并为之奋斗的理念。

（二）充分发挥员工的创造精神，使企业文化成为群众性的事业

企业文化是以人为中心开展的文化建设。员工是企业的主体，也是企业文化的主体，企业文化建设是一项群众性的事业。只有坚持员工的主体地位，才能调动广大员工的积极性和创造性，为企业文化建设注入强大的生机和活力，才能不断创造新鲜的经验。只有充分发挥员工的主动精神，才能保证企业文化建设深入、持久地开展下去。

要发挥员工的主体作用，应该始终全心全意依靠工人阶级，充分保障员工在企业中的主人翁地位。而要做到这一点，在体制上可以通过推行股份制，让职工成为持股者，这样有利于更直接地体现出职工是企业主人的社会主义性质，也更有效地唤起他们对建设企业、建设企业文化的积极性和创造性。同时要通过建立健全职代会制度、管理委员会制度、党政工团联席会制度等，广开员工参与企业决策和评价的渠道。在思想上要树立为员工服务的信念。企业领导和管理人员对员工要摆正位置，多做实事，少说空话，关心人、信任人，员工才会把企业当成“职工之家”，把领导和管理层当成“职工之友”。在企业内部创造一种宽松和谐的人际友好氛围，是发挥员工主体创造精神必不可少的内在条件。

（三）提倡企业家精神，推动优秀企业家脱颖而出，使企业家成为企业文化建设的灵魂

企业家是企业的决策者，在企业文化建设中起着举足轻重的作用。企业家是企业文化的设计师，他的价值观念和性格特征决定着企业精神、企业形象的个性。企业家又是企业文化的塑造者，他利用自己的地位和权力，在员工中倡导和灌输某种价值观念，通过身体力行，向员工示范某种行为规范。企业家还是企业文化的传播者，他的社会名望和社会影响往往是某种企业文化向社会的辐射。可以说，没有企业家，就没有企业文化。推动企业家的产生，关键是要确立企业的法人地位，使企业家的权、责、利三者有机地结合起来。为此，也必须进一步深化改革，创造一个有利于企业家涌现的社会环境。一是重造企业家产生的社会机制，二是改革企业利益分配机制，三是形成尊重企业家的社会地位的舆论氛围。

有了企业家，并不意味着就有了企业家精神。正如企业文化的核心是企业精神一样，企业家的素质体现在企业家精神上。企业家精神是建立在企业家对企业整体特征、价值、形象的理解和认识的基础上，反映出企业家在企业整个经营管理活动中的事业追求、价值观念和工作准则。它既反映了企业家个人素质、信仰和创造能力，又反映出企业家对本企业、本产业乃至民族工业的发展命运所抱有的追求和信心。企业家精神是企业文化建设的灵魂。

目前，在我国经济建设中，普遍存在着缺乏优秀企业家现象。除了体制的问题外，还与现代企业家精神的缺失有关。一些企业家带着“小富即安”的心态，缺乏忧患意识、危机意识，缺乏进一步创业的冲动，满足于现状，沉迷于享乐，在激烈的市场竞争中，或裹足不前，或败下阵来。优秀的企业家所体现的企业家精神，能够不断地追求自我超越，并总是把自身的价值的实现建立在为国家、为民族、为企业作贡献上。这是企业家能够不断地保持创业精神的根本。此外，企业家精神还体现在创新精神、竞争精神、合作精神等等方面。只有形成并保持敢为天下先的开拓创新精神，才能在瞬息万变的市场中，发现新信息、新趋势，及时调整或改变企业发展战略和经营方针，才能抓住别人已经感受到但还没有意识到的东西，发展成为本企业的优势。做到人无我有，人有我优，人优我强，挺立商海潮头，乘长风破万里浪。

（四）充分吸纳中国优秀传统文化和现代科学精神，建设有中国特色的现代企业文化

西方现代企业文化所包含的人本精神、科学理性精神、民主精神等等，体现了现代文明的成果，我们应该以开放的心态，对西方企业文化中优秀的东西大胆拿来，为我所用，并要将其“本土化”。同时，我们是立足于当代中国的大地上从事企业文化的建设，不可能也不应该全盘照搬西方企业文化的理论和实践，不管是欧美“个人主义”式的企业文化，还是日本“家族主义”式的企业文化，对我们来说只有参考的价值。建设企业文化，实质上是一个文化选择、文化组合和文化重构的创造性过程。在借鉴西方企业文化有益成份的基础上，使我国的企业文化建设体现中国特色，这应当是我们努力的方向。

首先，要体现民族特色。民族传统文化对企业文化的形成具有制约作用。不同的文化传统使得不同的国家和民族在各自的企业文化建设中形成不同的特点和方式，并反映出一定的民族文化特征和大众文化心理。优秀的企业文化总是在文化的民族性与时代性统一的基础上，吸收本国优秀的文化传统，并显示出不同的民族文化特色。中国传统文化有许多适应现代企业文化的因素，如传统文化中总结出来的人、自然、社会和谐统一的价值观念，个人、群体、社会协调一致的行为准则，和为贵的处世信条等等，都对现代企业文化的确立具有建设性的作用。此外，传统文化的民族特色还表现在各种风俗习惯中，把有益的民族风俗运用于企业文化建设，可以更直接、更迅速地唤起员工的认同感。我们要以中华优秀传统文化为养料，以现代化的历史尺度和人的幸福的价值尺度进行深入的发掘、开采，取其精华，剔其糟粕，传承创新，从而促进企业文化民族化和现代化。

其次，要体现社会主义特色。我们建设的是有中国特色的社会主义企业文化，是有利于生产力发展、社会文明进步和人的全面自由发展的企业文化。西方企业文化名义上是以人为中心，实际是以剩余价值为中心。资本的本性是增值，人不过是增值的工具。在以公有制为主体的社会主义社会，生产的目的是满足人们日益增长的物质文化需要，人本身成为一切社会活动的最高目的。因此，社会主义企业应该远比资本主义企业更能激发全体职工的积极性，更加有利于人的全面发展。欧美“个人主义”式的企业文化，把个人利益置于群体的利益之上，削弱了企业的凝聚力；日本“家族主义”式的企业文化，看起来增强了企业的亲和力，但却是以家长制的方式，以特权的形式达到的，隐藏着腐败的根源。社会主义的企业文化能正确地处理个人和群体的关系，既认为“每个人的自由发展是一切人的自由发展的条件”，又认为“只有在共同体中，个人才能获得全面发展其才能的手段，也就是说，只有在共同体中才可能有个人自由”。[①] 因而社会主义的企业文化，应该是一种既有民主，又有集中，既有个人心情舒畅，又有统一意志的企业文化。再次，要体现社会主义初级阶段的特色。我国尚处于社会主义初级阶段，生产力水平和人的文化水平还不够高，当前又处于生产方式、生活方式和思维方式的转型过程中，因而，人的全面自由发展，人的主人翁地位的充分体现，企业对人的需要的充分满足，在现阶段仍受诸多条件的制约，不可能达到很高的水平。要在动态中把握和处理好经济与文化、企业与个人、民主与集中、激励与管理、引导与约束等各种矛盾，使之统一于企业和人的发展过程中。我们坚信，现代化、市场化与中国特色社会主义的结合，将为广东企业文化的更大发展开辟广阔的道路。

（广东省精神文明建设研究中心课题组成果，执笔人：田丰、夏辉，原载《广东精神文明建设红皮书（1999）》，广东人民出版社1999年版）

---

① 《马克思恩格斯选集》第1卷，人民出版社1995年版，第294、119页。

经济全球化背景下企业文化的创新

经济全球化是在技术革命的推动下，由跨国经营、国际贸易增长、国际资本迅速发展所形成的国际分工和全球范围内资源配置的世界经济发展总趋势。经济全球化的起始虽然可以追溯到三百多年前殖民地扩张的时代，但是，直到二十世纪末才形成了对世界经济的重要影响，成为世界经济不可逆转的发展趋势。它一方面实现了在全球范围内拓展市场、实现自由贸易、进行全球最优的资源配置，另一方面它也形成了对民族国家经济的冲击和压力。尽管各个国家对经济全球化持有不同的观点，但权衡利弊，融入经济全球化已经成为各个国家的理性抉择。

经济全球化作为一种趋势，影响着世界经济的发展方向，也同样影响着各个国家经济发展的进程，各个国家的经济有可能在经济全球化的进程中获得更多的发展机遇，也可能被全球化的趋势压跨，这不仅取决于国家经济融入全球化的宏观战略，也取决于微观经济主体的国际竞争力。作为经济主体的企业，既是经济全球化的推动者，同时它自身也面临着全球范围的竞争压力，这些压力有来自市场方面的、技术方面的，还有来自不同文化方面的竞争。因为企业在同行业的竞争中，到了一定程度，就不仅仅是技术的竞争，而更重要的是人才的竞争、文化的竞争。企业管理、企业人力资本和企业文化已经成为越来越重要的竞争力。

经济全球化为企业提供了全球范围的发展空间，使企业可以按照最优的资源配置条件将自身的结构进行分解，分布到世界各地，因为运输、通信和信息技术已经为跨国经营提供了快捷和低成本的服务，一些企业将自己的研发机构放在条件优越的发达国家，而将生产工厂放在另外一些国家和地区，一些产品的装配也是在各个地区的协同配合下完成的。跨国公司在不断兼并其他国家公司的过程中已经失去了自己的国籍，成为真正的国际集团，产品也难以确定真正的出产地，国际资本的流动已经远远超出了民族国家的范围，一个国家或一个地区的经济危机往往会波及到全球经济的震荡。这使得企业在全球化市场的激烈竞争中，更加依赖企业自身的素质，这些素质除了包括企业的技术因素以外，还应包括适应性的文化理念，以及企业整体的适应能力和整合能力。缺少这些素质，技术再强的企业也难以在全球市场竞争中获得成功，其业绩难以长期持续增长。

对中国的企业而言，在融入经济全球化的过程中，既面临着国外跨国公司进入中国市场所带来的国内市场竞争的加剧，又面临着企业自身走出去立足于全球化市场的重重困难，要解决好这个问题，首先要提高企业自身的竞争力，要使企业具备长期持续增长的能力，具备不断创新的能力，具备适应各种竞争条件、各种文化差异的能力，而不能只图短时期的业绩。哈佛大学的约翰·科特教授经过二十年的研究发展，凡是经营业绩能够长期保持优异，企业能够战胜各种困难的企业，它都有一个强有力的企业文化支持，企业的兴衰与企业文化的创新有关，因此，他提出，企业文化是近十年之内企业发展的决定性因素。

企业文化是一个企业从创业到发展所形成的独特的文化管理模式，它是将企业的核心价值观、企业精神、管理理念、经营理念与各项管理制度和员工的行为规范融于一体的企业个性，它是一个企业长期发展的精神支柱。企业在激烈的市场竞争中，要长期立于不败之地，技术创新是最直接的竞争力，但是支持技术不断创新的企业文化才是企业创新真正的源泉。当企业进入全球化市场竞争的时候，企业文化就成为与多种文化进行沟通的媒介，成为融合多种文化和进行文化整合的媒介，成为企业进行资源整合的重要手段。如果跨国公司不能够进行跨文化的整合，跨国公司就不可能在全球范围内多种文化中生存下来，也就不可能有如此辉煌的业绩。经济全球化背景下的企业文化不仅是企业自身发展的动力，是企业竞争的重要资本，而且是推动全球范围内多种文化进行融合、进行沟通，推动社会文化变革的强劲动力。企业文化的创新是对人类社会文化变革的创造性贡献。

一、经济全球化对企业发展带来的挑战

经济全球化为企业发展提供了全球市场的巨大空间，也为企业提供了全球市场竞争的舞台，在这样的条件下，企业面临的主要困难是如何以技术创新为动力，提高自身的竞争力，在全球性产业分工中抓住更多的发展机遇；如何将分布

在不同文化地区的各个分公司整合成一个整体，使其朝着一个方向发展，既要形成整体的合力，又要使各地的分公司能够融合当地文化，实现本地化的战略。目前，经济全球化对中国企业发展带来的挑战主要有以下几个方面：

第一，企业发展战略的调整。在经济全球化背景下，企业竞争的范围发生了变化，企业竞争的强度也明显不同于以往。即使在国内市场，中国的企业也面临着同跨国公司的同台竞争，争夺市场占有率、品牌知名度等；从竞争对手来看，不仅仅是国内大企业同中小企业之间的竞争，民营企业与国有企业之间的竞争，而直接面对的就是与跨国公司之间在人才、市场和资源整合等方面的激烈竞争。然而，中国大多数企业的实力与跨国公司目前还无法相提并论，发展的层次还有很大差距，跨国公司已经发展到了资本扩张的阶段，而国内企业却仍然处在进行原始积累的阶段。国内有些企业仍然习惯于靠机会主义捞一把，只看到短期效益，缺乏从长计议的规划。要使国内企业实现从原始积累向资本扩张的阶段性跨越，就必须全面提升企业的整体素质，包括企业经营理念、企业发展战略和企业文化的创新，提高企业在市场中的竞争能力，使企业能够适应各种条件的竞争，适应各种文化环境。企业发展战略是一个企业长期发展的规划，它决定着企业的发展方向和发展进程。在经济全球化条件下，企业发展战略不仅要适应国内市场的竞争，而且还要适应国际市场的竞争，这就不仅要把握国内市场需求的变化，而且要把握全球市场竞争的趋势，要将经济全球化的总趋势作为制定企业发展战略的总的参照系，使企业能够在适应新的形势变化的过程中不断发展。

第二，跨文化管理。在经济全球化背景下，当企业走出国界进入国际市场竞争的时候，就面临着企业跨文化管理的问题。在不同的地区、不同的社会文化背景下，每个员工都带来了不同的文化，形成了企业内部管理过程中的文化冲突，这些冲突有时表现为一种沟通方面的障碍，有时表现为价值判断的差异，但更多的时候则是表现为处理企业内部矛盾冲突的观念和方式的不同，这些文化差异和冲突的存在是企业决策过程中的重要障碍，是降低企业效率、增加企业成本的重要因素。但是，这些因素往往为人们所忽略，因为，一个人的文化背景往往是潜藏在个人的价值判断前提和基本假设之中的，潜藏于习惯性思维的过程和方式之中的，表现出来的往往是一些定见和习惯性的思维判断，这些带有惯性的思维模式要想改变是比较困难的，单靠制度化管理难以奏效，制度可以使员工做到表面服从，但是要使员工形成对文化价值的认同，并且同化到自己的价值观中，就只有靠企业文化，在文化管理的过程中，将企业的核心价值观逐步灌输到员工的头脑中，使员工将企业核心价值观作为自己行动的准则。跨文化管理就是要通过在一种文化的氛围中，在尊重各种文化差异的基础上，通过企业文化来整合各种文化之间的差别，用企业的核心价值观来统一各种文化价值，用规范的行为方式来约束每一个员工的工作行为，用新的文化理念来推动企业不断创新。企业文化是随着企业的发展而形成的，也是在与各种文化交融的过程中不断发展的，文化的整合是一个企业在全球市场竞争中立于不败之地的关键。

第三，企业行为的规范化。在经济全球化背景下，企业要在国际市场中争得一席之地，首先要遵守规则，尊重知识产权、遵守诚信的市场原则，否则，就会很快被淘汰出局。优秀的企业往往业绩卓著，在市场竞争中的行为也比较规范，而差的企业由于效益不佳，为了急于获得效益，往往会采取更多的机会主义行为，钻市场管理政策不完善的空子，或在诚信问题上弄虚作假，这些都是不良的行为。无论是在国内市场还是在国际市场竞争，行为规范化都是企业的立足之本，绝对不是可有可无的装点。企业行为的规范化取决于市场制度的完善程度，也取决于企业自身的自律精神和法制意识。随着我国市场制度的不断完善，逐步用各项规章制度来规范市场秩序，规范竞争的程序和过程，保证公平竞争的实现。作为企业，自觉遵守规范，信守承诺是企业长期制胜的法宝，也是体现企业文化核心理念的表现。将遵守规范，信守承诺提高到核心理念和精神支柱的高度来认识，作为企业行为价值选择的准则，就不会因为周围不规范的环境或其他企业的不规范行为而放松了对自己的约束。现在，大多数企业已经意识到坚守诚信的企业在市场秩序不规范的条件下，有可能会吃亏一时，但是，最终成大气者只能是诚信的企业。

二、企业文化的创新

在经济全球化的背景下企业文化的内涵和文化管理模式都不同于原来仅限于国内市场低层次的竞争，因为，形塑企业文化的参照框架发生了变化，企业文化内涵和机制的创新就势在必然。

企业文化的创新首先是文化理念的创新，这意味着企业文化不仅仅是传统文化与企业管理的结合，更重要的是要形塑一种适应经济全球化趋势的企业文化、有利于提高企业国际竞争力的文化和有利于推动企业不断创新的文化。企业文化理念的创新有三种形式，一种是从道德的角度，强调企业的社会责任，如西门子、宝洁、BP 石油等，另一种是基于对知识价值的认识，如广发证券提出的“知识图强、求实奉献”，旨在建立一种学习型企业，适应知识经济时代的要求，还有一种是基于对人性的认识，旨在建立一种关心人、尊重人、激励人的文化，如 IBM 的企业文化。企业文化理念的提出实际上是建立在企业经营者对人性的基本假设和对企业与社会关系的认识、对知识价值认识的基础之上的。对企业基本假设认识的角度不同、认识的清晰程度不同，由此得出的企业文化理念也就会有很大的差异，这种差异既有文化方面的差异，也有认识程度的差异，但是，最基础的仍然是一种价值判断和价值选择的差异，也就是企业文化的核心价值观。

自由主义的经济学认为，企业的责任就是利润最大化，不考虑企业社会责任，而 20 世纪 70 年代西方提出的“企业公民”理念则认为企业在赚取利润的同时还要承担社会责任，其基本假设是认为企业与社会是一种相互促进的关系，企业是在社会的支持下才能赚取利润、获得成功的，所以，企业应该回报社会，同时，企业在奉献社会的过程中提高了企业的知名度和美誉度，也获得了积极的社会的支持。在一些大的跨国公司的企业文化理念中，都将“做优秀的企业公民”作为其核心价值的重要组成部分，如西门子公司在公司准则中明确声称“我们致力于在全球范围内成为‘企业公民’”，并且认为，经济、环境保护和社会责任在自由的市场竞争占有同样重要的地位。宝洁公司也是把“做有高度社会责任感的企业公民”作为对社会的承诺，BP 石油公司将“做优秀的企业公民”作为对全球的承诺和核心理念。这些文化理念突出地强调了企业作为社会的一个法人，除了创造利润以外，还应承担相应的社会责任，包括对企业内部员工的责任、对股东、对消费者的责任、对环境保护与可持续发展的社会责任等。国外关于对企业社会责任问题研究已经有很多，每年美国的《财富》杂志对全球企业 500 强的评价中，企业社会责任是其中重要的考核指标之一。这说明，企业的社会责任是企业发展过程中的普遍性问题，很难相信一个社会责任意识差的企业能够获得持续良好的经营业绩。要将社会责任意识根植于企业文化的核心理念之中，这样的企业文化就体现出一种道德的自我约束机制。我们国内一些优秀企业的企业文化理念也体现出了企业自我约束和对社会的奉献，如海尔的“真诚到永远”等。

企业文化理念的创新一是要把握住经济社会发展的新趋势，使企业文化的变革与社会文化的变革同步，使企业文化理念能够适应全球化时代和知识经济时代发展的要求，使企业文化理念体现出社会发展的理想和人类文明的进步，既要体现与管理实践相结合的科学理性精神，又要体现出以人为本的人文关怀；二是要在突出本土文化的同时要注重兼顾多元文化的融合，因为，经济全球化本身是一个多种文化冲突的过程，但是更多的是多元文化融合的过程，是各种文化的相互渗透、相互影响的过程，不是单一文化的单向度影响，它体现了人类文明又一次新的革命。如果企业文化只强调本土文化的个性化特征，而不考虑多元文化的普遍性特征，那么，就势必降低企业文化本身的文化适应性和创新能力；三是要使企业文化理念成为企业不断创新的动力和源泉，树立一种开放的观念，不断推出新思维、新观念，营造一种宽松的环境，使企业员工的个性得以有益的发展，使员工的创造性得以充分发挥，由此提高整个企业的创新能力。实际上，企业文化创新的核心就在于企业文化理念的创新，就在于企业经营思想和观念的创新。

在经济全球化背景下企业文化创新的第二个方面是企业管理模式的创新。文化管理是一种新的管理模式，他不同于以往以生产过程和质量为核心的管理模式，它更加强调生产过程和管理过程中人的因素。企业文化管理模式的作用机制是通过向员工灌输企业核心价值观，形成一种文化氛围，塑造一个形象标志，从价值层面、制度层面和行为规范层面对全体员工的价值观、精神、心理和行为进行全面的整合，它不同于单纯条条框框的制度化管理或空泛的思想教育，也不同于单纯的利益激励。因为，它是通过一些生动形象的方式，如企业领导创业故事的传说，企业领导工作作风的示范，企业的文化氛围来传承一种文化传统，在这个过程中让员工直接感受和理解这些文化传统的意义，最后在不知不觉的过程中将企业文化的核心理念同化到自己的价值观中去，按照企业倡导的行为规范形成一种习惯性的思维方式和行为方式，这就是员工从不了解企业文化到自觉认同企业文化的过程。在这个过程中，作为企业员工，始终是一个主体的人，主动的人，受尊重的人，这就是企业文化以人为本的真正内涵，也是企业文化能够对企业长期绩效和长期发展产生深刻影响的根本原因。所以，文化管理模式就可以达到制度化管理所无法覆盖的层面和难以达到的效果。

企业文化创新的第三个方面是企业文化个性方面的创新。文化管理模式的创新不仅仅是一种形式的创新，更重要的是内涵的创新和过程的创新，因为，企业文化的形式基本上是标准化的，各个企业的企业文化形式没有多大区别，真正不同的是企业文化的内涵和表现方式的不同。一个企业根据自己的核心价值和发展历程选择不同的文化理念，不同的管理文化、经营文化、品牌文化和行为规范，并且以不同的方式表现出来，由此就构成了企业文化的个性特征。中国企业文化建设过程中所走入的最大误区就是趋同化和形式化，而缺乏个性化。这是由于很多企业将企业文化的塑造直接等同于 CIS 设计，往往是请广告公司进入企业直接操作，缺少对该企业的企业文化发展内在逻辑的认真梳理，无法找到真正属于企业文化个性的东西，所以，很多企业文化的塑造并没有表现出企业真正的个性。优秀的企业文化往往是个性鲜明的，因为它已经根植于一个企业发展的内在过程，根植于企业文化形成的内在逻辑，表现在每一个企业员工的工作作风和行为方式中，体现在企业的整体形象中，并且能够引领潮流。

个性化的企业文化包含一种独特的理念，特殊的经营方式，可以形成一种特殊的气氛，使企业员工在其中可以感受和理解企业文化的真正内涵，可以形塑一种与众不同的气质，使企业在公众的心目中树立一种鲜明的形象。个性化的企业文化是一个企业的精神支柱、企业的灵魂，它只能来自企业自身独特的发展历程，来自企业自身的价值选择，它不可能模仿或照搬别人的模式，也不可能仅仅靠外部形象来装扮。如果它不是来自企业内部的，那么这种企业文化就没有生命力，也不会对企业长期发展产生影响。所以，有人说，一个企业的企业文化是别人学不会，也拿不走的，是一个企业的灵魂和精神支柱。

在经济全球化背景下企业文化的创新就是要对原有企业文化的理念、核心价值观、管理模式和企业文化的表现方式赋予新的创意，使之成为推动企业适应经济全球化趋势的动力源泉，使之成为企业核心竞争力的重要支撑。企业文化是随着企业的发展形成的，它也应该随着企业的发展而不断创新。因为，企业在发展的不同阶段，其面临的适应性环境、经营策略都不相同，那么，与之相应的企业文化也应该进行不断的变革，不进行创新的企业文化不仅是没有生命力的，而且会成为企业进一步发展的障碍，许多企业失败的教训就在于其企业文化的创新没有跟上企业发展的进程，最终导致企业发展的停滞和衰退。因此，企业文化的创新对于企业在适应经济全球化的过程中提高企业的核心竞争力，提升企业的整体素质具有深远的战略意义，也是中国企业在国内市场上与跨国公司同台竞争和中国企业走向全球市场的关键。

企业文化是社会文化与企业管理相融合的产物，同时，它也是推动社会文化变革的重要力量，企业文化的创新是与时代发展的要求相适应的，是与时俱进的。企业文化的创新要适应经济全球化的趋势，要走出一条有中国特色的企业文化创新之路，将中国的企业文化建设提升到新的发展阶段，提升出新的内涵，为中国的现代化建设做出贡献。

（原文为2004年12月“中国企业文化国际论坛”参会论文）

不断追寻中国特色的广东企业文化

——广东省企业文化研究会执行会长田丰一席谈

改革开放21年，我国经济建设取得了令人瞩目的成就。领改革开放风气之先的广东省，在这千载难逢的历史机遇面前，以敢为天下先的胆识和气魄，在经济领域谱就了一曲曲辉煌的篇章。国企、民营、外资、三资、独资企业在珠江两岸放眼皆是，中外企业文化的兼收并蓄在这里得到了充分的体现。在广东确立率先基本实现现代化战略和国企改革进入最后攻坚阶段之际，“21世纪企业文化论坛”即将在广州召开，它必将对推动我国企业文化向新阶段的发展，尤其是对广东企业文化发展再上新台阶产生深远的影响。为此，本报记者采访了广东省社会科学院副院长、广东省企业文化研究会执行会长田丰，请他回顾介绍了改革开放以来广东企业文化建设的成就和经验。

新阶段企业文化建设进展加快

田丰说，新阶段广东企业文化建设取得了重大进展，主要表现在三个方面。

发展观发生重大转向，从单纯的经济增长转向以人为中心，实现社会全面进步。田丰说，新发展观作为一种新的文明观，最根本的标志就在于，从以物为中心转到了以人为中心，人成为发展的目的、条件、动力。而社会发展战略的转型说到底要落实到企业，以关心人、尊重人、培养人、发展人为根本特征和根本宗旨的企业文化建设与以人为中心的社会发展模式是一致的。这种一致性在广东企业文化建设上得到了积极的体现，如深圳康佳集团在发展中把企业的发展和社会进步结合在一起，提出了“康乐人生 · 佳品纷呈”的全新理念（即为企业内外公众创造健康快乐的生活，不断奉献优秀产品和服务），以此作为在市场经济条件下对自己提出和更高要求，将企业的发展与社会进步统一起来。广东科龙集团提出绿色营销理念，把发展与环保统一起来，开发的“容声”环保冰箱 1996 年被联合国总部和蒙物利尔联合国大厦永久收藏了两台，使“容声”全碳氢无氟冰箱成为全球冰箱环保典范。

人的精神资源得到深层开发，实现内涵、活动、体制、机制的有机统一。广东许多成功企业的实践证明，从战略的眼光着眼于人的精神资源的开发，注重形式与内容的有机结合、激励与管理的有机结合、智力开发与道德提升的有机结合、企业机制与社会机制的有机结合，使广东企业文化建设焕发出生生不息的活力。

田丰指出，广东企业文化重大进展中还需要特别强调的一点就是，企业文化已经成为中国新文化的新生长点。在市场经济人潮中发展起来的广东企业文化正在给社会大文化注入新的因子，成为一种改革传统文化及同计划经济相联系文化的思想酵母。具体表现在：第一，人本精神成为不可阻挡的社会思潮。随着与市场经济相应的现代企业制度的逐步确立和企业文化建设的深入发展，人本精神从企业向社会扩展，为社会大文化注入了时代精神。第二，科学理性精神冲击传统观念。中国传统文化作为一种伦理文化迫切需要贯注现代的科学理性精神，企业文化建设中形成的科学理性情神无疑对传统文化的改造起着积极的作用。第三，民主精神对宗法观念予以否定。企业文化是民主精神的载体，随着企业文化的兴起，民主精神已日益扩散到生活的各个层面，无论在家庭、团体、单位还是在社会，封建的人身依附关系残余正日益弱化，人们的参政议政意识日益加强。

建设有中国特色的现代企业文化

田丰对建设有中国特色的现代企业文化畅谈了个人看法。他说，企业文化建设，实质上是一个文化选择、文化组合和文化重构的创造性过程，在借鉴西方企业文化有益成分的基础上，使我国的企业文化建设体现中国特色，充分吸纳我国优秀传统文化和现代科学精神，这应当是努力的方向。他指出，建设有中国特色的现代企业文化融汇在三个体现之中：首先，要体现民族特色。应以中华优秀传统文化为养料，以现代化的历史尺度和人的幸福的价值尺度进行深入的发掘，开采以取其精华、剔其糟粕，传承创新，从而促进企业文化的民族化和现代化。其次，要体现社会主义特色。社会主义的企业文化既认为“每个人的自由发展是一切人的自由发展的条件”，又认为只有在集体中，个人才获得全面发展其才能的手段，因而它应该是既有民主，又有集中；既有个人心情舒畅，又有统一意志的企业文化。再次，要体现社会主义初级阶段的特色。我国尚处于社会主义的初级阶段，生产力和人的文化水平还不够高，应在动态中把握和处理好经济与文化、企业与个人、民主与集中、激励与精神、引导与约束等各种矛盾，使之统一于企业和人的发展过程中。田丰最后指出，现代化、市场化与中国特色社会主义的结合，必将为广东企业文化的更大发展开辟广阔的道路。

（原载《亚太经济时报》2000 年 6 月 17 日，采写：刘飚、袁睿华、邢弘昊）

幸福广东与企业家精神

一、幸福广东开启科学发展新阶段

广东省委十届八次全会提出把“加快转型升级，建设幸福广东”作为广东省“十二五”时期的核心任务，是深刻总结世界发展趋势、把握科学发展规律、适应广东现代化实践新要求和人民群众生活新期盼的重大战略创新和实践创新，是开启科学发展新阶段的冲锋号，凝聚民意民心的集结号。在两个五年规划时期的转折点，省委在实施“两个纲要”取得重大成效的基础上不失时机提出“加快转型升级，建设幸福广东”的核心任务，明确了科学发展的新目标，突显了科学发展的新内涵，增添了科学发展的新动力，标志着广东省科学发展迈进了新阶段。

汪洋书记提出，“幸福广东”的内涵外延、衡量指标、考核机制需要不断完善。根据马克思的理解，人的需要区分为生存的需要、享受的需要、发展的需要。根据当代社会学和文化学的理解，实现幸福可分四类要素：基本要素，即安全、基本生活保障、健康和人格；文化要素，即自由、艺术、精神丰富、自我实现；环境要素，即优美生态、公平制度、和谐人际关系；心理要素，即价值观，以及在对比和预期中变化不定的心态。这是一个由低到高的静态的层次排序，前面三种要素是带普遍性、共性的，第四种是特殊性、个性化的。制定幸福指数，要注意一般要求和区域差别的结合、客观要素和主观要素的结合、现实水平和发展预期的结合、政府服务和群众评价的结合，突出价值回归，突出社会公平，突出人民群众的幸福感。建设幸福广东，要正确处理好发展速度与发展方式的关系，硬实力与软实力的关系，经济增长与民生福祉的关系，政府与市场的关系，改革与发展的关系。具体来说，是如何处理好做大蛋糕、分好蛋糕和吃好蛋糕的关系问题。

应该说，亚运会的成功举办，明显增强了广东、广州人民的幸福感，但如果没有经济社会转型升级发展，这种幸福感也会像潮水一样来去匆匆。当前影响幸福发展仍有不少现实问题，如区域协调发展问题、分配制度改革问题、城市化建设问题、外来工待遇问题等，当前区域发展和收入分配中的“马太效应”，大城市的“堵局”难破，都是直接影响群众幸福感的因素。

二、弘扬企业家精神是建设幸福广东的文化工程

有人说，中国目前不缺资本、不缺市场、不缺技术，不缺企业家，缺的是企业家精神。德鲁克说：“工作有企业家与管理者之分。如果你不懂管理，那么你不能成为一位成功的企业家；反过来，如果你只懂得管理而不具备企业家精神，那么，你就有可能变成一个官僚主义者。”近代工业精神或者说企业家精神是从西方新教伦理中产生出来的，中经工业经济、信息经济到知识经济等产业转型，经企业家和理论家的总结概括，发展成为一种精神形态。

一是科学精神。在发展上要转变经济发展方式，推动产业转型升级，在管理上要转变管理方式，从家族管理转向科学管理。包括管理体系的层级化、管理人才的专业化、管理技术的现代化、管理文化的人本化。何鸿燊遗产风波反映了中西方企业管理的差别。90 岁老人仍在为身后财产打官司，何来幸福之有。

二是道德精神。温家宝总理多次指出，企业家的血脉里要涌动着道德的血液。最近港澳奶粉频频告急，源于内地母亲对本国奶粉失去信心，实质上是对国内食品企业失去信心，反映了诚信缺失仍是我国企业发展一大问题。诚信是灵魂，是品牌，是社会资本，是产品质量安全的保障，是企业家的起码要求。我国没有经历过典型的资本主义工业化阶段，几千年来几乎都是儒家思想占统治地位的社会，儒学虽然说能提供社会教化的宝贵思想资源，但我看来实质上倾向于实用主义。总体上看中国社会宗教信仰的制约力不强，在现代化转型期中更容易导致道德缺失，物欲横流。因此，要把企业社会责任上升到自觉层面，就要在广大企业中积极倡导以诚信为核心的企业家精神。引导企业家确立以人为本理念，从社会主义核心价值体系、佛教文化、儒家文化以及西方正义公平观念中汲取思想

养料，形成与科学发展、和谐发展相适应的中国特色的企业家精神，构筑起推动质量安全的文化氛围和信仰力量。

三是创新精神。创新精神是一种随市场需求的变化而变化，随时代的变化而变化的思维方式。广东经济发展已到了从要素驱动到创新驱动的战略转型期。胡锦涛总书记根据国际国内经济形势的总体特征指出，要把提高自主创新能力作为提升国际竞争力的中心环节来抓，推动经济发展从要素驱动向创新驱动转变。世界总体上进入了知识经济时代，国际竞争已跨越了要素竞争、资本竞争、技术竞争等几个阶段，创新能力的竞争成为企业竞争和国力竞争的焦点。创新需要创新文化的支撑。所谓创新文化，也就是崇尚创新、勇于创新、善于创新的价值取向、社会心理、思想方法和制度设计，其根本是不断推动思维方式的变革。一要树立开放思维，虚心学习，善于学习，以海纳百川、有容乃大的精神吸取别人的成功经验和失败教训。二要树立战略思维，以前瞻意识、忧患意识审时度势，选准自主创新的主战场。如美国 20 世纪末把“信息高速公路”作为创新的突破口，今天在经历国际金融危机后又以新能源和低碳经济为创新的突破口，因而仍然充当着世界科技与经济发展的引擎。三要树立创新思维，敢于突破常规，善于独辟蹊径，做到“天变不足畏，祖宗不足法，人言不足恤”。四要树立辩证思维，破除一成不变的、非此即彼的形而上学思维方式，善于把继承与创新、基础与应用、高端与低端、共性与个性、务虚与务实有机结合起来，增强辩证分析、综合创新能力。如怎样看待岭南文化优势与不足，也要采取辩证的观点。务实是岭南文化的一个突出优点，但如片面注重现实利益和眼前政绩，缺乏冒险精神和远大追求，这种务实就会成为自主创新的心理障碍。因此，思想解放是建设创新文化、激发创新活力的永恒的主旋律。

四是慈善精神。既是拥有财富的资本家，又是慷慨解囊的慈善家。企业家兴趣不在于钱的多少，而在于赚钱方式的不断超越，不是金钱的奴隶，而是金钱的主人。慈善精神与孙中山提出的“天下为公”的民族精神、中国共产党人的“为人民服务”的精神以及人类文明发展方向是一致的。美国著名企业家盖茨与巴菲特富可敌国，他们已经捐了几百亿美元给基金会，而且明确表示死后全部财产都捐给社会。盖茨认为留下 100 万给女儿已足够她获得良好的教育，再多就是祸害。他们去年曾经来中国举办慈善晚宴，邀请 50 位中国富翁赴会。盖茨基金会称，很多受邀富豪反复确认是否会在晚宴上被劝捐，部分人拒绝参加晚宴，还有的批评盖茨、巴菲特。我们有的官员口口声声自己信奉共产主义，实质上贪污腐败，盖茨他们是资本家，但在这一点上更像共产主义者。

五是公平精神。既是市场利益的竞争者，又是市场公平和社会正义的推动者。真正的企业家不是靠偷税漏税、坑蒙拐骗、压榨员工而胜人一筹，而是在遵守市场规范、履行企业社会责任的前提下发挥主观能动性而占有市场获得财富，受到尊重。一个伟大的企业，一个伟大的企业家，是在公平竞争中产生的，是在公平竞争中经受考验的，是社会公平正义的化身和楷模。我主张，企业家要公平地快乐地赚钱，在公平和快乐中赚钱，赚公平的快乐的钱。

（在2012年广东企业文化研究会学术年会上的发言）

《中国企业文化国际论坛宣言》（《广州宣言》）解读

本次论坛由中国社会科学院、中华全国工商业联合会、中共广东省委宣传部、中共广东省直属机关工作委员会、广东省社会科学院、羊城晚报报业集团主力。起草小组以中国社会科学院和广东省社会科学院的专家为主体，包括各主办单位的领导和专家组成。我从五个方面来解读这份《广州宣言》（以下简称《宣言》）。

一、宗旨。就是解放思想，明确目标，形成共识，提升自觉。

二、过程。经过四个阶段：企业调研、专家概括、多方论证、大会审读。宣言前后修改20多稿，凝结了许多领导、专家、企业家的心血，李铁映同志还专门听了汇报，提出修改意见，完全可以说，这是集体智慧的结晶。

三、特点。

科学性：反映全球化时代、知识经济时代企业的管理规律、竞争规律和发展规律。

前沿性：反映人类面临的外部环境的危机和内在精神的困惑，反映中国企业在改革开放发展新阶段的挑战和机遇。

建设性：强调企业文化在企业发展中的重要地位和作用，探讨从文化层面提升企业国际竞争力的途径和方法。

使命感：在文明对话中创建中国气派、中国风格的企业文化，推动中国企业走向世界，开创中国企业时代。

四、《宣言》的主线：以人为本的科学发展观。

五、核心价值：由四个关键词构成。

第一个关键词是“发展”。发展是时代主题，是中国的第一要务，是企业安身立命的基础。问题是什么是发展？怎样发展？谁来发展？

发展是物质生产力和文化生产力的整体发展，是创造利润的条件包括物质条件、人文条件和环境条件的可持续发展。

人是发展的目的和主体。企业发展要惠及企业的一切人，要在充分发挥管理层及全体员工的热情和能力中获得发展。

文化是发展的根本动力和最终体现。当今时代，文化包括价值观念、伦理道德、科学技术、管理制度、行为方式、公众形象等已成为企业的核心竞争力：从资源竞争力、技术竞争力到文化竞争力，是工业文明向知识经济文明发展的必然要求、是人类发展观的重大转变。1998 年联合国教科文组织举办的斯德哥尔摩会议指出，“发展可以最终从文化概念来定义，文化的繁荣是发展的最高目标”。

第二个关键词是“责任”。责任问题的提出是企业对自身的再认识和人们对企业的再认识。企业是社会的细胞，企业的活力关系到社会的创造力、生产力、生命力；然而细胞又是生命有机体的一个元素，依赖于生命整体的健康状态，那种以损害社会机体为代价的企业发展，就好像是癌细胞的恶性膨胀。因此，根据整体大于局部、高于局部、决定局部的原理法则，企业的正确的价值排序应当是：社会价值高于企业利润，人的价值高于一切机构和组织的价值。

企业经营过程是物质生产、精神生产、关系生产及人的生产的统一，由此决定了企业责任的全面性。企业要对投资者负责，所以它要发展、要盈利；企业要对员工负责，所以它要为员工提供安全、福利和教育；企业要对消费者负责，所以它要做到诚信、公平，提供优质产品和优质服务；企业要对社区负责，所以它要参与社区建设，关心公益事业；企业要对人类的未来负责，所以它要保护生态环境。只有那些负责任的企业，才能获得社会的认同和尊重。

中国已加入 WTO，作为国际社会的重要一员，我们既要获得应有的权利，不允许任何歧视和挤斥，同时又要遵循国际化的规律和原则，在互惠和双赢中开拓国际竞争空间，树立国际形象。

第三个关键词是“创新”。创新是企业文化的灵魂，它的实质是精神潜能的充分释放，是思维模式的转换。文化创新是企业一切创新的前提、动力和持久源泉。

企业文化创新的最高境界是实现企业的文化自觉。不仅要大力倡导科学理性精神、人文价值精神，而且要把这些文化精神固化为一种战略，一种制度。通过文化创新，充分激活人的因素、物的因素和环境因素，最大限度地整合一切文化资源、经济资源和社会资源，带来利益的共享和资源的永续利用。

创新需要和谐环境，一方面要激发团队精神增强凝聚力，另一方面更要激发自由个性增强创造力。

第四个关键词是“荣誉”。荣誉是社会对一个人或一个组织的成就的肯定；荣誉赋予人们信心和激情；荣誉是有层次的，最高荣誉属于为最大多数人的利益而奋斗的人们。企业家在为社会创造物质财富和精神财富的过程中，实现社会价值、企业价值和自身价值的统一。优秀企业家是时代的英雄，是社会楷模，应当受到尊重，受到肯定，获得荣誉。表彰成功企业的先进文化，激发企业家的责任感和使命感，是企业文化建设的重要任务。我们相信，21 世纪是中国企业文化蓬勃发展的世纪，是中国企业家大步走向世界的世纪，是中华民族实现伟大复兴的世纪。

我们希望，《宣言》的发表能够切实推动中国企业文化在理论和实践上的创新和发展，但愿每一位代表记住《宣言》，记住广州，记住今天——2004 年 12 月 5 日。

（原载《广东社会科学》2005 年第 1 期）

保护和发展特色文化是文化建设重要课题

文化是民族的血脉，是人民的精神家园，是共性与个性的统一。文化的共性即文化的本质特征，如主体性、实践性、自觉性、能动性等，文化的个性即文化的表现形态，文化共性存在于文化个性之中。在全球化浪潮中，资本和市场不断消灭和正在消灭国家和民族边界壁垒，使边缘地区服从中心地区，使乡村服从城市，文化的趋同性日益挤压着文化的多样性和差异性，如何保护和发展各具个性的特色文化，是现代化进程中建设中国特色社会主义文化的重大问题。

源远流长、博大精深的中华文化，在其发展过程中融合了风格各异的特色文化，如古朴的西北文化、绮丽的江南文化、豪放的荆楚文化、清新的岭南文化等。同样，作为中原文化与海洋文化融合生成的广东的岭南文化，也内含了广府文化、潮汕文化、客家文化、雷州文化等主要民系，在此基础上还生发出禅宗文化、侨乡文化、香山文化、韶文化、冼夫人文化、现代移民文化等各种形态，充分体现出广东文化的开放包容、丰富多元。特色文化体现了文化的民族性、历史性、乡土性、民俗性、多元性和主体个性，它内含了传统的积淀，承载了文化的基因，是维系民族、区域、群体和谐发展的精神纽带。要实现中华文明的伟大复兴，要创新发展岭南文化，就要重视保护和发展特色文化。

保护和振兴特色文化，必须树立高度的文化自觉和文化自信，把文化建设纳入到“五位一体”改革发展之中。当务之急，要加强整理研究，摸清文化资源，制订整体规划，形成文史研究队伍，夯实文化资料积累。近年来省社科联、社科院等社科机构与各地合作成立了侨乡文化、客家文化等以研究地方特色文化为主旨的研究基地，在资料积累、学科建设、人才培养、制定地方文化战略等多方面取得显著的成绩；要加强法制保障，吸取城市化改造中不少珍贵的历史建筑、文物遭到破坏的教训，以法治思维和法治方式对各类历史文化遗存制订保护法规并严格执法；要大力发展文博事业和相关文化产业，有条件的可设立特色文化生态保护区，结合“申遗”、城市建设、发展文化旅游等转化研究成果，活化文化遗存和非物质文化，使特色文化建设成果为广大人民群众所享受。

（原载《岭南文史》2016 年第 1 期）

海上丝绸之路精神与广东近代思潮

建设21世纪海上丝绸之路，是我国拓展经济发展空间、构建和平睦邻环境、开创全方位外交新格局的重大战略。广东是海上丝绸之路发祥地，又是改革开放先行地，凭海而立、因海而兴，承担着在21世纪海上丝绸之路建设中先行先试的历史使命。广东近代思潮的兴起与海上丝绸之路的发展有着密切关系，岭南文化本质上是海洋文化，从海上丝绸之路的发展中，特别是从广东近代思潮中探讨和概括海上丝绸之路精神，在实践中弘扬和发展这种精神，是增强广东落实21世纪海上丝绸之路战略的自觉性、主动性的必要前提。

一、海上丝绸之路是中国走向世界的必由之路

海上丝绸之路承载着沿线国家不同民族国家的海洋活动和海洋人文精神，促进了中外、东西方物质文明与精神文明的接触、交流，推动了世界历史的形成和发展，历史证明，海上丝绸之路是我国开放之路、强盛之路、文化之路。

（一）海上丝绸之路是开放之路

人类世界是一个相互联系、相互交往、相互影响的世界。任何一个民族国家的形成发展都不能游离于其周围的世界。中国作为一个文明古国，是在不断的对外开放交往中走向世界的。海上丝绸之路是中国走向世界的血脉和神经。据考究，“海上丝绸之路”兴起于秦汉之际，它以广东徐闻等地为始发港，以南海为中心，发展于三国隋朝时期，繁荣于唐宋时期，转变于明清时期，是已知的最为古老的海上航线。如果说，海上丝绸之路在隋唐以前仅是陆上丝绸之路的一种补充，那么到唐宋以后，伴随着我国造船、航海技术的发展，我国通往东南亚、马六甲海峡、印度洋、红海，及至非洲大陆航路的开通与延伸，海上丝绸之路成为

较之陆上丝绸之路更重要的我国对外交往的主通道。如出发于广州往西南航行的海上丝绸之路，经历 90 多个国家和地区，航期 89 天（不计沿途停留时间），全程共约 14000 公里，是 8 ~9 世纪世界最长的远洋航线。

（二）海上丝绸之路是强盛之路

马克思说过，水路作为自己流动、自行运动的道路，主要是商业民族的道路。尽管古代中国不以商业立国，但水路对促进商业经济发展的作用是显而易见的。作为中国与外国商业贸易的大动脉，海上丝绸之路见证了中国经济的发展和变迁。隋唐时期运送的货物多是丝绸，人们把这条连接东西方的水道称为“丝绸之路”；宋元时期瓷器渐成主要出口货物，这条水道被叫作“陶瓷之路”；明清时期茶叶成为风行欧洲的出口商品，它又被称作“茶叶之路”。郑和率庞大舰队七下西洋，开创了安邻睦邻的和平友谊之路。海上丝绸之路绵延两千年，跨越亚欧非，成为无与伦比的洲际贸易通道，对中国经济社会发展变化形成了多方面的深刻的影响，例如丝织手工业生产规模的扩大和生产分工的细化；商品性农业、货币经济和民族工业的兴起；交通运输业的繁荣、城市市镇的发展；海外移民潮的出现、“华侨会馆”的出现及其对住在国的作用；外国商馆的建立和通商制度的形成，等等。

（三）海上丝绸之路是文化之路

经济的交往总是伴随着异质文化的相交相融。海上丝绸之路既是通商贸易之路，也是文化开放交流之路。海上丝绸之路自秦汉时期开通以来，一直是东西方经济、文化交流的重要桥梁，沿线各国海洋文化的发展与相互交流、互相融合，形成深厚而多元的海上丝绸之路文化。秦汉以后海上丝绸之路的开通与拓展，不仅标志着中国南海与印度洋、地中海海上商贸网络的逐渐成熟，而且意味着中华文化与印度文化、罗马文化在海洋空间的接触交汇与互相沟通。唐宋时期，已经形成以中国、印度、阿拉伯为中心的庞大商贸网络，出现世界海洋文明史上第一个“大航海时代”，中国文化与阿拉伯文化的交汇成为海上丝绸之路文化的新内容。

海上丝绸之路给世界带去了中华文明，也给中国带来了欧风美雨，催生了中国近现代新文化，印证了罗素所说的“不同文明之间的交流，是人类文明进步的里程碑”。

二、广东近代化思想与海上丝绸之路精神

近代之前，广州成为全国唯一出口通商口岸，广东成为中西文化的交汇点。广东作为海上丝绸之路的发祥地之一，在对外交往特别是与东南亚交往中有着一衣带水的地缘优势，也有着华侨众多、血脉相通的亲缘优势，有着"春江水暖鸭先知"的开放优势，从而造就了岭南文化的融贯中西、开放包容的特质，造就了康有为、梁启超、郑观应、孙中山等为代表的一批伟大的近现代思想家、先行者，掀起了中国民主革命的思想解放运动。海洋、历史、时代赋予广东在走向世界上担负特殊的使命，赋予广东成为中国思想文化变革的源头活水的先机，这种经济、文化实践长期以来已经凝聚成一种海上丝绸之路精神：变革创新的精神、工商立国的精神、平等互利的精神、文明包容的精神、和平发展的精神。在广东近现代思想家的论述中，可以领悟到这些精神的真谛，重温这些精神，必然为21世纪海上丝绸之路建设提供思想之源和智慧之光。

（一）变革创新的精神

在古代航海条件下，出海远航不但艰辛，而且经常需要冒生死危险，这种"冒险无畏之精神、百折不挠之毅力"，充分展现了开拓创新精神。中原人来到被视为未开化的南蛮之地，海洋和海外的世界是他们更广阔的生存空间，这种地域特性使岭南文化具有海洋文化、商业文化、移民文化的特点。黑格尔认为，相对于陆地农耕活动的规则性、稳定性，航海活动具有极大的不确定性和危险性。农业活动与四季的规则更迭息息相关，而海洋是不确定、不受限制与无限的，因此在海洋中形成的活动，也具有超越受限制的性质："平凡的土地、平凡的平原流域把人类束缚在土壤上，卷入无穷的依赖性里边，但是，大海却挟着人类超越了那些思想和行动的有限圈子。"

海上丝绸之路的开创者筚路蓝缕、九死一生，开启了东西方交往的大洋之门。在东西方交往实践中，岭南人形成了务实创新的思想观念和价值取向，表现出求实务实、思想活跃、不因循守旧、不安于一隅、富于创造性和批判性、敢于标新立异、敢为天下先的思维特点。康有为、梁启超针对"天不变，道亦不变"的维护千年道统的守成观点，石破天惊地提出"变法"思想。康有为指出："变者天道也，天不能有昼而无夜，有寒而无暑，天以善变而能久；火山流金，沧海

成田，历阳成湖，地以善变而能久；人自童幼而壮老，形体颜色气貌，无一不变，无刻不变。”（康有为：《进呈俄罗斯大彼得变政记序》）他用大量常识和史料，有力证明“变者天道，无百年不变之法”的论断。梁启超指出：“变者是天下之公理也”，“大势所迫，非可阏制，变亦变，不变亦变”。（梁启超：《变法通议》）

孙中山则从人类发展规律鼓吹变革和创新，指出：“鼓吹创新是社会进化的必然要求”，他认为“国家进化由野蛮而进于文明，人类亦然，由无知识而进于有知识，脱离旧观念，发生新观念，脱离旧思想，发生新思想。诸君今日当打破旧观念、旧思想，发生新观念、新思想”。（孙中山：《在广东旅桂同乡会欢迎会的演讲》）据此他为民主革命大声疾呼：“世界潮流，浩浩荡荡，顺之则昌，逆之则亡。”而革命的出发点是“适乎世界之潮流，合乎人群之需要”。

中国近代社会大变革发端于广东，新时期对外开放启动于广东，市场经济改革先行于广东，无不体现了变革创新、敢为天下先的海上丝绸之路精神。

（二）工商立国的精神

农业是中国封建王朝赖以生存的经济基础，与之相应，意识形态上占统治地位的儒家学说一贯提倡重本抑末，也就是重视农业打压工商业，导致了中国在世界工业文明和科技革命潮流中落伍衰落。广东近代思想家是通过海上丝绸之路最早开眼看世界的群体，他们不仅从政治、军事上探讨中国落后挨打的原因，而且从经济形态上寻求救国兴国之道。

实业家、思想家郑观应在鸦片战争后，以敏锐的眼光认识到，中国要谋求自强救国，必须改变重农抑商的陈腐观念，确立以商立国的思想和战略。他在震惊朝野的《盛世危言》一书中指出：“中国以农立国，外洋以商立国。农之利，本也；商之利，末也。此尽人而能言之也。古之时，小民各安生业，老死不相往来，故粟、布交易而止矣。今也不然，各国并兼，各图利己，藉商以强国，藉兵以卫商。”（郑观应：《盛世危言·商务》）“彼不患我练兵讲武，特患我之夺其权利。凡致力于商务者，在所必争。可知欲制西人以自强，莫如振兴商务。安得谓商务为末务哉。”（夏东元编：《郑观应集》）他认为“商务者国家之元气也，通商者疏畅其血脉也”，认为“习兵战不如习商战”，大声疾呼“可知欲制西人以自强，莫如振兴商务。安得谓商务为末务哉?”（郑观应：《盛世危言·商务》）

康有为受到郑观应启发，从时代变局、维新变法看立国之本，明确提出“以商立国”，他说“凡一统之世，必以农立国，可靖民心；并争之世，必以商立国，可侔敌利，易之则困敝矣”。（康有为：《上清帝第六书》）他认同“商战”之说，以为“古之灭国以兵”，“今之灭国以商”，而且还提出“商之源在矿，商之本在农，商用在工，商之气在路”（康有为：《条陈商务折（一八九八年七月十九日）》），并从开商学、译商书、出商报、立商律等各方面提出发展工商的对策。

孙中山既是伟大的革命家，也是伟大的建设者，他摒弃郑观应、康有为的社会改良主义，但接受和发展了他们的工商立国的思想，在主张革命救国即以民主革命推翻封建帝制实现共和的同时，明确提出以“实业和商务重建我们的国家”。他在早期给李鸿章的信中指出：“欧美富强之本不尽在船坚炮利，垒固兵强，而在于人能尽其才，地能尽其利，货能畅其流”，“人能尽其才，地能尽其利，物能尽其用，货能畅其流——此四事者，富强之大经，治国之大本也”①。他把振兴实业作为兴国之关键、民生之根本，指出：“中国乃极贫之国，非振兴实业不能救贫。仆抱三民主义以民生为归宿，即是注重实业。”② 为了实现建国理想，孙中山亲自写下了“实业计划”，构思了一个以铁路、港口、运河建设为先导，以机器、冶炼为重点，粮食、衣服、居住、行动、印刷五大工业并举，三大经济区域协调开发发展的共和国的宏伟蓝图，其中详尽描述了北方大港、东方大港、南方大港的建设，体现出他对对外开放和国际贸易的重视。

（三）平等互利的精神

孔子曰：大道之行也，天下为公。广东近代先贤也继承和发展了这种社会理想，洪秀全提出“务使天下共享”，康有为在《大同书》提出建立一个“人人相亲，人人平等，天下为公”的大同世界。孙中山把“天下为公”作为座右铭，并进而把“公”理解为人民权利平等，认为“提倡人民权利，便是公天下的道理。公天下和家天下的道理是不同的，天下为公，人人的权利都是很平等的，到了家天下，人人的权利便有不平”③。他的共和理念，对内人民一律平等，包括实行民族、阶级、宗教平等，对外联合平等待我之民族，要将清政府“辱国之举

① 《孙中山全集》第5卷，中华书局1985年版，第623页。

② 陈旭麓、郝盛潮主编：《孙中山集外集》，上海人民出版社1990年版，第339页。

③ 《孙中山选集》下卷，人民出版社1956年版，第547页。

措与排外之心理，务一洗而去之”。主张对外开放，平等互利发展实业，明确提出：“一、我无资本，利用外资。二、我无人才，利用外国人才。三、我无良好方法，利用外人方法。”① 孙中山针对当时中国积贫积弱的现实，提出引进外国资本、人才、科技、管理方式等举措，直至今天看来也是十分正确的，与此同时，他强调坚持平等互利、维护主权的原则：一是必选最有利之途以吸引外资，二是必应国民之所最重要，三是必期抵抗之至少，四是必择地位之最适宜，② 总的原则是使中国“操此发展之权”。

习近平主席在《携手建设中国－东盟命运共同体》的演讲中提出打造“海上丝绸之路”时就指出：“中国愿在平等互利基础上扩大对东盟国家开放，共同建设21世纪‘海上丝绸之路’。”平等互利，即各国不论大小强弱，法律地位上相互平等，经济上实现互利。海上丝绸之路上每一个国家都应当是独立、平等的主体，各个国家之间的交往，不是主体与客体的关系，不是核心与边缘的关系，不是依附与被依附的关系，是主体与主体间的平等合作关系。在新丝路建设中，各主体都以自身利益为基础参与利益共同体的构建，在港口、贸易、货币等互通中达到各国间互惠互利。与一些国家提出的新丝路复兴动议不同，21世纪海上丝绸之路战略的生命力、感召力、竞争力就在于平等互利、合作共赢。它代表着一种不同发展水平、不同文化传统、不同资源禀赋、不同社会制度国家平等合作的新模式，展现了全球化和区域化的新阶段新趋势。

（四）文明互鉴的精神

海上丝绸之路的航线经过了东亚、东南亚、南亚并远航西亚、阿拉伯各国直至非洲、欧洲，19世纪时还开辟了北美航线，涵盖了儒家、佛教、伊斯兰教、基督教等多种文明，海上丝路不仅把中国的文明传至世界各地，而且也把世界各地的文明带回中国，促进了中国社会经济文化的发展，打开了眼界，为国人拓展了无限的思想空间。

海纳百川，有容乃大。深受海洋文化浸润的广东思想家是最早开眼看世界的群体，大多反对思想封闭，主张文明互鉴包容。梁启超主张：“我中国学界之光明，人物之伟大，莫盛于战国，盖思想自由之明效也。及秦始皇焚百家之语，汉

---

① 《孙中山全集》第2卷，中华书局1982年版，第460页。

② 《孙中山全集》第6卷，中华书局1985年版，第254页。

武帝表章六艺，罢黜六家，而思想又一窒。”（梁启超：《清代学术概论》）他认为建设文明国家，思想、信教、著述自由是最重要的。在对外文化比较交流上，他主张“拿西洋的文明来扩充我的文明，又拿我的文明去补助西洋的文明，叫他化合起来成一种新文明”。（梁启超：《欧游心影录》）意为西方物质文明优越，而中国精神文明优越，两者只有结合起来，才能构筑成一种世界上最好的文明。

孙中山是全面系统地把西方现代化思想中国化的第一人，他在解释他的共和理论与方案时清晰指出是借鉴西方的：“何为民国，美国总统林肯氏言曰：民之所有，民之所治，民之所享。此之为民国也。何为民权，即近来瑞士国所行之制：民有选举官吏之权，民有罢免官吏之权，民有创制法案之权，民有复决法案之权，此之谓四大民权也。”① 他认为欧美近一百年来的文化雄飞突进，一日千里，种种文明比中国进步得多，因而“如果不参考欧美以往经验、学理，便要费许多冤枉功夫，或者要再蹈欧美的复辙”②。列宁高度评价孙中山“竭力从欧美吸收解放思想”。

文明是在不同地域、不同条件下的人们的实践创造的，具有多样性、差异性，然而人们的实践又是以社会交往的不断扩展和人的理性的不断提升为前提发生、发展起来的，因而又具有相容性、共存性。文明的包容性是与世界的统一性、人的社会性、文化的互鉴性相一致的。在全球化的时代，文化竞争成为国家综合竞争力的重要内容，如何在竞争中实现合作发展而不是导向冲突甚至战争，需要有文明包容的自信和自觉，也就是尊重文明样式的多样性，承认文明主体的平等性，增强民族文明的互鉴性。费孝通先生提出：“各美其美，美人之美；美美与共，天下大同。”人类文明因包容才有交流互鉴的动力。一切文明成果都值得尊重，一切文明成果都值得珍惜。正如习近平主席所说：“只有交流互鉴，一种文明才能充满生命力。只要秉持包容精神，就不存在什么‘文明冲突’，就可以实现文明和谐。”只要我们有比天空更高远的视野，有比海洋更宽阔的胸怀，21 世纪海上丝绸之路必定会成为世界文明融合发展的桥梁和纽带。

（五）和平发展的精神

古代丝绸之路最引人注目的，不仅在于它在缺乏国际机制和组织框架的情况

---

① 《孙中山全集》第 6 卷，中华书局 1985 年版，第 412—413 页。

② 《孙中山全集》第 9 卷，中华书局 1986 年版，第 321 页。

下延续了较长时间，还在于它主要以和平方式实现并扩大了跨国商贸活动和跨种族文化交流。实际上，海上丝绸之路不仅促进了商贸和文化的交流，还促进了中外国家友好往来的“和平对话”。作为古丝绸之路沿线的重要国家，历史上的中国信守“和为贵”的传统，从没有寻求领土扩张和霸权，没有与沿线的国家发生战争冲突。为联系世界、缔造和平、传播文明、促进经贸往来发挥了重要作用，这与西方列强通过贸易和战争寻求殖民统治他国形成了鲜明对比。

郑观应认为，面对西方列强的侵略，我们要富国强兵，通过商战和引进西方先进科技，“师夷之长技以制夷”，同时，他目睹第一次世界大战生民涂炭的惨境，借用孟子“定于一”，以“一”为“天心”，即“自然法则”，提出世界“大同”的设想，认为“总地球而浑一之”，提出“合天下万国含生负气之伦”，以价值观“大同”消除各国纷争，实现和平的共同发展。

孙中山汲取和发展儒家“仁爱”“和为贵”的传统精神以及西方平等、博爱的现代思想，一生倡导“博爱”“和平”，孙中山把民族主义与世界主义结合起来，主张在民族自强、民族自觉的基础上的世界主义：“中国人的心理，向来不以打得为然，以讲打的就是野蛮。这种不讲打的好道德，就是世界主义的真精神。我们要保守这种精神，扩充这种精神，是用什么作基础呢，是以民族主义作基础。”[①] 1904年，孙中山在给美国人民的一封信中说：“一旦我们革新中国的伟大目标得以完成，不但在我们的美丽的国家将出新纪元的曙光，整个人类也得以共享更为光明的前景。”[②] 孙中山留给我们的最后的遗言是：“和平、奋斗、救中国”，弥留之际他念念不忘的是振兴中华和世界和平，振兴中华不仅造福中国人民，而且造福各国人民，中国梦是世界和平与发展的“大同梦”。

目前，尽管世界政治多极化不断发展，地缘政治博弈风云际会，但经济全球化潮流不可逆转，“和平与发展”仍然是时代主题，“合作与共赢”仍然是世界大趋势，“和平、发展、合作、共赢”仍然是处理中国与世界关系的重大原则。我们在与海上丝绸之路沿线国家合作交流的过程中，应坚持中华文明追崇的“多元共存”、“和而不同”、“协和万邦”等优秀传统内质，走和平发展之路，为实现中华民族伟大复兴中国梦营造良好的国际环境。

---

① 《孙中山全集》第9卷，中华书局1986年版，第231页。

② 《孙中山全集》第1卷，中华书局1981年版，第255页。

三、弘扬海上丝绸之路精神，构建广东对外开放新格局

建设21世纪海上丝绸之路，为广东新一轮改革开放带来了新的重要机遇。广东需要在体制机制方面进行重大改革，扩展经济领域开放合作广度和深度，推动“引进来”和“走出去”协调发展，在传承海上丝绸之路文化价值理念的基础上，注入新的内涵，进一步提高广东对外开放水平。

一是充分认识广东在21世纪海上丝绸之路建设中的重要地位。广东拥有源远流长的历史优势，是古代中国与外国贸易和文化交往中海上通道的重要起点。广东拥有全国最长的海岸线，拥有5个亿吨大港，是连接丝绸之路沿带国家的海上门户。广东历来就是中国重要的对外贸易中心，是我国对外贸易第一大省，在国际贸易中具有举足轻重的地位，在省会广州举办的“广交会”，已成为我国对外经贸联系的重要平台。广东是中国海上贸易和移民出洋最早的省份，是全国第一侨乡，现有3000多万海外侨胞，占全国的2/3，遍及世界160多个国家和地区。尤其是在海丝沿线的东南亚国家，广东籍华侨华人占全国海外华侨华人总数的60%以上。文化相通的人文优势，文化上的共通性和认同感，彰显了广东在开拓海上丝绸之路中的独特优势。

二是充分发挥区域优势，打造开放合作的载体和平台。一方面要发挥广东毗邻港澳的优势，通过建设粤港澳自由贸易区，进一步整合三地资源，充分利用粤港澳大平台，打造世界级的城市群，成为环南海经济合作区的经济龙头。另一方面要在国家合作协议框架下，沿着海上丝绸之路，选择合适的国家和地区，建设各类产业转移园或产业合作示范区，尤其是向东盟国家拓展产业腹地，通过共建产业园区带动广东产业转移，从而带动广东产业转型升级，也促进当地产业结构的优化。

三是弘扬海上丝绸之路精神，发挥岭南文化的辐射力。深厚而多元的海上丝绸之路文化是东西方交流的产物兼具本土性与国际性、主体性与多元性，是不断融合东西方文化和世界性海洋文化结晶，蕴含着“对话”“交流”“和平”“友谊”等文化精髓。要学习国内国际先进经验，将广州十三行、潮州古港、阳江南海1号、湛江徐闻古港等打包申报海上丝绸之路世界文化遗产，并参照《世界文化遗产保护管理办法》的规定实施保护和管理。同时做好文化遗迹的开发与利

用，打造“广州—潮州—阳江—徐闻”海上丝绸之路文化旅游品牌，加强与省外同为丝绸之路发祥地的泉州、宁波、扬州等地的联系，共同宣传推介海上丝绸之路文化，提高知名度和品牌效应。收集整理与海上丝绸之路相关的海洋史、华人华侨史资料等，建立大型资料数据库，供研究者或者公众检索，推动对海上丝绸之路的历史文化研究。充分利用互联网推进数字博物馆、数字海交馆等公共数字文化建设，推动海丝文化数字化保护和展示。

（原载《岭南文史》2017 年第 1 期）

弘扬冼夫人文化　促进民族伟大复兴

文化是精神的载体，精神是民族的灵魂。纵览世界文明发展史，一个民族的崛起或复兴，常常以民族文化的复兴和民族精神的崛起为先导；一个民族的衰落或覆灭，往往以民族文化的式微和民族精神的萎靡为先兆。

中华文化源远流长，积淀着中华民族最深层的精神气质，代表着中华民族独特的精神标识，为中华民族生生不息提供了丰厚滋养。中华传统文化是我们民族的“根”和“魂”。无论历史多么久远，社会如何转型，都不能去根丢魂。根深才能叶茂，魂驻才能流长。

一个国家、一个民族的强盛，总是以文化兴盛为支撑的。一个区域、一座城市的生命力、创造力和凝聚力，无不融注着文化的力量。习近平总书记指出：“历史文化是城市的灵魂，要像爱惜自己的生命一样保护好城市历史文化遗产。”“要加强对中华优秀传统文化的挖掘和阐发，努力实现中华传统美德的创造性转化、创新性发展，把跨越时空、超越国度、富有永恒魅力、具有当代价值的文化精神弘扬起来。”

中国南方油城——茂名，不仅是一座朝气蓬勃的新兴城市，也是一片有着深厚文化底蕴、豪杰辈出的沃土。被周恩来总理赞誉为中国“巾帼英雄第一人”的冼夫人，是南朝梁、陈至隋朝初古高凉（即今茂名）一带俚人首领，她毕生维护国家的统一，促进民族和睦团结，保障岭南安定，推动经济社会发展，在中华民族波澜壮阔的发展史上作出了卓越的贡献。《隋书》《北史》《资治通鉴》等正史，以及明清的《广东通志》《高州府志》《电白县志》和《化州县志》等地方志，都有对这一历史伟人的详细记载与颂扬之辞，茂名的悠久历史积淀着丰厚的“冼夫人文化”。

冼夫人于公元522年出生于古高凉一个俚族首领世家，是一位历史上杰出的女将军、政治家和社会改革家，以其高贵的品德与显赫的功名、杰出的智慧与坚韧的毅力、非凡的军事和政治才能，叱咤风云，屡创功勋，历受朝廷褒奖，深得岭南人民拥戴，素有“岭南圣母”之称。她生前就得到了梁、陈、隋朝授予的“护国夫人”、“谯国夫人”等6个封号，逝后又得到了隋、南汉、南宋、明、清等朝追封的“诚敬夫人”、“慈佑夫人”等6个封号，这在历史上是极为罕见的。1938年，岭南大学冼玉清教授在《岭南学刊》上著文《民族女英雄》，誉她为“妇女为国立德立功之第一人，妇女开幕府建牙悬肘之第一人，妇女任使者宣谕国家德意之第一人，妇女享万民祭祀之第一人”。中国著名历史学家吴晗称赞冼夫人“是我国历史上最杰出的妇女之一”。2000年2月，时任中共中央总书记、国家主席、中央军委主席江泽民同志在视察茂名高州冼太庙时，盛赞冼夫人为“我辈及后人永远学习的楷模”。2003年12月，现任中共中央政治局常委、全国人大常委会委员长，时任广东省委书记张德江同志在省委九届四次全会上明确指出，广东古代有两大历史名人，一个是包公，一个是冼夫人，这是我省最大的旅游文化遗产；强调要挖掘这两位历史名人的历史文化遗产，把这一难得的品牌做大做强，使历史文化成为新的经济增长点。2015年和2016年，中共中央政治局委员、广东省委书记胡春华同志先后两次在茂名考察时指出，茂名要好好挖掘冼夫人文化，还可以建冼夫人博物馆。近年来，顺应时代发展之潮流，贯彻落实省委、省政府提出的建设广东文化大省的战略部署，中共茂名市委、市政府作出了把茂名建设成为有一定影响力的文化名城的决策，提出了打造茂名“五大特色文化”品牌的设想，其中打造冼夫人文化品牌是我们打造茂名特色文化品牌的题中之义与重点任务。

茂名是冼夫人的故乡，是“冼夫人文化”的发祥地，也是冼夫人研究的中心。茂名人民热爱自己的家乡，也热爱自己家乡的历史伟人——冼夫人，更热爱自己家乡一脉相承的优秀历史文化遗产。冼夫人的优秀文化遗产一直以来受到人民的热捧与传承。早在清代同治、光绪年间，茂名县大堂村（现茂名市茂南区新坡镇）拔贡谭应祥就编辑出版了《冼夫人全书》，可惜该书已佚，留存下来仅有个别章节。这是我国第一部研究冼夫人的专著。至于对冼夫人的敬仰，1000多年来，在广东、海南、广西、贵州以至东南亚等地，无论是在民间或是在官方，正如原籍高州的中央戏剧学院丁扬忠教授撰联所赞：“是人非神，千秋景仰；亦人亦神，万代馨香。”

一种历史文化的孕育与形成，需要一个长期的历史过程；而它的传承与弘扬，同样有一个从“自在”到“自觉”的发展过程。长期以来，人们尽管生活在冼夫人文化氛围当中，对冼夫人的敬仰千年延续，吸润着冼夫人文化的滋养，但总体上缺乏自觉的、深入的、系统的研究，不利于冼夫人文化的传承和弘扬。改革开放的春风，不仅为经济的快速发展送来了阳光雨露，同时也为文化的繁荣发展吹响了进军号角。20 世纪 80 年代初（1983 年 12 月 2 日至 9 日），由广东民族研究所和广东民族研究会牵头举办了“冼夫人学术研究交流会”，主会场就设在茂名市。随后，成立了粤西（包括今海南）冼夫人研究联络站，站址设在茂名市文化局。1990 年 9 月，茂名市率先成立覆盖所属各县（市、区）的全国第一个研究冼夫人的群众性学术团体——“茂名市冼夫人研究会”，不定期地出版会刊《冼夫人研究》。“冼夫人文化”一词，就是由 1997 年《冼夫人研究》第 3 期首先提出的。“冼夫人文化”这一崭新的称谓，从冼夫人的故乡——广东茂名首先响亮地呼起，即像雏鹰出壳，不胫而走，传遍岭南及海外，逐渐为许多人所接受和认同，呼声越来越高，其影响也越来越大。从此以后，以“冼夫人文化”为主题的活动持续不断。2001 年 5 月，经国家文化部批准，茂名市委、市政府举办了“首届中国边境城市文化经贸旅游艺术节·冼夫人文化研讨会”，会议以“冼夫人文化与当代中国”为主题，来自全国的专家学者展开了广泛而深入的研究，形成一批颇有卓见的研究成果。2002 年 7 月，海南省每年举办一次的传统的冼夫人“军坡节”，升格为“冼夫人文化节”。2005 年 1 月，由广东省社科联、广东炎黄文化研究会、茂名学院（现广东石油化工学院）、茂名市社科联、电白县炎黄文化研究会联合在电白举办了“冼夫人文化与建设广东文化大省研讨会”。2016 年 3 月 19 日，海南省海口市龙华区委、区政府和海南日报报业集团主办了“首届‘一带一路’冼夫人文化论坛”，来自海南省海口市、广东省茂名市、港澳台地区以及新加坡等地的专家学者和各地冼夫人文化研究会的嘉宾参加了论坛。2016 年 12 月 22 日，由南方日报社和中共茂名市委宣传部统筹策划，南方报业传媒集团、茂名滨海新区、茂名电白区、茂名高州市共同主办了“冼夫人与‘一带一路’国际论坛”，海内外冼夫人后裔、知名专家学者、媒体人共同研讨冼夫人与“一带一路”的渊源以及如何把冼夫人文化纳入国家层面，在“一带一路”沿线推广冼夫人文化，使之成为 21 世纪海上丝绸之路沿线国家的亲情纽带、友谊纽带和文化纽带。

早在1500年前，在冼夫人生活时期及此后，粤西地区就已经与东南亚地区有着密切的贸易来往，茂名已成为“海上丝绸之路”的重要节点。冼夫人在推动和保护古代海上丝绸之路正常航行方面作出了独特贡献，对“海丝”沿线国家颇具感召力。广东省政府参事、暨南大学历史系教授王元林认为，“冼夫人的影响力基本上可以和郑和相比”。据传，冼夫人当年就是从茂名出海登上海南岛，将海南岛重新并入中华版图，在海南恢复郡县制，为唐宋开始中国对南海诸岛的正式管辖打下基础；她赠给陈后主的信物“扶南犀杖”，就产自现在的柬埔寨、越南、老挝一带。后来，鉴真和尚第五次东渡日本，就得到了冼夫人的后人冯崇债、冯若芳的厚待与资助。如今，许多“一带一路”的东南亚国家民众和华侨，都信奉和参拜冼夫人，目前海内外共有2000多座冼太庙，除了国内广东、海南、广西、江西和贵州等地之外，还遍布海外马来西亚、新加坡、越南、泰国等国。从中可见冼夫人自古以来对东南亚国家民众和华侨的影响之广泛与深远。

随着“冼夫人文化热”的兴起，茂名作为21世纪海上丝绸之路的重要出海口，在国家实施“一带一路”战略的大背景下，很有必要将各地各种刊物研究冼夫人的成果收集、整理、汇编成册，并结合编者学习研究冼夫人文化事象种种的心得，以评要的方式出一套《冼夫人文化全书》。这不仅是历史的责任，有集腋成裘、为构建“冼学”工程奠基的作用，而且更是时代的呼唤，是弘扬冼夫人精神，传承文明、咨政育人，适应国家“一带一路”战略实施的需要。本书作为茂名特色地方文化的浓重一笔，获得了广东省社科规划“地方历史文化特色项目”的立项，其第一卷和第二卷已于2009年9月由白雄奋、吴兆奇和李爵勋编撰出版。如今，在中共茂名市委宣传部的重视与扶持下，在茂名市社科联和《南方论刊》杂志社的统筹下，连同第三卷合成一整套套装重新出版。这不仅是省市共同打造文化品牌，省社科规划部门和高校出版单位推进地方文化建设的具体体现；更是茂名地方党委政府秉承“一脉相承”的宗旨，弘扬冼夫人精神，倾力打造冼夫人文化品牌的有力一笔。本书在撰编时体现了“百花齐放、百家争鸣”的方针，特别是各章之后的编辑评要，是画龙点睛之笔，或是编者对该章的概括提示，或是编者对某一问题的见解，能给读者予以更深的启示。

在中华民族悠久的历史长河中，优秀传统文化博大精深、无以穷尽。伟大祖国的南方油城——茂名，有着厚重的文化底蕴和鲜明的文化特色，不仅有冼夫人文化，还有石油文化、荔枝文化、民俗文化等。把这些地方特色文化挖掘好、弘扬好，既可增色岭南文化的百花园，也可大大丰富人类的精神家园。这对于贯彻落实习近平总书记系列重要讲话精神，推动经济社会的全面发展，促进中华民族伟大复兴“中国梦”的实现，必将发挥弥足珍贵的重要作用。

（原文为《冼夫人文化研究》序，广东人民出版社2018年版）

弘扬特区精神　继续推进改革

——“广东经济特区成立30周年高层理论研讨会”开幕词

今天，来自北京和省、市近百名领导、专家学者和政府改革部门实际工作者集聚一堂，参加广东省社科联、广东省委党校、广东经济学会、广东省体制改革研究会联合举办的“纪念广东经济特区成立30周年高层理论研讨会”。首先，我谨代表省社科联，对来自国家有关部委、省市有关部门的领导、专家学者表示热烈的欢迎，对各位领导、专家学者对广东改革发展的关心和支持表示衷心的感谢！

广东是我国改革开放的前沿阵地。30年前，党中央、国务院决定由广东担负起改革开放综合实验区的重任，要求广东的改革在全国先走一步，“杀出一条血路”，率先突破旧体制。1979年广东在蛇口创立我国大陆第一个出口加工区。随后，中央批准在广东创办深圳、珠海、汕头三个经济特区，对广东实行“特殊政策、灵活措施”，实行财政承包，划定收支，定额包干。此后，特区建设者以敢闯敢冒的创新精神，大胆开拓，积极进取，不断推进特区改革开放事业，创造了许许多多的全国第一。深圳市在全国率先建立国资委—国资经营公司—生产经营企业三个层次的国资监管营运体系，公有制的实现形式完成了重大突破。深圳还最早实行汇率制度的改革；首创城市规划委员会；创立监察局制度；等等。这许多个“全国第一”的创举，使深圳成为引进外资和先进技术、先进管理经验的前沿地区，这些改革在全国推广之后，大大推进了全国改革开放的步伐，特区精神、特区经验、特区速度、特区效应震惊世界。

1992年春，中国改革开放总设计师邓小平视察深圳、珠海等地，充分肯定了广东的改革，发表了著名的南方谈话，全国掀起了声势浩大、波澜壮阔的又一次解放思想、全国改革的浪潮。从此，广东进入了如火如荼的快速建设时期，创造了具有全国典型意义的"深圳模式""珠海模式""顺德模式""东莞模式""南海模式"。30年来，特区成功的实践，为全国进一步的扩大开放积累了经验，有力地推动了我国改革开放和现代化建设的进程。

经过30年的努力，广东改革开放已取得举世瞩目的成就，各方面发生翻天覆地的变化，建立了社会主义市场经济体制，工业化、城镇化、市场化、国际化、信息化的建设取得长足发展，国有企业改革和国有资产管理体制改革成效显著，企业产权制度改革取得突破和发展，全省经济社会长期保持快速、全面、可持续发展，财政收入大幅度增加，经济综合实力大大增强，城市基础设施建设突飞猛进，城乡面貌焕然一新，人民生活水平明显提高，经济总量从改革前位居全国23名跃上连续19年第一位。

广东经济特区30年改革发展的经验证明，改革开放的方向是完全正确的，要坚持党的领导，毫不动摇地坚持改革的方向，通过深化各项改革，解决阻碍生产力发展的各种社会矛盾和问题，为持续发展、科学发展扫除体制性障碍。要全面展开政治、经济、文化与社会领域的综合体制改革，强化政府经济调节、宏观调控、市场监督、社会管理和公共服务的职能，不断完善社会主义市场经济体制，完善现代市场体系，创造规范、公平的市场环境，推动经济、社会步入科学发展的轨道。

广东经济特区30年改革发展的经验还表明，在推进工业化、城镇化、现代化过程中，要正确处理好资源、环境与人的发展等方面关系。坚持以科学发展观统领全局，统筹兼顾，进一步破除影响区域之间合作发展的行政体制障碍，促进珠三角地区的产业、交通、基础设施、生态保护等各方面建设一体化，促进粤港澳以及区域之间的协调发展，要深化农村综合改革，打破城乡二元结构，实现城乡经济、社会一体化。

广东经济特区30年改革发展的经验还证明，广大人民群众是改革的动力和源泉。启动改革，靠的是充分发挥广大人民的积极性、创造性和党的富民政策；深化改革，仍然要坚持以人为本，依靠亿万人民的支持和参与。要进一步关注民生，大力推进社会服务、教育、医疗体制，以及就业和收入分配制度、社会保障体系方面的改革，解决地区之间、行业之间和部分社会成员之间收入分配差距过大的问题，促进社会公平正义，使改革开放的成果惠及全体人民。

广东经济特区30年改革发展的经验归结到一点，就是要继续倡导和坚持

"解放思想、改革开放"的时代文化精神，这是特区精神的核心，也是岭南文化的特质；是现代文明的基本价值，也是中华民族实现伟大复兴的不竭动力。随着国际国内经济发展环境的变化，依靠政策优惠和单纯投资拉动的早期特区建设模式已经过时，早期特区人的那种敢想敢闯敢干的特区精神已经有所减弱；经济发展方式、企业核心创新能力、社会管理、公共服务、社会服务、文化建设等都与当好科学发展排头兵的要求不相适应。为此，我们在纪念广东经济特区成立30周年的时候，必须坚持和发展党的十一届三中全会以来的思想路线，坚持和发展中国特色社会主义理论体系，坚持和发扬当年建设特区的那股勇气和精神，重铸改革动力。

一是要保持"解放思想、改革开放"的精神状态。破除小富即安的短视心理，破除维护既得利益体制障碍，以敢为天下先的勇气，在科学发展上敢闯敢试，再创辉煌；

二是要拓展"解放思想、改革开放"的思维方式。改革发展永无止境，理论创新永无止境。新一轮改革需要新的理论支撑，要以忧患意识、战略思维、国际视野推动理论创新，以理论创新引领实践创新；

三是要坚持"解放思想、改革开放"的价值取向。人的解放既以文化解放为前提，也以文化解放为标志，从经济解放到政治和思想文化的解放，是人类解放的伟大历程，是人类超越必然王国进入自由王国的理想境界，倡导"解放思想、改革开放"的时代文化精神，深刻体现了以人为本的科学发展观。

我们相信，在科学发展观的指引下，在特区精神和时代文化精神的激励下，特区建设和广东的改革发展将跃上新的台阶，为引领中国改革开放做出新的贡献。最后，希望国家有关部委、省市有关部门的领导、专家学者对广东特区以及广东的改革和发展提供宝贵的建议，进一步推动广东特区改革开放向纵深发展，推动广东沿着科学发展的轨道前进。

城市文化与澳门城市文化形象建设

如何把握城市文化的本质？城市文化形象运动兴起时代背景是什么？这是城市文化形象塑造与推介中的关键问题。本文对此作了一些探讨，并据此提出澳门城市文化形象建设的目标和要求。

一、马克思理论视野中的城市文化

如果说工业化是人类文明进步的必然阶段，那么城市化就是工业化的必然产物。最初的城市是随着人类从野蛮时代进入文明时代出现的，但城市化却是随着工业革命时代的到来而兴起的。当前的全球化运动比过去任何时候都强劲地推动着城市化的步伐，著名的美国建筑历史学家和城市计划设计者 Lewis Mumford 早在 20 世纪 60 年代就说过："从前，城市是整个世界的一个象征；今天，世界自身正在变成一个城市。"① 在这个过程中，城市文化逐步以一种独特的性质和形态发展起来，它对人们的生活方式、交往方式、价值观念的影响与时俱增，甚至可以说是无处不在，以至今天许多文化流派都是围绕城市文化的批判与构建而形成和发展起来的。从大众文化、小区文化、文化工业、文化产业等文化样式到文化异化、文化霸权、文化冲突等文化话语，无不是从城市文化的发展和内在矛盾中派生出来的。

马克思的实践观、异化观以及世界历史的理论，为我们全面地理解城市文化提供了科学的辩证方法。世界历史的形成过程是农业从属于工业，农村从属于城

---

① 转引自吴贺乐在 2003 广东经济发展国际咨询会的发言：《在城市化进程中城市的可持续发展》。

市，东方从属于西方的过程。在马克思看来，工业和城市的发展为人的自由全面发展提供了物质力量和交往前提，然而由于资本的统治又造成了人的本质的异化。

城市文化的产生以及它对乡村文化的胜利，是人类文明发展史上的重大飞跃。斯宾格勒说过："一切伟大的文化都是市镇文化，这是一个结论性的事实。但此前谁也没有认识到。世界历史是市民的历史，这就是世界历史的真正标准，这种标准把它非常鲜明地同人的历史区分开来了。民族、国家、政治、宗教、各种艺术以及各种科学都以人类的一种重要现象——市镇为基础。"他还说："城市是才智。大城市是'自由的'才智。"① 斯宾格勒对城市文化、城市文明的评价是复杂的，但他看到了城市发展与文化发展的内在联系。现代城市的兴起与资本主义大工业的出现，以及资产阶级的崛起是同一过程。工业革命通过资本和市场，无情地撕破了以土地为依托的乡村的人身依附关系、血缘关系、宗法关系，把人口、财富、权力吸纳到城市中来，城市不仅成为经济、政治中心，而且成为文化中心。

相对于乡村文化，城市文化表现出鲜明的特征：与工业文明对农业文明的胜利相适应，城市文化是一种生气勃勃的文化，它打破一切陈规倡导创新，它摧毁一切民族的地域的狭隘性走向世界，它不断变化甚至每天都在变化，为工业化运动提供智力和价值的支持。与人的平等关系取代人的等级关系相适应，城市文化是张扬人的自由个性的文化，人的能力在职业的多样性、流动性状态中获得提升和发挥的广阔空间，人的价值也从神的光环和封建主的权威中解放出来成为万物的尺度。人的最高价值在于人的自身，文艺复兴所彰显的人文精神始终是城市文化的灵魂。与科学对神学的胜利相适应，城市文化是理性精神充分发展并主导人类文明进步的文化，正如黑格尔所说的资产阶级革命开辟了人类用头立地的时代，即用理性而不是用臆想统治世界的时代。近代以来自然科学所取得的伟大成就，极大地增强了人类改造和征服自然界的能力，也使人类深信科学技术的力量，崇尚科学理性精神。与平时对君主的胜利，市场经济对自然经济的胜利相适应，城市文化是大众文化蓬勃发展的文化。如果说，民主政治宣布了普罗大众的文化享有权的合理性，那么市场则是文化走出高墙深宫回归普罗大众的驱动器。

① 斯宾格勒：《西方的没落》，商务印书1963年版，第199—200、209页。

教育、传媒、文学艺术的大众化不仅是劳动者再生产的需要，而且是资本增值的需要，不仅是市民宣泄的需要，而且是社会控制的需要。总之，从乡村文化到城市文化，人类的精神生产如同大工业生产一样，成为社会化、全球化的生产，它把巨大的文化创造力召唤出来，把人的精神从思想的禁锢中解放出来，城市以不断涌现的思想家、科学家、艺术家等文化巨匠，不断增加的大学、大剧院、博物馆等文化机构，不断伸延的建筑群、大广场、交通网等文化象征，开辟了一个文化飞跃发展的全新时代，昭示着人类文明的巨大进步。

我国正在从农业文明向工业文明、知识经济迈进，城市化进程不断深入，城市文化建设方兴未艾。正确理解城市文化对于我们把握城市文化建设的方向具有指导意义。

要从市民社会的内在要求出发建设城市文化。文化是交往的产物，一定的交往形式决定着一定文化的性质和发展趋势。“在过去一切历史阶段上受生产力所制约、同时也制约生产力的交往形式，就是市民社会。”[①] 如同法律等上层建筑一样，文化不能从国家或从它自身来理解，也不能从所谓人类精神的一般发展来理解，而要从它赖以产生和发展的物质的生活关系来理解，也就是从“市民社会”来理解。马克思、恩格斯主要从国家与经济基础的关系来理解“市民社会”，把它看作是各个个人在生产力发展的一定阶段上的一切物质交往，包括该阶段上的整个工业生活和商业生活，也包括从生产和交往中发展起来的社会组织形式，是一个变动着的历史范畴。哈贝马斯等西方学者根据当代资本主义社会新发展，从现代国家批判的角度反对国家对市民社会的压迫，称市民社会为“私人自治领域”，或者叫“非政治领域”，强调城市和小区文化的个体性、自由性和平等性。我们要在推动政治民主化，建设人民当家作主的法治的“市民社会”的基础上，适应现代社会结构转型的趋势和人的全面发展要求，营造一个充满活力的多元文化竞相发展的良性文化生态环境，激发每个人的文化个性，促进市民主体意识和主体地位的回归，让城市化运动始终不偏离人的价值目标，让城市真正成为人的生活乐园和精神家园。

从文化全球化的时代要求出发建设城市文化。经济的全球化推动着文化的全球化。如果说，资本和市场是经济全球化的动力，那么，文化全球化也不可避免

---

① 《马克思恩格斯全集》第3卷，人民出版社1960年版，第40页。

服从于资本和市场的共同规律。在这个意义上，建设城市文化，提升城市文化竞争力必须接入世界文化市场体系，推动文化的经济化、市场化、产业化和国际化。然而，文化的全球化并不是同质化，在全球意识的观念下打破民族、地域的狭隘性，在与他种文化相互激荡相互交往中实现兼容式发展，是任何民族、地域文化在全球化语境中生存和发展的必由之路。抹杀文化的特殊性的文化全球化只能是一种文化霸权主义的全球化；而离开文化普遍性的文化特殊性只能是游离于世界文明大道之外的偶然现象。城市化与全球化实质上是同一过程的两个侧面。任何城市要保持自身的特色和魅力，就要保持文化的民族和地域个性，形成富有特色的文化精神、文化产业和文化环境。植根于民族文化传统的厚实土壤上的城市文化，是城市在全球化浪潮中实现可持续发展的不可替代的宝贵资本。

从提升城市竞争力的客观要求出发建设城市文化。当今世界，国家与国家之间的竞争往往表现为区域和城市之间的竞争，进入知识经济时代，城市综合竞争力的主导因素正在起变化，从以资本、管理、科技竞争力为主导到以文化竞争力为主导，反映了现代化发展的一般规律。文化竞争力亦即文化对经济的推动力，对社会的影响力和对人的感召力。在观念层面上，文化竞争力表现为是否适应人的价值追求，解放人的思想，提升人的能力，激发人的意志和理想。在实践的层面上，文化竞争力表现为文化生产力、文化消费力、文化传播力、文化创造力和文化持续力等。归结起来，有竞争力的城市文化或文化城市必须以文明进步的文化精神为灵魂，以先进发达的文化产业为基础，以优秀的文化人才为根本，以法治的文化制度为载体。文化精神是城市人认同的纽带和创新的动力，是城市相互区别的文化标志，缺乏精神的城市是死寂的城市；文化产业不仅是满足市民精神文化需求的基础性产业，而且已成为新经济的支柱性产业；文化人才是城市的文化资本和可持续发展的根本条件，文化人才的流动和积聚往往反映一个城市的兴衰；文化制度是人的文化活动的政治安排，制度的合理性关系到文化生产和文化创造的活力程度。文化竞争力并不仅仅是这几种要素的简单组合，而是以这几种要素为基础的行政的、社会的、环境的各种因素构成的有机的、开放的系统。

二、城市文化形象运动的兴起与城市文化建设

一段时间以来，城市文化形象建设成为各地的一种潮流。从城市文化建设到

城市文化形象塑造，其发展的背景与城市竞争时代的城市营销是密不可分的；同时也是全球化背景下城市文化的本土化趋势和地方认同驱动结果。

在全球化时代，城市作为竞争主体的地位日益重要。当城市必须把自己作为“空间产品”通过市场定位推销给“城市消费者”或目标群体（投资者、游客、居民），并且开始把“空间产品”作为有意识的自觉的生产过程及其结果时，“城市营销”就在城市竞争的催生下应运而生了。“城市营销”已经成为欧美国家一个理论研究和实践探索不断深入和成熟的课题。

形象是城市营销的首要问题。城市形象作为城市营销的产品之一，受到高度重视。消费者对城市的理解首先就是通过对各种信息的整合形成对城市的认知。在对城市形象进行设计和规划的时代，对城市的灵魂和个性、唯一性和排他性的探索和追寻，促使人们把目光转移到了城市文化个性。简言之，不关注城市文化形象就不能很好地设计和规划城市形象，从而也就不能称之为成功的城市营销，也就谈不上提升城市竞争力。

城市文化的地方认同需要也是城市文化形象运动的重要动力。文化的特殊性构成了一个民族和国家地区的精神，是一个国家或社会精神气质的规定性。全球化把各层次的文化群体空前紧密地联结起来，使他们不得不在相互的面对面中意识到彼此的差异和特质。正如亨廷顿所说：“在一个日益全球化的世界里（其特征是历史上从未有过的文明的社会的和其他模式的相互依赖以及由此而产生的对这些模式的广泛意识），文明的、社会的和种族的自我意识加剧了。”① 对差异的强调、对自我文化身份的识别，绝不是无关紧要的意气之争。文化的特殊性或文化身份构成一个文化共同体的文化利益，是行动的意义、动机和目标的来源，为共同体成员带来文化心理上的稳定感、归属感和安全感。保持和维系本土文化、民族文化成为一种必然的选择。后发展地区的民族和国家甚至发达国家在参与全球化的同时都产生了向民族文化、本土文化、地方文化、社区文化回归的趋势，重新认识、解读自身文化，强调文化自主的本土化运动方兴未艾。城市文化个性形象，作为通过自我—他者关系中建构自身特殊性和文化身份（认同）的重要符号和载体，成为城市这个生命体抵御现代人意义感的缺乏和遗失的重要武器。

城市营销的要求和城市个性文化认同的需要，推进了城市文化形象的实践，

---

① ［美］亨廷顿：《文明的冲突与世界秩序的重建》，新华出版社 1998 年版，第 58 页。

同时也内在地规定着城市文化形象塑造的基本要求。

一是要高度重视城市文化形象的定位与认同问题。从竞争的角度看，定位的实质是确立差异化战略。几乎每个行为主体，在谋划未来时，都涉及一个定位的问题，城市定位可以理解为："城市为了实现最大化收益，根据自身条件、竞争环境、'消费需求'等及其动态变化，确定自身各方面发展的目标、占据的空间、扮演的角色、竞争的位置。"① 在城市定位系统中，产业定位是基础，功能定位是核心，综合定位是灵魂。而城市文化形象定位则是其重要组成部分。城市特有的精神文化作为一种无形的、内在的要素资源对城市的功能地位状况及其变化有着重要影响。文化竞争虽然有着自身的特殊性，但是差异化定位战略也是适用的，城市文化形象之间的竞争愈是具有差异性，就愈有"市场"和生存竞争发展的空间，就愈能走向世界。

城市文化形象的定位实质上也是一个通过自我—他者的关系建构自身的特殊性和文化身份的认同过程。因此城市文化形象作为一种"空间产品"，既是一个被外在目标群体"消费"的对象，也是城市生命体自身的"消费"对象，它是一个双重的认同结果。

二是要针对目标群体和市场确立营销战略意识和周详规划。作为城市竞争和城市营销背景中的城市文化定位，需要确立明确的目标群体。Kotler（1993）曾经指出城市营销的目标市场可以分为四大类：游客、居民和工人、商业和企业、出口市场。② 对城市文化现象的推销来说，其目标群体也基本类似。同时，还需要进一步的市场定位和细分。如城市文化形象适合哪些旅游者观光游览、休闲度假？吸引什么类型的工商业者投资开发？以及吸引何种居民和人才生活与创业？并由此明确城市文化形象塑造的主要问题，提出相应的应对之策，确定城市营销的重要任务。在这个过程中，城市文化形象的营销要树立服务"城市顾客"的意识，在各项工作中明确顾客导向，再造城市政府流程，提高服务质量。有了特定的目标市场和跟进的规划措施，就需要借助"说服理论（Persuasion theory）"

---

① 倪鹏飞主编：《中国城市竞争力报告 NO. 2》，社会科学文献出版社 2004 年版，第 97 页。

② 转引自倪鹏飞主编：《中国城市竞争力报告 NO. 1》，社会科学文献出版社 2003 年版，第 183 页。

使消费者对城市文化形象产品的看法与自身文化现象的定位和认同统一起来。

三是要在城市文化形象塑造与推介中引入治理的机制。如果我们把城市文化形象作为营销的产品来看待的话，谁来生产如何生产就成为供给环节要解决的问题，而这首先要明确对于城市文化形象这种产品的看法。城市形象作为一种“城市空间产品”属于公共品，存在着外部性。这就要求一种集体行动的机制和集体理性克服种种“公共地悲剧”。政府和行政措施是我们首先考虑的方法。公共部门是最主要的执行机构，也是全部活动的组织者。但是由于城市营销的工作涉及整个城市，需要多个部门机构和人员群体的参与。城市文化形象的系统性、综合性、参与性，决定了其生产和提供，不是政府哪一个部门可以包办的，也不是公共部门所能完全胜任的。在提供这种文化公共产品的过程中，不仅出现了市场失灵，也反映了政府的失灵。解决这个问题需要第三种思路：治理机制。

治理（governance）可以追溯到古典拉丁语和希腊语的“操舵”一词，原意是控制、指导或操纵。现在人们在多领域和多层次上使用治理这一概念，鲍勃·杰索普认为治理可以分为广义和狭义两种形式，狭义的治理就是自组织（Self-organizing）的协调方式。广义的“治理可以指诸多方式中任何一种独立活动的协调方式”[①]。罗伯特·罗茨归纳了治理的六种不同的用法，即作为最小国家、作为公司治理、作为新公共管理、作为善治、作为社会——控制系统、作为自组织网络。[②] 治理的含义虽然复杂，但是本文的治理主要是指公共事务领域的治理，而且是与传统的管理相对照的一个概念。

在城市形象塑造和推介过程中引入治理机制的主要理由是：治理要解决的问题正是属于市场失灵和政府失灵范围的集体行动问题。塑造城市形象也是属于此一范围。治理肯定了致力于集体行动的组织必须相互依赖，为了达到目的，各个组织需要交换资源，通力合作，协调行动和目标。治理还意味着在为经济和社会问题寻求解决方案的过程中，存在着责任和界限的模糊性，现代社会国家正在把原先由它独自承担的责任转移给市民社会，即各种私人部门共同努力的合作参与

---

① ［英］鲍勃·杰索普：《治理的兴起及其失败的风险：以经济发展为例的论述》，《治理与善治》，社会科学文献出版社 2000 年版，第 53 页。

② ［英］罗伯特·罗茨：《新的治理》，《治理与善治》，社会科学文献出版社 2000 年版，第 87 页。

的过程。治理机制形成了一系列在实践中行之有效的鼓励私人部门参与合作提供公共品的激励机制和方法。例如减少污染排放是一种具有外部性的行为，除了政府通过法律和行政手段解决这一问题外，是否还有促使私人部门自愿的执行方法？治理对此作出了有益的探索。治理意味着办好事情的能力并不仅仅限于政府的权力，不限于政府的发号施令或运用权威。在公共事务的管理中，还存在着其他的方法和技术。

可以说，在城市形象建设引入治理机制不过是对治理理论的一个恰当运用。而没有建立起旧有成效的城市形象治理机制，就不能真正有效地解决城市形象建设的实施问题。建立一个城市形象治理机制主要要求是：建立一个民主和参与的形象建设决策机制；建立由多种主体构成的城市形象塑造和推介的执行主体；确立多样化的执行方式，包括法律、行政措施、自愿协议等；建立一套鼓励市民和私人部门、非营利部门参与规划的实施方案和各种项目活动的有效方法。

三、澳门城市文化形象的塑造

在国际城市定位中，澳门最具有知名度的形象是赌城，东方的拉斯维加斯。澳门的博彩业有140多年的历史。据统计，澳门税收的七成来自博彩业。博彩业为澳门政府实施低税免税政策，吸引外资，发展出口加工业提供了重要的基础和条件。到澳门的游客中80%—90%是被“博彩”吸引来的。拉斯维加斯作为世界赌城人所共知，但是它实际上还是体育运动的胜地，教育比较发达，高科技产业也蓬勃兴旺。同样，澳门不仅仅只是赌城，还具有其他特色鲜明的一直未得到广泛认知的城市文化形象。

澳门除了世界赌城的形象外，还应塑造新的城市文化形象。澳门具有不可替代的独特文化地位，这是我们定位澳门城市文化的基本依据。由于澳门独特的地理位置和历史背景，形成了一种以中华文化为主、兼容葡萄牙文化的具有多元色彩的共融文化。

首先，澳门文化是一种以中华文化为主体的特色鲜明的文化。澳门文化根系祖国，与祖国文化血脉相连，它是中华文化的一个重要构成部分。澳门文化来源于珠三角文化。考古发掘证明，澳门地区的远古文化属于中华民族珠江三角洲系统。澳门中国传统文化的特色鲜明，亮点纷呈。例如澳门的妈祖文化就十分突出。澳门仅供奉天后的庙宇就有10多间，作为民间信仰的妈祖信仰融入佛教、道教，成为多元信仰。澳门文化具有中华文化所具有的包容性特色。无论是澳门的中国文化还是葡萄牙文化，无论是天主教文化还是佛教文化均能在澳门社会和平共处。例如澳门作为曾经的宗教中心，既有儒、释、道等古老的中国宗教，也有后传入的天主教、基督教、伊斯兰教等宗教，多元的宗教文化在这里和平相处，一直到现在。澳门在民风民俗上，也体现出东西方相互包容、相互渗透的特点。华人既过传统的农历节也过西方的圣诞节，以中为主，也不冷落洋节。历经400多年的中西文化的交汇、包容，澳门人仍然保留了永不磨灭的中国根，他们无论历经什么磨难，始终认定自己是中国人，始终保持强烈的民族爱国精神。本世纪初，澳门就是孙中山从事革命活动的重要基地，设有同盟会澳门分会。抗战期间，澳门人与内地同胞一样，发动了轰轰烈烈的抗日救亡运动，许多澳门儿女走上了抗日战争的前线。50年代初期，新中国要突破帝国主义的经济封锁，许多急需物资必须从香港、澳门运送到内地，澳门与香港同时成为新中国连接世界的两条重要通道。

其次，澳门文化是一种中西融合文化，具有不可替代的地位。澳门是中国最早接受欧洲文艺复兴运动带来的精神文明和物质文明的港口；同时也向欧洲、非洲和拉丁美洲送去了东方文明。澳门作为“桥梁和窗口”，在人类发展史上有特殊的贡献和崇高的地位。葡萄牙商人通过经济贸易的纽带将西方与中国、日本、印度、东南亚及拉丁美洲的文化通过相互贸易经澳门进行广泛的传播与交融；西方的传教士向东方各国传教过程中将西方文化传到东方，同时把东方文化带回西方，这种双向互动的交流是西方传教通过澳门的桥梁作用来实现的。西方的科学和文化，如天文学、数学、地理学、建筑学、哲学、美术等通过澳门传入了中国，同时也传入日本及东南亚。澳门本身也成为中西文化交汇和融合之地。澳门的中国传统文化和来自欧洲、东南亚等地的文化相互碰撞、交流、汇聚、融合，长达400年之久。多种语言、价值观念、宗教信仰、建筑风格和文化习俗在澳门相互影响、共同生存，使澳门既保存着南欧风情、拉丁余韵，又不失中国传统文化的特色。澳门的宗教、饮食、节庆、建筑风格、语言和生活习俗等，无不透射出中西文化交融的色彩。

澳门要塑造新的城市文化形象，就必须挖掘自身独特的历史人文资源文化，发挥中西文化交汇地的特殊优势，摆脱依附于香港的阴影，提升城市文化形象和竞争力。

一是要拓展产业结构，提升产业竞争力，塑造新的产业文化精神。以博彩业为主导的澳门旅游业面临着旅游结构单一、自然资源匮乏、发展后劲不足等危机。澳门应当正视自身旅游文化发展的优劣势，抓住 CEPA 实施、泛珠三角旅游合作展开的有利条件，在巩固博彩旅游业的同时，充分利用自身丰富的历史文化资源，发挥中西合璧、文化多元的特色，大力发展旅游文化，努力打造世界级历史文化名城，提升澳门旅游文化的国际形象。在大力发展文化旅游业的同时，积极培育新的经济增长点。例如澳门的新闻出版业近年有了长足的进步，每年出版的书籍涵盖澳门政治、经济、文化、教育、历史、地理、文学等各个领域，具有本地色彩，图书种类数以百计。近年来，不少文人学者出版著作，问世著作相当多，是本澳有史以来出版书籍最多的时期，澳门的报纸每天大量报导本澳、香港、内地以及世界各地的政治、经济、文化、教育、卫生、环保、科技的动态。澳门的民间社团、文化机构、学术团体也出版了各种小报、刊物、论著等，展现出文化蓬勃的景象。在此基础上，可以大力发展文化内容产业。

二是大力发展澳门的市民文化。市民文化的基础是社团文化。澳门居民虽然只有 50 万，但在澳门政府注册的各类文化社团数以百计，应继续鼓励社团的发展，积极赞助和支持社团的活动。随着澳门特区经济的发展，社会进步，文化艺术活动日趋繁荣。政府应加大对各种群众性的文化艺术活动的扶持力度。例如鼓励澳门摄影和书画展览、业余剧社和曲艺团体活动，以及带有浓郁地方色彩的粤曲演唱和神功戏表演，充实澳门居民殷实又祥和的休闲娱乐生活。继续推进文化事业进一步走向民间，深入小区，吸引更多平日较少接触文化艺术活动的家庭参与，同时在小区中，提供更方便的图书阅览服务，推广读书风气。

三是培育继承与创新相结合的城市文化精神。澳门文化具有包容和开放的文化精神传统，全世界最有代表性的四种古老文化：中华文化、伊斯兰文化、印度文化和古希腊文化，都先后在澳门和平共处并自然融会，形成了以中华文化为主流的文化格局，要继承和发扬这种传统，展现绚丽缤纷、精致秀美、多元一体的特色。澳门文化具有重商主义的色彩。历史上澳门就是一个商业精神发达的地区，16 世纪澳门就有专门的刺绣厂和画坊，专门生产服装和宗教画销往远东各地。近代以来更是经过了西方商业文明的熏陶，积极培育和发展具有中西整合的商业文化精神，对于锻造当代中国商业文化精神具有示范意义。澳门具有爱国主义传统，在新的形势下，继续发扬爱国爱澳精神，对于抵御分裂，最终完成中华民族的统一和文化复兴具有重要意义。

（原载《城市文化形象的塑造——第八届粤台港澳文化交流研讨会论文集》，作者：田丰、夏辉，2007年4月）

东莞改革开放新阶段与文化软实力的新跃升

改革开放30年，中国实现了跨越式崛起、和平崛起，广东作为中国改革开放的前沿，是中国崛起的精彩缩影，而东莞这个全国第一家“三来一补”企业落户、如今正率先推进经济社会“双转型”的城市，无疑是这个精彩缩影中一个耀眼的亮光。东莞的崛起不仅是经济的崛起，而且也是文化的崛起。正在率先探索转型发展之路，争当科学发展排头兵的新的发展阶段，认真总结东莞文化建设成就和经验，明确提升文化软实力的战略和任务，具有十分重要的实践意义。

一、东莞改革开放30年文化建设的成就与经验

现代化是一个经济、政治、文化充分作用全面进步的过程。东莞30年来从全国2000多个农业县中脱颖而出，跻身于全国综合经济实力百强城市，排名第12位，这种跨越式的腾飞如果没有文化精神的推动、文化价值和文化力量的支撑是不可想象的。作为改革开放前沿中的前沿，东莞的文化建设不仅为自身的经济社会发展提供了动力保障，而且为全国提供了有益借鉴。

一是引领价值观念革命。东莞以“敢为天下先”的观念不断解放思想，敢闯敢试，大胆实践，创新发展思路。1978年东莞人设立了第一个加工贸易装配办公室。不为各种非议所困，不为各种干扰所惑，坚持改革开放和经济建设不动摇，咬定青山不放松，走出了一条以加工贸易为切入点参与国际分工的发展道路。近年来，针对部分干部与群众小富即安的思想定势，提出了与“双转型”、实现科学发展相适应的“五破五增”：破除骄傲自满思想，增强居安思危意识；破除因循守旧思想，增强勇于创新意识；破除封闭自给思想，增强开放合作意识；破除急功近利思想，增强乐打基础意识；破除贪图享乐思想，增强励精图强

意识。这“五破五增”体现了再创新辉煌的世界眼光与战略思维，体现了勇当排头兵的使命感和责任感，体现了敢为天下先的东莞人品格。

二是引领文化消费潮流。文化消费是文化生产的引擎，是生活方式转变的标志。东莞在创造巨大的物质财富的同时大力发展文化消费，从卡拉 OK 到文化广场，从大型歌舞厅到现代化大剧院，从娱乐消费、体育消费到各层次图书馆、博物馆的涌现，历经了从外商文化、打工文化到市民文化，从乡镇文化到城市文化的不断转型升级的过程。当前，字画艺术、特色民俗艺术以及论坛热方兴未艾。各种文化形式、各类艺术家都在东莞大显身手，各类学者专家都能找到用武之地，说明了东莞干部群众文化素质在不断提升，一个以大众文化为特点、以群众精神文明建设为动力的城市文化建设新高潮正在到来。

三是引领文化体制改革。充满活力的社会结构、完善的市场经济体制为东莞文化体制改革提供了良好的基础条件。作为全国文化体制改革试点市，东莞率先扩大文化开放，促进莞港澳文化资源整合；打破体制障碍，发展内源型文化企业；制定文化产业规划，着力培养文化支柱产业；保护本土特色文化遗产、促进文化保护与发展旅游、青少年教育相结合；扶持公益性文化事业，以公益性文化事业带动城市文化建设；等等。几年来，文化体制改革发挥了解放文化生产力、激发文化创造力的良好效应。

四是引领和谐文化发展。首先是概括弘扬“海纳百川，厚德务实”的新东莞城市精神，营造和谐氛围。第二是促进人际关系和谐发展，确定“新莞人”为外来工的称谓，体现对外来工的尊重和劳动贡献的肯定，并为“新莞人”办好包括其子女教育、就业培训、文化娱乐等十件实事。第三是广泛开展市民文化活动，打造“文化周末”、“绚丽大舞台”等特色文化品牌，在提升市民素质中促进文化和谐。

东莞改革开放 30 年文化建设的启示：1. 文化建设要服务于改革开放和现代化建设，只有坚持以经济建设为中心，文化建设和精神文明建设才会不走弯路，才能发挥解放和发展生产力的动力保障作用。2. 文化建设要适应对外开放和市场经济，在开放中提升兼容竞争能力，在结合市场中激发生机活力。3. 文化建设要重视提高人的素质，这不仅是造就高素质劳动力的需要，而且是造就高素质现代城市公民的需要。4. 文化建设要纳入党和政府的战略规划，与经济建设、政治建设、社会建设平衡协调发展。5. 文化建设要真正面向广大人民群众，让人民群众发挥主体作用，让人民群众享受文化建设成果，让人民群众不断增进文化权益。

二、东莞在历史新起点上提升文化软实力的对策建议

东莞市委、市政府明确提出要重视和发展文化软实力，作为“双转型”，率先探索转型发展、科学发展的重大战略，体现了十七大精神和省委十届三次全会精神。正如刘志庚书记清醒地看到的，当前，东莞“精神层面城市化大大滞后于物质形态城市化”，围绕产业结构转型、城市转型和人的转型，更加自觉、更加主动地确立和实施文化软实力战略，为东莞新型大发展提供精神高地、文化动力和人才引擎。

1. 进一步解放思想，树立战略思维、创新思维和价值精神，为推进产业转型构筑思想高地。

在领导干部中进一步破除因循守旧的经验主义，破除满足现状的既得利益格局和传统路径依赖，倡导继续敢闯敢试，为科学发展争当转型排头兵的使命意识、责任意识，同时又大力倡导科学精神、务实精神，坚定而稳健地推进“双转型”，实现“双转型”。

领导干部要充分理解努力实践科学发展观的价值精神，包括以人为本的核心理念、公平正义的政治伦理、民主法治的公民意识、珍视自然环境的生态价值等。没有具有科学发展思维方式和价值理念的领导群体，突破旧的发展模式只能是一句空话。

2. 建立文化创新体系，大力发展城市精神、城市公共文化服务体系、城市文化产业体系，为城市转型构筑强大的文化力量。

城市精神是城市文化竞争力的灵魂。东莞正在成长为一个新兴的现代化城市，要有宏大视野和自强自觉的文化精神。东莞把“海纳百川、厚德务实”作为城市文化精神，我认为很贴切。一是体现了东莞的历史地位。东莞是近代欧风美雨东渐的切入口，是中国人开眼看世界的最前方。二是体现了东莞产业特色。大量的外商来这里投资建厂，堪称世界工厂的中心，全国农民工、人才来这里工作，堪称各种人干事创业的家园。三是体现了东莞人的性格。东莞的干部百姓自信而不自负，变通而不圆通，敢为人先而又务实守信。到过东莞的人都会感受到

东莞人开放的心态，好学的精神和好客的民风。因而，用“海纳百川、厚德务实”作为精神信条，充分反映了东莞人的眼界和胸怀，可以有效地形成城市共识，凝聚人气财气，营造和谐氛围。

城市公共文化服务体系是提升市民素质的主要载体。提高市民素质是城市文明建设的细胞工程，没有现代素质的公民，就没有现代化的城市。东莞正在创建全国文明城市，要把提高人的素质放在工作的重中之重。为此，要在打造文化新城的基础上进一步完善惠及全体人民群众的文化服务体系。除继续完善公益性的文博图文化设施外，要特别重视网络建设，特别重视发展教育事业，特别重视技术职业培训，特别重视自然科学和社会科学的普及。

城市文化产业体系是城市活力和城市综合竞争力的推动器。硬实力是软实力的物质基础，而软实力是硬实力的精神动力和价值支撑。文化发展不仅能提升劳动者的素质，提升产品的文化内涵，而且可能直接产业化，直接带来经济效益，这就是经济的文化化和文化的经济化的双向运动。东莞的软实力滞后于硬实力的状态如不转变，必然影响经济社会“双转型”，影响科学发展。我认为，提升东莞软实力要通过发展教育、科技和文化事业、道德建设等路径，但最迫切的是发展文化产业。文化产业以文化资源为基础、以创新发展为动力、以科技文化和人才为生产要素，具有文化含量大、附加值高、创新性强、品牌效应显著的特征，因而有着很强的扩张能力和持续发展能力，竞争优势明显。发展文化产业是促进东莞产业结构调整和升级的重要途径。当前东莞开始迈入科学发展的轨道，但发展面临的资源紧约束和环境总约束的局面尚未得到根本改变，调整优化产业结构和转变经济增长方式仍是未来相当长时期发展的基本要求，是实现经济又好又快发展的根本途径。而文化产业具有低能耗、低土地占用、高技术、高附加值和循环利用、内源性强等特征，是东莞“十一五”期间乃至今后相当一段时间推进结构调整和转变增长方式的重要战略选择。

东莞文化产业已取得长足进步，但仍没有取得比较优势。一是文化产业总量大、企业规模化程度相对高，从业人员多，但是质量和效益不高，具有核心竞争力的龙头型文化企业较少，人才匮乏。二是文化产业结构不合理。文化相关产业和外围产业较为发达，但是文化核心层特别是文化创意产业不发达。三是东莞的文化资源相当丰富，但是缺乏有效的整合。四是东莞的民间资本极为发达，但是投入到文化产业的却很少。五是东莞的文化消费潜力巨大，但是消费层次不丰富、本地有效需求较弱。六是东莞文化体制改革走在全省前面，文化政策较为宽松；但是文化体制对文化产业发展的束缚还很大，政府对文化产业的导向能力有待提高。

3. 大力引进和培养高层次文化人才，营造人才脱颖而出、留得住、用得上的法制环境、产业环境、生活环境、文化环境和生态环境，使东莞成为吸引天下英才进行文化创新创业的成长平台和精神家园。

（1）把吸引文化人才纳入实施高层次高技能急需紧缺人才绿色通道工程。

（2）对有突出贡献的科技、文化、学术人才给予政府重奖。

（3）在加强应用研究的同时，创造条件发展基础研究，用以储备人才，改善东莞文化生态和学术生态。可在大学或直接由政府投入建立自然科学和社会科学的研究机构。

（原载《文化与传播》2008 年第 2 期）

中山模式奥秘在于文化力量

正当世界陷入金融海啸冲击下的恐惧与萧条的阴影之中时，中山却以崭新的姿态坚定而自信地前行在科学发展的轨道上。“近者悦，远者来”，中山的发展令人振奋，而中山特色发展模式的形成、发展以及产生的巨大张力的奥秘，应归纳为深沉的、持久的文化力量。

在近代史上引领中国的以“开放”为标志的香山文化，历经革命、建设与改革，发展成为以“博爱、创新、包容、和谐”为内核的新时期中山人精神，这种精神鲜明地体现了科学发展观的价值理念，体现了人类文明进步的不竭追求，从而给予经济社会发展生生不息的动力源泉和历久弥坚的价值支撑。

文化理念是文化力量的灵魂。中山人以“开眼看世界”先行一步的敏锐思维，率先提出“文化立市”战略。他们认为现代城市的内涵，最根本的不在于高楼大厦，而在于其文化品位和精神气质，因而大力实施孙中山文化、历史文化、产业文化、民俗文化、公共文化、博爱文化、“三名（名家、名作、名牌）”文化、生态文化八大文化工程，推动中山从制造名城向文化名城跃升。

当今的中山，不仅创造了高度的物质文明，而且不断从事文化积累，增强文化持续力。一个人口不算多的中小城市竟然拥有各具特色、不同主题的几十家博物馆，6个省级民族民间艺术之乡，3个国家级民族民间艺术之乡。这些文化基地不但在诉说历史，而且在创造历史，创造出新的文明和新的市民。

文化实践是文化力量的根基。中山人善于把文化优势转变为经济社会发展优势，如：注重自主创新、发展“品牌经济”，乐百氏、华帝、爱浪等自主品牌已成为全国行业的标杆，走向国际市场；发展文化产业，促进文化消费力和文化生产力；开展群众性文化活动，广场文化热、民间艺术热、民间收藏热、文化讲座热方兴未艾；大工业与多姿多彩的文化活动、碧水蓝天绿地的自然环境共存共生，中山给我们展现了一幅宜人、宜业、宜居的现代文明城市现实图景。

文化的魅力在于文化情怀。中山人发展文化是自觉的，这种自觉性在于其以人为本的人文情怀。如果说，一年一度的慈善万人行仅仅是这种人文情怀的外在体现的话，那么大办教育包括国民教育、职业教育和终身教育，全面提升人的素质，体现了中山文化的人本性质；以海纳百川的胸怀吸引、使用各种人才，为人才提供公平的创新竞争环境则体现了中山文化开放兼容的和谐境界。

让一切文化人才的创新能力充分释放，让一切文化资本的活力竞相迸发，让一切丰富人的精神生活要素充分涌流，这就是中山发展模式的魅力所在，也是中山发展模式不断在实践中自我创新、自我完善的动力所在。

（原载《南方日报》2008 年 12 月 31 日）

乳源绿色崛起的启示

乳源，一个粤北山区的瑶族自治县，在过去的5年多来，经济迅速发展，社会建设全面推进，县域经济综合发展实力昂首跨进全省山区县（市）十强。乳源发展之路是绿色崛起之路，是科学发展之路。

启示之一：坚持生态立县，不断优化发展环境。自然优先原则是辩证唯物主义的基本原则。传统文明本质上是在私欲驱动下，以掠夺自然摧毁自然为代价发展起来的工业文明，现代文明则是以个体利益和社会整体利益统一为基础，实现人和自然和谐发展的生态文明。当西方完成工业化之后，追求优质生态环境是必然选择，但在欠发达国家和地区，环境质量的要求往往让位于经济发展的要求，结果是自觉不自觉走了“先污染，后治理”的老路。能否坚持绿色崛起，是衡量领导人科学发展自觉性的重要尺度。乳源地处南岭生态保护区的核心地带，是广东的生态屏障，它的生态状况关乎广东全省的生态质量。面对山区后发展的压力和全局性的生态责任，乳源执政者十分明确地提出“走生态路”的新型工业化战略，坚持在保护中发展，在发展中保护，积极倡导生态文化，发展低碳产业，厉行节能减排，形成保护生态环境的增长方式和消费方式，走出了一条高速增长与生态优化“双赢”、金山银山与绿水青山“兼得”的绿色崛起道路。

启示之二：加快转型升级，推进产业集聚。全球化以产业链和价值链把所有国家和地区乃至穷乡僻壤都联结起来，任何国家和地区如果要避免停滞不前，就必须伴随全球化的节奏而不停推进产业价值链的提升。欠发达地区也不能例外。绿色崛起包含着加快转型升级，优化产业结构，提升发展质量的内在要求。乳源一方面率先落实“双转移”战略，另一方面大力促进产业结构和自主创新能力的“双提升”。以东阳光集团为核心推进产业裂变和集聚，形成了铝箔加工产业集群、新材料产业集群、生物制药产业集群、绿色食品加工产业集群；与省、市共建产业园，高起点、高标准发展战略性新兴产业。裂变发展和集群发展的相互融合、相互促进，使乳源产业核心竞争力显著加强，创造了在粤北山区从农业县向“工业强县”跨越式发展的神话。

启示之三：加强社会与文化建设，实现和谐发展。绿色崛起既是经济结构的优化，也是社会生态和文化生态的优化，是活力与和谐的有机统一。作为民族自治县，发展的社会价值和文化价值丝毫不低于经济的目标。乳源的执政者以民族团结为使命，以民生为重点，以社会管理创新为抓手，不断加大社会公共服务产品供给，持续增进广大群众福利；致力保护发展瑶族文化，发展特色文化产业，激发文化活力和文化自信。乳源经验告诉我们，现代化不能以牺牲自然生态为代价，也不能以牺牲社会文化发展为代价。重视社会文化建设，就是为跨越式发展积累宝贵的社会资本和文化资本。

（原载《南方日报》2011 年 6 月 21 日）

加强广府文化研究，推动广府文化产业发展

——2014 年 12 月 16 日在“首届广府文化学术年会”上的讲话

今天，我们在这久负盛名的岭南最高学府——中山大学举行首届广府文化学术年会。借此机会，我谨代表省政协文史委对到会的各位朋友致以诚挚的问候！对首届广府文化学术年会的召开表示热烈的祝贺！

党的十八大报告强调指出，文化是民族的血脉，是人民的精神家园。全面建成小康社会，实现中华民族伟大复兴，必须推动社会主义文化大发展大繁荣，兴起社会主义文化建设新高潮，提高国家文化软实力，发挥文化引领风尚、推动发展的作用。岭南文化是中华文化十分重要的组成部分，近代以来岭南文化的兴起和发展引领着中华文化走向现代化的方向及进程。我们在这里研究岭南文化的重要民系——广府文化，对于创新发展岭南文化及至中华文化有着十分重要的意义。

当前，我国我省经济社会的转型发展持续推进，进入了一个以全面改革为动力、以创新拉动为特征的中速发展的新常态。文化与科技、经济的深度融合，是新常态的应有之义。文化是经济的灵魂，是经济发展的内在动力，是知识经济时代最重要的资源和资本。新世纪以来，广东把岭南文化包括广府文化元素融合在经济社会发展过程之中，有力推动了文化事业和文化产业的创新转型。珠三角被公认为我国市场经济营商环境最好的区域之一，包括港澳在内的大珠三角被公认为世界上最有活力的大城市群之一，这与广府文化的传承发展有不可或缺的内在联系。在经济发展新常态下，如何从经济社会持续、健康、协调发展的高度，总结发掘广府文化元素，擦亮广府文化品牌，加强文化和经济的融合，加快构建特色鲜明、结构优化、技术先进、品牌响亮的文化产业体系，借助文化产业振兴文化事业，推动广府文化走向世界，增强全球广府人的文化认同、民族认同，是广

东学术界、文化界、企业界以及社会各界的共同使命。

广府文化被誉为岭南地区三大民系（广府、客家、潮汕）文化之一，历史源远流长、博大精深，对广东的经济、社会发展有着重大影响。广府文化特征以珠江三角洲最为突出，既有古南越遗传，更受中原汉文化哺育，又受西方文化、经济因素影响，具有多元的层次和构成因素。近代广府文化的中心在广佛肇、珠中江和深圳、东莞等城市，广州自古以来是广东乃至岭南区域政治、经济和文化中心，更是广府文化的核心区域之一。广州在建筑、艺术、宗教、戏剧、音乐、文学、绘画、工艺、饮食、园林、风俗等各个文化领域，处处表现出悠久的历史渊源和鲜明的个性，给人以多层次、立体的和丰富的感受，使广府文化在广东各民系文化中占有优越的地位。由于广府文化在广东民系文化中的突出地位，因此，广府文化在各个领域中常被作为粤文化的代称。如广州话称为“粤语”，广州方言歌统称为“粤讴”；广州戏剧音乐分别称为“粤剧”“粤曲”“广东音乐”；广东饮食文化体系中虽有广州菜、潮州菜、东江菜之分，但“粤菜”常用以指广州菜；广州工艺品的重要品类被称为“粤绣”“广彩”“广雕”等。在上个世纪，中山大学（国立广东大学）第一任校长邹鲁先生就已经提出，岭南文化应该包括三大块：广府文化、客家文化和潮汕文化。但是，目前国内外对广府文化的发掘和研究还不够，产业化滞后。广东省内另外两个民系文化的研究已相应形成客家学和潮学，相比之下，广府文化的研究相对薄弱，这与其作为岭南地区影响最广泛、渊源最悠长的文化地位很不相称，这种状况必须改变。

我与广府文化结缘可追溯到2011年初。当时，廖伟阳、李鸿生两位同志深感社会各界对广府民系、广府文化的研究和发掘重视不够，提议开展“广府文史考”活动，提议很快得到各方面的响应，并邀请我担任了广府文史考顾问委员会副主任。后来，“广府文史考”的专家先后提出了“广府文化源流‘三地说’（肇庆是广府文化发祥地、广佛是广府文化发展地、港澳是广府文化发扬地）”、“广肇文化源自一体”等观点。使之对广府文化的论证，突破了传统把“广府文化”等同于“广州府的文化”的局限，而是利用“广府”这一具有丰富文化内涵的历史名词，从历史沿革、现实大局与区域文化认同等不同角度出发，赋予了“广府”以新的文化意义，从而，“广府文化”不再是“广州府”或广州、佛山某一地所专享独用，而可以是被更多对“广府文化”有认同感的地区的人们所共享。我们高兴地看到，岭南地区广府、客家、潮汕三大民系将在21世纪里齐头并进，生衍发展。

我们知道，文化元素是文化产品的核心组成部分，优质的文化产品是特色文化的有效表现形式。充分发挥文化优势，加快文化产业发展就必须深入挖掘文化元素，打造文化精品。广东拥有的广府文化资源丰富：如荔湾区的上下九步行街区的传统骑楼街、荔枝湾风情街区、逢源大街西关大屋保护区、昌华大街传统独院式住宅保护区、宝源路传统建筑保护区、源胜玉石工艺街等；越秀区的千年古道北京路、高第街、濠泮街、流花路等；佛山的祖庙历史文化街区、具有千年历史的“南风古灶”石湾陶瓷艺术街区等；肇庆的包公祠、宋城墙、梅庵、披云楼、元魁塔、阅江楼等。这些都是广东打造“广府文化品牌”和“广府文化体验胜地”的优质资源。文化品牌的打造，需要政府和社会的投资与运作，更需要专家学者对文化元素的挖掘与研究。

各位领导，各位专家、学者，近年来，在广东省委、省政府的正确领导下，在建设文化强省的决策部署下，全省文化产业保持了持续、快速发展，取得了可喜的成绩，成为经济社会发展的重要引擎。广府文化研究得到了国内外广大专家、学者的密切关注，广府文化产业得到了有效推进和发展，广府文化越来越得到普通百姓的认同，这将为今后推动广府文化产业发展打下了一定基础。为此，希望各位专家、学者继续借助广东省广府文化研究会、广府文化学术年会这个平台，深度挖掘广府文化内涵与外延，推动广府文化事业、广府文化产业进一步发展，为广东省实现“三个定位、两个率先”注入新的动力。

最后，祝首届广府文化学术年会取得圆满成功！

幸福生活离不开精神层面

——在第三届“广东民间智库论坛”上的总结讲话

2011 年 5 月，省委书记汪洋提出：推动科学的幸福文化的形成，深化对“建设幸福广东”的认识；10 月，省政府发布《建设幸福广东评价指标体系》，率先在全国出台省级的幸福指标体系；11 月 28 日，汪洋同志在“广东省文化改革发展工作会议”上提出：塑造良好的社会心态，倡导健康的幸福文化。幸福是主观的意识，对幸福的追求没有统一的标准，影响幸福的因素各不相同，幸福的感觉各不相同，培育科学的、健康的幸福文化，对建设幸福广东尤为重要。在此背景下，今天由广东省社科联、《羊城晚报》、南方新闻网联合主办，广东文化学会承办的第三届“广东民间智库论坛”主题为“幸福文化和建设幸福广东”，力求为培育科学的、健康的幸福文化，推进建设幸福广东贡献民间智库的智慧。

今天的论坛——“幸福文化与建设幸福广东”开得很好，在三个多小时里面有三位领导致辞，有六位著名专家学者发表了演讲，有六位著名网友也发表了演讲，还有两位院长做了很好的即兴讲话，确实是一场文化的大餐、学术的大餐和思想的盛宴。应该说，我参加了很多论坛，今天是一个高水平、高层次的论坛。我首先代表社科联对各位领导、各位专家学者参加这次论坛表示衷心的感谢！

会议获得了丰硕的研讨成果。什么是幸福？刘卓红教授讲幸福是长久的，我觉得很深刻，很有学术价值。李和平同志说幸福是简单的，就是为了吃饱饭，我小的时候最高的愿望就是随心所欲地吃一餐蒸水蛋，我有八个兄弟姐妹，家里蒸两个鸡蛋吃一餐饭，那时候就想什么时候能随心所欲地吃一餐蒸水蛋就是最幸福的了。李明华教授认为幸福是一种心理平衡感。李宗桂教授说个体幸福感的满足就是幸福。陈实同志说幸福从政治清明、文化繁荣、社会保障，最后落实到爱心。董斌森认为文化素养的提升是幸福。“TIM DING”认为幸福是时间、空间、社会个人的组合。“那山那水”认为知足常乐就是幸福，都讲得非常好。另外，我们的专家学者还把幸福文化提升到学科建设的高度，申荷永教授认为幸福文化是一门心理学。李江涛教授认为幸福文化是一种人本学。林洪教授认为幸福文化是一门统计学。王廉院长认为幸福文化是一种战略学、政策学，等等，我觉得提了很多值得我们思考的问题，由于时间的关系大家没能够很好地发挥，将来有时间的时候我们开它几天几夜，让大家谈个够。

从大家的发言我得到三点启发：

一、文化的根基在于民众。这次党的六中全会的《决议》，提出了要建设社会主义文化是面向世界、面向现代化、面向未来的，科学的、民族的、大众的文化，最后一个词是“大众的文化”，我觉得我们这个民间智库体现了这句话的要求，就是如何发展大众的哲学社会科学。我们说幸福文化的核心是科学理性，离不开哲学社会科学，幸福文化一个表现形式就是大众文化，让大家来畅谈。我看过一个资料，人的生活质量的提升离不开精神层面，也就是说，如果一个人在一个星期内有一次比较深层次的精神交流，那么他的幸福感会提升，你天天打高尔夫球是不行的，必须要有精神层面的东西，我们的民间智库就是给广大专家学者、广大网友、广大人民群众开展日常的精神思想的交流提供平台。

二、文化的使命是使人幸福。前一段时间广东出了“小悦悦”事件，这件事情对广东形象是不好的，当然这个事情别的地方也有出现，但是它的影响是很坏的，包括海外一些媒体用此来抹黑中国，说明“小悦悦”事件产生的副作用是很严重的。我们处在一个开放社会，开放社会一个很重要的特点就是流动，也就是说人、关系、财产、信息都高度地流动，高度地流动必然会造成人的归属感的消失，包括责任感、义务感。前段时间我看了一篇报道，这种流动社会是陌生人社会，大家都不认识，谁都不认识谁，谁做了好事大家不知道，谁做了坏事也没人知道，社会就没有凝聚力和约束力。我们的经济社会超常规发展，但我们社会的文化建设、道德建设是严重滞后的，这种滞后就说明我们必须要转型，必须要建设创新型经济，要建设和谐社会，要建设幸福文化，还要建设优美的低碳的生态环境等，实现社会的转型。

我认为提出幸福文化不是一种策略，不是暂时性的，它应该是我们的文化使命。文化也必须要转型，从边缘到中心，文化不仅是凝聚力，而且是生产力，是竞争力、消费力、创造力，应该说文化也是中心工作，我们文化使命也要从原来管理型的文化转到幸福型的文化，使大家认识到人的价值，使大家快乐起来，和谐起来。

概括起来，幸福文化建设应该是高扬人的文化精神，丰富人的文化生活，增强人的文化力量，促进精神和谐，包括提供很好的文化生态，增强公平感，增强科学理性精神和人文价值精神。

三、文化的力量在于自觉。这次党的六中全会提出一个概念就是要达到人的文化自觉和文化自信。怎样才能达到文化自觉？我觉得要回归文化的本质。文化的本质应该是精神，是思想，是灵魂，这次长春同志到广东，在会议上也讲了魂与体的关系。我们文化精神就是人的理性、人的本性、人的德性，如果一个社会很富裕，文化很发达，但人与人之间很冷漠，缺乏爱心，那怎么是文化发达呢？我觉得现在省委高度重视这个问题，正在做提炼广东精神的顶层设计，就是要找到最大公约数，找到一个大家所认同的文化理念，提出一个核心价值的东西，促进全社会的精神文明建设。

最后还要文化自信。抽象的人是没有的，只有民族的，在一定区域的人，从这个现实来说，我们建设幸福文化一定要从民族文化着手，包括现在要提炼广东精神，都要从这个层面来着手。这次党的六中全会提出要传承优秀传统文化，要发掘传统文化的要素、元素，这应该是我们的一个方向。我们的岭南文化有很多好的东西，比如广东音乐，有《雨打芭蕉》《饿马摇铃》《步步高》等大家熟悉的曲目，有淡定、明快、从容、轻松的特色，体现南方人的生活情趣和风格，我们要下功夫整理挖掘岭南艺术文化，使之服务大众，以此来促进我们的幸福文化建设。

（原载南方网 2011 年 12 月 5 日）

在第四期“饶平论坛”暨“饶平战略规划”评审会上的讲话

刚才听了梁院士的报告，非常好，他对港口建设分析得非常中肯，确是高瞻远瞩。我主要是从社会科学的层面、从发展战略的层面讲几句。今天来开会的主要是党政干部，党政干部应具有从战略层面上思考问题的能力。我们广东省社科院的专家这次跟饶平县委、县政府一起搞了饶平县经济社会发展战略的一个规划，主题是跨越式发展，实现跨越式发展使饶平摆脱贫穷局面，努力在未来十几年中，迅速地改变社会经济整体面貌，给经济发展水平、社会发展水平、人民生活水平、文化水平带来一个很大的飞跃，规划就是要在从实际出发的基础上描绘一个美好蓝图，这非常重要也很振奋人心。

我结合这次规划来谈谈战略思维，讲两方面：一方面是战略思维的特点，一方面是跨越式发展战略思维的基本内涵。战略思维的特点一般来说有四方面，第一种思维是前瞻性思维。这次我们饶平规划是2005—2020年的规划，跨度16年，这是一个中长期的战略规划，这是很好的。我们说有预见性、有计划性是人的活动的特点。我们的党政干部是管理一个地区一个部门工作的。首先也应该有预见性、有计划性，但现在我们不少干部缺乏中长期的工作计划和预见，导致我们工作中的失误。有一种说法，什么叫圣人，什么叫政治家，什么叫政客，看到永恒的是圣人，孔夫子就是圣人。政客是以选举的输赢作为出发点。显然，我们的党政干部应当是一个政治家，起码看到下一代、看长远一点，看长远是用未来的、发展的、动态的观点来看我们的现状。传统社会和现代社会的区别在于传统社会是以过去作为坐标系来衡量现在，现代社会则是以未来发展的要求作为坐标系来衡量和评价现状。我想我们应该树立起这种前瞻性的思维。第二种思维是整体性思维。整体性思维也就是我们所说的从辩证的、过程的、联系的方式来处理各方面问题，我们现在是坚持以经济建设为中心，以发展为第一要务，同时也要坚持三个文明的协调发展，坚持人的全面发展，做到改革、发展、稳定的统一，这是跨越式发展必须考虑的整体性。我们的规划，在经济层面、社会层面、文化层面中都分别制定了发展对策，都有具体的措施，体现了整体性原则。如果发展中国家在现化过程中不坚持整体性的话，在跨越式发展的过程中会出现很多问题，主要是社会不稳定的问题。经济发展上去了，而社会公平问题、保障问题、社会治安问题、环境问题没有得到解决，就会引发很多问题。前一段时间，我们作了社会调查，目前社会中不稳定因素排在最前面的一是利益分化，贫富差别；二是就业问题，失业人数多；三是社会保障问题。这些都是引起社会不稳定的因素。很多发展中国家走向现代化过程中都有这样的教训。好比伊朗，巴列维国王时期，大力引进西方的技术资金等，发展很快，但它忽视了社会问题、文化问题和宗教问题，引发了伊斯兰革命，被推翻了，革命后人民的生活比革命前的生活还困难，但他们为什么还要革命呢，这充分说明不是吃饱了、富裕了，就万事大吉了，富裕起来后，政治需要、文化需要、社会需要等各方面的需要都提高了，更多样化了，风险增加了，这说明整体性思维对搞好建设和发展的极端重要性。第三种思维是创新性思维。要另辟蹊径，不走传统的老路，要扬长避短，充分发挥本土优势，我看这次规划里面有许多新的提法，如在城镇建设方面要建设四大城镇组团：黄冈钱东中心城区、海湾城镇组团、中部组团、北部组团等。在工业方面提出建设五大工业园区：如三饶新丰陶瓷工业园、浮山浮滨文化产业园、钱东井洲外资工业园，还有拓林所城大埕临港工业园，这是在原来基础上新的思路、新的整合。一个地区的发展如没有一种创新思维，再好的资源也不能发挥出来。第四种思维是实践性思维。就是具可行性、可操作性，我们这次规划里有很多可行性、可操作性的提法，比如提出以陶瓷产业为主导产业来提升饶平的产业竞争力，是正确的。我看过三饶镇的陶瓷产品，确实感到振奋，完全达到国际化的水平，他们设计的花式品种很美，很有现代感。

关于跨越式发展战略思维的基本内涵，我认为有六个方面。一是竞争意识。竞争意识反映了世界经济发展的客观规律，就是从原来追求比较的优势到追求竞争的优势，竞争意识使我们增强忧患意识，要奋发有为不是说等待，而是要转化，要转化不利条件为有利条件，从而激发我们的主动性，增强我们的使命感，为官一任，就要使本地区发展起来，使人民生活富裕起来。二是全球意识。跨越式发展是从全球化角度来说的，我们知道，“全球化”这个词是从20世纪90年代开始使用的，我们必须站在全球化的高度来观察问题，考虑地区发展的定位和战略。全球化引起了很多问题，如环境问题、社会问题等，同时也创造了很多机遇。三是机遇意识。抓住机遇是邓小平同志非常强调的，机不再来，机遇非常重要，规划中提到与泛珠三角互动的战略是抓住机遇；港口依托的提法也是抓住潮州提出要振兴东部、发展港口的机遇；我们还有一个很大的机遇，就是中央和广东省委提出的落实科学发展观的要求，这是环境机遇。四是资本意识。马克思的《资本论》是一部很大的著作。关于资本的研究，国内外已经有了很大的进展，原来我们只研究物质和金融层面上的资本，现在提出社会资本，还提出文化资本和知识资本。国外有一个专家的分析指出发达国家与非发达国家最根本的区别是资本化的程度的区别，所以，我们要确立一种资本的观念。五是洼地意识。就是通过降低经济发展的成本，使大量的资金人才都流过来。这方面我们饶平有一定优势，我们的地价、水电价和劳工价都要比发达地区有优势，现在珠三角出现民工荒，就是因为原来的工资水平已不适应工人的需求了。六是文化意识。我们经常讲，跨越式发展就是树立一种文化战略，所谓文化战略就是人才战略、创新战略。当今世界的发展，从原来资源的竞争到科技的竞争，现在是从科技的竞争转化为文化的竞争与实力的竞争。党的十六大提出文化是一种综合国力，文化竞争力是核心竞争力，文化经济是朝阳经济，以前老说“文化搭台，经济唱戏”，现在能否说“经济搭台，文化唱戏”呢？我觉得这两者之间不应绝对化，应该相互推动、相互促进，推动饶平全面、协调、可持续发展，充分发挥饶平的历史文化、旅游文化、华侨文化、海洋文化的优势，创造出文化经济的新形式。

（原载《饶平论坛》2005年第1期）

在南雄市首届姓氏文化旅游节开幕式上的致辞

正当全省深入贯彻落实党的十八届四中全会精神之际，中央苏区县、广东省历史文化名城、广东省文明城市——南雄市今天在这里举办首届姓氏文化旅游节。在此，我谨代表省政协文化和文史资料委员会表示热烈的祝贺！

南雄是岭南重要的历史文化名城，有着悠久的历史文化和深厚的文化底蕴，境内留存着丰富的历史文物和名胜古迹，有古代“岭南首郡”之称，是岭南经济、交通、文化的著名古城，迄今古城风貌犹存，民风淳朴。在这块土地上，不但有丰富的自然资源，是著名的“中国黄烟之乡”、“中国银杏之乡”，而且南雄人民还富有光荣的革命斗争传统，是广东省著名的革命老区和全省为数不多的“中央苏区县”，境内红色旅游文化资源丰富。此外，南雄自然风光旖旎，景色秀丽，既有“一路梅花一路诗”的千年梅关古道，又有广东最美小镇、最美街巷——珠玑古巷。在这条长1500米的小巷中，遍布着富有浓郁的民俗民情的景点，以及各个姓氏的祖居牌坊，总让人流连忘返。尤其是近年来异军突起的南雄“银杏染秋”，成为独县具特色的生态文化游，越来越令世人瞩目。

南雄市一直都非常注重文化与旅游的结合，多年来依托境内丰富的自然风光、名胜古迹和历史文化资源，大力发展文化旅游事业。特别是近几年来致力发掘“大珠玑”旅游圈，目前已展现出非凡的魅力。此次举办首届姓氏文化旅游节，就是一次将传统文化与现代旅游有机结合，实现文化旅游产业良性互动、共赢发展的大胆尝试和开拓，同时这也是实现文化和旅游产业转型升级的必然要求，是转变经济发展方式、加快科学发展的重要举措。我们相信，珠玑姓氏传统文化与火热的“寻根旅”、生态游和乡村游相结合，必定能够绽放出更加绚丽的文化旅游之花。

当前，南雄全市上下正抓住全面深化改革和推进新型城镇化建设的发展机遇，倾力打造生态富裕法治文明和谐的粤北门户城市。我们相信，一个生态优美、经济发展、社会进步、事业兴旺、文化繁荣、人民幸福的粤北门户城市，必将崛起于浈凌两岸，挺立于南粤大地！

最后，祝南雄首届姓氏文化旅游节圆满成功！

（2014 年 11 月 29 日）

在“肇庆名城20年暨广佛肇历史文化名城与博物馆座谈会”上的讲话

很高兴能够参加“肇庆名城20年暨广佛肇历史文化名城与博物馆”专题座谈会。肇庆是一座美丽的城市，也是一座古老的城市，有古城、星湖、端砚，有历史之美，有文化之美，有生态之美。她的美可以叶帅的一首非常著名的诗为证：“借得西湖水一环，更移阳溯七堆山。堤边添上丝丝柳，画幅长留天地间。”她的古老，有唐代李邕的《端州石室记》为证，它立在七星岩已经有1500多年历史了。端砚就更不用说了，从唐朝到现在，生生不息、代代相传，成为中国文房四宝中的珍宝，广东十大文化名片之一。

广州、佛山和肇庆都是广府文化的发祥和复兴之地，有着非常密切的联系。传说有七只神羊从天上下凡，两只留在肇庆，守在羚羊峡口；五只来到广州，口中衔着稻穗，广州就成了五羊城、穗城。这故事虽然是民间你传我说，却真实地说出了广州与肇庆的历史渊源十分密切。自从广州市被国务院批准为第一批国家历史文化名城以来，全省共有7个城市获国家历史文化名城（广州、潮州、佛山、肇庆、梅州、雷州、中山），还有一批省级历史文化名城。这是广东省宝贵的文化财富。肇庆名城20年，值得纪念和祝贺；广佛肇历史文化名城与博物馆，以这一主题开展座谈，也很有意义。两个内容实际上是一个主题，历史名城就是开放的博物馆，而博物馆就是浓缩的历史名城，两者都关系到历史文化名城的保护、传承和持续发展。

古哲前贤将丰厚的历史文化遗产，包括物质的和非物质的文化遗产留给了我们，我们又将以什么留下来给我们的子孙后代？要打下坚实的基础，去创造更加辉煌的文化。所以，我们的专家学者，在研究历史文化传承的同时，也要关注今天，展望明天，这样才无愧于我们的祖先，也无愧于我们的后人。

我十分高兴地看到，古老的肇庆愈来愈年轻了，愈来愈美丽了。环星湖绿道，是广东省立绿道一号线的起点，被誉为全国最美的绿道；端州城区的东扩，肇庆新区的建设，“两区引领两化”战略的实施……在肇庆市委、市政府的正确领导下，肇庆一天天在变化，一天天在前进，一天天变得更加厚重，更加繁荣，更加美丽。正如2005年的国家历史文化名城年会《肇庆宣言》所提到的：在经济一体化、城市化、现代化的进程中，肩负起弘扬民族优秀传统文化的历史责任，保护尚存的历史文化遗产，在保护、传承与可持续发展的法制进程中，让历史与未来、传统与现代，和谐共生、交相辉映。

广东省的文化强省建设，也在稳步推行中。为落实中央和省委的部署，省政协党组把“推进21世纪海上丝绸之路建设”作为今年第三季度十一届七次常委会专题议政的主题；省政协文化与文史委征编《敢为人先——改革开放广东一千个率先》《广东地方特色文化研究系列丛书》等文史资料，得到了全省文史工作者的积极参与，也引起了社会的热烈反响。值得一提的是，由肇庆市政协主办、全国政协科教文卫体委员会及广东省政协文化和文史资料委员会协办的中国端砚精品展，于10月上旬在全国政协阳光厅举办，获得很大的成功，全国政协7位副主席和机关干部出席参观了展览，北京砚文化学术界开展专题研讨，全国和广东的媒体做了大量报道，对宣传岭南文化、肇庆历史文化和文化产业、肇庆的国家级、省级工艺大师起了很好的作用。

文化遗产保护与经济的发展以及城市化建设如何能平衡发展，相互促进，这是现代化、全球化带来的难题与挑战，需要党委、政府、专家、学者以及广大市民群众高度重视，共同努力，使传统文化在全球化的进程中得以弘扬，使广东省众多的历史文化名城焕发出各自的异彩，使名城肇庆、古郡端州展现出永恒的魅力和价值。我为之希望，为之祝福。

（2014年11月6日）

在“郑观应诞辰160周年纪念大会”上的致辞

今天，郑观应先生诞生160周年纪念大会在这里隆重开幕。这是历来最高规格的一次全国性的纪念会。我谨代表主办单位对与会的各位嘉宾和专家学者致以热烈的欢迎。

世界自工业革命以来，由资本和市场逐渐把各民族国家纳入到一个以工业文明为背景的世界体系中来。中国自近代开始，在工业文明的强大冲击下，被卷入到这个世界体系中，其自身的生存与发展受到千古未有的大变局的严峻挑战。顺时而动、创新求变是中华文明的精髓。风起于青萍之末而智者事之，在中华文明走向现代的重要关口，出现了一批开风气之先的思想家、政治家，他们各以自己的著述，探求维新变革之路，提出了许多革故鼎新的真知灼见，从而吹响了向新时代迈进的号角。这方面影响较大的图书有魏源的《海国图志》、郑观应的《盛世危言》、严复的《天演论》等。这些图书如同火炬一般照亮了历史的前程，它们为中华民族打开精神枷锁、走向新生作出了不可磨灭的贡献。

澳门是近代中西文化的交汇点，新旧思想的碰撞地，在这块土地上出现了不少杰出人物，郑观应就是其中的佼佼者。值此郑观应诞生160周年之际，我们分别在《盛世危言》的作者郑氏世居之地的中山和澳门举办这次研讨会，具有重要的纪念意义。今年正值我国入世的头一年，是中国再次面临新一轮全球化浪潮的历史性时刻，在这个机遇与挑战并存的新时代，围绕“再临盛世、重温危言”的历史主题，全面评价“开风气之先”的思想家郑观应的历史贡献，并探讨中国入世带来的机遇与挑战及澳门的历史定位，这对于我们继往开来，温故知新，汲取先贤的智慧具有积极的意义；对于彰显澳门的历史文化地位，展现回归后的特区新风貌，发掘文化旅游资源方面都有很大价值。

郑观应先生是中国思想界中较早地认真考虑从传统社会向现代社会转变的

人。其呕心沥血之作《盛世危言》，是一个全面系统地学习西方社会的纲领，提出了从政治、经济、教育、舆论、司法等诸方面对中国社会进行改造的方案，旨在揭要救时，富国强民。对中国社会及当时先进的中国人的影响可以说是广泛而深远的，无论是变法维新者，还是革命者都受其熏染，不仅对康有为、梁启超、孙中山等产生了深远的影响，也曾使青年时代的毛泽东深受启发，深深影响了数代伟人。该书当时发行10余万册，成为版本最多、流传最广、影响最深的著作之一，直接影响了近代中国的历史进程。就其对当时许多问题的思考，百年之后仍然不能抹杀其现实意义的光辉。例如，自近代以来，中国的富强一直是仁人志士追求的梦想，但发展经济是靠官营还是民营困扰了我们100多年。郑观应在上一世纪70年代便断言，富强之道“无他，但改官造为商造一言而已”，并提出了著名的商战思想。这些都为我们提供了有益的思想借鉴。

21世纪是全球化的时代，是一个创新的时代。每一个民族和国家都面临着理论创新、文化创新的重大挑战。创新是一个民族进步的灵魂，文化创新能力的高低，关系到民族的兴衰存亡。对于正在从传统走向现代化、全球化的中国来说，文化的创新尤为重要。郑观应先生面对时代的大变局，表现出的“敢为天下先”精神品格和历史文化观念的开放性、兼容性与创新性，是我们研究郑观应思想现实意义和价值的重要切入点。我们要弘扬其思想精华，使其融汇到中华文化的创新与发展的长河中去，建设面向现代化、面向世界、面向未来的，民族的、科学的、大众的当代中国先进文化，为实现中华文明的伟大复兴作出应有的贡献。

（原载《学术研究》2002年第3期）

·社科寻径·

辩证系统观与经济全球化

经济全球化犹如汹涌波涛，迂回起伏，奔腾向前，势不可挡。面对着这同一现象，有人赞好，有人咒骂；有人欢喜，有人哀伤。为什么会产生如此“二律背反”的状况呢？我们想，任何一种复杂现象都有两重性，只要运用唯物辩证法及其系统观进行细心的分析，就会找到比较好的答案，并处之泰然，从容应对，“因为辩证法在考察事物及其在头脑中的反映时，本质上是从它们的联系、它们的联结、它们的运动、它们的产生和消失方面去考察的”①。

一、经济全球化的必然性

何谓“经济全球化”？世人众说纷纭，难以同调。“经济全球化”一词，是在20世纪80年代末期，随着跨国公司对外直接投资的发展，才逐渐被人们所熟知和使用的。OECD（经济合作与发展组织）关于经济全球化的定义是：“在产品及服务贸易、资本流动和技术转移与扩散的基础上，不同国家市场和生产之间的依赖程度不断加深的动态过程。”IMF（国际货币基金组织）关于“经济全球化”的定义是：“通过贸易、资金流动、技术创新、信息网络和文化交流，使各国经济在世界范围高度融合，各国经济通过不断增长的各类商品和劳务的广泛输送，通过国际资金的流动，通过技术更快更广泛的传播，形成相互依赖关系。”②以上两种关于经济全球化的定义有许多共同之点：强调通过产品、贸易、资本、

---

① 《马克思恩格斯选集》第3卷，人民出版社1972年版，第62页。

② 以上两种经济全球化定义，转引自杨帆、苑林娅：《中国直面大国挑战》，石油工业出版社2001年版，第4页。

技术等转移形成各国经济互相依赖的关系。不同之点在于：后者定义还强调各国经济在世界范围内高度融合。我们觉得上述定义基本可信，但不够全面和深刻。我们认为，经济全球化是世界各国的生产、消费、流通、分配、金融、科技等的互相依赖、互相交换、互相渗透，甚至互相融合的动态过程。这定义表明：第一，它应当包括生产、消费、流通、分配、金融、科技等多方面的相互联系，首先应当是生产的相互联系。第二，不同时期的经济全球化的发展程度有所不同，可分为相互依赖、相互交换、相互渗透、相互融合的几个层次，相互融合是最高层次，现一时难以全面企及。第三，经济全球化是一个动态、发展的过程。从15、16世纪资本主义诞生之后就开始涌动，到了今天，则形成汹涌波涛，今后将走向更全面、更成熟、更高级的境界。

经济全球化是世界经济、文化发展的必然产物，是不可逆转的历史趋势，它是任何人都无法阻挡的，不管你是喜欢还是不喜欢，愿意还是不愿意。

——生产全球化是生产发展的内在要求

物质生产是劳动者（包括体力劳动者和脑力劳动者）运用劳动资料作用于劳动对象而制造出生产品的活动和过程，是主观世界与客观世界的辩证统一，是人化自然与自然人化的有机结合。马克思明确地指出：“劳动过程的简单要素是：有目的的活动或劳动本身，劳动对象和劳动资料。”①

在封建社会，生产是以个体劳动、封闭式小生产为主体，生产三要素基本上是自供自足，或者在小范围的地域内相互交换的。可是自从资本主义机械化生产出现之后，特别是第二次技术革命（以电能为动力）、第三次技术革命（以原子能为动力）和信息化发达的时代，无论是劳动力这一生产要素，还是劳动资料或劳动对象这些生产要素，都要依赖各经济区域之间、各国之间的相互交流、相互取长补短，打破地界、国界的狭隘性、封闭性。马克思、恩格斯合著的《共产党宣言》早就说过：“过去那种地方的和民族的自供自足和闭关自守状态，被各民族的各方面的互相往来和各方面的互相依赖所代替了。”②

劳动力是生产力中的首要因素，特别是高级技工、工程师、科学家，更是生产力首要因素中的灵魂。他们的科技知识、理论、技能，往往会引起生产力重大

① 《马克思恩格斯全集》第23卷，人民出版社1972年版，第202页。

② 《马克思恩格斯选集》第1卷，人民出版社1972年版，第255页。

突破，从而大大提高劳动生产率和生产力水平。为了解决本地区、本国劳动力的数量和质量，工业化、现代化发展的先导国家和地区往往从外地、外国引进必需的劳动者，特别是高级的科学技术人才。美国的经济、文化的水平和劳动生产率所以那么高，其中一个重要原因就是他们大量招揽、引进各种专门人才，尤其是优秀科学家。爱因斯坦等一批科学巨星到了美国后，使美国的经济、文化发生了根本性的变化和飞跃式的发展。其他地区、国家引进大批优秀人才，也同样引起该地区、该国的经济、文化的巨大变化和高速发展。

以生产工具为核心的劳动资料，是生产中的骨胳系统和肌肉系统，是生产中不可或缺的并制约劳动生产率、生产力水平高低的重要因素。经济发达的国家之间的劳动资料水平往往各有优势和短处，必须相互交流、取长补短；经济比较落后国家更需从发达成家寻求先进技术设备，以提高自己的劳动生产率和生产力的水平。

劳动对象（包括未经劳动加工的自然资源和经过劳动过滤的原料）也是生产中重要的因素。任何一个地区、一个国家的劳动对象，都有自己的优势，也有自己的劣势。随着生产品种的多样化、高层化，迫切需要从其他地区、其他国家输入自身缺少的劳动对象，不能万事不求人，自供自足。闭关自守，只能使自己生产单一和落后，各国之间必须相互交流。日本从中东地区大量进口石油等原料，中东地区从日本进口海洋资源和先进技术设备；中国从美国等国家进口大批粮食等原料，美国等国家从中国进口大批纺织原料等，这种国际间相互交流，互相补充，必然有利于各自生产的发展，达到双赢的局面。

我们从历史和现实中可以看到，越是开放的国家，与其他地区、国家进行交流程度越高的国家，其劳动生产率和生产力水平必然愈高，经济、文化必然愈发达。反之，越是闭关自守的地区和国家，其经济、社会必然越落后。邓小平纵览古今中外，得出了这样一个结论：“关起门来，固步自封，夜郎自大，是发达不起来的。”“要实现四个现代化，就要善于学习，大量取得国际上的帮助。要引进国际上的先进技术，先进装备，作为我们发展的起点。”①

——消费全球化是人的生活水平提高的必然产物

随着生产的发展和经济、科技的进步，人的收入水平和生活水平有很大的提

---

① 《邓小平文选》第2卷，人民出版社1993年版，第132、133页。

高，人的需求呈高档化、多样化之势。人的生存需要（比如衣、食、住、行等），享乐需要（比如旅游、休闲活动等），发展需要（比如教育、文化等），很难在本地区、本国获得完全的满足，往往需要从遥远的国外去获得或补充这些消费品。《共产党宣言》早在150多年前就指出："资产阶级，由于开拓了世界市场，使一切国家的生产和消费都成为世界性的了。""旧的、靠国产品来满足的需要，被新的、要靠极其遥远的国家和地带的产品来满足的需要所代替了。"① 例如，我国人民随着经济的发展和收入水平的提高，生活的质量相应地也有了明显的提高，消费的方式也随之多样化。我国从泰国等东南亚国家进口大的优质的大米、水果，从美国、日本、俄罗斯进口高档飞机、汽车，我国人民一批又一批去东南亚地区、港澳地区，甚至去美国、欧洲、俄罗斯等国家观光、旅游。同样，大批外国人也来中国观览名胜古迹和旅游、休闲，购买中国特产。这种相互往来、互相消费，既促进了各国经济的增长和文化、思想的交流，又促使人们的消费质量的提高和消费方式的多样化。

生产全球化与消费全球化是相辅相成、相互促进的，是一个过程的两个侧面。生产全球化的发展，必然提高消费全球化的水平；消费全球化的扩展，又将推动生产全球化的发展。随着人们消费水平的提高，消费方式的多样化、国际化，必然给生产的发展带来强大的驱动力，促进生产全球化。这就是马克思说的："消费创造出生产的动力，它也创造出在生产中作为决定目的的东西而发生作用的对象。"②

——流通（交换）全球化是生产全球化、消费全球化的必要条件和必然结果

要实现生产全球化、消费全球化，必须有流通（交换）全球化为必要条件。流通全球化包括人流、物流、资金流等的全球化。没有人流、物流、资金流等的通畅以及相应的国际市场的发展，就不可能实现生产全球化、消费全球化。

随着经济全球化的推进，流通全球化也不断扩大，最明显表现是世界货物进出口总额（Merchandise Imports & Exports）大幅度增加，见表：

① 《马克思恩格斯选集》第1卷，人民出版社1972年版，第254、255页。

② 《马克思恩格斯选集》第2卷，人民出版社1972年版，第94页。

表Ⅰ 货物进口总额 （单位：亿美元）

国家（地区）	1990 年	1998 年	1999 年	2000 年
世界	25321	55464	57739	65214
工业国家	25753	37272	39238	43241
发展中国家	9567	18193	18501	21973

表Ⅱ 货物出口总额 （单位：亿美元）

国家、地区	1990 年	1998 年	1999 年	2000 年	2001 年
世界	34386	54423	56305	63356	60321
工业国家	24541	36706	37405	39954	38389
发展中国家	9845	17717	18900	23402	21932

资料来源：摘自朱之鑫主编《国际统计年鉴》(2002)，中国统计出版社 2002 年版

从上表可以看出：从 1990 年至 2000 年 10 年期间，世界货物进口总额增加了近 1.2 倍，其中工业国家增加了约 0.7 倍，发展中国家增加了约 1.3 倍。从 1990 年至 2001 年世界货物出口额增加了约 0.7 倍，其中工业国家增加了近 0.6 倍，发展中国家增加了约 1.3 倍。

我国在 18、19 世纪长期闭关自守，与世隔绝。1840 年鸦片战争才使中国以被迫的形式接触外部世界，“清皇朝的声威一遇到不列颠的枪炮就扫地以尽，天朝帝国万世长存的迷信受到了致命的打击，野蛮的、闭关自守的、与文明世界隔绝的状态被打破了，开始建立了联系，这些联系从那时起就在加利福尼亚和澳大利亚黄金的吸引之下迅速地发展了起来”①。改革开放以后，中国主动对外开放，对外贸易飞速增长。据《国际统计年鉴》（2002 年）报导：中国货物出口总额从 1990 年 621 亿美元到 2001 年增至 2662 亿美元，增加了约 3.3 倍；中国货物进口总额从 1990 年 534 亿美元到 2001 年增至 2436 亿美元，增加了约 3.6 倍，大大超过世界货物进出口总额的平均数，这说明中国经济的发展必然推动中国流通更加开放，更加走向世界。

流通全球化的发展，又反过来推动生产、消费全球化的发展。正如马克思所

① 《马克思恩格斯选集》第 2 卷，人民出版社 1972 年版，第 2 页。

说："大工业建立了由美洲的发现所准备好的世界市场。世界市场使商业、航海业和陆路交通得到了巨大的发展。"①

——金融全球化是生产、消费、交换全球化的综合产物

货币作为一般等价物，是商品的价值尺度和流通手段，是商品交换和资本流通不可缺少的手段。简单商品流通是 W（商品）——G（货币）——W（商品），出卖商品是为了买回商品，货币只是商品交换的中介；资本流通却是 G（货币）——W（商品）——G（更多货币），货币是资本流通的出发点和归宿点，购买商品是为了产生更多的货币，商品只是资本流通的中介。"随着商品交换日益突破地方的限制，从而商品价值日益发展成为一般人类劳动的化身，货币形式也就日益转到那些天然适于执行一般等价物这种社会职能的商品身上，即转到贵金属身上。"② 为了减少贵金属货币的磨损消耗，后来大量采用纸币这种货币符号作为交换手段，并采用各种信用卡、银行簿记等手段进行交换和结算。

根据投资人的资本的目的、职能、运行方式不同，它可以分为商品经营资本与货币经营资本。"商品经营资本只是这个不断处在市场上、处在形态变化过程中并总是局限在流通领域内的流通资本的一部分的转化形式。""商品经营资本无非是生产者的商品资本，这种商品资本必须经历它转化为货币的过程，必须在市场上完成它作为商品资本的职能；不过这种职能已经不是生产者的附带活动，而是一类特殊资本家即商品经营者的专门活动，它已经作为一种特殊投资的业务而独立起来。"③ 货币经营资本虽然也是投资人的资本，但它和商品经营资本不同在于：它不是经营普通商品，而是经营特殊商品——货币。货币在产业资本和商品经营资本的流通过程中"所完成的各种纯粹技术性的运动，当它们独立起来，成为一种特殊资本的职能，而这种资本把它们并且只把它们当作自己特有的活动来完成的时候，就把这种资本转化为货币经营资本了"④。

银行是经营金融资本的专门机构，是货币资本的重要阵地。"银行资本由两部分组成：1、现金（金或银行券）；2、有价证券。我们可以再把有价证券分成

---

① 《马克思恩格斯选集》第 1 卷，人民出版社 1972 年版，第 252 页。

② 《马克思恩格斯全集》第 23 卷，人民出版社 1972 年版，第 107 页。

③ 《马克思恩格斯全集》第 25 卷，人民出版社 1974 年版，第 299、301 页。

④ 《马克思恩格斯全集》第 25 卷，人民出版社 1974 年版，第 359 页。

两部分：一部分是商业证券即汇票……；另一部分是公共有价证券，如国债券，国库券，各种股票，总之，各种有息的而和汇票有本质差别的证券。”①

银行的信用度同经济发展状况有极为密切的关系。一国的经济繁荣、稳定时，银行的信用度就高；反之，一国发生经济衰退甚至危机时，银行的信用度就低，甚至发生银行倒闭和金融危机。马克思在《资本论》第3卷早就指出：“信用的数量和生产的价值量一起增长，信用的期限也会随着市场的距离的增加而延长。在这里是互相影响的。生产过程的发展促使信用扩大，而信用又引起工商业活动的增长。”②

随着各地区、各国的生产、消费、交换的全球化，必然伴随产生金融全球化。各地区、各国的经济来往、交易，往往要通过金融资本为中介，通过银行等金融机构进行结算、兑现。金融全球化的发展程度受生产、消费、交换发展程度所制约；金融全球化的发展程度又制约着生产、消费、交换的发展。美国纽约、中国香港和英国伦敦所以成为世界的三大金融中心，是与这些地区的生产、消费、交换的高度繁荣和发展分不开的；而这些地区金融事业的发展，又推动它们的经济繁荣和发展。

——科学技术全球化是人类智慧的共同结晶

科学技术是全人类智慧的共同结晶，是经久历史的积淀。它没有地界、国界、政治派别和阶级界线，而是全人类共同创造和共有财富。随着经济、文化全球化的发展，科学技术的全球化也必然随之而发展。德国著名有机化学家埃米尔·费歇尔（Emil H. Fischer）说过：“不管你们喜欢不喜欢，科学是，并且永远是国际的。”③

科学技术全球化是一个逐步推进的过程，是日益多样化的过程。其主要表现是：

科学理论的传播。从牛顿力学到爱因斯坦相对论；从道尔顿原子论到玻尔量子论轨道模型；从达尔文进化论到现代基因说；从英国古典经济学到马克思主义经济理论；从黑格尔辩证法到唯物辩证法，既是不断丰富、深化、发展、扬弃的

---

① 《马克思恩格斯全集》第25卷，人民出版社1974年版，第526页。

② 《马克思恩格斯全集》第25卷，人民出版社1974年版，第544页。

③ 转引自《爱因斯坦文集》第3卷，许良英等译，商务印书馆1979年版，第22页。

过程，又是不断传播、深入人心的过程，把它们演化成各种教材，逐渐成为广大群众共同的精神财富。

开展国际合作。目前世界各国科学家有各种研究课题、各种工程、各种形式的合作。美、日、德、法、英、中等国关于国际人类基因工程的研究；美、俄等国的国际航天的协作；丁肇中教授主持的阿尔法磁谱仪（AMS）——国际空间站上唯一的大型科学实验（分别来自16个国家和地区400多位优秀的高能物理学家参加），都标志着科学技术日益走向全球化。

组织国际科研机构，奖励对人类作出突出贡献的科研成果。目前有多种国际性科研机构和国际性奖励，其中诺贝尔科学基金组织每年给物理、化学、生物与医学、经济学等颁奖，对推动科技全球化有着重大的作用。

在实践上，科学技术的全球传播是以跨国公司为中介，与生产、经营、贸易的全球化交织在一起的。科学技术全球化的发展，无疑对各国、各地区的经济、文化的发展产生巨大的作用。经济知识化、知识经济化的知识经济在生产、消费、交换、金融等方面都产生了极大的冲击波，爆发出巨大的推动力。

——分配全球化是生产、消费、交换、科技全球化的必然要求

随着生产、消费、交换、科技全球化的进展，必然要求分配的全球化。只有分配全球化，才能实现生产资源最好的配置，才符合人们的共同利益，国际社会更加公平合理。

分配包括两方面基本内容：一是生产资源的分配；二是劳动成果的分配。由于各地区、各国的自然资源——矿产、水系、气候等不同，各有优势和短处，需要互相交换，扬长避短。例如中东地区石油资源丰富，但大片沙漠土地缺水；沿海的有些国家水资源比较丰富，但石油资源不足；等等。这就需要各国、各地区在平等互利的原则下，进行多边或双边合作，互通有无，取长补短，这既有利于各地区、各国的发展；又有利于经济全球化的推进。劳动成果分配也是分配中一项重要内容。劳动成果分配是否合理，不仅关系到一个国家、一个地区的繁荣和稳定，也关系到国际合作和世界和平。为什么目前有些地区、国家的群众反对经济全球化？就是因为国际间的分配还存在诸多问题，使一些国家、地区获利丰厚，一些国家、地区利益受损，南北之间的贫富差异在扩大。要搞好分配关系，首先要搞好生产关系，建立在经济关系中人与人之间的合理关系。“分配关系本质上和生产关系是同一的，是生产关系的反面，所以二者都具有同样的历史的暂

时的性质。”①

二、经济全球化的曲折性

虽然经济全球化是历史的必然趋势，具有不可逆转的必然性。然而它的路径并不是平坦、笔直的，而是充满着艰难、曲折的过程。无论过去和现在，各国、各地区之间的经贸磨擦接踵而来，反对经济全球化的声音此起彼伏，甚至爆发了群众性围攻全球经济合作会议的激烈行为。

为什么经济全球化会出现曲折性呢？

——经济发达国家与经济落后国家处于不平等的竞争地位

经济发达国家由于它的生产力水平和劳动生产率比较高，生产品成本价格比较低，为自己取得了更大的利润。而经济落后国家生产力水平和劳动生产率比较低，生产品成本比较高，产品价格比较贵，不仅无力与经济发达国家竞争，而且往往在与它们贸易中吃亏。马克思在《资本论》中早就指出：“投在对外贸易上的资本能提供较高的利润率，首先因为这里是和生产条件较为不利的其他国家所生产的商品进行竞争，所以，比较发达的国家高于商品的价值出售自己的商品，虽然比它的竞争国卖得便宜。只要比较发达的国家的劳动在这里作为比重较高的劳动来实现，利润率就会提高，因为这种劳动没有被作为质量较高的劳动来支付报酬，却被作为质量较高的劳动来出售。”②

经济发达国家不仅运用自己成本、价格优势获取高额利润，而且利用自己雄厚经济势力，控制国际市场，倾销自己商品，限制别国产品进入本国市场或加收关税，公然违反 WTO 原则。美国在这方面经常作一些出轨行为，与其他国家发生磨擦，甚至开打贸易战。例如，2003 年 3 月 5 日美国总统宣布对欧盟、日本、中国等国 10 类进口钢材加征 8%—3% 不等的关税，期限 3 年；2003 年 11 月，美国政府宣布对中国向美国出口的三种纺织品（针织布、袍服和胸罩）实施进口限制措施；最近，美国有关部门又宣布要对中国对美国出口的家具征收反倾销税（最高可达 44%）等。美国当局如此种种行径，显然是搞保护主义，违反

① 《马克思恩格斯全集》第 25 卷，人民出版社 1974 年版，第 993 页。

② 《马克思恩格斯全集》第 25 卷，人民出版社 1974 年版，第 264—265 页。

WTO 基本原则，妨碍经济全球化的进程。还有，一旦触犯美国的狭隘利益，它也会起来反对对国际有利的决议，反对《京都协议书》就是其中的一例。

——第三世界国家对新老殖民主义的隔阂和仇视

由于老牌帝国主义长期侵略、统治第三世界国家，掠夺他们的土地和财富，使第三世界的地区、国家的广大群众对新老殖民主义存在一种反感、仇视的心理，保持着警惕、隔阂的状态，这必然妨碍经济全球化的进程。

马克思深刻地揭露了殖民主义虚伪、残暴的嘴脸："当我们把自己的目光从资产阶级文明的故乡转向殖民地的时候，资产阶级文明极端伪善和它的野蛮本性就赤裸裸地呈现在我们面前，因为它在故乡还装出一副很有体面的样子，而一到殖民地就丝毫不加掩饰了。"①

如果说，19 世纪中国人民反抗外来侵略的斗争是对老殖民者的斗争，那么当今中东地区人民的反美斗争是对新殖民者的斗争。中东地区盛产石油，新老殖民主义者都对它垂涎三尺，总是千方百计控制它、掠夺它，这当然遭到这些地区、国家人民的抵制和反抗。据石油输出组织 1978 年统计，1977 年 13 个成员国（大部分在中东地区）的石油蕴藏量占世界的 68%，西欧国家所需石油的 80%、日本所需石油的 95% 都依赖这些国家供应。以美国为首的西方发达资本主义国家长期以压低石油价格、限制石油产量和输出等手段，妄图控制石油资源，并从中获取大量利润。据不完全统计，仅 1953—1973 年的 20 年间，他们就掠夺了石油输出国组织各成员国的石油收益约 2000 多亿美元（参阅许涤新主编《政治经济学辞典》中册）。中东地区的许多国家为了保卫石油资源，发展本国民族经济，采取了多种形式与西方发达国家展开了针锋相对的斗争。1960 年 9 月，由伊拉克、伊朗、科威特、沙特阿拉伯和委内瑞拉五国发起建立了石油输出国组织，他们利用石油武器多次打破超级大国的干涉，赢得了提高原油标价和石油税率、增加产油国在西方石油公司中的股权比重等重大胜利。由此可以证明：由于各地区、各国经济利益不同，不可避免引起诸多的磨擦，不可把经济全球化看成风平浪静的事。

由于第三世界的地区、国家的群众，对于新老殖民主义的旧恨新仇，也由于有些人不太了解经济全球化的历史必然性和世界贸易组织（WTO）的性质，把

① 《马克思恩格斯选集》第 2 卷，人民出版社 1972 年版，第 74 页。

它们看成是殖民主义翻版，因而每逢 WTO 的国际会议，总会招来一群人的围攻、抵制。1999 年 11 月在美国西雅图召开世贸组织会议被狂热的示威者包围，2000 年 4 月华盛顿会议又出现抗议活动等，就是典型的事例。

——各地区、各国文化传统和价值取向的差异

各地区、各国的文化素质、文化传统和价值取向是长期形成的，它们有各自特点，不可能也不必要完全融合，不能笼统地提倡经济、思想、文化一体化(注："一体化" 意味着各国经济完全融合，与 "全球化" 有着重要区别，因篇幅有限，恕不在此赘述)。正因为如此，也给经济全球化带来一定的困难。

文化素质的差异，是实现经济全球化的一个重要难题。文化素质的差异实质上是国家、民族间综合发展水平的差异。目前有些发达国家已经普及中学教育，受大学教育的人相当普遍，而有的国家文盲还占该地区人口很大比重，大学生非常稀缺；有的发达国家已经掌握航天、基因、信息等尖端科学技术，而有的落后国家还停留在几百年前的知识水平。这种天壤之别，很难一下子实现生产、消费、交换、科技等全球化。

文化传统的差异，也阻碍经济全球化的进程。传统深深地熔铸于民族的血液之中，深刻地影响着人们的现代生活方式和思维方式。由于承传了不同的文化传统，人们可能对同一事物有不同的态度，对多种事物有不同选择。同是生产机械化，在历史上就曾经出现支持机器生产和破坏机器生产两种截然相反的行为。同样是一种物质和文化消费，有人赞之、有人恶之。这种文化传统差异，是长久历史沉淀而成，不可能一挥而去，因而，要在短时间内全面实现经济全球化是很困难的。

人们价值观的差异，也会给经济全球化造成困难，价值观是一个人判断事物的好坏、善恶的态度和标准。不同的价值观便会对同一事物作出不同甚至相反的评价，采取不同甚至相反的态度和行为。世界范围内不同文化的激荡催生了多元价值观。

由于上述原因，经济全球化虽然是势不可挡，然而也存在巨大阻力。我们应当求大同，存小异，既促进经济全球化的发展，又必须保持各国、各民族的独立性、自主性，真正做到异中有同，同中有异，同异结合。中国先秦老子说："万物负阴而抱阳，冲气以为和。" 就是提倡阴阳相拥，冲气相和，这同 1000 多年后黑格尔说的 "在矛盾中与自身融合" 有异曲同工之妙。

三、经济全球化的两重性

同任何事物都具有两重性一样，经济全球化也具有利与弊的两重性，它像一把双刃剑，绝不是“百利而无一害”，我们绝不能“高枕无忧”。

——可以带来致富的机遇，也存在致贫的风险

随着经济全球化的发展，各地区、各国之间的生产、消费、交换、金融、科技的联系更加紧密，交往更加频繁，国际市场不断扩大，信息量迅猛增加，这都会促使经济、文化的大发展，给人们带来巨大的物质财富与精神财富。特别是经济发达国家，从资源丰富，但经济、科技欠发达的国家、地区输入大批紧缺的自然资源，又向这些国家、地区输出大量商品，或者大量投资，获得巨大的利润。美国、日本的经济、科技发展那么快，财富增加那么迅速，就是和经济全球化分不开的。经济、科技比较落后的国家和地区，在经济全球化的发展过程中，由于得到比较先进的科学技术、设备和工业品，也会或多或少推动本国、本地区经济、文化的发展，如果抓住机遇，策略得当，还可以实现跨越式发展。

但是我们同时也必须看到，经济全球化存在致贫的风险，使贫富悬殊和两极分化进一步扩大。这里两种情况，一是在国际激烈竞争中，富者愈富，贫者愈贫，或财富增长的比例差距越来越大。经济发达国家由于拥有雄厚的经济实力和科技力量，必然使劳动生产率高，产品成本低，在国际竞争中处于绝对优势和主动的地位。而经济落后的地区和国家，由于经济实力薄弱，科技水平落后，必然使劳动生产率低，产品成本高，在国际竞争中处于弱势和被动的地位。国际市场竞争是无情的，强者愈强、弱者愈弱成为铁的法则。这就必然造成国际上贫富分化、两极分化的状况进一步扩大。据联合国计划开发署 1999 年发表的《人类发展报告》指出：最富裕的国家 20% 的人口控制了全球国内生产总值的 86%，全球出口总额的 68%；世界上最富有的 200 人在 1994—1998 年使自己资产增加了 1.2 倍，占总收入的 41%；9 年来，世界上最富的 20% 人口和最穷的 20% 人口收入之比，从 30∶1 上升到 74∶1。

经济全球化造成致贫的风险还有一种情况，就是某国、某地区的经济危机会波及其他国家和地区。目前世界各国、各地区经济是一个大系统，大系统中某个或某些因素（尤其是重要的或关键因素）出了大的问题，就会影响整个系统的

稳定性，或者原有的系统遭到破坏。美国是世界上经济实力最强大的国家，它的安危、盛衰往往会波及全球。例如美元价格、美国股指往往制约欧盟、日本、东南亚等地的外汇和股市；美国的生产、消费、出入口贸易的好坏，往往对各国产生极大的影响，对有些地区和国家还有决定性作用。当然其他地区、国家的经济状况，也会互相影响。特别是某地区、某国发生经济危机时，就会产生更大的冲击波，20 世纪末期东南亚的金融危机所造成的消极后果就是明显的例证。

——可以加强国际联系，也可以造成国际垄断

随着经济全球化的发展，各国、各地区的生产、消费、交换、金融、科技的合作必然愈来愈扩大、愈密切。为了加强合作或解决国际交往中的矛盾，就会产生相应的国际性组织。1946 年成立的联合国就是世界各国共同商讨世界大事的最大的组织。它下面还有世界卫生组织（1948 年成立）、世界气象组织（1951 年成立）等组织。世界贸易组织（WTO）是世界各国、各地区在经济全球化发展过程中逐步产生的。在 1944 年布雷顿森会议上，美国和英国最终达成建立国际贸易组织（ITO）的妥协性协议；1948 年美国和它的贸易伙伴创立了关税与贸易总协定（GAIT，简称关贸总协定），主要任务是通过协商降低关税以促进更自由更公平的贸易。在乌拉圭谈判以后，于 1955 年成立了世界贸易组织（WTO），它的权力比关贸总协定大得多，对于打破关税壁垒，促进国际经济合作起到了积极作用。各国、各地区的经济合作的发展，无疑会促进国际的经济、文化的发展。

但是我们同时也必须看到，由于各国经济实力、科技实力不均衡，必然由经济实力、科技实力强大的国家控制国际组织。这里有两种情况，一是由生产集中到垄断。列宁早在《帝国主义是资本主义的最高阶段》（简称《帝国主义论》）一书中就明确地指出："生产集中引起垄断，则是资本主义发展现阶段一般的和基本的规律。"① 列宁这一论断是否正确呢？从理论到实践证明了这是一个科学论断。资本主义生产、消费、交换、金融、科技的蓬勃发展，资本必然愈来愈集中于少数巨富者手中，他们为了更好控制国内和国际的市场，到了一定阶段，便必然产生垄断。例如国际石油卡特尔，就是由美国、英国和荷兰垄断资本家控制的世界石油业的国际垄断组织。1973 年它们控制了资本主义世界原油产量的

① 《列宁选集》第 2 卷，人民出版社 1960 年版，第 743 页。

68.6%（在中东则控制了90%）、石油提炼和销售量的56%（参阅许涤新主编《政治经济学词典》中册）。另一种情况是通过资本参股操纵金融机构的决策权。一般来说，世界金融组织以投资数量多少获得董事会的名额多少。美国金融寡头往往投资最多，因而在该机构董事会所占的名额也最多，表决权（决策权）也最大。例如国际复兴开发银行（又称世界银行，1945年成立）初创时的核定资本为100亿美元，美国一国就占了31.75亿美元，掌握着最大表决权。后来股权比例虽有变化，但美国仍然是最大股东，有最大的表决权（决定权）。这种情况，在其他国际经济组织中也存在，说明美国这类超级国家在经济全球化中处于垄断地位。

列宁说帝国主义是垄断资本主义，并产生腐朽趋势，但是他并没有否认这种垄断资本主义对经济发展速度的推动作用。有人非议列宁1916年写成的《帝国主义论》，恐怕是没有通读或读懂列宁《帝国主义论》，因为列宁在该书结论中全面而深刻地指出："如果以为这一腐朽趋势排除了资本主义的迅速发展，那就错了。不，在帝国主义时代，个别工业部门，个别资产阶级阶层，个别国家，不同程度地时而表现出这种趋势，时而又表现出那种趋势。整个说来，资本主义的发展比从前要快得多，但是这种发展不仅一般地更不平衡了，而且这种不平衡还特别表现在资本最雄厚的国家（英国）的腐朽上面。"①

——*有利于民族经济的发展，也为新殖民主义制造机会*

在经济全球化过程中，由于加强了地区之间、国际之间的经济、科技的交流和合作，许多地区和国家（包括第三世界的地区和国家）会不同程度受益，推动各自民族经济的发展。比如中东和南美的一些地区和国家，利用自己自然资源的优势，和经济发达国家交换机器设备、生产成品和消费资料，既推动了民族经济的发展，又提高了广大群众的生活。

但与此同时我们也必须看到，在经济全球化过程中，给新殖民主义创造了许多机会：一是他们加大资本输出，使许多第三世界国家成为负债沉重的债务国，从而受到新殖民主义的进一步控制。例如，非洲国家欠了美国很多债务，尽管美国从非洲地区掠取了了比债务数额多得多的利润，但它仍不肯放弃这些债务，只是减少了一些，以便继续利用资本输出和巨大债务推行新殖民主义。二是控制国

① 《列宁选集》第2卷，人民出版社1960年版，第842页。

际市场，进行不公平交易。美国用工业品、飞机大炮、战舰换取他国的石油、稀有金属等自然资源，不仅获取了高额利润，而且进一步控制第三世界的许多地区、国家的经济和政治。三是用胡萝卜与大棒相结合的手腕，既拉又打，迫使一些国家、地区的领导人就范，推行新殖民主义政策，成为直接的或间接的统治者。美国当局近年来找出各种借口，出兵攻打南联盟、阿富汗、伊拉克等国家，强行占领这些国家的土地，改变它们的政治制度和领导人，直接发号施令，置联合国和许多国家的反对于不顾，这是典型的新殖民主义。新殖民主义与老殖民主义有许多相同或相似之处：从集中到垄断；资本大量输出；瓜分和垄断国际市场；等等。如果说它们之间有什么不同的话，那就是新殖民主义比老殖民主义更狡猾，常常以维护世界人权、安全等为幌子，以经济诱饵为手段，以直接出兵与间接统治相结合为形式。难怪邓小平一再提醒我们："有那么一些人还是老殖民主义的头脑，他们企图卡住我们穷国的脖子，不愿意我们得到发展。"①

四、以辩证系统观制定参与全球化的策略

我国历来主张与世界各国友好交往，和睦相处。我国与世界各国的经济、文化的联系日益广泛、日益深化，取得了举世瞩目的成就。我国2001年正式参加WTO后，与世界各国的联系更加紧密，在世界这一大系统中将会发挥越来越重要的作用。

我国参加WTO后，标志着我国将进一步在经济全球化接受考验。参加WTO，既给我国人民带来空前的机遇，也面临着严峻的挑战。

WTO的基本原则是公民待遇一致原则和交易公平、透明的原则。参加WTO以后，我国的商品、资金可以更自由地、更大规模地进入WTO成员国，也比较方便从其他国家进口更多我们所需要的科学技术、设备和产品，可以打破某些国家原来对我国的诸多限制。但权利与义务是对称的，国外的资本、产品也可以更自由、更多方面进入中国市场，享受国民待遇而不受歧视，这就面临着严峻的挑战和许多困难：

一是我国的经济实力、科技实力与发达国家有较大差距，在国际竞争中处于

---

①《邓小平文选》第2卷，人民出版社1993年版，第405—406页。

不利地位。以 2000 年国内生产总值为例，中国为 10799 美元，与美国的 98374 美元、日本的 48416 美元、德国的 18730 美元相距甚远。人均国民生产总值就相差更远了，2000 年中国人均国民总值为 840 美元，与美国的 34100 美元、日本的 35620 美元相距很远，只是比赤道几内亚的 800 美元，略多一些（以上数字摘自朱元鑫主编《国际统计年鉴》，2002 年）。再以每万人拥有科学家工程师人数为例，中国 1996 年为 459 人，比美国 1997 年的 4103 人、日本 1977 年的 4960 人、韩国 1999 年的 2139 人相差很多，与蒙古 1999 年的 468 人、埃及 1999 年的 469 人相近。（以上数字摘自朱之鑫《国际统计年鉴》，2002 年）由于经济实力、科技实力与发达国家差距较大，我们的产业结构、产品质量、劳动生产率、成本价格就很难与发达国家相比。难怪温家宝总理在 2003 年 12 月访问美国时公开坦白地说：我们中国要赶上美国今天这样的水平，至少还需要 100 年。

二是我国的经济结构存在诸多问题。主要是科技含量不够高，高质量的名牌产品不够多，门类、品种比较单一、雷同。拿农业生产结构来说，我们生产的大米、小麦、玉米等的质量和品种与美国和东南亚某些国家所生产的还有一定差距。若干年后国外大批优质农产品涌入我国市场，将对我国农业带来巨大冲击。

三是我国管理水平与法律知识跟不上国际市场要求。我国长期搞计划经济，目前市场经济尚不完备和成熟，我们的干部缺乏管理大生产、大市场的经验，对国际法律（尤其是有关 WTO 的法律）不够熟悉。一旦几年后我国全面执行 WTO 规定，将对我国干部是一场重大的考试，可能存在跟不上、吃大亏的危险。

为了迎接参加 WTO 后的挑战，为了在经济全球化的过程中站稳脚跟，有所前进，我国广大干部群众必须居安思危，有备无患，勤奋学习，扎实工作，做好必要的对策：

——建立全方位的、多层次的、有序的对外开放结构

“海纳百川”，“有容乃大”，我们要根据国际形势和国内情况，不断调整对外开放结构，建立全方位的、多层次的、有序的对外开放结构。这种结构有利于国际广泛合作和我国经济、文化发展，可以更多地从不同的地区、国家吸收我国所需的资金、设备和科学技术；有利于防患风险，打破某些国家的垄断和刁难，西方黑了东方亮；有利于广交国际朋友，在国际政治风浪和经济风波中获得多助，避免陷于被动地位。

如何建立全方位的多层次的有序的对外开放结构呢？邓小平早有预见，告诉

我们是“三个方面的开放。一个是对西方发达国家的开放，我们吸收外资、引进技术等等主要从那里来。一是对苏联和东欧国家的开放，这也是一个方面。……还有一个是对第三世界发展中国家的开放，这些国家都有自己的特点和长处，这里有很多文章可以做。”①

西方发达国家拥有先进的科学技术和充足的资金，也存在巨大的市场，是我们对外贸易的主要对象。例如中国 2001 年出口 2.662 亿美元，进口 2436 亿美元，其中大部分是与美国、西欧、日本的交易。中美贸易额从 1979 年的不足 25 亿美元，发展到 2003 年 1000 多亿美元。当然，与西方发达国家贸易，会发生一些磨擦、纠纷，甚至打贸易战，但我们不能因噎废食，因为存在一些矛盾分歧就减少或断绝与西方发达国家交易，何况西方发达国家也不是铁板一块，美英和法德对中国的态度、举措就不尽相同。温家宝总理在 2003 年 12 月访美时，总结中美关系半个世纪的历程时得出如下基本结论：和则两利、斗则两伤，不断扩大和深化中美关系已成为两国共识。温家宝总理还就发展中美公平贸易和经济合作提出五条原则：第一，互利共赢。从大局着眼，既要考虑自己利益，又要考虑对方利益。第二，把发展放在首位。通过扩大经贸合作来化解分歧。第三，发挥双边经贸协调机制作用。及时沟通和磋商，避免矛盾激化。第四，平等协商。求大同，存小异，不动辄设限和制裁。第五，不把经贸问题政治化。（新华社纽约 2003 年 12 月 8 日电）温家宝总理这些结论和原则，真是切中要害，合情合理，是今后我国与西方发达国家经济联系的指导方针。

加强与俄罗斯等原苏联国家和东欧国家的经济文化联系，也是我国对外开放的重要方面，是我国参与经济全球化的一项重要内容。俄罗斯等原苏联国家是我国最大的邻邦，双方有着长远的历史联系，同这些国家的人民存在深厚的友谊，有着共同的战略利益，因此中央强调要发展中国与俄罗斯等国家的战略协作伙伴关系，进一步加强经济、科技等方面合作。俄罗斯等国家拥有丰富的自然资源（如石油、天然气）和先进的科学技术，而我国具有巨大的市场和丰富的资源、产品，大家彼此可以互利互补，达到双赢局面。在国防方面也可以减少猜疑，加强合作，以防患世界灾难性事件突然发生。当然，由于国家、民族利益不同，不可避免会发生一些分歧、摩擦，不可能什么事都相安无恙。比如从东西伯利亚的

① 《邓小平文选》第 3 卷，人民出版社 1993 年版，第 99 页。

安加尔斯克到中国大庆石油管线的铺设，就是一波三折，至今尚未定局。为了解决各方分歧，同样可以用温家宝总理关于处理中美经贸关系的五条原则。

第三世界发展中国家，也是我国对外开放的重要对象。他们占世界土地面积和人口总数的大多数，是我国在国际上可靠的盟友。他们与我国人民有大体相同的经历（受帝国主义剥削、压迫）和现状（经济、科技比较落后），在国际斗争中彼此经常互相支持，互相鼓舞。由于我国得到第三世界国家长期的、有力的支持和帮助，使我国在国际斗争得以粉碎一些人的图谋，不断取得胜利。为了进一步加强我国与第三世界发展中国家的合作，我国应当与他们加强区域的紧密合作，建立相应经济自由贸易区（如与东盟国家）；应当扩大贸易，互通有无，取长补短，如中国向非洲输出必要的机械设备和工业、科技产品，非洲向中国输入重要的原材料；应当关心他们，给他们做力所能及帮助，2003 年 12 月温家宝总理访问非洲时宣布对非洲一批国家减少 100 多亿元债务，就是一项重要举措。

总之，我们要建立全方位的、多层次的、有序的对外开放结局，使我国更安全、更繁荣、更发展，对经济全球化做出更大的贡献。

——练好基本功，提高国际竞争力

一个系统的稳定和发展，关键在于该系统内部诸因素的质量和结构。“外因是变化的条件，内因是变化的根据，外因通过内因而起作用。”（毛泽东语）这一辩证法系统观同样适用于自力更生与对外开放的关系。

搞好全方位的、多层次的、有序的对外开放结构，无疑是在参与经济全球化过程中趋利避害的一项重要举措和对策，但它毕竟是外部条件（外因），根本原因和关键还在于我国自身练好基本功，提高国际竞争力。

国际竞争力包括经济、科技、教育等竞争力。当前提高经济竞争力主要是优化生产结构，提高劳动生产效率，增加产品的科技含量。在这些方面我国与西方发达国家存在明显差距。例如 1995—1999 年，中国制造业劳动生产率每人为 2885 美元，与美国的 81353 美元相比相差 29 倍多，与日本每人的 92582 美元相比相差 31 倍多，与法国每人的 61019 美元相比相差 28 倍多。再如 2000 年高技术出口额占制成品出口额比重，中国为 18.6%，美国为 34%，日本为 28.3%，韩国为 34.8%（上述材料摘自朱之鑫主编《国际统计年鉴》，2003 年）。我们必须奋起直追，在产业结构、产品质量、产品科技含量等方面狠下功夫，切不可满足于产量多和速度快。数量虽然重要，但更重要的是质量。质量不如人，就必然丧失竞争力，再大的数量，再高的速度只能供自己欣赏、消化。

要提高产品结构、质量，关键又在于提高全民族文化和思想素质，培养大批高水平的人才。国际之间的竞争，归根结底是科技水平的竞争，人才质量的竞争。美国所以成为头号经济强国，就是由于他们拥有大批世界上顶尖人才，在科技方面遥遥领先。战后获得诺贝尔奖金的科学家中，有51%是美国人。（参阅《科学界精英》一书）

科学的基础在于教育，教育是培养人才的主要阵地。美国等发达国家的大学的入学率远远超过中国（详见下图）。

国　家	大学生入学率		中学生入学率		小学生入学率	
	1990 年	1998 年	1990 年	1998 年	1990 年	1998 年
中国	2.9	6.2		73.6	97.8	98.9
日本	29.6	43.9	96.8	50.3	99.7	101.6
美国	75.2	77.0	85.8	92.6	96.0	95.4
韩国	38.6	67.7	85.8	96.9	103.7	92.9

资料来源：摘自朱之鑫主编《国际统计年鉴》，2002 年

我国当前在培养、使用人才方面正存在不少问题：对教育投入不足，投入经费占国民经济比重远低于西方发达国家；发现人才缺乏广泛合理通道，往往千里马要靠伯乐发现，由上而下锁定人才位置；用人唯亲，缺乏竞争机制，使不少有真才实学的人受压抑；人才成长动力不足，国际杰出人才很少，有发展前途的年轻人才留不住，名牌大学毕业的大学生、研究生很多流往国外；等等。中共中央2003 年12 月19 日至20 日在北京召开全国人才工作会议，非常重视人才的问题。胡锦涛总书记提出加强和改进人才工作要搞好四个方面：第一，着眼于人才资源能力建设。第二，坚持改革创新，完善人才工作的体制和机制。坚决破除那些不合时宜、束缚人才成长和发挥作用的观念、做法和体制，推动人才工作体制和机制的全面创新。第三，以培养高层次人才带动整个人才队伍建设，促进各级各类人才协调发展。第四，紧密配合国家重大发展战略的实施开发和配置人才资源，促进人才资源和经济社会发展相协调。如果我们能认真学习、贯彻胡锦涛总书记上述要求，必然会开创人才工作新形势，形成人才辈出的新局面，在经济全球化过程中夺取新胜利。

——加强 WTO 有关法律规定学习，运用法律武器保护自身的合法权益

在经济全球化过程中，国际间、地区间发生经贸纠纷、磨擦是不可避免的。为了维护本国、本地区的合法权益，必须努力学习和熟悉 WTO 有关法律、规则，运用这些法律武器与违法违章的国家地区展开争论，依靠 WTO 法律机构和其他国际法律仲裁机构的支持，争取在经济全球化过程中处于安全主动的地位。举例来说，2003 年 3 月 5 日美国总统宣布对 10 类进口钢材加征 8%—30% 不等的关税，期限 3 年。以后两个月，欧盟、巴西、中国、日本、新西兰、挪威、韩国和瑞士等 8 个世贸组织成员先后针对美国做法启动了世贸争端解决的程序。2003 年 7 月世贸组织专家组确认美国实施钢材进口关税违反了世贸组织相关原则。经过反复权衡，美国布什总统于 2003 年 12 月 4 日不得不宣布取消对进口钢材加征的关税。（参阅 2003 年 12 月 5 日《羊城晚报》）这件事说明，熟悉 WTO 的有关法律和规则是何等重要，若是不懂或不会运用 WTO 有关法律、规则，就不可能使美国有关部门服输，也不可能保护自身的合法权益。

——把国家安全、主权放在第一位，严防某些新殖民主义者“先发制人”

目前某些新殖民主义者仍然顽固地坚持老殖民主义者的立场。他们搞单边主义，随意干涉别国的内政，践踏别国的主权，甚至穷兵黩武，串联一些国家大搞导弹防御系统，叫喊要采用“先发制人”的战略，严重威胁世界和平和安宁。他们还打着人权高于主权旗号，借机攻击别国领导人，妄图控制别国的政治和经济。在这种情况下，提高警惕，有备无患，加强保卫国家的主权和安全的实力，就成为经济全球化过程中必须十分关注的头等大事。我们要记住邓小平这一忠告：“国家的主权、国家的安全要始终放在第一位，对这一点我们比过去更清楚了。西方的一些国家拿什么人权、什么社会主义制度不合理不合法等做幌子，实际上是要损害我们的国权。搞强权政治的国家根本就没有资格讲人权，他们伤害了世界上多少人的人权！”①

综述各节分析，我们可以看到：世界经济是一个庞大的复杂系统，各国经济构成变化多样的整体。各国经济不可能孤立地存在和发展，经济全球化具有历史必然性，但各国经济利益和价值观念各异，又使经济全球化充满着错综复杂的斗争。这正好反映了系统的有机整体性和系统内部诸因素的复杂多样性。因此我们

① 《邓小平文选》第 3 卷，人民出版社 1993 年版，第 348 页。

既要认识经济全球化的历史必然性，又要认识它的艰难曲折性；既要全面理解经济全球化的利和弊的两重性，又要做好应对良策的准备。自由是客观必然性的认识和运用客观必然性对世界的改造，只要我们运用辩证系统观全面认识经济全球化的客观规律并运用它做好我们各方面的工作，我们就会立于不败之地并不断夺取新胜利。

（原载《港澳经济》2004 年第 7 期，作者：田丰、刘景泉）

正视社科领域的学术失范现象

胡锦涛总书记提出的“八荣八耻”社会主义荣辱观，概括精辟，寓意深刻，对于匡正社会风气、提高文明程度、推进和谐社会建设，都具有重要的指导意义。

社会科学工作者肩负着认识世界、传承文明、创新理论、咨政育人、服务社会的光荣使命，是人类文明的推动者和守护者。因此，社会科学工作者一方面要大力宣传和深入认识“八荣八耻”的时代意义和科学内涵，另一方面又要联系社会科学工作实际，加强自身道德建设，做践行“八荣八耻”的先行者，成为全社会的道德楷模。

社科领域学术失范和学风不正问题严重

当前，我国社科工作者的职业精神和职业道德状况不容乐观，学术失范和学风不正问题严重，具体表现在：学术研究缺乏创新意识，心浮气躁，急功近利，片面追求数量的低水平重复；缺乏学术良心，粗制滥造，弄虚作假，甚至抄袭剽窃；缺乏专业思想，投机取巧，华而不实，争名夺利，热衷于新闻炒作；缺乏批判精神，学术批评庸俗化、无原则地互相吹捧；等等。“冰冻三尺非一日之寒”。造成社科工作者职业精神缺失、职业道德失范的原因是多方面的，与思想认识、个人品格、科研方法、体制机制、文化环境等有关。尤其是在思想认识上，不少人没有处理好职业生存与职业理想的关系，科研中的真理性与意识形态性的关系，借鉴与创新的关系，基础研究与应用研究的关系，学术研究中个体与群体的关系，做学问与做人的关系。

提升社科工作者的道德修养和精神自律

加强社会科学工作者的学术道德建设，首先是要提升其道德修养和精神自律，具体来讲就是要“树立一个理想，弘扬三种精神，强化四种意识”。

树立职业理想。理想信仰决定着人的判断力、意志力和情感追求。社会科学是为了全人类的事业，是人类社会从必然王国向自由王国进军的灯塔，社会科学工作者如果没有这种博大高远的理想情怀，就难以成为大学问家、大思想家。

弘扬三种精神。首先是科学精神。主要包括以揭示真理为己任的科研目的，体现科学内在本质的科研方法，体现科学发展规律的科研态度等。科学家是真理的追求者，不能以个人的功利去判断真理，更不能歪曲真理去迎合部分人的功利。科学精神还体现在科研方法上，不同的方法，有不同的结果，甚至由于方法的争论，引起对真理是否存在的质疑。科研态度也直接反映着科学精神。那种狂妄傲慢、自我中心，轻视实践、轻视群众，曲意迎合、随意拔高的态度，都背离了科学精神，违背了科学发展规律，败坏了科研风气。真正体现科学精神的态度应该是诚实谦逊的态度，实践第一的态度，敢于批判包括自我批判的态度，民主包容的态度，等等。

其次是人文精神。即崇尚人的精神力量和自由本质、关怀人的生存和发展的精神，突出表现在科学家的社会责任和人文修养方面。社科工作者要以倾听和反映人民群众的呼声和愿望为己任。社会科学研究与人文精神更加密切，它本身就是人文精神的概括和表达。正如马克思所说：“哲学家的成长并不像雨后的春笋，他们是自己的时代、自己的人民的产物，人民最精致、最珍贵和看不见的精髓都集中在哲学思想里。”

再次是民族精神。全球化是当今世界发展的大趋势，我们不能逆全球化，要参与全球化，但不能掉进全球化的陷阱中去，在西方的文化霸权、文化殖民面前放弃自己的民族文化和民族价值。社会科学在弘扬民族精神中负有神圣的责任，要继承和创新“国学”，总结概括与市场经济、与时代精神相承接的价值体系；大力发展民族知识产业，推动中国文化、中国学术走向世界；加强地方文化的研究，丰富民族文化，在广东要加强对岭南文化的研究，形成岭南学派。

强化四种意识，即大局意识、前沿意识、问题意识和精品意识。社科工作者要有大局意识，社科研究要为中国特色社会主义事业提供精神动力、智力支持和思想保证；要跟踪学术思想前沿、理论前沿、决策前沿；要善于发现现实问题；要重视学术研究的质量和创新。

创新科研管理制度，建立学术奖惩机制

完善科研管理机制，建立科学的学术成果评价体系。在科研项目的管理上要改变过去重立项、轻结项的习惯，改变对项目的创新评价过于抽象的做法，在项目的体系创新、方法创新、观点创新上分别制定评价标准。在审定项目时把课题委托与课题招标结合起来，逐步过渡到以招标为主，并把匿名评审与公开评审答辩结合起来。建立健全社会科学成果评价标准和评价体系，坚决摒弃简单的量化管理方式，坚持定性评价与定量评价相结合，着重看科研成果的社会认可度和影响力，包括同行的评价和介绍、学术界的引用率以及政府与企业的采用情况等。

严格课题申报审批、职称申报审批、期刊和资助出版物的审读制度，坚决禁止人情风、暗箱操作的做法，实现学术公平。评委的学术良心和责任心是把好关的关键，为了防止评委不负责任的卖人情或者打击报复的行为，要在严格的匿名评审后，公布评审者的评价意见，增加评审工作的透明度，以利于加强对评委公正性的有效监督。在科研成果评奖等工作中也可以采取类似做法。

建立学风监察制度，做到奖罚分明。发挥现有监察机构的相关作用，把学风、职业道德引进工作内容，同时发挥中介机构的作用，建立学者信用档案，长期追踪评估。

贯彻“双百”方针，营造自由活泼的学术批评氛围。对优秀的学术成果要大力推荐；对粗制滥造、假冒伪劣之作应进行有力的批评和揭露；对平庸之作不作恭维吹捧，让学术在批评中发展，让学风在批评中净化。

整顿学术市场秩序，防止学术“异化”。遏制有偿发表学术论文的倾向和不问学术水平只看经济效益的有偿出版行为；大力整顿论坛市场，不给学术骗子机会；整顿规范各种学会，防止学会成为少数人垄断的谋名利的宗派组织。

（原载《南方日报》2006 年 4 月 3 日）

“转向改制”走出“象牙塔”

——广东省社会科学院社会科学研究思路的探索

社会科学研究在建设中国特色社会主义的伟大实践中如何继续发挥重要作用，是哲学社会科学界面临的一个重大课题。近年来，广东省社会科学院适应改革开放和发展社会主义市场经济的新形势，立足广东、研究广东，服务大局、服务决策，紧紧围绕广东省改革开放和现代化建设的需要，以当好省委、省政府的“思想库”和“智囊团”为己任，积极稳妥地进行“转向改制”，取得了可喜的成绩。

重新科学定位　明确研究方向

广东省社会科学院长期按传统学科门类划分，设置文、史、哲、经等研究机构。在这种模式下，院内科研工作者尽管在关系广东省改革开放和现代化建设的一系列重大理论和实际问题的研究上取得过重要成绩，但是，由于在学科设置上与高校人文社会科学的学科设置雷同重叠，难以突出地方社会科学院的特色，在课题选择上偏重于纯理论研究，与不断发展变化的社会实践时有脱节，使社会科学研究极易成为“象牙塔中的学问”、“圈子里的科学”。随着改革的不断深化和市场化程度的不断提高，这种远离实际的社会科学研究不断被“边缘化”，省社会科学院一度几乎成了被遗忘的角落。

为了破解社会科学研究与广东省改革开放和现代化建设实践相脱节的难题，在新形势下找到地方社会科学院的准确定位、发展目标和前进方向，在省领导的高度重视和直接支持下，广东省社会科学院从上世纪90年代末开始“转向改制”。时任中共广东省委书记的李长春同志明确提出：省社会科学院“要把研究重心放在研究地方经济社会发展问题上，要贴近地方发展的主题，体现地方特色，为省委、省政府决策提供理论支持和参考”，努力成为省委、省政府的“思想库”和“智囊团”。省委、省政府确定了省社会科学院的发展方向：贴近时代，贴近实践，贴近决策，贴近生活。

转向，就是转变科研的主攻方向；改制，就是改革科研管理体制。“思想库”和“智囊团”所从事的不是纯理论研究，而是对策研究，是给领导出主意、当参谋。面向广东省现代化建设这一主战场，围绕省委、省政府的中心工作，加强具有战略性、宏观性、前瞻性的应用研究和对策研究，应是社会科学院理论研究的主攻方向。适应新的定位和目标，科研管理体制从学科布局、科研规划、科研生产到学术评估、成果转化以及人事、财务等，都要进行改革，以清除阻碍转向的体制性障碍。

广东省社会科学院在转向改制中，努力探索贴近广东省发展主题的科研新路，提出了“两为”、“三侧重”的科研思路和办院方针。“两为”是：为现代化建设事业服务，为省委、省政府决策服务。“三侧重”是：围绕省委、省政府的宏观决策，侧重具有前瞻性的中长期战略研究；强化服务功能，侧重可迅速转化为现实生产力的应用性研究；围绕现实发展的热点、难点，侧重已形成的本院优势学科和具有广东地方特色的前沿性理论研究。

深化体制改革　激发内部活力

建立开放的学科体系。对现有的优势学科和具有广东地方特色的学科予以加强；对研究力量分散、人员结构不尽合理、与实践需要距离较远或不符合时代发展要求的学科进行收缩、精简，使社会科学研究更加紧扣实践和社会发展实际。

建立科研全过程动态管理。以课题为中心，把全部科研活动从选题、立项到运作，统一纳入科研全过程动态管理系统。以应用性、对策性研究为导向，对院、所、个人三级科研工作进行规划指导，实现科研资源共享，课题分级分类管理。逐步建立成果发布机制，把研究成果以学术报告、科普活动等形式，或利用传播媒介为传输渠道，进行“一条龙”和“统一口子”的传播，使之更好地为经济社会发展服务。

建立完善的人事制度。围绕科研全过程动态管理，实行课题组长负责制、学科带头人竞争上岗制度和科研人员“自由竞聘、双向选择”制度等，大胆发现和起用优秀科研人才，培育学科带头人，合理调动和组合院内外科研力量为课题研究服务，解放和发展科研生产力。

逐步形成高效、高质和开放的科研新格局。“两为”、“三侧重”的科研思路已经成为广东省社会科学院广大科研工作者的共识和自觉行动。几年来，广大科研工作者在积极完成省领导交办的课题研究任务的同时，不断开阔研究视野，密切关注经济社会发展实际，主动走出“深院”，走向社会、走向市场，为省内外数十个市、县、镇进行发展战略规划研究，为经济社会发展提供决策咨询和智力支持。此外，还积极配合宣传部门深入研究宣传邓小平理论和“三个代表”重要思想，以省社会科学院为依托的广东省邓小平理论研究中心已成为全国“七大研究基地”之一。

积极发挥作用　做到有为有位

积极承担省委、省政府的科研“课题单”。1999 年，省社会科学院承担了“深圳市率先基本实现现代化、建设有中国特色社会主义示范市研究”等课题。2003 年，为贯彻落实胡锦涛同志关于广东要抓住机遇，加快发展、率先发展、协调发展，当好现代化建设排头兵的要求，省委交给省社会科学院“广东与沿海地区发展比较研究”、“内源型和外源型发展研究”、“民生问题”等十大课题的研究任务。省社会科学院的大多数研究成果都直接转化为决策或为科学决策提供了有价值的参考。

开展经常性的广东全省经济社会走势分析。省社会科学院积极组织力量对广东省现代化建设进行动态分析和预警报告，建立广东经济社会发展数据库，为省委、省政府提供数据资料和分析服务；建立经济运行分析系统，开展对宏观经济形势、经济运行的重点、热点问题的系统分析和研究，并通过经济形势发布会、经济形势分析报告以及《广东现代化进程》（蓝皮书）等形式向政府、企业和公众公布；创办了《经济社会决策参考》，密切关注广东省经济社会发展中出现的热点、难点问题，并对其进行深入分析，提出对策建议。

从省委、省政府的“思想库”和“智囊团”定位出发，逐渐形成面向现代化建设主战场，务实、前沿、创新的科研特色。务实，就是坚持理论联系实际的学风，以广东正在做的事情为中心，围绕省委、省政府的中心工作，围绕现代化建设的重大战略问题，开展应用性、对策性研究，为现代化建设实践提供理论先导和智力支持。前沿，就是紧跟时代潮流，站在时代前列，准确把握时代发展的脉搏，密切关注世界经济、政治、文化发展的新趋势，及时总结社会实践的新成果，科学回答时代提出的新问题，形成和保持与国内外学术前沿对话的能力和与社会实践互动的能力。创新，就是解放思想、实事求是、与时俱进，在充分占有材料、总体把握事物发展规律的基础上，注重原创性，提出具有全局性、战略性、前瞻性的新见解、新建议，形成新思想、新观点、新理论。

广东省社会科学院的“思想库”、“智囊团”作用已经得到省委、省政府的认可。李长春同志曾指出：“广东现代化发展离不开社会科学院，社会科学院是大有可为的。”省委书记张德江同志也讲道：“对于广东省经济社会下一步怎么发展，要发挥社会科学院的作用。不管是物质文明，还是精神文明，不管是总结过去，还是开拓未来，都需要加强研究。”

思考和启示

重新科学定位地方社会科学院。在我国，从事哲学社会科学研究的机构主要有国家级的社会科学研究机构、高等院校社会科学研究机构和地方社会科学研究机构。地方社会科学研究机构要在这种格局中求生存、谋发展，就必须明确分工，找准位置，发挥优势，积极主动，把重点放在围绕本地区经济建设和社会发展的实际开展应用及对策研究，为党委和政府的重大决策服务。

建设“思想库”和“智囊团”。要以改革开放和现代化建设的实际问题、以我们正在做的事情为中心，立足实际，走向社会，深入生活，指导实践，通过深入研究现代化建设实践提出的、干部群众关心的重大现实问题，在理论与实践之间实现良好的沟通与互动，使社会科学在研究实际、服务实践中发挥作用、实现价值、繁荣发展。

重视应用性、对策性研究。高水平的应用性研究离不开扎实的基础理论研究积累，但基础理论研究必须服务于回答和解决现实问题。强调应用性、对策性研究，不是降低社会科学研究的标准，而是对社会科学研究提出的更高要求。应用性研究不仅要“知其然”、“知其所以然”，还要明确“怎么办”；不仅要有理论分析，还要拿出具体的、操作性强的解决问题的办法。

“转向改制”是全局性和长期性的改革。学科建设和课题立项应以应用性、对策性研究为重点；成果评估和奖励应以为决策服务、为现代化建设服务的效果为依据；培养、引进和使用人才应以适应现实需要为尺度；科辅和后勤工作应以为应用性、对策性研究提供高效优质服务为标准；思想政治工作应以提高科研人员的思想素质和业务素质为导向。

党委、政府的重视和支持是关键。广东省领导的高度重视和直接关怀是省社会科学院“转向改制”力度大、速度快、效果好的强大动力和根本保障。

各级党委和政府要从不断完善决策的科学化、民主化的高度，认识加强“思想库”和“智囊团”建设的重要性和紧迫性，认识地方社会科学院改革的重要性和紧迫性，引导和支持广大社会科学工作者积极为党委、政府的重大决策服务，充分发挥哲学社会科学的作用。

（原载《南方日报》2003年10月21日，中共广东省委宣传部、广东省社会科学院联合课题组，作者：梁桂全、田丰、韩安贵、范西斌）

社科界要抓住机遇有所作为

无论是转变发展方式还是建设文化强省，都需要学术体系的滋养和支撑。

“解放思想、改革开放”的核心精神是变革，就是思想创新、社会改革和对外开放。这反映了全球化的发展态势，反映了十一届三中全会以来党的思想路线，反映了广东近代以来特别是改革开放以来的文化潮流。弘扬时代文化精神是文化强省建设的灵魂工程。建设文化强省，弘扬广东时代文化精神，着力点在于以下方面：

一要焕发“解放思想、改革开放”的精神状态，重铸精神动力。破除小富即安的短视心理，破除既得利益的体制障碍，破除经验主义的传统路径，激发干部群众敢为天下先的勇气，为广东在继续深化改革、科学发展上先行先试、再创辉煌提供不竭的精神动力。

二要拓展“解放思想、改革开放”的思维方式，创新发展理论。科学发展不仅是杀出一条血路，而且是要开出一条新路。改革进入深水区，开放面临新格局，发展迈上新台阶，要打好转变经济发展方式这场硬仗，必须作出新判断、提出新思路、采取新决策，以理论创新引领实践创新。

三要坚持“解放思想、改革开放”的文化价值，发展人的能力和个性。“解放思想、改革开放”的时代文化精神，从根本上说就是张扬人的主体精神、自觉精神，体现了以人为本的科学发展观的精髓。

四要构筑时代文化精神的学术基础，大力提升哲学社会科学。无论是转变发展方式还是建设文化强省，都需要学术体系的滋养和支撑。汪洋书记在全会上提出打造“理论粤军”，大力建设学术强省的光荣任务，催人奋进。广东社科界要抓住机遇，有所作为，不辱使命。一要抓好学科建设；二要抓好决策研究；三要抓好人才队伍建设；四要抓好社科普及；五要抓好地方特色文化研究基地建设，培养地方特色文化研究和管理人才。

建设文化强省：如何用硬手段打造软实力

作为中国改革开放的“试验田”，30多年来广东经济发展一路领先全国，创造了跨越式发展的经济奇迹。在经济建设取得巨大成就的同时，文化建设同样风生水起，继2002年提出建设文化大省目标后，去年又提出建设文化强省，从文化大省到文化强省的跨越，足以表现出广东文化建设的大踏步前进及显著成就。近10年来，广东文化产业异军突起，文博会、文交所、演交会等平台的纷纷建立，电视剧《潜伏》和动漫片《喜羊羊和灰太郎》等精品力作的不断涌现，都是很好的佐证。即将召开的省委十届七次全会将出台《广东省建设文化强省规划纲要》，可以预期，通过文化建设的“硬手段”，必将全面提升广东文化“软实力”，尽快形成与广东争当实践科学发展观排头兵相适应的文化优势，在激烈的竞争中赢得未来。我们特约专家为文化强省建设献计献策。

（原载《南方日报》2010年8月5日）

学术强省战略核心是提升学术创新能力

广东实施文化强省建设，省委书记汪洋提出两个战略目标：建设“学术强省”和打造“理论粤军”。学术之强，关键在于学术创新。因此，学术强省战略核心，就是提升学术创新能力。

实践创新推动学术创新。广东是近现代思想的发源地，曾引领中国近代革命潮流。改革开放后，广东又是我国对外开放的“窗口”、改革实践的前沿之地，这样的地位决定了广东必须担当起学术创新之任。早在上世纪60年代，经济学家卓炯就提出了商品经济理论，在特区经济理论、市场经济理论以及马克思主义哲学史等研究领域，广东在全国也占据领先地位。

从文化层面分析，岭南文化是中原文化重心南移的一种产物，以惠能佛学创新为标志，形成了务实兼容的风格，本质上就是一种创新文化。主张“经世致用”是岭南文化的特征，孙中山指出“世界潮流，浩浩荡荡，顺之者昌，逆之者亡”，这非常鲜明地体现了近代以来最早开眼看世界的广东人与时俱进的时代精神。正是由于尊重实践、紧贴时代，所以学术上不守于一域、不定于一尊，崇尚“自由之思想，独立之精神”。

自上世纪90年代以来，与广东作为经济大省的地位相比，广东在学术上的重大创新成果不够响，有影响的学术人才不够多，甚至近年来有一定的流失倾向。这首先与我国改革发展的格局有很大关系。改革初期鼓励地方“杀出一条血路”，为全国探路，广东的新经验和学术成果自然影响全局。随着改革的不断深入，现在已经发展到了一个系统设计、整体推进的时期，改革的话语权更多在中央而不在地方，因此，广东改革理论难有重大突破。另外，专家学者们能否在市场经济的潮流中克服浮躁、静心思考，也是影响学术创新的一个重要因素。

广东省委十届二次全会以来，广东省委提出继续解放思想，当好推动科学发展、促进社会和谐排头兵的战略转型，更加强调转型升级。去年提出了建设文化强省的战略任务，把包括哲学社会科学在内的文化建设摆在突出位置。今年，广东省委、省政府又提出"建设幸福广东"的核心任务，既是对传统发展观的变革，也是一次学术创新的机遇。可以说，广东发展处在大调整大提高的时期，广东学术也处在再创新再突破的时期。

广东要推进学术创新，应加强以下几个方面的建设：

第一，加强学科建设，进一步提升广东优长学科和地方特色学科的影响力。包括马克思主义哲学、行政管理、孙中山研究、粤港澳合作等广东有优势的研究领域，也包括社会学、人口学学科等。

第二，加强社科规划，建立哲学社会科学创新体系。要通过抓重大课题出系列成果，在课题申报上，增加一些跨年度的、重大的、连续的课题。

第三，加强学科领军人才培养和引进，形成人才高地。高校要利用教育部的"千人计划"，引进一些海外前沿学科高端人才。加快青年人才培养，计划每年选派10—20位青年学者到基层挂职实践，开拓学术视野。社科评奖既评成果又评人。要落实文化强省规划中提出的评选"广东优秀社会科学家"，推出具有国际视野的一流的专家学者，隆重表彰。

（原载《中国社会科学报》2011年5月26日）

打造理论粤军、建设岭南学派的新探索

党的十七届六中全会对新形势下繁荣发展中国特色社会主义文化做出了全面部署，会议审议通过了《中共中央关于深化文化体制改革推动社会主义文化大发展大繁荣若干重大问题的决定》，这是当前和今后一个时期指导我国文化改革发展的纲领性文件。为建设文化强省，促进社会主义文化大发展大繁荣，广东省委及时做出打造“理论粤军”这一重大决策，充分体现了省委对繁荣发展哲学社会科学的高度重视，对建设文化强省具有十分重要而深远的意义。广东省社科联是省委、省政府联系社科界的桥梁和纽带，在打造理论粤军中负有重要责任，发挥着重要作用。

一、打造理论粤军、建设岭南学派具有重要意义

建设岭南学派是建设文化强省、发展岭南文化的题中应有之义，也是一个区域学术发展的顺理成章之举。鲜明地提出岭南学派的概念，有利于广东的学科创新。历史上，广东曾经产生过许多学术思想上的领军人物，形成了一脉相承的学术风格，对中国文化发展乃至经济社会发展产生了深刻的影响。总结起来，岭南学术传统特点有：一是求新求变的开拓精神，二是融合中西的治学方法，三是经世致用的价值取向。岭南优良的学术传统是我们建立岭南学派的重要精神和学术源泉，当前，广东作为改革开放的前沿地，八面来风的文化环境，丰富生动的现代化建设实践，又为学科创新提供了肥沃的土壤，广东社科界应珍视和继承从惠能到孙中山、从陈寅恪到卓炯等思想和学术先驱们的宝贵财富，通过建设岭南学派把广东学术学科创新推到一个新的历史高度。广大社科工作者要继承和发扬岭南文化的优良传统，发扬广东人敢饮“头啖汤”的精神，加强对学术难点、热

点甚至禁区的研究，发掘和提出新问题，努力建设中国特色、岭南风格、广东气派的社会科学。

二、打造理论粤军，社科联要发挥独特优势

认真贯彻落实党的十七届六中全会和广东省文化改革发展工作会议精神，发挥社科联的独特优势，以打造理论粤军为主题，把握机遇、乘势而上，重在建设，重在实效，推动学术创新和工作创新，推动社科联平台、能力、人才、事业协调发展，为打造理论粤军做出新贡献。

一是引导社科理论界服务经济社会改革发展稳定大局。社科联要深入研判世情、国情和省情，组织引导广大社会科学工作者面向现代化实践、面向实际生活，倾听人民的呼声，汲取时代的精华，为科学发展提供理论思考，为省委、省政府重大战略提供决策依据，为人民群众提供丰富的思想食粮，努力成为党委和政府信得过、用得上、离不开的思想库和智囊团，成为社会灵魂的工程师，通过服务中心工作来打造理论粤军，建设岭南学派。

二是要充分发挥社科联在引领社科界进行理论创新工作中的积极作用。不断推动工作内容创新、联系方式创新和体制机制创新，更加自觉地开展学术观点创新和学科体系创新，通过社科规划、评奖等评价机制，建设岭南学派、促进学科创新、打造理论粤军，引导广大社科工作者确立崇尚创新、勇于创新、善于创新的价值取向。

三是要培育发展社科类社会组织，为社科人才的成长创造良好的环境。社科联是学术界的人民团体，也是枢纽型社会组织，发挥好孵化培育功能，促进社科类社会组织发展，是当前加强社会建设的迫切需要。要通过创新工作体制机制，实现工作转型，把工作重心转移到综合协调和强化服务上来，为各类学会、研究会、民办研究机构的壮大营造良好的社会生态环境和政策条件，给予各类社科人才的成长更多的扶持，激发社科团体和社科人才的主体能动性，在社会转型和文化创新进程中充分发挥社会理性和“民间智库”的独特作用，为理论粤军的成长提供良好的社会和政策环境，促进岭南学派的形成。

四是要转变职能，加强服务，促进理论粤军的成长。面对打造理论粤军、建设岭南学派的新形势、新任务和新要求，社科联的理念和方法也要转型升级。要

形成统筹兼顾的领导方法和工作作风，不断强化大局意识、战略意识、基础意识，提高统筹协调社科工作全局的能力，推动社科联职能和平台协调发展、事业和人才协调发展、服务水平和保障能力协调发展，为理论粤军的成长和岭南学派的形成打下扎实的基础。

三、加强理论创新，为加快转型升级、建设幸福广东提供智力支持是理论粤军的发展方向

打造理论粤军、建设岭南学派是一个继承和创新相结合的长期建设过程，广大社科工作者要增强理论工作的使命感和责任感，加强理论创新，为加快转型升级、建设幸福广东提供智力支持，在这个过程中不断发展壮大理论粤军。

一是在理论创新上发挥引领作用。继续推进改革已经再次成为全社会的共识，时代呼唤广东社科界勇立思想前沿，时代需要广东社科界发出改革先声。如何把握我省改革发展的阶段性特征，继续当好推进科学发展、促进社会和谐的排头兵；如何总结科学发展和转型升级的成功经验，加快转变经济发展方式；如何认识日益复杂的社会矛盾，推进社会管理创新；如何摸准广大群众的精神需求，加强社会主义核心价值体系建设，提升广东文化软实力，需要我们继续解放思想，大胆探索，在更高更深层面上推动中国特色社会主义理论创新，推动学术观点、学科体系和科研方法创新，推动发展思维和战略决策创新，进一步为广东改革创新、先行先试提供强大的精神动力和智力支持。

二是在实践创新中发挥推动作用。作为改革开放前沿和三个理论春天源头的广东，哲学社会科学工作者要把推动思想解放和理论创新作为责无旁贷的光荣使命，继续为丰富和发展中国特色社会主义理论体系做出独特的贡献。全省社科专家学者要及时总结宣传广东在坚持改革开放、发展市场经济、加快转型升级、推进科学发展、促进社会和谐方面取得的新成效、新经验，为进一步深化改革开放提供理论支持；建立服务党委和政府中心工作、服务社会建设、服务广大社科类社会组织和广大专家学者的决策咨询机制，大力提高决策研究、资政服务的能力，为党和政府及相关部门提供决策参考；充分发挥“思想库”“智囊团”的作用，在服务社会的过程中彰显广东特色和广东理论在中国特色社会主义理论体系创新发展中的新贡献。

四、打造理论粤军、建设岭南学派要重视五方面工作

（一）大力发展优特学科。以往的研究成果为打造理论粤军奠定了重要基础，今后还要立足本土，大力发展特色优势学科。通过积极支持现有国家和省级重点学科的建设，充分发挥学科建设的龙头作用，形成重点学科的群体效应。可采用“人无我有、人有我优”的方针，从研究方向、研究领域上寻求突破，对现有学科重新梳理，摸清优质学科、新型学科和特色学科的状况，再根据我省经济情况给予有层次的建设、分阶段的资助，同时严加监督，多出快出成果，用高端成果彰显岭南特色，扩大广东在国内外学术界的辐射力和影响力。

（二）继续优化人才结构。打造理论粤军要按照老中青相结合的原则，建立合理的学术梯队。资深学者有责任培育年轻的后继者，切不要让有学养也有精力的老专家过早与专业告别。要加强对退居二、三线资深社科专家的关怀，积极提供平台，为他们继续发挥作用创造条件。同时要给青年一代社科工作者更多的关注，以老带新，推出“理论粤军育苗工程”，发挥资深理论工作者“传、帮、带”的作用，培养更多的后起之秀。打造理论粤军还要立足本土，培养本地的文化理论干部，把他们的作用进一步发挥出来。在人才培养上做到本地培养与外来引进相结合，省委在科技方面引进人才力度较大，人文社科领域也要加快步伐，大力引进海内外领军人才。加强哲学社会科学教学科研骨干研修工作，培养一批在国内外有广泛影响的马克思主义理论家、学科带头人和学术骨干，继续通过学术规划和评奖活动，促进领军人物的成长。

（三）拓宽科研资金渠道。当前，社科理论研究经费支持方式应该多样化，除了依靠政府加大投入以外，还要进一步拓宽资金渠道。可成立资助科学研究的公益基金会，在税收减免方面出台政策，争取各方资助，鼓励有战略眼光的企业投放研究经费，支持广东的理论研究，为打造理论粤军奠定物质基础。同时，希望省里积极为社科理论界穿针引线，拓展资金来源，建立相关基金支持社科研究，支持广东哲学社会科学的繁荣发展。

（四）努力搭建学术平台。实践证明，跨学科往往是新型学科的生长点、爆发点。建议多组织召开省内高端学科经验交流会，支持高层研究队伍对相近学科的互动研讨。省里可召开一些跨学科、有领军人物和精英人才参加的研讨会，还

可与兄弟省市社科界开展对话，取长补短。要积极促进人文社科之间、人文社科与自然科学之间的学科交叉融合，进一步搭建大型学科交叉的人文社科研究平台。广东处于改革开放的前沿，理论粤军在向世界讲述中国故事和广东故事、传播中国文化方面具有特殊使命。为此，建议分别建设一批基础研究、应用研究和岭南特色文化研究基地。充分发挥社科规划、评奖的引导和激励作用，着力推出一批代表广东水准、具有国际影响、经得起实践和历史检验的标志性成果。同时，要实施“走出去”计划，大力推动经典理论成果外译传播工程，通过各种媒体和平台，对我省社科界的优秀人才和优秀成果进行评价、译介和宣传，进一步扩大我省学术上的话语权，增强学术上的影响力，使岭南学术走向全国，走出国门，走向世界！

（五）培育良好的学术风气。以“广东精神”的提炼宣传为标志，广东科学发展进入了新的文化自觉阶段，社科界专家学者要在践行“广东精神”方面发挥重要作用，要自觉深入领会和践行“厚于德、诚于信、敏于行”这一新时期“广东精神”，树立学术精神，恪守学术诚信，推动学术创新。广大专家学者要努力当好厚德载物的表率，确立崇高理想，专注资政育人，服务社会进步；做学术诚信的标杆，严谨治学，淡泊名利，追求真理；做学术创新的先行者，敢于立言，勇于开拓，引领潮流。有关部门要努力为青年学者创造更好的学术环境，探索通过绩效工资改革等措施，逐渐改变学术界的浮躁现象。在人文社科研究的学风和机制方面，应倡导在社会主义核心价值体系下进一步贯彻“双百”方针。通过我们的共同努力，使“广东精神”内化成学术创新、学科体系创新、研究方法创新的强大动力，形成全体社科工作者的精神追求和价值支撑。

（原载《人文岭南》2012 年 9 月 28 日第 2 期）

在“广东民间智库论坛开坛仪式”上的讲话

今天非常高兴参加广东民间智库论坛首场开坛研讨，我觉得收获很大。起码有两个想不到：一是想不到在我们民间智库里面潜伏了这么多高水平的专家学者。尽管只有7位专家学者发言，但是已经显示了这种实力和水平。在座的专家学者是来自各个方面民间智库的，水平很高，展示了民间智库的研究水平和研究成果。二是想不到民间智库的研究成果受到党委和政府高度的关注和重视。比如说我们马国书研究员在中国货币体系研讨会上，他的成果受到全国的关注；刚才广东老年公共事务研究中心老龄化方面的研究受到省领导的重视；等等。如果再统计起来，应该是非常可喜的。

我觉得我们今天的论坛有三个成果。

第一，展示了我们的研究成果。王利文研究员关于“双转移”土地问题的分析；叶显恩研究员关于珠三角改革开放的根本问题以及搞好民间智库的三点建议；马国书研究员对全球化进程的整个历史分析以及当代全球化与货币、金融、改革创新的相互关系，珠三角如何在新一轮全球化的进程中占据制高点，提出了十大建议；朱列玉教授对如何在珠三角新一轮发展中做到科学发展提出了三点很好的建议；杨正浒理事长关于外向度高的区域如何有效复苏提出的四点建议；鹿麟副理事长关于把老龄化问题纳入《珠江三角洲地区改革发展规划纲要》当做一个非常重要问题来研究以及解决提出的三点建议；杨久炎所长关于大力发展造船产业提出的六点意见。我觉得非常好，对进一步落实《珠江三角洲地区改革发展规划纲要》，特别在产业发展、区域发展、社会和谐发展各个方面都提出了宝贵的建议。

第二，交流了各自的经验。我们在交流过程中也互相介绍了各自的生存发展现状，探讨了发展民间智库的有关问题，即刚才所说的我们无论是资源的取得，信息的公开，成果的应用等，如何跟高校、官方研究机构取得同等的待遇，甚至还要有所扶持，对这些问题进行了探讨，蒋部长高度重视，特别提到民间智库要自信、自立、自重、自强，提出了大力扶持民间智库的五点思考和意见，大家的发言和蒋部长的讲话对于社科联和社会机构完善民间智库，民办非研究机构的发展，都提出了很好的意见。

第三，开启了与主流媒体合办民间智库的良好开端。羊城晚报社黄斌总编辑作了讲话，南方日报社、南方网、广东电视台也参与了今天的活动，希望今后继续参与，共同办好民间智库论坛。

这里，我有三点体会与大家交流。

第一，民间智库的出现和发展反映了社会进步的大趋势。科学研究是每一个人的权利，随着社会生产力的发展，社会分工的不断分化和重构，必然产生科学研究的社会化现象。马克思主义思想的“每一个人的全面自由发展作为一切人自由全面发展的前提”是未来社会发展的必然要求。也就是说社会科学研究、自然科学研究、一切文化生产、精神生产不再是少数人的专利，而是广大人民群众的基本权利，是一种社会基本的生产方式和生活方式。所以我们说科学发展观的一个重要内涵就是自由全面发展，这也是科学发展的根本方向和目标及指标体系。落实科学发展观就是要充分激发蕴藏在全体人民、全社会中的思想创造活力，重视民间智慧的发展和作用。省委非常重视，汪洋书记开了一个好头，体现了省委对科学发展观的马克思主义本质内涵的把握和应用。

第二，民间智库要成为落实《珠江三角洲地区改革发展规划纲要》的先行者。“思想走在行动前面犹如闪电走在雷鸣前面”，思想者要走在行动者的前面。落实《规划纲要》是广东改革开放进程的又一个里程碑，如同30年前改革开放起步于广东，靠的是思想大解放，智力大释放。现在落实《规划纲要》给予了各位专家学者以及思想家、决策者大好机遇，民间智库要在发挥思想大解放的同时发挥基层的优势和特色。一是要做到更专，从某个侧面来介入，有所为有所不为，不必要面面俱到。二是要做到更实，出谋划策，提供服务，帮忙不添乱。在具体落实问题上多出主意，这样省委、省政府会更重视我们的成果，汪洋书记强调了大政方针已定，现在最关紧的是落实，在落实中我们的地位和作用就凸显出来了。三是要更独立，独立思想。民间智库要开展独立研究。在独特视角下服务党政、服务民生。

第三，大力扶持民间智库的健康发展。在省委、省政府的领导下，我省民间智库近几年发展很快，成为社科研究大家庭中的一支生力军。但在全国范围来看，无论规模和影响，与北京、上海相比还有较大的差距，我们大概是中上水平。今后要做到巩固提高、扶持发展。在政治上要享受国民待遇，一视同仁；在发展条件上要大力扶持。要逐步扩大民间智库今后在参与政府决策，报送成果评奖等方面与高校及各个研究机构享受共同待遇，有些方面还要给予扶持、优惠。当然，民间智库的发展关键还是要靠自身，自身要不断加强管理，形成特色，引进人才，提高创新能力，使民间智库不断完善，不断发展。

（2009 年 7 月 15 日）

让社科智库与时代发展的脉搏一起跳动

改革开放以来，随着思想解放运动的兴起和现代化事业的开展，有关哲学社会科学知识和政策研究咨询的社会需求不断出现和增长，为我国哲学社会科学的繁荣发展、为政策研究咨询事业的产生和发展提供了历史性契机。中国智库应时而生、蓬勃发展。经过30多年的发展历程，渐渐形成了由高等学校系统、党校系统、社会科学院系统、党政机关研究部门和军队院校系统共同构成的“五路大军”，走入智库发展的春天。然而，需要看到的是，当前我国智库发展还面临着多种问题，如机构数量众多但实力不强；研究资源分散、低水平重复现象严重；研究内容碎片化、针对性不强、实用性不够；国际影响力和话语权欠缺等。因此，中国智库建设还需直面挑战，直面问题，才能攻坚克难，阔步前进。

强国须强智，现代大国的崛起需要大智库引航。当前，国际形势复杂多变、全球性问题层出不穷，国内经济社会结构正在发生深刻而复杂的整体性变迁，全面深化改革正处于攻坚期，而智力资源是一个国家、一个民族最宝贵的资源，智库正是现代国家治理体系和国家软实力的重要组成部分。可以说，大调整、大变革的新时代已经发出了呼唤智库大发展的最强音。党的十八届三中全会审议通过的《中共中央关于全面深化改革若干重大问题的决定》提出，加强中国特色新型智库建设，建立健全决策咨询制度，这是在中共中央文件中首次提出“智库”概念。在四中全会刚刚闭幕后，中央全面深化改革领导小组第六次会议就审议了《关于加强中国特色新型智库建设的意见》。按照习近平总书记的要求，我们进行治国理政，必须善于集中各方面智慧、凝聚最广泛力量。要统筹推进党政研究部门、社科院、党校行政学院、高校、军队、科技与企业、社会智库（包括民间智库、媒体智库和各种学会、研究会）协调发展，形成定位明晰、特色鲜明、规模适度、布局合理的中国特色新型智库体系。

因此，走特色和新型之路，是中国智库发展的必然选择。那么我们的智库建设应该“特”在哪里?“新”在何处?

“特色”应充分符合中国国情、反映中国实践、研究中国问题，同时又要体现地方特色。广东的社科智库发展，就是要建设理论粤军，打造岭南学派，凸显岭南特色。“新型”就要以服务决策为导向，以科学决策为目的，体现理论和实践、知识与政策的有机结合，体现决策咨询研究的问题导向，体现创新性、战略性、前瞻性和应用性，让智库成为专家学者深度参与公共政策制定的平台。我非常认同顾涧清馆员的一段话：“人文社会科学就好比是智慧的种子，只有进入决策、贴近群众、浸润社会中，才能生根发芽、开花结果。”新型智库建设为专家学者服务经济社会发展，推动党委、政府决策民主化、科学化架起了制度之桥。

顾涧清馆员现为广州市社科联主席、党组书记，而我曾任广东省社科联的主席，都致力于推动岭南智库的建设和发展，完善决策咨询制度，扶持民间智库兴起。我和他对如何打造理论粤军、建设岭南学派有着相似的看法和观点。同时作为社科理论研究者，我们经常在文化、文史、文化产业等领域，为社科理论和政协文史事业的发展切磋交流。顾涧清馆员早期任广州市社科院城市发展所所长，关注和研究城市科学发展，探索城市发展理论，后来从广州市委宣传部理论处处长到广州日报副总编辑，推动了地方党报的战略转型研究和报业集团产业化研究。同时他对海上丝路持续研究了26年，涉猎甚广，钻研颇深，可以说是海上丝绸之路研究的开创者和领军人物之一。

围绕海上丝路，顾涧清同志不仅研究其历史和文化，更对其现在和未来进行前瞻性研究。他从1988年前后开始关注海上丝路的研究；1990年在《沿海开发经济简论》的专著中提出了“在沿海经济特区和开放港口城市辟建自由港区”的超前设想；1992年在《中国陆桥经济》的专著中提出“陆桥经济是在江河经济、海岸经济基础上形成的以高速铁路、高速公路为核心的一种新型的国际经济类型，是世界经济发展的第三里程碑”；在2002年2月10日的《广州日报》上，发表了《海上丝路应申报世界文化遗产》的理论文章等。实践证明，他提出的一些超前设想已经成为国家的战略构想，如发展高铁经济、建设自贸区、丝绸之路经济带和21世纪海上丝绸之路等，成为社科智库研究进决策近群众的经典案例，与时代发展的脉搏一起跳动。

纵览顾涧清馆员的《青舟集》，从城市智库、媒体言论、理论探索、对话论道以及序言书评等五部分，汇集了他30多年来在城市学、新闻学、区域学、历史学等方面的学习和研究，可谓硕果累累，而且大部分文章都曾见诸全国各大报端、期刊、论坛，正是“卷中多见岭南诗”。愿《青舟集》的出版，催开更多的扎根于岭南大地、浸润着海洋气度的社科理论之花。

（原载《青舟集》，广东人民出版社2015年版）

在“2013 年粤港澳学术研讨会”上的致辞

在全国各界深入学习贯彻党的十八届三中全会精神的氛围下，由广东省社会科学界联合会、澳门基金会、澳门社会科学学会、香港树仁大学当代中国研究中心、香港科技大学华南研究中心联合主办的“2013 年粤港澳学术研讨会”，今天在这里顺利举行。首先，让我代表主办方之一广东省社会科学界联合会，对出席本次研讨会的各位领导、嘉宾和专家学者表示亲切的问候！对长期以来支持广东改革开放和学术合作研究的香港、澳门各界人士和专家学者表示衷心的感谢！

今年是粤澳关系研讨会举办 25 周年。1988 年春，广东省社科联与澳门社会科学学会共同发起举办粤澳关系研讨会，至今已走过了 25 个春秋，举办了 21 次研讨会，出版了 5 本论文集，收集了 445 篇论文，245.5 万字，这些成果的取得对促进粤港澳关系发展具有重要意义。一是使粤港澳关系从民间走向了官方，提高了人们对港澳的认识，为粤港澳关系的发展提供了重要的理论依据。二是使粤港澳关系从对话走向了合作，深化了合作内容和方式，为粤港澳关系的发展提供了新的思路和战略。这是粤港澳三地社科专家学者同心协力、前赴后继、坚持不懈，共同付出的心血结晶，也是三地政府、有关机构和媒体共同关心的结果。

我们今天举办 2013 年粤港澳学术研讨会，主题定为“深化粤港澳合作与广东新一轮发展”。我真诚地希望各位专家学者能够结合党的十八届三中全会精神，在全面深化改革，进一步实施《粤港澳合作框架协议》的大形势下，进行理论探索，继续提出有战略性、前瞻性、操作性的理论成果。

一是加强提升粤港澳区域竞争力研究

最新中国城市竞争力排行榜显示，上海首次超越香港排名榜首，香港排第二，深圳第四，广州第五，澳门第十二。连续 11 年称冠的香港以微弱分数之差屈居第二，由此可见在全球化大潮下区域和城市竞争越来越激烈，加快建设大珠三角世界级特大城市群已成为重大战略需要，如何发挥粤港澳三地融合发展优势，如何利用好珠三角转型升级、粤东西北振兴发展的机遇，如何抓住三中全会提出的扩大对港澳台开放合作，加快自由贸易区建设，构建开放型经济体制的新战略，共同打造中国最开放最有活力的经济体，提升粤港澳区域竞争力，需要粤港澳三地专家学者加强研究，提供理论支撑和决策服务。

二是加强粤港澳三地协同发展、创新发展、绿色发展的研究

粤港澳三地经过多年交流与合作，各自取得显著成效，广东已经奠定了区域制造业基地的地位，香港已发展成为世界金融中心，而澳门也在发挥既有优势，在打造具有吸引力的全球博彩、旅游中心和区域性商贸服务平台方面取得了令人瞩目的成绩。党的十八届三中全会提出“全面深化改革，进一步解放思想、解放和发展社会生产力、解放和增强社会活力，加快发展社会主义市场经济、民主政治、先进文化、和谐社会、生态文明，让一切劳动、知识、技术、管理、资本的活力竞相迸发”。粤港澳三地如何发挥各自特长，各自优势，良性竞争，相互促进，实现协同发展，如何通过技术进步和改善管理，提高生产要素的质量和效益，实现创新发展；如何转变发展方式，实行节能减排，推动低碳经济，实现绿色发展。这些都需要粤港澳三地专家结合实际共同研究，形成可行的政策建议供三地的政府参考。

三是加强粤港澳三地合作机制创新研究

在 2003 年对抗非典之际，在中央政府的支持下，内地开放对港澳自由行，同年，内地与港澳签订 CEPA，这不仅缓解了非典对港澳经济的冲击，更重要的

是将粤港澳三地的经贸合作关系推到一个新的平台，进入一个新的阶段。自CE-PA签订之后，随着《珠江三角洲地区改革发展规划纲要》《横琴总体发展规划》《粤港澳合作框架协议》《前海总体发展规划》相继出台，港珠澳大桥的兴建，横琴的开发，前海的开发，使粤港澳交流与合作进入全新时代。新时代、新机遇、新挑战，如何进一步加强粤港澳三地合作机制研究，在以往前店后厂的合作模式上，创新合作发展的模式，拓宽粤港澳三地合作的新空间和新领域，推动粤港澳关系研究的深化和发展，是粤港澳三地专家学者的重要课题。

四是创新学术交流平台，擦亮叫响“粤港澳学术研讨会”品牌

今年是全面深化改革，广东落实“三个定位，两个率先”要求的重要一年。为贯彻“一国两制”的基本方针，推动广东继续在改革开放中发挥窗口作用、试验作用、排头兵作用，加强与香港、澳门的合作与交流，努力开创粤港澳合作的新局面，广东省社科联经多次研究，并与澳门社会科学学会协商，考虑在原与澳门社科学会长期合作主办“粤澳关系研讨会”基础上，从今年起，创办“粤港澳学术研讨会”，全面拓展和提升粤港澳学术交流、合作方式和模式。今天有幸得到了澳门基金会、香港树仁大学当代中国研究中心、香港科技大学华南研究中心的大力支持，共同举办2013年粤港澳学术研讨会。这是一个新的尝试，也是一个新的开始。今后如何进一步改进和完善研讨会的组织形式和活动方式，形成相对稳定的、互惠的、共赢的学术交流合作机制、体制，拿出一批叫得响的学术成果，擦亮叫响“粤港澳学术研讨会”品牌，还有赖于粤港澳三地专家学者继续努力。

各位领导、各位专家学者，新时代，需要新理论，全面深化粤港澳合作，促进广东新一轮发展，需要我们贡献出更多高质量、操作性强、具有前瞻性的理论成果，为推动粤港澳关系的新发展、构建粤港澳合作的新格局，谱写粤港澳繁荣发展的新篇章，做出新的更大的贡献！

（2013年12月15日）

在“中山大学改革开放30周年学术史研讨会”上的致辞

五月羊城，鲜花似海，群贤毕至，高朋满座。值此中山大学改革开放30周年学术史研讨会开幕之际，首先请允许我代表广东省社会科学院向大会表示最热烈的祝贺！并对在座的各位师长、同仁表达诚挚的敬意！

2008年，是中国改革开放30周年纪念。梳理改革开放的成就，总结改革开放的经验，直面改革开放的风雨历程，坚定改革开放的信心，这是我们社会科学界责无旁贷的历史使命。30年前，我们党选择了“解放思想与改革开放”，以敢于“杀出一条血路”的英雄气概，破除了种种禁锢，脚踏实地地探索着具有中国特色的社会主义的道路。尤其是地处改革开放前沿的广东，更是英才辈出，不仅涌现出像习仲勋、任仲夷、吴南生等一批大无畏的改革开放领导者，还产生了以卓炯等为代表的一批社会主义市场经济理论的探索者，同时还涌现出以袁庚为典范的无数的开拓者和实干家。也正因为我们真正高举起了中国特色社会主义伟大旗帜，开辟了中国特色社会主义道路，创建了中国特色社会主义理论体系，才能实现30年的高速发展，取得举世瞩目的巨大成就，才能让社会主义中国依然屹立在世界的东方。实践证明，30年来改革开放的最大成果，就是形成了中国特色社会主义“一面旗帜，一条道路，一个理论体系”。在当代中国，只有中国特色社会主义旗帜而不是别的什么旗帜，能够最大限度地团结和凝聚不同社会阶层、不同利益群体的智慧和力量；只有中国特色社会主义道路而不是别的什么道路，能够指引中华民族实现伟大复兴；只有中国特色社会主义理论体系而不是别的什么主义，能够引领中国发展进步。从丰富与发展中国特色社会主义理论体系上讲，我们进行改革开放30周年学术史的研究，具有深刻的现实意义与长远的历史意义。

“科学发展未有穷期，解放思想与改革开放也将永无止境。”以胡锦涛为总书记的党中央高瞻远瞩地提出的科学发展观开辟了改革开放的新境界。进入新世纪新阶段，我国的发展的确呈现出一系列新的阶段性特征，如社会主义市场经济体制已初步建立，但还不成熟、不完善，旧的体制机制中的一些积弊尚未完全消除；经济快速发展，但经济发展方式粗放，环境污染严重；公共财政快速增长，但社会民生问题突出，公共服务体制建设滞后；居民收入有了较大提高，但收入分配差距扩大，已成为影响社会安定的潜在因素；对外开放水平和质量正在逐步提升，但相关制度建设还不完善。类似这些发展中的问题，已经成为我们实现全面建设小康社会奋斗目标、完成社会主义现代化事业的新的障碍。因此，我们必须以科学发展观为指导，加强改革开放30周年的学术研究，从理论与实践的结合上，为党委政府提供决策服务，用以解决上述问题，化解由这些问题给我国带来的风险。我们要紧紧围绕科学发展观的新要求继续坚持解放思想与改革开放，确立新的改革观，设计新的改革路径，采取新的改革措施，提高改革开放决策的科学性，增强改革开放措施的协调性。我们必须确立这样的历史责任感和使命感。中共广东省委在全省范围内开展“继续解放思想，坚持改革开放，争当实践科学发展观排头兵”的学习讨论活动和省委书记汪洋同志关于社会科学理论工作者要争当解放思想尖兵的要求，也正是基于这一目标提出的。

在改革开放的事业中，改革开放的理论研究是不可或缺的重要组成部分，它需要热情和持续的投入。中山大学集权威专家之力，积极开展改革开放30周年学术研究，并得到许多专家学者的大力支持，乃是学界的一大幸事。我认为，在研究中要充分体现“敢为天下先”的精神与“不唯书、不唯上、只唯实”的精神。“敢为天下先”就是要“敢”字当头，言人之所未言，讲人之所未讲，经过苦苦探索，深思熟虑，持之以恒，取得原创性的理论成果。“不唯书、不唯上、只唯实”就是实事求是，把握客观规律，勇敢追求真理，不为风险所惧，不为干扰所惑，让社会科学学术研究真正成为人类认识与改造世界的先导。

各位专家学者、朋友们、同志们，我们衷心期待大家能抓住机遇，从改革开放30年的历程中汲取学术营养和学术勇气，把握学术规律，促进学术创新，共同为广东乃至中国的腾飞不断提供理论支撑和智力支持，为新起点上的继续解放思想、深化改革开放做出无愧于时代的贡献。

（2008年5月24日）

在“广东省社会科学界联合会成立50周年庆祝大会”上的讲话

南国的12月，阳光和煦，清风送爽。当激情亚运的欢呼与掌声犹在耳畔，我们又怀着激动的心情迎来了广东省社科联50周年的隆重庆典。在此，我谨代表省社科联，对出席今天大会的各位领导和来宾，对所有为广东社科事业做出过贡献的老一辈专家和社科工作者，对关心和支持我省社科事业的各兄弟省市社科联领导及社会各界人士，致以最亲切的问候和最由衷的感谢！

50年，弹指一挥间。抚今追昔，共和国以其辉煌的成就在中国历史上投写了重重的一笔，为中华民族这一东方古国的重新崛起，为在21世纪再展宏图，奠定了坚实的基础。哲学社会科学是人们认识世界、改造世界的重要工具，是推动历史发展和社会进步的重要力量。党领导人民在国内外艰难复杂环境下开创社会主义事业的伟大历史进程，在每一个重要阶段、每一个重大关头，对每一个现实问题的思考，都有社会科学上的反响和表现，都受到社会科学理论的深刻影响。新中国的社会科学，在历尽半个世纪的风雨沧桑后，也因此取得了长足的发展，为新中国的发展繁荣，为社会主义改造和建设，为我国改革开放和现代化事业，提供了强大的思想武器和智力支持。位于祖国南大门的广东，不仅在改革开放的伟大实践中“先行一步”，大胆开拓，敢为人先，建设和发展取得了举世瞩目的成就，使我省由原来一个经济比较落后的边陲省份，一跃成为全国经济最发达的地区之一，而且在思想上、行动上自觉坚持以邓小平理论为指导，大胆冲破“左”倾错误思想和教条主义的禁锢，以“杀开一条血路”的勇气和魄力，以“敢为天下先”的创新文化精神，解放思想、实事求是，从实际出发探索和解决改革开放和建设发展的各种理论问题，发挥思想理论的先导作用，为丰富和完善中国特色社会主义理论做出了应有的贡献。邓小平同志发展社会主义市场经济的理论、江泽民同志“三个代表”重要思想、胡锦涛总书记科学发展观的思想都是在广东孕育或首次提出，并引领全国解放思想、改革开放风气之先，开辟了中国特色社会主义理论的新境界。

50年来，特别是改革开放30多年来，省社科联紧密团结、带领和依靠全省社科工作者，开展学术研究，推动理论创新，取得了丰硕的理论成果。改革开放之初，广东学者积极参加了“实践是检验真理的唯一标准”大讨论并走在全国的前列；积极参与了“异化与人道主义”问题的讨论，深化了马克思主义的人学研究，在社会进步的标准问题、文化问题、民族精神问题的讨论方面以及马克思主义哲学史的研究方面，都取得了许多理论创新成果；较早开展并长期坚持社会主义辩证法、社会主义精神文明、社会主义政治文明、中华民族凝聚力、综观经济学等问题的研究，在全国产生了较大的影响。20世纪80年代初期，我省社科界在著名经济学家卓炯的影响和带动下，在全国率先探讨社会主义商品经济这一重大的理论课题和实践课题，对推动广东早期冲破计划经济旧体制的改革起了积极的作用；80年代中后期，我省社科界又在全国率先组织开展关于市场经济问题的大讨论，提出了以市场为取向的改革思路，为我省在全国率先推进市场取向的改革提供了有力的理论支持。此外，广东社科界还多方位介入了改革开放的其他实践，从经济、政治、思想文化、社会建设等各个方面，对区域发展与合作、工业化与城市化、城市文化建设、城市管理、企业改革、山区发展、社区建设、新农村建设、党的建设、生态环境文明等多个问题进行了大量的探讨，发表了大量有价值的理论成果，取得了许多突破性成果。这些成果有的是改革开放的理论基础，有的是改革开放实践经验的总结，有的直接为省委、省政府决策服务，为广东乃至全国的改革开放提供了科学的认识工具和理论支撑。

50年来，特别是改革开放30多年来，省社科联紧密团结、带领和依靠全省社科工作者，积极推进学科建设，建成了具有广东文化特色、种类比较齐全的学科体系。广东的传统优长学科，如马克思主义哲学研究、中国古代思想史研究、岭南文化研究、广东近代史研究、孙中山研究、华侨华人研究、留学文化研究、元明戏曲研究、文体学研究、粤方言研究、古文字研究等，不断得到巩固和发展。另外，在改革开放中诞生的新兴学科和新的研究领域，如邓小平理论研究、特区经济研究、港澳台和珠三角研究、社会主义市场经济理论研究、社会主义改革开放理论研究、粤商文化研究、社会主义辩证法研究、社会主义精神文明建设研究、中华民族凝聚力研究、综观经济学研究、华侨华人问题研究、世界华文文学研究等，也都逐渐形成优势。迄今为止，广东已拥有10个国家教育部人文社会科学重点研究基地，学科体系不断完善发展。

50年来，特别是改革开放30多年来，在省委、省政府的重视和关怀下，省社科联组织机构从无到有，从小到大，已形成了从省、市到县、区乃至镇一级覆盖全省的社科工作网络。回首历史，更显岁月峥嵘。省社科联成立于1960年。但到了1968年，却由于极“左”思潮的干扰和破坏，省社科联组织机构一度被撤销，直到1978年才得以恢复。“文化大革命”后，省社科联恢复工作初期，曾一度与省社科院合署办公。1985年，经省委批准，省社科联单独建立党组，迄今已先后召开五次代表大会。广东省委、省政府高度重视哲学社会科学工作，2004年制定下发了《中共广东省委广东省人民政府关于进一步繁荣发展哲学社会科学的决定》，阐述了繁荣发展哲学社会科学在广东省全面建设小康社会、加快推进社会主义现代化进程中的重大意义，明确了繁荣发展广东省哲学社会科学的指导原则、基本目标和政策措施。中共中央政治局委员、省委书记汪洋同志高度重视哲学社会科学在广东省改革开放中的重要作用，要求广东思想理论界增强责任感、使命感，努力成为广东新一轮解放思想活动的尖兵。近几年来，省委、省政府推出了一系列具体措施支持社科事业，包括加大经费投入、建设广东社会科学中心等等，为广东社科事业的基础建设和发展繁荣创造了良好的条件。目前，省社科联拥有团体会员和社会组织共153个，其中省级社团133个、民办社科研究机构19个、社科类基金会1个。另外，还有岭南特色研究基地10个，社会科学普及示范基地86个。会员分布在全省各条战线并发挥学术骨干作用。特别是市、县社科联组织建设，从无到有，从小到大，也取得了长足发展。从1983年12月广州市社科联成立到2004年7月8日揭阳市社科联成立，经过22年的时间，全省21个地级以上市已全部成立了社科联。还有30多个县也成立了社科联，部分市还成立了镇级分会。各市、县社科联共拥有各级类学术社团近千个，初步形成了全省范围的合作与联动机制。

50年来，特别是改革开放30多年来，省社科联紧密团结、带领和依靠全省社科工作者，实现了工作性质由“小社科”到“大社科”的转变。省社科联成立之初，仅管理、服务着文、史、哲、经等屈指可数的几个学会。经过几十年持续发展壮大，2002年7月，经省委同意和省社科联第五次代表大会审议通过，省社科联的全称由“广东省社会科学学会联合会”更改为“广东省社会科学界联合会”，标志着省社科联由“小社科”到“大社科”的转变。这个转变使省社科联工作近年来实现了大的跨越：社科规划工作不断完善，水平不断提高。近年来，我省社科规划在国家社科基金项目申报、管理等方面的综合评分及我省专家学者承担的国家社科基金项目的数量均居全国前列；优秀成果评奖制度不断健全，省委、省政府设立了“广东省哲学社会科学优秀成果奖”，颁布了《广东省哲学社会科学优秀成果奖励试行办法》，至今已开展了4次全省社科优秀成果评奖活动，较好地发挥了评奖工作的激励和导向作用；社科普及工作由非常规性工作变为常规性工作，由零散走向整合，在健全组织机构、加大财政投入、加强品牌建设、完善网络平台、建设人才队伍等方面迈上了新的台阶，形成了岭南大讲坛、社会科学普及周等工作品牌；社团联络由着眼于管理向着眼于建设迈进，搭建平台，创新服务，加强引导，推动发展；决策咨询工作有效展开，成立了专家委员会，为省委省政府中心工作服务取得显著成绩；《学术研究》杂志成为我省重要的学术理论窗口之一，是具有全国品牌效应的学术理论交流园地，弘扬了全国中文核心期刊、中国人文社会科学核心期刊、CSSCI来源期刊的学术品味，在各种评价体系中保持前列；广东社会科学大学是全国唯一一所由社科联创建的大学，为社科界开办高等学校做出了大胆、有益的尝试，培养了大批人才。

50年来，特别是改革开放30多年来，省社科联紧紧团结、带领和依靠全省社科工作者，努力提供服务、反映诉求、牵线搭桥，充分发挥了桥梁纽带作用。省社科联成立以来，始终坚持以马列主义、毛泽东思想、邓小平理论和“三个代表”重要思想为指导，深入贯彻落实科学发展观，团结、依靠广大社科工作者，坚持理论联系实际，积极组织协调各省级社团和各市社科联开展学术研究活动和国内外学术交流，宣传普及社会科学知识和科研成果，积极反映社科界的愿望和要求，维护社科工作者的正当权益，营造团结、和谐、宽松的气氛，保证了社会组织的健康发展，推动我省社科事业不断繁荣进步。50年来，全省共组织大型国内外学术活动2000余次，取得数以万计的优秀成果；近几年，举办的大型科普宣传活动和专家咨询服务活动30余次，参加群众达数十万人次，取得了较好的效果。

50年发展历程表明，广东社科界和省社科联能取得今天的成绩，离不开历届省委省政府领导的关心和支持，历任广东省委书记和省长都十分关心我省哲学社科事业，为省社科联的发展倾注了大量心血；离不开省委宣传部和有关部门的关心和支持，历届省委常委、宣传部长及有关部门领导多次来社科联视察指导，或召开专门会议研究，或登门现场办公，看望专家学者，出题目，拨经费，解决困难，提供支持；离不开全省几代社科专家、学者和社科工作者的团结一致、辛勤耕耘，来自高等院校、社科院、党校、政府研究部门和民间研究机构这“五路大军”紧密团结在一起，在社科理论创新、重大理论问题和现实问题的研究上以及学科建设、特色文化建设等方面付出了大量的汗水，做出了突出的贡献；还离不开历届社科联领导和广大干部职工的不懈劳动，他们在工作岗位上兢兢业业，为广东社科事业默默奉献出自己的青春和智慧。在此，请允许我再次对所有关心、支持过我省哲学社科事业、为省社科联发展壮大提供过帮助、做出过贡献的前辈和同仁，致以最崇高的谢意！

50年的经验告诉我们，要做好社科联的工作，必须树立“大社科”的工作理念，推动社科战线整体联动，实现社科资源优化。社科联是一个联系广泛并具有一定管理职能的社会团体，作为社会团体，其管理职能缺乏一定的刚性，它的优势就在于“联”。在“联”字上下功夫，在“实”字上作文章，既要与全省社科类学术社团、社会组织加强联系，增添感情，增进互信，增强凝聚力，又要加强与各地市、县社科联的联系与合作，努力做到上下联动、资源共享、各取所需，同时还要不断创新工作机制，强化社科联统筹、协调、管理、服务全省社科界的功能，充分利用和发扬全省社科战线的综合优势，通过社科联特有的工作渠道和工作机制，更好地发挥宏观协调、资源整合的作用。

50年的经验告诉我们，要做好社科联的工作，必须强化“大作为”的责任意识，推动社科理论植根社会实践，为我省现代化建设大局服务。团结带领社科理论工作者走出书斋，围绕中心、服务大局，不断推出贴近实际、贴近社会、贴近党委和政府决策的理论成果，为党委、政府提供科学的决策咨询服务，这是社科联充满生机和活力的根本所在，也是赢得社科联应有的地位和作用的关键所在。只有植根于社会实践的沃土，理论之树才能长盛不衰，永葆青春；只有投身到改革开放和建设有中国特色社会主义的伟大实践中，社科理论工作者才能找到自己的位置，有所作为，有所建树。深入实践、研究实践、服务实践，指导实践，这是时代对理论的呼唤，也是社科理论工作者义不容辞的使命。因此，必须从实际出发，主动拓展新职能、构想新思路，使社科界在服务省委省政府工作大局和广东现代化建设事业的进程中，有亮点，有作为，有位置。

50年的经验告诉我们，要做好社科联的工作，必须弘扬“大众化”的宣传思路，推动党的创新理论和社科研究成果惠及广大群众。省社科联自成立以来，就积极承担起宣传党的理论、普及社科研究成果的重任，每逢党举办重要会议或进行理论创新，我们都组织专家进行学习、研讨和宣传，包括举办各种形式的学习交流会、市民论坛、组织宣讲团到全省各地进行宣讲、把党的理论精神融入群众性社科普及活动中等多种方式，团结和带领我省社科工作者，争当宣传弘扬广东时代文化精神的表率，为推动有中国特色社会主义理论的大众化、社会化营造浓厚氛围，在广大群众中迅速掀起学习、宣传和贯彻党的最新理论成果的热潮。

50年的经验告诉我们，要做好社科联的工作，必须坚持“品牌化”的运作机制，强化精品意识，打造在全省乃至全国有影响的社科工作品牌。上世纪80年代以来，广东社科界在社会主义商品经济理论及真理标准大讨论等理论探索中树立起“敢为人先”的文化名片，成为我省经济社会建设的持续推动力；我省特色文化建设、重点学科建设等方面所取得的成就，也成为广东在全国社科界亮丽的品牌，反过来不断影响和促进着我省哲学社会科学事业良性发展。事实表明，树立品牌意识，坚持“品牌化”运作机制，重创意，重精品，重特色，精心打造在全省乃至全国有影响的品牌活动、品牌项目、品牌刊物、品牌课题、品牌学会等，有助于建立起广东社会科学的良好品牌形象，赢得社会大众的信任和支持，从而更好地推进各项工作的开展和产生更好的效果，是我省社科事业不断发展繁荣的重要推动力。

50年的经验告诉我们，要做好社科联的工作，必须拓宽“社会化”的工作路子，提供引导式服务，推动社科类社团实现社会化管理。社科联作为党领导下的社会科学界的人民团体，具有团结、联系、管理、服务学术社团的功能，是联结党与广大社会科学工作者之间的桥梁和纽带，在构建社会主义和谐社会中将发挥重要的作用。在长期的社团工作中，我们通过提供引导式服务，促进社团由依附型向服务型转变，朝着规范化、制度化的方向健康发展，有效推动社团管理的社会化运作，充分发挥了全省社科社会组织的网络优势、学科优势和人才优势，形成社科界服务我省经济社会发展的强大合力。

回顾过去，是为了拓展未来。在看到我省哲学社科事业取得显著成就的同时，我们也要清醒地认识到，我省社科文化发展水平与经济社会发展仍不相适应。今后10年，是广东加快转变经济发展方式、实现经济社会转型的关键时期，如何更快、更好地实践科学发展为我省哲学社会科学界提出了全新的命题与任务。站在新的历史起点，广东省委、省政府在经历六年文化大省建设并取得重大成就的基础上，又提出建设文化强省的口号和任务，要求哲学社科界立足当前、着眼长远，统筹规划、科学布局，坚持基础理论研究与应用对策研究相结合，以改革开放和现代化建设的重大理论和实践问题为主攻方向，加强优长学科、特色学科建设，推动科研创新平台建设，培育理论学术精品，瞄准世界先进水平，造就高素质的哲学社会科学队伍，不断提升综合创新能力和国际学术竞争力，全面提高广东文化软实力。

铁肩担正义，挥笔著文章。展望未来艰巨而光荣的使命，深感社科工作者任重而道远！我们要始终保持昂扬向上的精神状态，立足现实生活，关注理论前沿，多出学术精品，使党和政府切实感到我们这支队伍“用得上”“信得过”“离不开”。省社科联也将一如既往地在省委、省政府的正确领导下，团结和带领全省社科工作者把握机遇，奋发进取，共克时艰，坚持以科学发展观为统领，牢牢把握社科工作的正确方向，紧密联系广东加速实现经济发展方式转变的实际，以发展为主题，以改革为动力，以人才为根本，以创新为灵魂，着力实施我省哲学社会科学提升工程，通过推动重点学科、特色文化和民间智库建设，加强应用对策研究，扶持培育具有岭南特色的社科学术社团，搭建港澳合作、国际学术交流平台，实施社科普及工程，创建广东文化创意产业职业学院等有效举措，力争用10年左右时间，构建起具有世界视野、广东特色的哲学社会科学创新体系，社科研究水平居全国前列，为推动我省经济转型、实践科学发展提供源源不绝的精神动力、智力支持，为广东全面建设小康社会和文化强省建设做出新的更大贡献！

（2010年12月23日）

解放思想，锐意创新，争当社会组织建设排头兵

——在社科联主席研修班上的讲话

广东省委十届九次全会是一次学习贯彻胡锦涛同志“七一”讲话精神，全面部署社会建设和管理创新战略任务，深入推进“加快转型升级，建设幸福广东”核心任务的重要会议，这次主席研修班学习领会和贯彻落实全会精神，就要联系社科工作的新使命，省委、省政府的新要求，社科联事业的新发展，认清形势，明确任务，拓展视野，解放思想，抓住机遇，有所作为，实现社科联工作的新跨越。

一、推动解放思想，加强理论创新

我们党的全部历史说明，党的成熟与理论的成熟是一致的，党的事业的创新与党的理论的创新是一致的。解放思想、理论创新是我们党走过90年辉煌的动力和前提，今后继续开拓改革开放和现代化建设新局面，仍然离不开解放思想和理论创新。“七一”讲话是一个总结过去、指导未来的纲领性文件。无论是总结党的历史经验还是阐述推进中国特色社会主义事业大政方针，胡锦涛总书记都更加强调改革开放，更加强调党的建设，更加强调宗旨意识，更加彰显时代精神，更加关注科学发展。这个讲话既是党的实践创新的新总结，又是党的理论创新的新成果，为今后理论创新提出了要求，指明了方向。

“七一”讲话指出：“当前，世情、国情、党情继续发生深刻变化，我国发展中不平衡、不协调、不可持续问题突出，制约科学发展的体制机制障碍躲不开、绕不过，必须通过深化改革加以解决。”总书记在总结90年中突出改革开放，在展望未来中强调改革开放，这在当前廓清各种疑虑，坚定改革信心意味深

长。“七一”讲话在90年历程回顾中在原来三个选择中加上了“选择了改革开放”；在总结90年中提出要长期坚持和发展的成就是中国特色社会主义的道路、理论体系和制度；在面向未来时提出全党必须牢记过去30年快速发展靠的是改革开放，未来的发展也必须坚定不移依靠改革开放，要坚持社会主义市场经济的改革方向；在展望未来的四个建设中，每个建设都强调了改革创新；最后重申“两个勇于”，“两个永不”，以及“五个不”。可谓掷地有声，斩钉截铁，义无反顾。这里提出一个重大的理论任务，就是实践发展永无止境，认识真理永无止境，理论创新永无止境。作为改革开放前沿和三个理论春天源头的广东，哲学社会科学工作者要把推动思想解放和理论创新作为责无旁贷的光荣使命，继续为丰富和发展中国特色社会主义理论体系做出独特的贡献。正如汪洋书记在会见广东省首届优秀社会科学家时所提出的，广东进一步发展的新形势和新任务迫切要求广东省哲学社会科学工作者大力弘扬时代文化精神，研究新课题，总结新经验，形成新认识，推出新成果。我们要不辱使命，志存高远，更加自觉地推进马克思主义的中国化时代化大众化，更加自觉地研究广东改革开放、科学发展和社会建设的新课题，更加自觉地开展学术观点创新和学科体系创新，从而把握理论创新话语权，提升岭南学术文化影响力，重塑广东思想解放排头兵形象。

二、服务主题主线，建设幸福文化

以科学发展为主题，以加快转变经济发展方式为主线，以“加快转型升级，建设幸福广东”为核心任务，是广东省“十二五”时期发展的根本指导思想和战略任务。省委九次全会关于加强社会建设的要求，是贯彻落实这个主题、主线和核心任务的一个重大部署，是与省委七次、八次全会精神一脉相承的一个战略考量，是建设幸福广东的极其重要的一个环节。围绕创新社会管理，建设幸福广东，哲学社会科学要进一步加强基础理论研究，加强决策咨询服务，加强社科普及，提供精神动力和智力支持，营造文化氛围，其中，建设科学理性的幸福文化，是当前一项紧迫的任务。前些时候汪洋书记在我会编写两本“幸福书”的有关报告上指出，社科联在幸福文化建设上大有可为。汪洋书记的批示既是对我们原有工作的表扬肯定，又是对继续做好这方面工作的更高要求。

文化心理调适是社会建设的题中应有之义。改革开放以来，广东省在经济飞速发展的同时总体上保持了社会和谐稳定，但是作为改革开放先行地，社会转型快，流动人口多，利益多元和价值多元明显，社会矛盾和社会问题早发多发，这里既有社会事业发展滞后的问题，也有社会文化和社会心态不相适应的问题。改革开放30余年我国社会发生了翻天覆地的变化，人民生活也从贫困向温饱再向富裕不断提升，但与改革开放初期80年代到90年代中人们的普遍认同和普遍乐观相比，现在人们是普遍焦虑。这种心态是产生和扩大社会冲突，酿成群体性事件的文化心理温床。如何加强人文关怀和心理疏导，在全社会培育起理性平和、开放包容、知足常乐的社会心态，是社会建设的重要组成部分，当然也是当前哲学社会科学的重大任务。

幸福文化是幸福广东的重要内涵。幸福广东说到底要使广东人感到幸福，而幸福感是一种主体心理感受，是一种生活价值判断，与文化有内在的联系。哲学社会科学要为建设幸福广东提供文化动力和文化导向，包括引导人们正确理解幸福，理性追求幸福，共同创造幸福，和谐共享幸福。要推动广大干部群众形成创造创业创新的成就观、知识就是力量的财富观、奋斗改变命运的人生观、岭南历史文化的归属感、领潮争先的自豪感、公平竞争的平和感、履行社会责任的义务感等，营造积极向上与和谐健康的精神文化环境；要建设共建共享的公共文化，形成幸福建设人人有责，幸福成果人人共享的社会伦理氛围；要倡导人民群众广泛参与管理与评价的公民文化，使经济社会文化建设更能反映普通民众的愿望和诉求，更能贴近广大群众的切身利益。

三、促进社会建设，争当社会组织建设排头兵

省委九次全会提出了全面加强社会建设，实现富裕安康、公平正义、活力创新、文明有序，争当中国特色社会主义社会建设排头兵的奋斗目标，提出了实现这个目标的七个方面的任务和举措，其中一项是“培育壮大社会组织，提升服务社会”，对如何推动社会组织健康有序发展，构建枢纽型社会组织工作体系，发挥社会组织积极作用提出了明确要求。社科联作为枢纽型社会组织，在社会建设中负有重要职责，汪洋书记在全会报告中专门提到一些枢纽型组织，其中明确提到社科联。我感到，省委省政府越来越重视社科联的作用，特别是加强社会建设，加强社会组织建设，把社会组织包括社科联的发展第一次提到中心工作中

来。我们要切实提高认识，进一步解放思想，增强使命感和自信心，抓住机遇，加快发展，适应从边缘到中心，从配角到主角的变化，争当社会组织建设排头兵。

充分发挥社会组织的作用是完善社会结构，增进社会活力，促进社会和谐的必然要求。社会的活力在于社会结构的活力。社会组织发育不足，活力不足，是我国我省社会转型中束缚社会活力、影响社会和谐的重要方面，是结构性的短板。有些部门和领导至今对社会组织的看法观念明显滞后，如认为把一些政府职能让渡给体制内的机构放心，而给体制外的社会组织就揪心；把资金拨给体制内的机构是扶持，而给体制外的社会组织是流失等。省委十届九次全会提出把发展社会组织作为社会建设的一项重要任务，并提出了具体的扶持措施，抓到了关键环节。要认识到社会组织的发育壮大绝不是权宜之计，而是社会建设的基础工程。如学术类社会组织的存在发展，不仅是体制内学术机构的有益补充，而且是提升社会理性，形成良好社会心态的调节器，是激发全社会精神活力，培养社科人才的“民间智库”。进一步来说，学术类社会组织作用的充分发挥，实际上也是落实人民群众的思想表达、文化创造基本权益的体现，是提升人民群众的精神幸福的重要标志。

四、如何把胡锦涛“七一”讲话精神、九次全会精神贯彻落实到当前社科联工作中

林雄部长在表彰优秀社会科学家大会上的讲话已经做了全面系统的部署，我在这里讲讲重点问题。

定位：大社科、大平台；优服务、扩影响；出精品、出人才，争当社会组织建设排头兵。

（一）继续推进文化强省社科提升工程。推进成效显著的：“十二五”规划工作、首届优秀社会科学家评奖工作、省情调研和决策咨询工作、围绕幸福广东科普工作。正在推进的：南方学术网、社科大改革建设、发展培育有影响的学术社团、优质社科基地建设、县区社科联建设。

（二）推动解放思想，加强理论创新，为中国特色社会主义理论体系新发展做出新贡献。在党的十八大前多总结宣传广东科学发展的新成效新经验，彰显广

东特色广东模式广东理论。加强学科建设，形成在国内领先水平的哲学社会科学创新体系基本框架。

（三）围绕社会建设和社会管理创新，研究有关化解矛盾、改善民生、促进社会和谐的重大问题，提供决策服务；建设幸福文化引导社会心态；研究社科类社会组织建设问题，形成促进和扶持社科类社会组织的有关意见。

（四）抓紧解决制约社科联事业的瓶颈问题：编制、经费、产权、人才等问题。

（五）今年下半年要开展的几项大活动：全省社科联主席研修班、全国社科普及联动、南方智库论坛、科普周与学术年会。

（2011 年 8 月 11 日）

在“学术期刊与当代中国学术发展暨哲学编辑视野中的当代中国哲学研究研讨会”上的致辞

今天由《哲学研究》《华南师范大学学报》《学术研究》等几家杂志社联合举办的“学术期刊与当代中国学术发展暨哲学编辑视野中的当代中国哲学研究研讨会”，在风光秀丽的华南师范大学召开，我谨代表广东省社会科学界联合会，对研讨会的召开表示热烈的祝贺！对来自北京、上海以及全国其他省份学术期刊界的各位嘉宾、各位代表的到来表示热烈的欢迎并致以诚挚的敬意！

本次研讨会的主题是期刊与学术发展，凸现了当代学术期刊、学术传媒与学术发展之间联系的重要性，这种联系在哲学学科的发展中尤为明显，在座的许多代表，既是期刊界的专家，又是在哲学学科相关领域有较深造诣的专家，体现了当代学术期刊编辑独特的职业角色特征。作为从事哲学研究的一员，我很高兴与大家一起讨论交流。

当代中国社会发展的现实要求大力加强哲学研究。哲学是一个国家、一个民族、一种文化中活的灵魂。恩格斯说过，一个国家、一个民族要站在世界的高峰，就一刻也不能离开理论思维。理论思维的水平决定了一个民族、一种文化在人类文明发展中所具有的高度。中华民族是一个重视理论思维的民族，几千年的文明发展铸就了中华民族独特的思维方式。五四运动之后，马克思主义哲学开始融入中国人的思维方式，唯物辩证法思想成为共产党人和中国人民从事社会实践、社会革命的有力的思想武器，马克思主义哲学成为党的指导思想的理论基础和思想灵魂。历史实践证明，科学的思维方式是中国革命、建设、改革取得成功的思想前提。

我们不会忘记，真理标准问题的大讨论推动了全民族的思想大解放，改革开放 30 多年来，中国共产党始终坚持唯物辩证法，把马克思主义的基本原理与当代中国的改革开放实践紧紧结合起来，创造性地解决了一个又一个重大、复杂的社会实践问题，使马克思主义哲学获得了新的创造性的发展，马克思主义中国化进入了一个新的历史阶段。中国特色的社会主义理论体系就是马克思主义中国化的最新成果。

当前，中国进入了科学发展的新阶段。广东正在努力争当实践科学发展观排头兵。广东 30 年前改革开放先行一步靠的是解放思想，现在争当排头兵靠的也是解放思想。我们深刻地体会到，在学习和践行科学发展观的过程中，把握哲学思维对提高领导干部的执政能力和执政水平具有特别重要的意义。对发展人文社会科学来说，哲学学科的发展水平同样具有决定性的意义，学术观点、学科体系和研究模式的创新首先是思维方式的转变和创新。

办好学术刊物离不开哲学头脑。学术刊物是学术成果转化的载体和平台。办好刊物、栏目需要有敏锐的学术眼光和较强的学术判断力。重视哲学思维可以提高人的敏锐性和判断力。事实上，学术刊物缺乏哲学的高度，就会失去灵魂和核心，要办好一个出色的学术刊物，特别是综合性刊物，首先要把哲学栏目办好。哲学栏目文章质量决定刊物的品位、高度。

当代中国社会发展以及全球化进程中，有许多重大的理论问题值得我们的哲学研究者也包括我们学术刊物的专家共同关注、共同思考，例如，如何坚持以人为本，实现全面协调可持续发展；如何坚持以马克思主义为指导，促进中西马相互学习相互交融等。社会的发展需要我们在这些问题上能够思考、总结、提炼出新的哲学成果，也需要在这些问题上能够为社会的发展、民族的复兴提供理论、精神以及思维方法上的支持。我们应该创造更宽松的学术讨论、争鸣和批评的氛围，良好的学术氛围是催生创新性学术成果的必要前提。

《哲学研究》杂志是中国哲学研究的最权威刊物，我们希望哲学研究杂志在新的历史时期，为我们国家民族的哲学研究、理论思维方面提供更多更好的成果，为我们地方综合性刊物提供示范和指导。华南师范大学有一个实力强大的哲学研究学者群体，《华南师范大学学报》的哲学栏目也有很大影响。《学术研究》杂志作为省一级的刊物，向来重视哲学栏目，也力图将栏目办得更有特色，在有关领域办得更有影响力。我们特别鼓励和支持编辑成为学者型编辑，鼓励专家办刊。

各位代表，本次研讨会是探讨刊物与学术研究关系的一个重要尝试，希望通过讨论，取得预期的成果；特别希望来自北京和全国的专家学者更多地关注广东，为广东的学术、广东的社会科学研究提供指导意见。最后祝研讨会圆满成功！

（2009 年 12 月 27 日）

在"庆祝张江明同志从事学术活动60周年暨当代中国科学发展辩证法研讨会"上的讲话

今天是我省社科界、哲学界的老前辈张江明同志的90岁生日、从事学术研究60周年的大喜日子。我代表广东省社科联和各协办单位，向江明同志表示衷心的祝贺！向前来出席庆祝活动暨学术研讨的各位领导和学界同仁表示热烈的欢迎和衷心的感谢。

张江明同志是一位我们深为敬重的马克思主义者、哲学家。在已经走过的60年的革命岁月和学术生涯中，他倾注大量心血研究马克思主义哲学，不懈探索马克思主义中国化，开拓了马克思主义哲学研究的新领域，在马克思主义哲学研究方面取得了丰富的创新成果。他最突出的学术贡献在于社会主义社会辩证法的研究方面，是社会主义社会辩证法这门学科的创始人和开拓者，提出了社会主义社会辩证法学科的基本概念、基本范畴、理论体系和研究方法；亲自撰写了我国第一部社会主义社会辩证法著作，主编了20多部社会主义社会辩证法著作，开拓或深化了许多重大实践问题和理论问题的研究，如对中国社会主义发展规律问题的研究、社会主义新型社会矛盾问题的研究、利益群体问题的研究、改革主体问题的研究等都具有重要的学术价值。实践证明，他的大量创新性的理论成果增进了对中国特色社会主义理论体系的认知和研究，为广东科学发展伟大实践提供了富有价值的理论支持，今天仍然具有非常强的生命力。

社会主义社会矛盾问题是社会主义社会辩证法研究的核心。20多年来，社会主义社会辩证法对这个问题进行长期、深入的探讨，提出了不少突破传统理论的创新性观点，如提出社会主义社会矛盾是非对抗性人民内部矛盾为主体的新型社会矛盾，提出了社会主义社会突出矛盾、社会主义社会利益群体矛盾等新的概念，等等，丰富和发展了社会主义社会矛盾理论。

中国改革发展道路问题是社会主义社会辩证法研究的重要问题。张江明同志提出社会主义体制改革是在公有制基础上的质变渐进性和逐步过渡性的观点，探讨了质变渐进性的特点、内容、层次、类型、阶段、飞跃和中介，深化了对唯物辩证法关于事物变化发展规律的理解，对改革开放实践具有指导意义。

社会主义社会政治文明问题是社会主义社会辩证法长期关注的问题。1986年，社会主义社会辩证法研究会率先在全国开展了社会主义政治文明的探讨，并在《学术研究》发表了文章。提出了政治文明的必然性，明确了政治文明的内涵，阐明了政治文明的基本内容，提出要以党内高度民主促进和带动全国高度民主的逐步实现，体现了巨大的马克思主义理论勇气。

人的问题研究是社会主义社会辩证法研究的又一个重要问题。上世纪80年代初期，广东学者多次组织召开研讨会，对人道主义和异化问题进行讨论，张江明同志比较早提出在社会主义社会辩证发展中要以人为中心，重视人的全面发展，提出要研究人的哲学和哲学的人、人的现代化和现代化的人，建立“关于现实的人及其历史发展的科学”，为中国当代人学研究开拓了视野。

以上理论问题、理论观点仅是江明同志一生中学术研究的一小部分，但足以反映张江明同志深入实践、勇于创新、尊重规律、严谨治学的精神和学风。社会主义社会辩证法理论植根于中国特色社会主义伟大实践，是马克思主义哲学中国化的一个成果，是广大社会主义社会辩证法研究专家学者集体智慧的结晶。在这里，我们要感谢张江明同志在社会主义社会辩证法研究中所起的开创、引导、组织作用等方面的独特贡献，同时要感谢中国辩证唯物主义研究会和各省市哲学界对社会主义社会辩证法研究长期的关心支持。在科学发展的新阶段，我们要继续沿着张江明同志开拓的这个方向深入研究，拿出更多更新的理论成果，推动广东继续争当马克思主义理论创新的排头兵。

张江明同志不仅在学术理论创新上做出了突出贡献，而且在我省哲学社会科学事业的繁荣发展方面也做了许多开创性的工作。张江明同志长期参与并领导省社科联的工作，他任省社科联领导的时期，被称为社科联发展的“黄金时期”。其间，江明同志发起创办了全国第一所社科联举办的大学——广东社会科学大学，创办了除《哲学研究》之外的全国第二份哲学专业类刊物《现代哲学》，组织了许多在全国有重要影响的学术讨论，建成了广东省社科联办公大楼，为我省哲学社会科学事业的繁荣发展打下了坚实的基础。今天社科联事业的进一步发展，需要我们学习江明同志对事业执著追求的精神、无私奉献的精神、开拓创新的精神！

最后，祝张江明同志健康长寿，生活幸福！祝社会主义社会辩证法研究事业继续发扬光大！

（2010年3月17日）

·学术访谈·

从“联”入手　推动广东学术强省建设

——访广东省社科联党组书记、主席田丰

广东省社科联的发展，可以说是广东哲学社会科学发展的缩影。前不久，广东省委常委、宣传部部长林雄在《中国社会科学报》“人文岭南”专版发表专文阐述“学术强省”的意义与内涵，而广东省社科联也将在其中扮演非常重要的角色。在广东省社科联成立50周年之际，记者采访了广东省社科联党组书记、主席田丰。

从“小社科”到“大社科”

《中国社会科学报》：50年的发展历程中，广东省社科联的发展状况如何？

田丰：广东省社科联成立于1960年。1968年在极“左”思潮的干扰和破坏下，广东省社科联组织机构一度被撤销，直到1978年才得以恢复。改革开放之初，广东学者积极参加了“实践是检验真理的唯一标准”大讨论并走在全国解放思想大潮的前列。20世纪80年代初期，又在全国率先探讨社会主义商品经济这一重大的理论课题和实践课题，对推动广东早期冲破计划经济旧体制的改革起了积极作用。80年代中后期，广东省社科界又在全国率先组织开展关于市场经济问题的大讨论，提出了以市场为取向的改革思路等，这些成果为广东乃至全国的改革开放提供了科学的认识工具和理论支撑。

广东省社科联成立之初，仅管理文、史、哲、经等几个学会。2002年7月，广东省社科联的全称由“广东省社会科学学会联合会”更改为“广东省社会科学界联合会”，标志着广东省社科联正式实现“小社科”到“大社科”的工作转变。近年来，广东省社科规划办在国家社科基金项目申报、管理等方面的综合评分及国家社科基金项目的数量均居全国前列；优秀成果评奖制度不断健全；社科普及工作在健全组织机构、加大财政投入、加强品牌建设、完善网络平台、建设人才队伍等方面迈上了新的台阶；社团管理走上正规，服务、创新、引导的作用愈益显现；《学术研究》杂志成为广东省重要的学术理论窗口之一；广东社会科学大学是全国唯一一所由社科联创建的大学，为社科界开办高等学校做出了大胆、有益的尝试。

到目前为止，广东省社科联拥有团体会员和社会组织共 175 个，其中省级社团 134 个、民办社科研究机构 19 个、社科类基金会 1 个。全省 21 个地级以上市已全部成立了社科联，共有市、县级学会 700 余个，初步形成了全省范围的合作与联动机制，此外，社科联还联合地方高校成立了岭南文化特色研究基地 9 个、广东省情与决策研究基地 13 个，现已形成了全省纵横的社科工作网络。

找准定位　工作才有成效

《中国社会科学报》：可以看出，近年来广东省社科联发展非常迅速，社科联如何能在短短的时间内取得这样的成绩?

田丰：这些成绩离不开广东省委、省政府的全力支持。广东省委书记汪洋同志高度重视哲学社会科学在广东省改革开放中的重要作用。近几年来，广东省委、省政府推出了一系列具体措施支持社科事业，包括加大经费投入、建设广东社会科学中心等等，为广东社科事业的基础建设和发展繁荣创造了良好的条件。

广东省社科联也在工作中找准了自己的定位。2008 年，广东省社科联第六次代表大会根据科学发展观的要求，提出了“二三四五六”的工作思路，即“坚持二为目标、发扬三种作风、实现四个突破、当好五种角色、树立六种意识”。二为目标就是努力构建面向全国、面向世界、面向未来的有岭南特色的哲学社会科学创新体系，为广东争当实践科学发展观排头兵提供有力的理论支撑和智力支持，为广东哲学社会科学大繁荣大发展充分发挥桥梁纽带作用。三种作风就是历届领导班子留下的团结和谐的作风、求真务实的作风、廉洁自律的作风。四个突破就是要在提升全省社科界理论创新和服务决策的能力上有突破，在提升全省干部群众的哲学社会科学理论素质上有突破，在加快全省社科界人才培养上有突破，在提高机关服务能力和服务水平上有突破。五种角色就是要当好创新理论的实践者、党委政府决策的咨政者、社科理论的普及者、知识分子的贴心人以及中华文化的传播者。六种意识就是使命意识、大局意识、创新意识、学习意识、服务意识、民主意识。

找准定位，工作就有了方向。在工作中，我们着重从以下几个方面着力：

一、强化“大社科”意识，推动社科工作体系不断完善。“大社科”服务包括社团管理、社科规划、社科评奖、学术交流等多方面的服务，积极拓展工作网络和抓手，形成协调发展的大系统和整体合力。通过健全职能，使社科联的服务延伸到社科界和社会各个方面，一是通过规划、评奖等工作延伸到高校、研究机构；二是通过设立地方特色文化研究基地、科普基地、省情与决策研究基地延伸到社会基层；三是通过学会、民办非研究机构延伸到专家学者和民间。

二、强化服务意识，提高服务党政科学决策能力。近年来，省社科联把推动决策研究作为主要工作任务之一，通过加强社科资源整合，规划工作、评奖工作、《学术研究》杂志等相互协作，成立了决策咨询中心和决策咨询专家委员会，逐步完善了决策咨询工作机制，使社科界决策咨询服务能力上了一个新台阶。

三、强化创新意识，推动学科建设和理论创新。推动理论创新和学科建设是社科联主业。目前，广东省的社科规划管理工作基本实现网络化、电子化，信息化管理走在全国同行前列。

四、强化品牌意识，打造社科强势平台。品牌就是形象、就是影响力，我们把打造品牌作为一项长期任务。《学术研究》是广东省重要的学术理论窗口之一，具有全国品牌效应。“岭南大讲坛”已成为辐射全省、影响全国的重要文化品牌。

五、强化集成意识，扩大社科联的社会影响力。我们在省委宣传部领导的支持下成功举办了全国社科联协作会暨智库论坛、全省社科普及周暨学术年会等大型活动，促进各种社科要素在集成中实现有机结合、协调优化，达到锻炼社科队伍、展示社科力量、形成重大社会影响之功效。

以人才为本　建学者之家

《中国社会科学报》：从学术强省的角度来看，您认为目前广东省学术界发展存在哪些问题？

田丰：广东省学术界在中华人民共和国成立以来取得很大成绩，但在经过30多年的改革开放的今天，广东人的创新精神和思想创造力在弱化，昔日“思想观念北进”的态势已风光不再，哲学社会科学领域能够体现理论学术前沿的成果与经济大省的地位很不适应，提高思想原创力已是当前广东省学术界的当务之急。

要繁荣哲学社会科学，建设学术强省，人才是第一位的。近代以来，广东人才辈出，由此奠定了广东在近代史、在改革开放中的历史地位。目前，广东人才环境优势进一步弱化：高端人才的生活待遇与其他经济较落后的省市相差无几；广东生活成本较高；受官本位价值观念的影响，对知识分子缺乏尊重，社会地位不高等等。哲学社会科学的发展需要有时间的积淀，需要有一批潜心学术的学者坐冷板凳。学术的健康发展，既要有合理的学术规划，也要有科学的人文科学和社会科学的评价机制，特别是在评价机制方面，我们还需要做进一步的探索。

从广东省哲学社会科学发展的现状来看，广东省学术界在全国有奠基地位的研究领域有萎缩的迹象，如社会主义社会辩证法、中华民族凝聚力、孙中山研究，存在研究队伍老化、青黄不接的难题。我们需要继续支持这些已有的“学术高地”，同时在新的研究领域方面培育有潜质的学者。哲学社会科学是一种无形的“投资”，而作为“投资者”就应当敢于冒“亏本”的风险。

在具有广东特点的地域文化研究方面我们已经建设了一批研究基地，但存在组织保障不够、经费严重不足、人才队伍单薄、研究发展不平衡的问题。又如我们对国内的潮汕文化研究较多，而对潮汕文化在海外的传播和影响却知之甚少，可见地方特色文化在整体水平上还没有达到应有的高度。部分哲学社会科学的成果难以做到理论联系实际，个别学者的学术失范、学术腐败现象影响了整个学术界形象。学术是社会的良心，钱学森先生曾说，“姓钱不爱钱，离经不叛道”。这就需要哲学社会科学工作者自律、自省。

《中国社会科学报》：在《广东省建设文化强省规划纲要》中，广东省社科联也将扮演重要角色，您对广东省社科联今后的发展有何期待？

田丰：文化强省建设体现“五个更加重视”：更加重视思想理论建设，增强文化软实力；更加重视发展文化产业，解放文化生产力；更加重视公共文化产品供给，增强文化凝聚力；更加重视培养和引进文化人才，提高文化创造力；更加重视文化传播，提升文化国际竞争力。社科理论建设在汪洋书记的主题报告中有专门论述，作为十大工程之一，社科理论建设目标定位为：建设学术强省，打造“理论粤军”，增强广东学者的话语权和影响力；构建具有世界视野、广东特色的哲学社会科学创新体系，使广东省社科研究水平和综合实力居全国前列，成为全国具有重要影响力的区域哲学社会科学研究中心。这个目标定位符合广东实际，体现广东科学发展要求。社科联要抓住这个千载难逢的大好机遇，以主力军的姿态，以高度的责任心和使命感，以务实精神和创新意识实现哲学社会科学的提升。社科联的工作将在以下几个方面进行探索：

一、弘扬时代文化精神，增强思想引领动力。当前广东要当好推进科学发展、促进社会和谐的排头兵，关键的不是资源、资金、技术，而是精神动力和文化支撑。广东要建设文化强省，重要的不是上多少个项目，而是要建设精神高地和思想高地。社科界一是要焕发“解放思想、改革开放”的精神状态，重铸精神动力，拓展“解放思想、改革开放”的思维方式，创新发展理论，构筑时代文化精神的学术基础。

二、推动重点学科和特色学科建设，培育理论学术精品。协助省委宣传部搞好广东省哲学社会科学“十二五”规划；每年立项若干跨年度的资助力度大的重点学科研究课题，培育科研创新团队；支持地方特色文化研究；培育具有岭南特色的社科类学术社团。

三、推进服务党政中心工作的决策研究，每年组织专家学者开展省情调研和重大专题研究（十大课题），每年面向全省民办非社科研究机构发布研究课题（十大课题），形成一批全国知名的民间智库。

四、大力开展社科普及和社团活动，提高全社会知识文化修养。建立百个优质社科普及基地，增强公共社科产品和服务供给能力；调动全社会多层次积极性，支持社会学术团体各展所长，形成社科研究社会化的生动局面。

五、推动社科人才队伍建设，构筑社科人才高地。协助省委宣传部培养一批在国内外有广泛影响的马克思主义理论家、学科带头人和学术青年，选就一批学科、年龄、梯队结构合理的学科和学院，实施岭南学术大师培育工程。协助省委宣传部建立完善科学的人才激励评价机制，每三年评一次广东优秀社会科学家。

六、打造学术高地和学术品牌，提升广东学术的传播力和影响力。每年举办一次岭南学术国际论坛、中国（南方）智库论坛。继续实施《学术研究》学术名刊工程，创建“中国（南方）学术网”。

七、推进哲学社会科学支撑计划，进一步健全市县社科联机构。推动财政部门不断加大对哲学社会科学经费投入，形成社科规划、评奖、科普、社团建设经费增长的制度化。

哲学社会科学也需要“干货”，我们要始终立足现实生活，关注理论前沿，多出学术精品，使党和政府切实感到我们这支队伍“用得上”“信得过”“离不开”。最后，我想强调社科联是维系哲学社会科学工作者的纽带，更是“学者之家”，我们也希望广大的学者能够积极承担起社会责任，共同为社会的进步，为广东学术强省做出应有的贡献。

（原载《中国社会科学报》2010 年 12 月 16 日，记者：武勇）

省社科联主席田丰谈践行“广东精神”

广东科学发展进入新的文化自觉阶段

广东省社科联主席田丰日前在接受《南方日报》记者专访时谈到，归纳和提出“厚于德、诚于信、敏于行”的“广东精神”，体现了民族性、时代性、地域性的统一，同时又有各自不同的侧重点，“标志着广东推进科学发展进入一个新的文化自觉阶段”。他认为，“厚于德、诚于信、敏于行”强调的是以人为本，建设和谐社会、幸福广东，“它与我们目前所处的推动科学发展、促进社会和谐排头兵的历史地位是相适应的。”

访谈中，田丰还向《南方日报》记者透露，省社科联接下来将以“岭南大讲堂”为基地，邀请专家学者就“广东精神”发表独到见解，帮助更多市民领会吸收“广东精神”的精髓，还将组织专人赴基层宣讲。

■人物名片

田丰，广东省社会科学界联合会主席、研究员、博士生导师、政府特殊津贴专家。1953 年出生，1968 年上山下乡，1979 年起在华南师范大学、中山大学读书，先后获学士、硕士、博士学位。曾任广东省社科院党组书记、副院长，广东省政府新闻办公室副主任；兼任广东省社科规划领导小组副组长、中山大学客座研究员、华南师范大学经管学院兼职教授、广东省人民政府珠三角改革发展决策咨询专家、广州市政府决策咨询专家。

研究的学科方向主要是文化管理、文化产业和文化竞争力，有丰富的决策研究经验和成果。代表作有《文化进步论》、《文化竞争力研究》（合著）、《广东建设文化大省的理论与战略》（合著）等。主持过多项有关马克思主义研究与建设工程课题和广东省委、省政府交办的重要战略决策研究课题。多项学术成果分别荣获中国图书奖，广东社会科学优秀成果政府奖一等奖、二等奖。

用文化占领科学发展制高点

要实现可持续性发展、推进转型升级，就离不开核心价值体系的建设，提出“广东精神”，就是要用文化来打造精神支柱，为广东社会全面和谐发展提供精神力量。

《南方日报》：您此前曾表示，提出“厚于德、诚于信、敏于行”的“广东精神”，标志着广东推进科学发展进入一个新的文化自觉阶段。为什么这么说？

田丰：“文化自觉”是费孝通先生最初提出来的概念，呼吁一个民族、一个国家，应当对自身的文化在尊重之余，更要清醒认识其历史使命所在，也就是人们所说的“文化从哪里来，到哪里去”。

改革开放30多年的经验，使我们对发展有了更全面、更深刻的理解，文化自觉达到新的境界。首先，我们已充分认识到文化的力量，它不仅是生产力、创造力，更是参与全球化语境下竞争的“软实力”。提出“广东精神”，表明了广东用文化占领科学发展的制高点，用文化引领发展的态度，这事实上已经深入到“文化”一词的核心层面。其次，广东一直深受市场经济浸润，这种“文化自觉”也是与市场经济联系在一起的。要实现可持续性发展、推进转型升级，就离不开核心价值体系的建设，提出“广东精神”，就是要用文化来打造精神支柱，为广东社会全面和谐发展提供精神力量。

《南方日报》：作为一名参与此次“广东精神”提炼工作的著名学者，您怎么看待“广东精神”在历史上的渊源流变？这次提出的表述语您觉得最重要的创新之处何在？

田丰：我认为这次提出的“厚于德、诚于信、敏于行”，达到了一个新的精神高度。

改革开放初期，广东曾经涌现出许多影响全国、家喻户晓的表述语，比如“时间就是金钱”“效率就是生命”。这些表述语的实质是鼓励把人的潜能发挥出来，走向市场经济，积极参与竞争，并且在竞争中激发生产力、创新力和社会活力。发展到今天，广东连续多年保持高速经济增长，成绩斐然，有目共睹，因而需要更为强大的精神力量为发展提供动力源泉。“厚于德、诚于信、敏于行”强调的又是什么呢？是以人为本，建设和谐社会、幸福广东，这是将“广东精神”提升到了一个全新的精神境界。我认为它与我们目前所处的推动科学发展、促进社会和谐排头兵的历史地位是相适应的。

让“广东精神”融入百姓生活

推广宣传“广东精神”，关键就在于要把这种精神体现在建设实践、社会生活的各个方面，让它成为人们心目中的行为规范和道德修养。

《南方日报》：我们注意到，这次“践行广东精神”活动，除了常见的宣讲、座谈等方式之外，也开始推广至微博等现代科技平台，引起了不少网友的关注，那么您对于推广宣传广东精神有什么建议？

田丰：让“广东精神”深入人心，在人民心中形成文化认同，变成一种自觉行为，我认为这是我们推广宣传“广东精神”的初衷和目的。文化和经济不应该是“两张皮”，我们现在致力于打造的实际上是一种“幸福文化”，它与广东实现产业转型升级之路是相辅相成、交相融合的。

以“厚于德”为例，在我看来，“厚于德”是广东精神继承中华民族优良传统的集中体现。它既体现在2008年汶川地震时广东人的慷慨相助、乐于奉献、“一方有难、八方支援”上，也体现在广东近代以来对新思想和新事物一以贯之的开放包容、对不同族群的相互接纳上，体现在保障社会公平正义、构建具有广泛认同的共同精神家园上。往小的方面说，它还体现在知足常乐的社会心态、人际关系的和谐融洽上。

同样地，“诚于信”“敏于行”既能体现在广东改革开放和市场经济发展中彰显的时代精神，如公平竞争、以诚相待、开拓进取，也能体现在日常人际交往中重视承诺、有责任感、敢想敢做的群体性格上。

因此，推广宣传“广东精神”关键就在于要把这种精神体现在建设实践、社会生活的各个方面，让它成为人们心目中的行为规范和道德修养。一言以蔽之，就是要鼓励全省各个地方根据实际情况和本土文化资源，创造性地掀起“践行广东精神”的热潮，让“广东精神”真正融入生活。

《南方日报》：广东省社科联前段时间曾专门就“践行广东精神”活动组织调研，在这个过程中您觉得哪些地市开展的活动值得借鉴？

田丰：有很多。比如云浮将得天独厚的禅宗传统文化资源与构建和谐社会的时代要求、振兴光大优秀民俗文化相结合，创新社会管理模式。惠州把“广东精神”引入中小学课堂，并结合各行各业特点，积极推动“道德讲堂”建设，全力打造机关、企业、行业、社区、村镇、学校、新市民等7类“道德讲堂”，在宣扬社会公德、企业精神、职业道德、家庭伦理等方面做出了富于新意、卓有成效的尝试。

培育大师将“广东精神”发扬光大

一种精神的产生和传播，它的影响力、引领力是需要底蕴的，在历史上，广东涌现过许多的思想学术大师，比如六祖惠能、康有为、梁启超、孙中山等。文化建设离不开人，归根到底是要靠人才。

《南方日报》：最近几年来，广东文化界一直呼吁要加强人才引进和培养，多出名家、大师，那么在您看来，践行“广东精神”与促进思想、学术、文化界的活跃繁荣、建设文化强省有着怎样的关系呢？

田丰：这个问题提得很好。一种精神的产生和传播，它的影响力、引领力是需要底蕴的，在历史上，广东涌现过许许多多的思想学术大师，比如六祖惠能、康有为、梁启超、孙中山等。文化建设离不开人，归根到底是要靠人才。目前广东各个高校都在积极制定规划方案，高度重视引进培育人才工作，去年我们省社科联为深入贯彻省委十届七次全会精神，落实《广东省建设文化强省规划纲要(2011—2020年)》，启动了“广东省优秀社会科学家”的评选工作，目的就是通过奖励我省在哲学社会科学研究中做出突出贡献的优秀人才，充分调动和发挥哲学社会科学研究工作者的积极性和创造性，打造理论粤军，进一步提升我省哲学社会科学在全国的竞争力和辐射力。

这方面我们还有许多工作要做，比如提高人才的待遇，为青年人才施展才能搭建更宽阔的平台。还要让我们的人才在广东媒体上展示自我，提升知名度。还包括更为漫长的建设工作，就是要打造更好的、更适宜人才生根壮大的文化生态，理解人才、包容怪才、多出大师，才能让“广东精神”发扬光大。

（原载《南方日报》2012 年6 月26 日）

发展民主当前非常重要

昨天出台的《关于争当实践科学发展观排头兵的决定》(以下简称《决定》)提出了“八个必须，八个解放出来”。广东省社科联党组书记田丰博士认为，这十个字是广东半年来解放思想认识成果的高度凝聚，是整个《决定》的灵魂。它体现了广东的历史感、使命感和责任感。这是很大的气魄，这个气魄不仅仅是一种概括性，更体现了一种理论勇气。

田丰说，“八个必须，八个解放出来”体现了党的十七大的精神，更是在结合30年改革开放的经验，以及经济发展中深层次的认识问题、理论问题、实践问题，进行概括和分析的基础上得出来的。这个是很有高度、很有气魄的。有了这样的高度，有了这样的眼光，就能为整个《决定》提供了一个思想基础和理论基础。

1. 必须全面准确理解科学发展观的内涵，从片面追求总量和速度的观念中解放出来。

田丰解读：这是针对“发展是第一要义”的片面理解提出的。发展是硬道理，发展是第一要义，发展是主题，这些本身是对的，问题是，有一些人对发展是第一要义的认识发生了偏差，把发展经济理解为发展的唯一主题，认为“发展第一要义”就是把经济发展好就行，片面追求GDP，追求速度，而忽视了发展的目的。发展是个全面的有机整体，树立了这一点，就能够提高科学发展观的自觉性。

2. 必须全面把握现代化的综合价值取向，从单一的经济价值取向中解放出来。

田丰解读：这一点讲的是价值取向，价值取向非常重要，人的一切活动都与他的价值追求相联系，那么如果价值取向偏颇了，就会影响到发展的全面性和科学性。要从单一的经济价值取向中解放出来，是非常正确的。唯经济中心的观念跟时代发展、国家以及本省的现状不符合。广东人均GDP达到4000美元，这仅仅说明物质生活好了。我们还有政治、民主、文化、文明等各方面的追求。所以要从单一的经济价值取向解放出来，要朝着“四位一体”的方向发展，就是搞好经济建设、政治建设、文化建设和社会建设。还有实现五个文明，即物质文明、精神文明、政治文明、社会文明以及生态文明。有这种总体性的思维，这才是真正的社会主义现代化。

3. 必须坚持以人为本，从“重物轻人”的观念中解放出来。

田丰解读：这一点是灵魂性的东西，科学发展观的核心就是以人为本，体现在发展是为了人民，发展依靠人民，发展的成果要与人民共享。30年来，我们说以经济建设为中心，为了手段忽视了目的，这是一个已经存在的倾向。经济发展，GDP提高都是为了人的发展，都是为了人民的幸福、安康以及和谐。如果没有这个，发展又有什么作用？发展如果没有造成人们的幸福，反而造成人们的痛苦，那发展有何意义？所以说，不发展是死路一条，不科学发展也是死路一条。

4. 必须创新发展模式，从粗放型的发展路径中解放出来。

田丰解读：这表达了科学发展观的基本要求。什么叫可持续发展？我们以前粗放型的发展是不可持续的。我们讲科学发展就是为了可持续。粗放型的增长主要是以廉价劳动力、廉价资源、廉价土地的大量投入带来GDP的增长。但是这种大量的资源消耗的模式，不可能实现现代化的目的。所以我们要努力走出一条生活富裕、生态良好的文明发展道路。

5. 必须发扬积极进取精神，从小富即安的思想中解放出来。

田丰解读：这说的是精神状态的问题。精神状态是非常重要的。十七大里面也强调了精神状态的问题。广东从20世纪90年代以来确实产生过这种“小富即安”的思想，社会创新、创业的活力不足。很多人是以出租物业的方式来致富，容易满足。第二个就是我们的体制创新不够。第三个是观念更新不够。所以要自觉打破狭隘的利益割据，强化忧患意识，克服小富即安、小进则满的思想，增强改革创新和科学发展的新动力。

6. 必须树立世界眼光和战略思维，从过分依赖地缘优势及习惯于在本行政区域配置资源的思维定势中解放出来。

田丰解读：这说的是世界眼光的问题。汪洋书记来广东时，一开始就强调要有世界眼光。广东确实有地源优势，我们也要继续利用它。有优势不用也是不对的。但是过分利用，过分依赖，就不好了。“三来一补”、加工贸易等等，利用地缘优势发展低端产业是我们的长处，这也是一个方面，我们要继续用。但是依赖就不行了，必须要从满足于制造业转向高端服务产业。我们要发展先进的制造业，也要大力发展服务业。会上汪洋书记说，以前香港是店，我们是厂，但现在我们也可以试着让自己开店，让其他省份做我们的厂。这样我们就会在粤港澳经济合作、泛珠合作中取得主动。

7. 必须增强实现共同富裕的政治责任感，从先富帮后富责任意识不强的被动状态中解放出来。

田丰解读：先富帮后富，关键是变被动为主动，主要就是责任感。邓小平说，让一部分人先富起来，先富带动后富。先富起来的地方要帮扶后富的地方，先富起来的人要帮扶后富的人。我们以前认为，先富起来了，就自然而然会带动其他人富起来，这确实会有一定的效用。但是，大家不能只是被动在等，要主动，要有责任意识、大局意识，这些都是考验各级党委、政府能力和政治责任意识的标准。要知道，仅省内珠三角与东西部的贫富差距就非常悬殊。其实，先富帮后富也不是单向的付出，广东对全国的奉献，不只是对后富的帮助问题，同样反过来会提升自己的发展能力，扩大自己的发展范围。这也是互动的。广东作为一个先行地，作为一个试验田，应该有这样的胸怀意识。从责任感上，从富裕的过程看，我们都要增强主动性。

8. 必须认清民主法制是落实科学发展观最根本的保障，从不重视人民群众主体作用的意识中解放出来。

田丰解读：这谈的是动力的问题。物质发展了，很重要一点就是要保障人民群众在经济建设中的民主权利。不仅仅是在观念上要倡导，更重要的是要把它法制化，要把民主从观念变成体制和制度，这样才能形成科学发展强大的内生动力。广大人民群众对科学发展的认同，他们在科学发展中得到了实惠，他们的各项权利不但得到保证，而且不断发展，这样才能调动他们的积极性，这样他们就会把科学发展内化为自己的动力，自己的目标。现在政府财力越来越强，要创造一个可以调动群众和企业积极参与的环境。政府只有在保障他们的基本权利的基础上，才能刺激市场活力。增强服务能力，改革改善公共服务的模式，才是民主。能不能推动民主发展，是当前非常重要的一个问题。像深圳和香港的一些模式，我们都可以学习。

（原载《新快报》2008 年 6 月 20 日）

要让老百姓一起来“做蛋糕”

“幸福是由人民群众而不是领导说了算的，根本的检验尺度和标准就是人民群众真正有幸福感。”省社科联主席田丰认为，自建设“幸福广东”提出伊始，省委、省政府就强调核心是以人为本，发展是为了人民，发展是依靠人民，发展的成果由人民共享，充分体现人民群众的主体地位，这是唯物史观的基本观点，也是共产党人的根本宗旨。

一、不仅要做大蛋糕，还要优化环境

在田丰看来，如果说“幸福广东”是科学发展观的创新实践的话，那么这种创新很重要的一点就表现在“幸福广东”是由人民群众共建共享的。“建设‘幸福广东’不是政府做好了蛋糕请人民群众来吃，而是一起做蛋糕一起分蛋糕。无论是做大蛋糕还是分好蛋糕，都要发挥人民群众的创造性主动性。创造是最高的幸福，所以我们要和人民群众一起干。不仅要把蛋糕做大还要把环境优化，以前汪洋书记就说过‘环境不好，蛋糕吃着也不舒服’。”

“幸福广东”是外延十分宽广的概念，涉及经济建设、政治建设、社会建设、文化建设等多方面，而且都与制度建设相关。在这个过程中如何真正使人民群众成为建设与管理的主体？田丰认为，最重要的是发展民主政治，不仅在建设上要以人民群众的意愿和福祉为根本导向，而且在管理上也要有人民群众参与的制度安排。“不要把领导干部当成是天生的社会管理者而把群众排除在外，在农村和社区基层要积极推动村民和市民自治，在全社会要大力发展各类社会组织，不断拓展和完善群众自我管理的民主机制，使人民群众真正成为社会建设和发展的主人。”

二、重用群众口碑好的干部

“尊重”这个词不仅频频出现在报告中，也成为民间讨论的焦点。“尊重”二字看似简单实则厚重。在田丰看来，对人民群众和基层的尊重，首先是把人民群众的利益诉求作为理政善治的根本出发点，在这个前提下，在制度设计中要把对上负责和对下负责结合起来。“以前有些官员对上负责对下不负责甚至对下不作为，不怕群众不满意就怕领导不满意，这就完全颠倒了公仆与主人的关系，要把对下负责对群众负责作为基本理念。这是克服形式主义和官僚主义的灵药。”田丰说，在制度设计上要把尊重民意与选人用人结合起来，让有实绩的、群众口碑好的干部得到重用。当前创新社会管理很重要的一个方面，就是如何畅通群众的表达渠道，创造更多形式使群众参政议政，真正体现党和政府问政于民、问需于民、问计于民。田丰说，现在有些地方党委开设的“党代表工作室”就是一个很好的实践，让党代表深入到基层群众中，把群众的声音反映到党内来，反映到党的代表大会来，这样坚持下去，那么我们党做出的决定就更能符合人民的利益。

（原载《南方日报》2012 年 5 月 10 日）

珍视哲学 践行哲学

——访哲学系1983级校友田丰

校友简介：

田丰校友，中山大学哲学系马哲史专业1983级硕士，1995级中山大学哲学系马克思主义哲学与中国现代化专业博士。广东省社会科学界联合会第六届委员会主席，享受国务院特殊津贴专家。

撰稿人：

林惠晓，中山大学哲学系哲学专业2015级学生。采访时间为2017年8月31号，采访地点为广东社会科学中心，采访人员有林真、徐晨清、王彤、林惠晓。

从第一次跟田师兄谈起这个寻访活动，到约时间、约采访内容，就亲近地感受到了师兄对中大、对哲学系的情感和爱心和对这个活动的大力支持。2017年8月31号，在师兄工作过的地方——广东社会科学中心10楼，听师兄讲述他的哲学故事、讲述他走过的人生故事，我们从中获取优秀的经验，也获取哲学的力量。

从文艺工作转向哲学学习

田丰师兄在上大学之前干过近10年的文艺工作，在知青时代参加文艺宣传队，后考进专业文艺团体，主要是演奏小提琴。大学本科读的专业是政治系，但是在读硕士和博士时却选择了哲学专业。当我们在看到师兄的简历，了解到他的求学经历时，不由地开始了这第一个问题，为什么师兄会有这么大的一个转变呢?

师兄说，在本科时读的政治系，包括了政治经济学、科学社会主义和哲学，所以接触过相关的哲学书籍，有一定基础。之前在上山下乡实践中也看到许多难以理解的社会问题和复杂的人际关系，而回答这些问题离开了哲学思维就很难深入。师兄的二哥田宇就是中山大学 1978 级的哲学系学生，任年级党支书，自己便多少受到亲哥哥所修学科的影响。师兄那时了解到中大的马哲史在全国是处于顶尖的地位，有一批非常著名的教授，比如刘嵘、高齐云、叶汝贤等，当时全国通用的马哲史教材即第一本马哲史稿，就是中大主编的，所以当时能进入中大学习，跟着著名的教授研究马哲史，是很幸运的事情。当然最重要的原因是师兄本身对于哲学的兴趣和热爱。现在回想这段从文艺工作向哲学学习的转折，师兄认为凡是人生的任何经历都是有用的。从文艺工作到哲学学习，是由形象思维转向抽象思维，两种思维既有对立又可以互补。文艺上的形象思维、艺术修养，对进行哲学研究是有帮助的，比如音乐的普世性与哲学的世界性、音乐美感与文章写作的流畅性是相关的。另外，不管是音乐还是哲学，都需要发挥想象力。没有想象力，当不了艺术家；没有想象力，也当不了哲学家，特别是进入哲学研究的境界，没有想象力是绝对不行的。

田师兄谈到，在中大哲学系读书的那些年，深深感受到了中大校风对学生的影响。中大十分重视良好学术风气的营造，鼓励学生要有使命感和社会责任感，发扬孙中山先生“天下为公”的精神。这使得师兄深刻地感受到哲学学习不仅要埋头读书，更要跟社会发展联系起来。那时处在 20 世纪 80 年代改革开放激情四射的时期，于是他们马哲史 83 级的几位研究生发起成立了“中国经济体制改革研究会”，到许多企业里去讲解党中央关于经济体制改革决定的精神，为什么改、改什么、怎么改、对于企业的今后发展有什么影响，用知识为中国从计划经济转向社会主义市场经济贡献力量。这个行动在当时非常受企业的欢迎，而他们在走向企业、走向大众的结合中得到了锻炼和升华。这正是对于中大校风的践行，关注学术，也要关注国家大事、社会发展。另外，中大非常鼓励学术自由。哲学课堂上经常鼓励学生发表自己的观点，哪怕是与教科书、与老师观点不同的观点，鼓励思想的碰撞，导师们会愿意倾听同学们的观点，一起切磋交流。此外，哲学系的老师们也是对学生充满爱心，印象最深的有李尚德、梁庆寅、陈荣冠等年轻老师。李尚德老师那时担任师兄他们马哲史研究生辅导员，经常到宿舍问寒问暖，关心学生的学习和生活，还拿出刚出生女儿的照片与大家分享快乐。党总支、团总支、导师们都与学生相处融洽，导师刘嵘、高齐云还会请他们到家里吃饭。多年来，这份在中大学习的经历正是因为这些才会变得无比深刻，也让他们怀有无比的感恩之情。

哲学学习能带给我们什么

田师兄给我们讲起了高齐云导师给他们上的第一堂课，就是教他们如何学会做文献综述。文献综述看起来简单，但要写好实则不容易。哲学要研究的问题一定是前沿的，得出来的研究成果也一定是要创新的，一定是要在国内、甚至国际上引领学术潮流的。你必须要综合分析已有进展和成果，比如当时学术界思想界围绕人的问题、人道主义问题、异化问题争论很大，莫衷一是，你必须要跳出争论客观地给予评价。文献综述必须掌握当前学术界有哪些已形成的观点，哪些是传统的，哪些是前沿的，哪些是创新的，还存在哪些问题和不足，哪些方面还需要深入研究，你要提出深入研究和创新发展的的方向。这当中最重要的两点就是，一要全面地占有资料，踏踏实实做学问，二要敏锐地把握前沿，只有站在巨人的肩膀上进行研究，才能攀登学术的高峰。

大学本科四年的哲学学习，如果能坚持正确的方法和踏实的治学态度，四年后，肯定会使哲学专业的学生赢得不一样的竞争优势。学习哲学会使我们的思维更加严谨、逻辑性更强，写作和语言表达能力也有更大的提升。一是形成理性思维，能够客观、全面、历史地分析和解决问题。二是形成较强的概括能力，可以更好地把握材料、消化材料，从中概括出最本质最重要的方面，避免眉毛胡子一把抓，不得要领。三是锻炼我们的创新性。哲学研究强调要继承前人，又要超越前人，既不是狂妄空谈，也不是人云亦云，而是在全面占有资料的基础上提出自己创新的观点，走出新路。四是有助于思维逻辑性的培养，使得我们有较好的文字和口头表达能力，自己讲得深刻清晰，别人也能听得明明白白。当然这些能力和优势是需要我们在平时的哲学学习中自觉培养的，这样才会成为我们四年后的现实能力和竞争力。

在实践中学好哲学用好哲学

师兄指出，本科的学习阶段，要“多看”“多写”和“多说”。要多读书，多学习马克思主义哲学和各类知识，扩大视野，了解社会动态，把握社会趋势。哲学经典、哲学思想的学习对于我们将来走进社会，提高各方面实践的适应性大有裨益。提升抽象思维能力是基本功，不仅对于哲学研究是基础，对于我们把握其他知识、做好各方面工作也是大有帮助的。抽象性思维是我们哲学专业学生的长处，是与其他学科的不同之处，如果我们丢了这个能力，就丢掉了我们的核心竞争力，丢掉了我们区别于其他专业的学生的独特之处。所以我们认识问题、解决问题，一定要显示出我们透过现象看本质的理性思维和方法论。

平时除了多看书，还要多写文章。写文章能使自己的思想深化和条理化，这要成为一辈子工作和生活的习惯。毛主席多次强调领导干部特别是一把手要亲自动手写报告，作为当好一把手的基本功。田师兄无论在省委宣传部，还是在省社科院、省社科联工作，都坚持笔耕不辍，即使走上领导岗位后，仍坚持自己动手写文章，除了工作报告，也经常写社会调研报告和学术论文。亲自写报告、文章可以促使你更加深入地了解问题，把握第一手材料，在动手写东西的过程中，也能保持和提高抽象思维能力。还要多讲，即多讨论多演讲。平时多参加一些学术活动，开动脑筋，启发思维，看看学者们是如何做学问的，如何表达思想观念和临场发挥的。好的演讲得有现实感、问题意识、逻辑概括，当然还要具备厚实的理论功底。

大学时期之所以重要，还在于是价值观的定型阶段。通过学哲学形成良好的价值观，即以人为本的价值观，以人民为中心的价值观。不管你将来做哪方面的社会工作，都要懂得尊重人，关爱人，充分发挥人的积极性和潜能，注重人才的爱护和使用，这是哲学系的学生应有的理念和情怀。人们说文学是人学，而我们的哲学也是以人为本的哲学，一切从人出发，从人民群众的根本利益出发。马克思强调哲学的根本在于人自身。正确的价值观形成了，一个人的学习、工作和生活才会获得社会价值和意义。

一个半小时的收获，我们从师兄身上学到的，大概可以用这样一句话总结吧：哲学是很美好的，既然选择了哲学，就应该去珍视它，追随它，掌握它，并尽我们所能去践行它，哲学永远是人类进步的火把。

（2017 年 8 月 31 日）

·附 录·

在全球竞争中实现中国文化的复兴

——读田丰等著《文化竞争力研究》

新世纪以来，全球化思潮方兴未艾，有关文化竞争、文化软实力、文化多样性等等也成为世界性的重大文化、政治课题。国内学术界不但翻译出版了若干西方文化论著，也发表、出版了若干与文化竞争相关的专题研究。田丰等人的《文化竞争力研究》（田丰、肖海鹏、夏辉著，中国社会科学出版社 2007 年版）就是一本具有阶段性总结性质的论著。

这本书的基本思路循文化为什么是一种竞争力、文化如何竞争、怎样提升中国文化的竞争力而展开。根据笔者的理解，这三个问题也正是当代有关文化竞争力研究领域的的核心问题。

一、文化为什么是一种竞争力?

“文化竞争”的提出，不只是由于思想界对“文化”的理解发生了变化，更重要的是由于文化事实上已被卷入国际竞争之中，竞争成了全球化时代民族文化的生存方式。从作者的讨论中可以归结出三点：

首先，文化作为一种认同方式，是国家建构的重要途径。文化与政治意义上的民族国家既不等同又相互交错。国家不仅仅是政治实体和暴力的合法使用者，而且也是一个文化单元。国家力量的形成及其实施首先需要作为个体的国民服从国家价值观，使整个社会具有较高的凝聚力、整合力和导向力，从而达到民族融合、国家统一以及社会稳定。现代国家的建构过程一再表明，文化传统在凝集人心、鼓舞士气、振奋精神、激励斗志等方面的作用至关重要。文化既促成国家意志和主流意识形态的建构，又作为国民表达政治意向、实现政治参与方式的载体；现代政治实践在维持强大的国家机器的同时，也越来越多地通过宣传与推广特定的生活方式、世界观与价值观、信息等文化方式来完成。文化与国家的关系，既不只是文化现代性所主张的文化是一个超越并批判世俗权力的独立领域，也不只是一般所理解的文化服从于国家整体利益；真正重要的是，文化使国家成为可能，没有脱离文化（以及经济）的抽象国家。从而，在政治化的意识形态不再是国家认同的基础之后，人们正在根据文化传统重新界定自己的身份；文化利益成为国家利益的核心，文化主权构成国家主权的一部分，文化成为国际竞争的力量之一。

其次，文化作为一种“软实力”，是国家竞争的重要资源。19 世纪以来，西方国家之所以在很大程度上主导全球进程，固然是基于强势政治、经济、军事和科技力量，但同时也是民主、人权、自由、现代化等价值观的吸引力、强劲势头及其荣誉的反映。20 世纪末，从后共产主义的东欧到后官僚威权的拉美国家，从最贫穷的赤道非洲到新富有起来的工业东亚，都踏上民主的进程。非民主或反民主的政体并未退出历史舞台，但在道义上却难再理直气壮。这固然是各个国家人民的自我选择，同时也是软实力的巨大效果所致。与“硬实力”比较，“软实力”是更根本、更深层、更持久的力量，具有“不战而屈人之兵”的功效。

再次，文化作为一种产业，是国家权力强化的重要媒介。文化产业不只是特定传统中人们的态度、价值观、信仰及其行为模式，而且具有明确的经济利益和政治效果。通过文化产业，文化实现了从精神价值、意识形态等抽象的信仰层次向世俗的物质领域扩张，越来越多地具有物质商品的形态，是社会生产力中的一个重要组成部分。文化成为现代经济新的增长点、文化认同是国际经济合作的黏合剂、文化是现代企业的作用日趋显著。随着经济全球化和各国文化交流的加深，文化产业和国际文化贸易获得了迅速发展，不仅带来了巨大的经济效益，其承载的一国文化影响力也随着文化产品市场占有率的扩大而增强。文化产业以其巨大的政治、经济后果而有力地参与到当代的国际竞争之中。

二、文化如何竞争？

当代国际竞争之所以要利用文化形式，一方面在于文化产业内在地具有“非领土的扩张”能力。借助全球市场和传播技术的推动，文化产业正在把世界变成一个经验的领域，经由社会分化而产生的界限或区别已经变得模糊，在精英与大众、现实与影像、政治与广告、经济与文化、生产与交换、东方与西方之间，出现了“去分化”（de - differentiation）的“后现代”趋势。另一方面也因为文化比利益与权力更多地蕴涵着超越国家、民族的人类共通性，可以便捷地穿越民族国家、文化传统和政治体制的障碍。“文化战争”具有武装占领、经济掠夺不具备的优点，即它不是用强力压服，而是用人类的普遍情感和共通价值观吸引对方，更能实现竞争的文明化。

对于一个谋求发展与复兴的文化来说，竞争是文化变革和文化创新的动力。如果说传统文明的兴衰取决于能否应对环境的挑战，那么当代文化的兴衰则取决于能否应对文化间的挑战。该书认为，知识竞争是文化竞争的关键，文化产业是文化竞争的焦点，文化价值竞争是文化竞争的深层动因。在这几个竞争环节中，知识、文化产业因其较多与“硬”有关，尽管确切的评估比较困难，但一般地说，知识有新旧之分，产业有效益之别，优胜劣汰的可比性较强，在不太严格的意义上与生物竞争、经济竞争相似；但“文化价值的普遍性”问题，却是一个真正的“人文”问题，诸价值观之间并无直接的可比性。文化总是植根于具体而特殊的历史情境之中，其价值观总是与国家、民族、种族、社群、阶级等“特殊性”有关。因此，围绕价值观而产生的竞争，不是大小、强弱之争，甚至也不是先进落后之争，而是普遍与特殊之争，即在当代世界上，何种价值观更具“普遍”性或更具吸引力、凝聚力和感召力。

西方文化是特殊的“地方知识”。但19世纪以来，伴随着西方对不发达国家和地区的征服和殖民，本来是特殊的西方价值观却被有意无意地视为普世价值观，形成了“欧洲中心主义”或“西方中心主义”：这样一种文化霸权理所当然地激起其他文化的拒绝，“反西方”的情绪和欲望一直跃动在发展中国家的文化血脉之中。但如因此而走向文化特殊主义或相对主义，甚至建构起全球化—本土化的对立模式，同样缺乏理据。当我们指出西式现代性、理性、自由、民主是地方知识，“欧洲中心主义”是西方权力的产物时，最根本的理由是不能把特殊当作普遍。以西方的特殊为全球的普遍，是西方的偏见；以东方的特殊拒绝西方，同样是把东方本质化。正确地解释文化价值观方面的竞争，需要重新处理普遍与特殊之间的关系。

在这个问题上，德国哲学家哈贝马斯提出“世界主义的普遍主义”与“民族主义的普遍主义”、“对话的普遍主义”与“独白的普遍主义”分析范畴。[1]“民族主义的普遍主义”把西方绝对化、普遍化，并由一个霸权将西方的法律强加在全世界之上，以西化为全球化；而“世界主义的普遍主义”追求的则是康德式的世界范围的“普遍法治的公民社会”，这是一种“平等主义的普遍主义”。它要求对价值观问题必须作主体间的理解：在发生价值观冲突时，任何一方都必须对自己保持一个反省的距离，努力从他者来看自己。这首先是针对西方世界、特别是美国来说的，但同时也针对非西方文化。所以哈贝马斯又强调他的“平等”不是相对主义所说的那种对任何文化的实质性内容的有效性或正当性作不加区别的承认，而是指行动者——包括超越民族国家边界的行动者——就涉及他们的规范和价值的意义和有效性进行讨论、对话或商谈时的地位平等。这是“对话的普遍主义”，而不是西方特别是美国在推广其自由民主观时所实践的“独白的普遍主义”；它既包括每个行动者在选择涉及他人的行动方案的时候对他人的角色和视角的虚拟的采纳，也包括各方及其代表之间进行的实际的讨论和磋商。哈贝马斯的观点虽然是一种虚拟的理想，但确实把普遍与特殊的讨论推进到一个新阶段，其对话原则也确实提示了价值观竞争的基本方式，即它与不同文化体的自我选择有关。

因此，文化竞争不是单纯的与对方竞争，同时也是主体的一种选择：一是对文化传统的选择，二是对外来文化的选择，三是对未来文化的选择。这些选择的根本方向，是立足民族文化而又超越民族文化，努力在创造中使民族文化获得更大的普遍性。对中国来说，关键是既要坚持中国文化的主体性地位，同时又要积极展开文化对话，把民主、人权、自由等现代“普遍”与中国的历史经验与民族利益结合起来，以中国现代文化来平衡西方文化，丰富全球文化价值体系。

三、怎样提升中国文化的竞争力?

近代以来，中国被动地卷入了全球竞争。随着清军在西方国家的“坚船利炮”面前的一次次惨败，敏感的中国人普遍感受到亡国灭种的威胁，也领略到弱

---

① 童世骏:《批判与实践——论哈贝马斯的批判理论》，生活·读书·新知三联书店2007年版，第271—272页。

肉强食的“丛林法则”，在文化反思中一步一步走向对自身传统价值的根本怀疑，这在20世纪初达到高峰；迄今为止现代文化仍以批判传统文化、学习西方为特点。这使得中国提升中国文化竞争力的追求面临着一个特殊的困境：在批判中复兴，在学习中竞争。这就是罗志田指出的：“近现代中国士人的一个共同的心结即大家为了中国好，却偏偏提倡西洋化；为了爱国救国，偏要激烈破坏中国传统。结果出现破坏即爱国，爱之愈深，而破之愈烈，不大破则不能大立的诡论性现象。”①

这一“诡论性现象”使得中国在全球竞争中处于一种异常艰难的困境之中。总体上说，中国传统文化不以竞争见长，近代中西文化之争是以自觉而带着进攻性的西方向防御性的中国的挑战为开端的。当然，作为世界上少数几个大国之一，中国拥有自己独特的文化传统和强大的文化凝聚力，近代以来的自我批判并不意味着中国没有竞争优势。这些优势主要包括人口众多等基础优势、强劲的文化持续力、强大的文化包容力等。而且，中国文化中“多元一体”的宽广胸襟、“和而不同”的开放视野、“天人合一”的高远追求等，也是值得现代世界追求的价值理想。问题是，仅仅靠竞争潜力和文化理想并不能保证中国在文化竞争中取胜。这本书的作者认为，文化竞争力是一个多层次的统一体，主要包括五个方面的内涵：文化生产力、文化消费力、文化传播力、文化创造力和文化持续力。显然，中国文化在这几个方面的竞争力是不平衡的。有鉴于此，该书提出了六个战略对策：实施民族文化保护战略，以维系民族文化的生存和发展；实行文化民主，以增强文化创造的活力；大力发展文化产业，以传播民族文化的软实力；实施民族文化差异化战略；树立全方位的大文化战略观念；善于利用国际组织，以推行文化战略。在其丰富的论证和阐述中，笔者认为三个问题特别值得重视。

其一，以国家实力为基础 我们重视“文化”的竞争力，但不能就文化论文化，不能以为单纯的文化就具有竞争力。张之洞早就针对西方文化的强势扩张说过：“国不威教不循，国不盛种不尊”。西方文化之所以自视“普遍”并确实在全球具有文化霸权性质，在于其所代表的政治经济实力。国家的强大是文化竞争力的基础，文化是国家综合实力的表达。软实力就是制定标准、树立榜样的力

---

① 罗志田：《权势转换——近代中国的思想、社会与学术》，湖北人民出版社1999年版，第59页。

量。显然，仅仅靠价值理念、文化遗产不足以成为榜样。当代西方世界一般都尊重中国古典文化的价值，但一般没有人会认为西方有“中国化”的必要，根本原因就在于中国目前的政治、经济实力还不够强大，中国还不能主导全球发展。陈寅恪在分析中国文化的命运时指出：“吾中国文化之定义，具于《白虎通》三纲六纪之说，其意义为抽象理想最高之境，……夫纲纪本理想抽象之物，然不能不有所依托，以为具体表现之用；其所依托以表现者，实为有形之社会制度，而经济制度尤其最要者。……近数十年来，自道光之季，迄乎今日，社会经济之制度，以外族之侵迫，致剧疾之变迁；纲纪之说，无所凭依，不待外来学说之掊击，而已销沉沦丧于不知觉之间。虽有人焉，强聒而力持，亦终归于不可救疗之局。”[①] 近代以来，中国以西方为师，广泛输入西方的现代技术、制度与理念，无疑是中国积弱的反映。而当代中国在经济上的崛起，则为中国文化转型、文化选择的自主地位提供了物质基础和精神自信。但中国还处于崛起的初级阶段，中国文化的强大生机还有待焕发。如果我们不能在行政管理制度、权力制衡制度等方面作更进一步改革，如果对行政权力的制约没有实质性进展，不能为市场经济和文化发展提供更可靠的法治保障，中国的发展不一定是非常乐观的。问题的症结在于制度，而不是文化观念。这就需要我们不断完善民主政治，发展市场经济，建设一个强大的国家以为中国文化的载体。

其二，以中国自主为原则　面对已经形成或正在形成的文化霸权，我们理应采取的方式不是一般意义上的“反对”、“对抗”和“抵制”，而是伸张中国文化的自主性要求，彰显中国文化的独特价值。这一过程既不是“五四”以来对传统的“一破再破”，也不是另一极的儒学“再中心化”，而是费孝通所说的“文化自觉”[②]：“文化自觉”是树立中国文化自主性的前提，涉及到历史与现实、理论与实践等各个方面。结合这本书的论述来看，实现“文化自觉”有三个要求：在认知方式上，“文化自觉”需要借助空间向度。在现代性思维中，现代是对传统的克服，这是一个不可逆的时间过程。而在全球化语境中，现代又是一个“空

---

① 陈寅恪：《〈王观堂先生挽词〉序》，《陈寅恪诗集》，清华大学出版社 1993 年版，第 10—11 页。

② 费孝通：《反思·对话·文化自觉》，《费孝通论文化与文化自觉》，群言出版社 2007 年版，第 190 页。

间”问题，即全球与地方的关系问题。正如现代由传统演化而来、传统与现代对立的范式是一种人为地构筑起来的“分析差距”一样，全球化也不能淹没了地方，而是应激活地方。事实上，当代全球的趋势是摆脱单一中心主导的格局，逐步形成多元推动、多元共存的强大潮流。与经济全球化一起相伴相生的，正是文化多样性。在价值选择上，“文化自觉”需要双重批判。既要继承“五四”以来对中国文化传统的重新评价，以西方现代性、特别是启蒙计划中的普世性的价值批判中国专制政治及其文化，也要以传统为镜鉴，批判西方现代的“工具理性”及其破坏性后果。通过双重批判，我们才能一方面摆脱文化虚无主义、破坏主义，依托中外文化的丰富资源，有标准、有理想地进行文化批判，另一方面使中国文化的发展方向日益明晰，踏上融合中西的康庄大道。在行动目标上，“文化自觉”需要落实为中国文化的重建。该书认为，中国文化利益的核心包括民族文化共同体的建构、文化创造力的培育、文化软实力的辐射等，这理所当然的也是中国文化自主性的基础。我们反对把不同文化的关系直接与国家利益挂钩，但文化价值是国家利益之一：如果说多样性是文化不朽的保证，那么在现阶段，全球范围内的多样性又通常是由不同国家来代表和支撑的。现在的问题是，传统的儒家文化在其失败后已屡遭批判，当代中国追求的阶级性、意识形态性政治文化也已在改革后全面调整，从而中国文化的自主性并不是本质性的已然存在，而是在全球化的压力和动力面前现代中国的自我表达和自我叙述、现代中国人的生活方式和价值理想，它存在于我们的创造之中。

其三，以文化生产为中心 中国文化的优势在于有一套宏观理想，西方文化的竞争优势在于有完善的文化生产体系。文化权力在很大程度上是通过文化产业的规模和竞争力来评估的。要强化中国在全球舞台的角色份量和参与权利，关键是我们拿出文化产品来。所以，这本书的重要特点之一，是特别重视企业文化的竞争力。这固然与作者长期研究企业文化有关，同时也是基于企业是文化力与经济力结合的枢纽。文化产品是由文化企业（事业单位也可视为文化产品的生产者）研发生产出来的，离开企业文化生产就是空话。而文化企业的竞争力（包括文化企业的原创能力、整合资源的能力和市场营销能力等）、文化品牌的竞争力等，也是文化竞争力的重要组成部分。从近代以来中西文化交往的实践看，观念、理论之争固然重要，但若没有一大批拥有自主知识产权、体现中国文化精神和风格的文化产品，中国文化就无所依傍、无法落实。所以，我们要认清竞争的基本原则和内在机制，改革僵化的文化观念和管理方式，摆脱陈旧的意识形态和权力控制的“紧身衣”，通过创新文化体制、营造创意氛围、培养文化人才等方式，努力把中国丰富的、独特的、珍贵的文化资源加以开发与再造，使之与各种不同的文化接触、冲突、嫁接直至融合，并转化为全球共享的文化。

文化竞争力主要不是一个理论问题，而是一个实践问题。从理论到实践，就是该书作者提出的提高中国文化竞争力的方案：在文化交往中进行文化选择，在文化批判中达到文化整合，在文化积累中实现文化创造。历史已经证明，中国文化有其生生不已、光景常新的伟大活力。随着文化竞争的充分展开，有关文化竞争力的研究也必将与时俱进。笔者期待以这本书为起点，中国文化学术界能够在这一课题上奉献更多的成果。

（原载《哲学研究》2008 年第 7 期，作者：单世联）

全球化与文化进步的理性审视

全球化进程中文化进步的问题，既是当今时代的重大问题，也是我国社会主义文化建设的现实问题。田丰先生的《文化进步论——对全球化进程中的文化的哲学思考》（广东高等教育出版社 2002 年版），把时代问题中的全球化与文化进步的关系放到“世界历史”的形成和发展过程中来考察，放到人类文化思潮演变和当前世界格局大分化大组合的现实运动中来考察，放到中国改革开放和现代化建设进程及其对人类社会进步作用中来考察，对全球化与文化的内在联系、全球化进程中的文化矛盾的实质和演化趋势、全球化进程中文化发展和进步的机制，以及全球化与中国文化转型和发展的互动关系作了全面、深入的研究；对如何重建人类精神家园，实现人的自由全面发展作了哲学的反思和前瞻。作者的探讨无疑具有强烈的时代性、前沿性和实践性。

作者把研究当代全球化与文化进步问题置于马克思唯物史观的方法论基础之上。

作者以与时俱进的思维考察全球化进程中文化共性与个性的辩证运动、人类文化多重矛盾的冲突和融合，以及文化进步的机制。文化具有普遍性与特殊性、共性与个性的特征，全球化过程彰显了文化共性与个性的联系、冲突、转化、融合，基本上全球化的过程就是一个文化共性不断拓展和丰富的过程，也是一个不断个性化的过程，从而构成文化进步的动力和主线。

当然，如何在全球化的实践中既增进共识，维系合作与稳定，又承认差异和多样性的合理性，增进个性自由，是现时代文化进步的要求，也是当代世纪性难题。这正是作者解析这一课题的前沿性、实践性和针对性的关键所在。在全球化过程中，民族文化与世界文化、东方文化与西方文化、社会主义文化与资本主义文化、大众文化与个体文化等多重矛盾既冲突又融合，反映了当代人类文化进步的基本内容和一般过程。因而文化冲突和融合是全球化背景下文化进步过程的两种显著的现象，文化研究的使命就是把冲突引向融合。作者为此深入探讨了全球化进程中当代人类文化进步的机制问题，把文化交往与文化对话、文化选择与文化批判、文化竞争与文化兼容、文化积累与文化创新作为文化进步机制的四个关键环节。其中，交往是前提，竞争和批判是动力，积累是基础，创新是核心，诸环节又互为前提互相转化，推动着人类文化契合全球化的步伐与时俱进。

作者理性关注全球化背景下当代中国文化的转型、创新和发展。作者把历史的目光投向资本主义产生直至现时代的全世界视野内的文化的冲突和融合，及其消长关系，立足于文化共性和个性辩证发展，以及当前全球化背景下西方强势文化的态势，尖锐指出保持和发展民族文化的独特性，抵制文化霸权主义和文化殖民主义的威胁，积极吸收有利于自身发展的营养，实现文化的与时俱进，成为事关国家和民族命运的重大问题。文化竞争是一切竞争的根本，我国必须维护和发展出具有极大竞争优势的民族文化。但作者清醒地认识到文化竞争并不是绝对排斥式冲突。相反，只有积极开放和参与，善于兼容和博采众长，形成自己的独特优势，才能促进文化更新与发展。这无疑是一种建设性的科学态度。

当代中国文化的转型、创新和发展，不仅要在文化的范围内讨论，而且要从人的社会实践并从政治、经济、文化的互动中予以考察。我国在参与全球化的进程中既要完成全球化初级阶段的工业化、市场化、城市化的任务，又要赶追知识化、信息化、民主化的浪潮，这构成了我国现代化建设同时也是文化建设的基本特点。因此，全球化与当代中国文化进步的关系，就是传统文化与现代化的关系，以及中国文化与当代世界文化的关系，前者是民族文化的自我保持、自我更新的问题，后者是民族性与时代性、世界性相贯通的问题。这两个问题交织在一起，成为中国文化精神、文化价值、文化体制转型的核心问题。作者进而探讨了发展与全球化相适应的文化产业问题，提出了在全球化背景下市场战略、集团化战略、国际化战略、人才战略是发展我国文化产业的战略选择。

（原载《中华读书报》2002 年 10 月 27 日，作者：汤贞敏）

文化竞争力研究的创新

当今时代，文化的地位和作用日益凸现。文化竞争正成为综合国力竞争、区域竞争、企业竞争的新趋势、新聚焦点。科学地把握当今时代文化竞争的发展态势和规律，把握文化竞争力的丰富内涵和整体结构，也就成了我国文化建设的重大理论和战略问题。现实历史发展，凸现了加强文化竞争力研究对发展文化生产力，提升文化竞争力和综合实力的极端重要性和现实意义。田丰等同志撰著的《文化竞争力研究》（中国社会科学出版社出版）对文化竞争力课题进行了深入研究。作者十多年来非常关注文化问题研究，在进步文化、文化生产力、文化竞争力、文化产业、企业文化、文化管理等重大问题上的研究，多有建树，《文化竞争力研究》是他们文化研究的最新成果，这一成果显示了他们在文化问题研究上新的视野和新的境界。

第一，运用马克思主义文化观、历史观的方法建构了一个文化竞争力的理论分析框架。作者根据马克思主义文化理论，认为人的能力是文化竞争力的本质，人是文化活动和文化发展的前提；人的实践是文化竞争力的基础；人的交往是文化竞争力的直接动力。从一般意义上讲，文化竞争力表现为对经济发展的推动力，对社会发展的影响力，对民族和群体的凝聚力和感召力。在实践的意义上讲，它包括文化的生产力、消费力、传播力、创造力和持续力等各种要素或形式。它是精神力量和物质力量的统一，现实力量和潜在力量的统一。根据这种分析，作者提出了文化竞争力的结构模型。这种分析视角从社会哲学本体的层面把握了文化竞争力的本质，体现了作者敏锐的洞察力。

第二，建立了一个文化竞争力的理论模型和评价指标体系。国内外关于竞争力研究的主流趋向是建立实证的理论模型和评价指标体系，这是竞争力应用研究的必然要求。但是，在这些研究中，有关文化竞争力或者是没有得到体现、或者是作为非直接指标、或者是从经济文化的角度选择主观指标体系，总之，文化竞争力的作用没有得到充分的体现。如果说以实证科学为背景的竞争力研究的缺陷是没有一个全面深入的文化竞争力视角的话，那么文化竞争力理论研究的不足则是由于缺乏严格的理论模型和评价指标体系。该书的一个特点就是不仅从纯理论的角度揭示文化竞争力的本质和发展规律，而且还着眼于应用和实证研究，建立了一个实证的评价指标体系，这对于在实践领域推动文化竞争力的建设具有重要意义，当然这些指标体系还有待于进一步充实完善。

第三，广泛吸收前人的研究成果，包括各种最新成果。文化竞争力问题是文化研究和文化建设实践中的前沿问题，需要从新的角度梳理既有的研究成果。作者认为，从文化竞争力的视角观察，在前人的研究中实际上形成了理性主义文化力理论、人文主义文化力理论、文化战略学说对文化力的现代阐发以及马克思主义精深的文化力理论。这些理论围绕人与文化的关系、文化的本体地位、文化的能动性、文化在历史发展中的作用、文化的“物化”力量等问题进行了深入的探讨。此外，文化竞争力研究也不同角度地涉及“文化力”研究、文化产业竞争力研究等，这些问题实际上也是本书研究文化竞争力的基础和前提。

第四，具有强烈的现实关怀和实践指向。这本书不是书斋写作的产物。作者长期从事广东文化建设的实践和理论研究，始终注重以当代马克思主义中国化的最新成果为指导，坚持理论联系实际的优良学风，以前沿、创新、务实为特色，以问题为中心，大力探索和回答改革发展实践以及贯彻科学发展观、建设和谐社会中所提出的新问题，概括新经验，形成新理论。该书对民族文化竞争力、城市文化竞争力、企业文化竞争力都有专题的研究，尤其是侧重于指标体系的建构和对策研究。这些专题性质的研究既是文化竞争力理论研究的展开，又回答了文化竞争力在各个领域的重要实践问题，具有很强的实践性和可操作性。

毋庸讳言，该书也存在一定的缺点和不足。由于该书的文化概念是从广义的人化角度来定义的，因此文化生产力、消费力、持续力、传播力等概念的具体化和指标化就存在着相当的难度；该书的文化竞争力指标体系实际上又是从中观文化角度来操作的，这就存在着一定的概念混乱；而且由于文化竞争力具有相当的主观性，使构建理论模型特别是评价指标体系遇到很多困难。该书的研究还只是一个初步的尝试，还需要在今后的实践和研究中进一步完善和改进。

（原载《光明日报》2008 年 9 月 18 日，作者：叶汝贤）

后 记

我们这一代社会科学工作者与改革开放息息相关，改革开放深刻地改变了党和国家的面貌，也从根本上改变了我们这一代人的命运；我们是改革开放的不离不弃的参与者，也是改革开放的自觉的研究者。这本论文集记录着我在改革开放过程中的哲学、文化和社科工作的理论思考。

改革开放是我们党在新的时代条件下带领人民进行的新的伟大革命，是当代中国最鲜明的特色，是当代中国共产党人最鲜明的品格。可以说，没有改革开放，就没有中国特色社会主义。推进改革开放，不仅需要坚定的信心和勇气，更需要科学的思维方式和思想方法，而确立科学的思维方式和思想方法，离不开哲学，离不开哲学在实践中的运用和反思。

改革开放之所以如大江东去奔流向前，根本的是坚持了解放思想、实事求是的思想路线。实事求是是马克思主义哲学的精髓，恢复了实事求是的精神，才有党的十一届三中全会开启的思想解放，才有邓小平"南方谈话"带来的新一轮思想解放，改革实践的深入与思想解放相互促进、水乳交融，浑然一体。当前全面深化改革与以前改革不同处在于不仅要释放社会活力，而且要对利益格局再调整，不仅要冲破传统思想观念的障碍，而且要突破制度和利益固化的藩篱，思想障碍和社会阻力往往不是来自体制外而是来自体制内，这是一场真正意义上的壮士断腕式的自我革命，因而全面深化改革的进程必然是思想继续解放的伟大进程。密切关注改革开放实践，不断为改革开放鼓与呼，推动思想解放和理论创新，是哲学社会科学工作者的崇高使命。

文化是社会发展的深层力量，经济转型与文化创新如车之两轮，鸟之两翼。改革开放40年，我们成功地实现了中国改革开放总设计师邓小平所提出的现代化"三步走"发展战略的第一和第二阶段的战略目标，迈进了中国特色社会主义建设的新时代。新时代的根本任务是解决人民日益增长的美好生活的需要与不平衡不充分的发展的矛盾，使经济更加发展，民主更加充分，社会更加和谐，生态更加良好，人的发展更加全面。新时代“五位一体”的发展，对文化创新提出了很高的要求。经济发展需要强大的文化支撑，发展模式将从以物性资源为基础的传统工业化道路转向以文化资源为基础的新型工业化道路；人们对精神文化生活的需求充分释放，不仅要求数量上的丰富多样，而且要求质的飞跃，满足人的素质提高和全面自由发展的需要；现代化建设的深入发展要求创新思维方式，激扬科学理性精神和人文价值理想，为新一轮的改革开放和现代化建设注入强大的思想动力。恩格斯指出：“文化上的每一个进步，都是迈向自由的一步。”一个缺乏精神追求和创造动力，缺乏文化自觉和精神文明的社会，不可能是幸福的全面的现代化社会。因此，在研究经济社会转型过程中自觉地关注文化问题，促进文化自信和文化创新，是哲学社会科学工作者不能忽视的重大任务。

“思想走在行动之前，如同闪电走在雷鸣之前一样。”伟大的时代，伟大的实践，迫切需要哲学社会科学的指引和支撑，为哲学社会科学繁荣发展提供了前所未有之机遇和空间。与此同时，改革开放作为一场新的时代条件下的革命，也呼唤着哲学社会科学的革命与创新，要求哲学社会科学在学科体系、话语方式、理论观点、研究方法、学风文风等各方面进行革命性的改革转型和创新发展。20世纪80年代曾有改革的哲学与哲学的改革的学术讨论，推动哲学研究在服务改革实践的同时关注自身的改革，在批判客体的过程中开展自我批判，体现了哲学社会科学的理论自觉和文化自觉。中国特色社会主义的实践创新与理论创新，离不开哲学社会科学的繁荣发展，离不开哲学社会科学的与时俱进的自我反思和自我批判。

我于华南师范大学政治系毕业后，考入中山大学，师从刘嵘、高齐云、叶汝贤教授攻读马克思主义哲学史研究生。那时正是我国经济体制改革的关键时期，“改革开放，匹夫有责”，处在最有改革激情的20世纪80年代，处在改革开放前沿的广东，求学于浸润着孙中山“天下为公”精神的校园，我和刘德福、蒋斌、王培林、廖晓义、周世田等几位同专业同师门的研究生一道，在研读马克思主义哲学经典著作的同时，义无反顾地投身于改革开放的哲学研究。我写的第一本书是《社会主义改革十论》（由高齐云、刘德福主编），发表的第一篇文章是《论社会主义改革目的》，自此形成心系改革开放，为改革开放鼓与呼的理论取向。

努力用马克思主义的立场、观点、方法研究分析现实，发现问题，揭示本质，把握规律，是我们求学时期的最重要成果，也是有志于马克思主义理论研究者的基本功。此后无论在省委宣传部、省政协从事行政工作，还是在省社科院、省社科联从事理论工作，都能不忘初衷，紧密联系改革开放的形势任务对思想文化提出的新要求进行思考和研究，并反思宣传、文化、理论工作如何在服务改革开放实践过程中实现自身的现代化转型和发展，由此形成了这本书的一系列的文章、讲话、发言。

收进此书的有些文章是和工作单位志同道合的同事一起写的，有些讲话是有工作单位的文秘笔手参与起草的。省委宣传部蒋斌副部长、省社科联王晓主席、叶金宝秘书长对此书的编辑出版给予了大力支持，学术研究杂志社罗华副主编为此书的编辑出版付出了大量时间和心血，省社科联李翰敏、郑红军、陈文汉等同志参与了部分讲话、发言的起草，省社科院姚颂莲同志长期为我收集保存文稿，在这里一并致以深深的谢意。

改革开放无止境，思想解放无止境，理论创新无止境。让我们在中国特色社会主义新时代，思入时代脉动，把握时代问题，光大时代精神，为改革的理论和理论的改革鼓与呼，为社会进步和人的自由全面发展鼓与呼。

谨以此书献给伟大的改革开放40周年。

2017年2月8日于

广州梅花村